云南工业发展研究系列丛书

云南生物产业创新驱动发展研究

和段琪　蒋兴明　梁双陆　等著

北　京
冶 金 工 业 出 版 社
2015

内容提要

本书运用经济学理论，在收集、整理和分析国家生物产业规划中确定的生物医药、生物农业、生物制造、生物能源、生物环保等五个主要业态的前沿新兴科技基础上，提出并论证了创新驱动云南生物产业发展的思路是“生物资源多样化、生物产业工业化、生物科技产业化、生物产品差异化、生物品牌高端化、生物服务国际化”，分析了云南生物产业发展存在的主要问题，对云南生物产业利用新兴科技深度融合传统产业提出建议，以期对云南生物产业发展创新提供决策参考。

本书可供经济地理学、工业地理学、产业经济学、区域经济与区域发展等领域的研究人员、管理和决策人员使用，也可供高等院校相关专业师生参考。

图书在版编目(CIP)数据

云南生物产业创新驱动发展研究/和段琪等著．—北京：冶金工业出版社，2015.10

（云南工业发展研究系列丛书）

ISBN 978-7-5024-7064-7

Ⅰ.①云…　Ⅱ.①和…　Ⅲ.①生物技术—高技术产业—研究—云南省　Ⅳ.①F426.7

中国版本图书馆 CIP 数据核字(2015) 第 226320 号

出 版 人　谭学余
地　　址　北京市东城区嵩祝院北巷 39 号　邮编　100009　电话　(010)64027926
网　　址　www.cnmip.com.cn　电子信箱　yjcbs@cnmip.com.cn
责任编辑　杨秋奎　加工编辑　李维科　美术编辑　杨　帆
版式设计　孙跃红　责任校对　禹　蕊　责任印制　牛晓波
ISBN 978-7-5024-7064-7
冶金工业出版社出版发行；各地新华书店经销；固安华明印业有限公司印刷
2015 年 10 月第 1 版，2015 年 10 月第 1 次印刷
169mm×239mm；18.25 印张；351 千字；277 页
64.00 元

冶金工业出版社　投稿电话　(010)64027932　投稿信箱　tougao@cnmip.com.cn
冶金工业出版社营销中心　电话　(010)64044283　传真　(010)64027893
冶金书店　地址　北京市东四西大街 46 号(100010)　电话　(010)65289081(兼传真)
冶金工业出版社天猫旗舰店　yjgycbs.tmall.com

（本书如有印装质量问题，本社营销中心负责退换）

前　言

生物产业是战略性新兴产业。世界各国都十分重视生物产业的发展。我国对发展生物产业进行了长远的规划。

云南特殊的立体气候，造就了生物多样性。云南生物资源富集，具有发展生物产业的资源优势条件。经过多年的探索和积累，云南生物产业已经具有一定的技术优势和产业规模。

如何发展壮大云南生物产业，是我们多年来一直思考的课题。2010 年著者组织云南省人民政府办公厅、云南大学的专家学者进行初步探索研究。2012 年国务院发布生物产业发展规划后，课题组进一步拓展了研究思路。2014 年 3 月形成了《云南生物产业创新驱动发展研究报告》。本书就是在上述研究报告的基础上修改完成的。全书大体可分为三个部分：第一部分是第 1 章绪论，主要论述生物产业的基本概念；第二部分是第 2 ~7 章，主要论述云南生物产业创新驱动发展思路；第三部分是第 8 ~12 章，主要论述生物产业发展的支撑技术。

全书由和段琪审定、蒋兴明审稿、梁双陆统稿。第 1 ~4 章由和段琪撰写，第 5 ~9 章由蒋兴明撰写，第 10 ~12 章由梁双陆负责撰写。李汝凤、陈瑛、赵鑫铖、张梅、李志鹏、彭琳琳、周灿、刘凤、刘燕、郭婧、郭豪、阿燃燃、梁巧玲、赵泽宽、梁玉浩、杨锦江、郭长海、徐卫华、杨娅梅、昂敏抒、荣玉福、崔昊等也参加了研究报告的撰写工作。

在开展研究的过程中，我们得到了云南省工业和信息化委员会、云南省科技厅、云南大学、云南师范大学等单位的支持和帮助，刘绍忠、龙江、刘绍怀、林文勋、叶燎原、许云、杨先明、刘春学等专家提出很多有益的意见建议。在此一并表示衷心的感谢。

本书历经三年多完成，由于著者水平所限，书中不妥之处，请广大读者批评指正。

著 者

2015 年 5 月

目　录

图 目 录

表 目 录

1 绪　　论

在我国很多地区大面积进入空气受雾霾影响、地下水遭污染、耕地重金属超标和公共卫生事件屡发，在我国全面深化生态文明体制改革，深入推进战略性新兴产业培育的形势下，广大消费者越来越看重绿色生态和安全营养的品质，这为云南省生物产业发展带来全新的发展机遇，高原的纯净空气和多彩雨露将是发展生物产业的最好王牌。云南省加快培育和发展生物产业这一最古老而又最新兴、生态环境友好、资源集约可循环利用的战略性产业，对云南科学发展、和谐发展、跨越发展，实现“富民强滇”的云南梦，具有重大而深远的意义。

1.1　生物与生物产业

1.1.1　生物

生物，又称生命体、有机体，是有生命的个体。生物最重要和基本的特征就是进行新陈代谢及遗传。生物具备合成代谢和分解代谢两个相反的过程，并可繁殖下去，这构成生命的基础。自然界由生物和非生物组成，无生命的物质和能量叫做非生物。新陈代谢是生物与非生物最本质的区别。

生物由原核生物、真核生物及非细胞生物组成，包括动物、植物、细菌、真菌、病毒等（见表 1-1），其特征是可以进行新陈代谢。地球上发现的植物有 50 多万种，动物有 150 多万种。多种多样的生物不仅维持了自然界的持续发展，更是人类赖以生存和发展的基本条件。

表 1-1　生物的分类

分　类		组　成
植　物		藻类植物、苔藓植物、蕨类植物、种子植物
动物	脊椎动物	哺乳动物、鸟类、爬行动物、两栖类、鱼类
	无脊椎动物	节肢动物、腔肠动物、棘皮动物、线形动物、扁形动物、原生动物、环节动物、软体动物
微生物		真菌、细菌、支原体、衣原体、立克次体、螺旋体、放线菌、病毒

生物详细分类依次为：域、界、门、亚门、总纲、纲、亚纲、总目、目、亚

目、总科、科、亚科、总属、属、亚属、总种、种、亚种。

1.1.2 生物产业

生物产业是最古老的产业，也是最现代的产业。人类最早开始认识自然界与人体自身，就开始了农耕渔牧与医疗卫生、食品餐饮等经济活动和生物技术与产业发展，生物技术的进步导致生物产业的技术升级，从生物工艺学到生物技术学以及20世纪诞生的生物工程学，从发酵工程、生物医学工程、细胞工程、酶工程到基因工程，而基因重组技术的发展导致了生物技术革命。随着生物信息学、计算机技术的进步，后基因组时代又兴起了系统生物工程与合成生物学技术，进入了人工生命系统设计与纳米生物技术时代，从而开启了21世纪的细胞工厂与生物反应器、生物计算机研发，将带来新的一轮产业革命，在生物资源的开发中形成生物材料、生物能源与生物信息技术的产业化未来。

因此，生物产业被分为传统生物产业和现代生物产业。传统与现代是一个特定时点上的相对概念。传统生物产业是指建立在传统生物技术基础上的以采集、种植、养殖为主的农林牧渔业和农副产品加工业。现代生物产业是指以生命科学理论和现代生物技术为基础，结合信息学、系统科学、工程控制等理论和技术手段，通过对生物体及其细胞、亚细胞和分子的组分、结构、功能与作用机理开展研究并制造产品，或改造动物、植物、微生物等并使其具有所期望的品质特性，为社会提供商品和服务的行业的统称，包括生物医药、生物农业、生物能源、生物环保、生物制造及相关服务产业。

云南省特殊的地理气候自然条件造就了多样性的生物资源，云南人民在长期的生产生活中开发利用生物资源，形成了多样化的生物产品，但基本都是传统生物产业。云南省经济发展相对滞后，现代生物技术不发达，现代生物产业发展程度低。在当前生物经济时代，需要加快利用新兴生物科技深度融合传统生物产业，加快培育和发展现代生物产业。

从广义上看，生物产业活动涉及生产、流通、消费等各个环节，它们在不同的程度上，直接或间接地与生物具有相关性，基于可获得的统计数据，本书着重研究与生产相关的生物产业。从国民经济行业分类看，生物产业集中在第一产业中的农林牧渔业，第二产业中除纺织服装、造纸、印刷和家具制造以外，轻、重工业中以农产品为原料，为农业提供生产资料和化肥、农药等的加工工业和医药制造业。我们将国民经济行业分类的第一产业中的生物产业称为农业型生物产业，将集中在工业中的生物产业称为工业型生物产业。

根据我国生物产业发展规划中对生物产业各领域的阐述，本书将现代生物产业细分为生物医药、生物医学工程、生物农业、生物能源、生物制造、生物环保和生物服务，并概括出了现代生物产业细分行业目录，见表1-2。

表 1-2 现代生物产业内部行业细分目录

行业分类	产品分类	主要产品（举例）
1. 生物医药	主要指疫苗与诊断试剂生产、药品制造、医疗仪器设备生产和其他现代生物技术医药产品	
1.1 疫苗与诊断试剂	（1）疫苗	
	（2）诊断试剂	
	（3）其他	
1.2 生物制药	（1）重组蛋白质药物、治疗性抗体、血液制品、微生物药物	
	（2）其他	
1.3 化学药制造	（1）化学药品原药	
	（2）化学药品制剂	
	（3）其他	
1.4 中药等民族药	（1）中药材种植	
	（2）中药饮片加工	
	（3）中成药制造	
	（4）其他	
2. 生物医学工程	指能够满足预防、诊断、治疗、手术、急救、康复等医疗、家庭和个人保健市场的需求，组织实施高性能医学装备	
2.1 高性能医学装备	（1）高性能医学影像、放射治疗、活体检验、体外诊断等医学装备	
	（2）基于互联网、物联网的全数字医疗集成系统及远程医疗系统	
	（3）精准、微创外科和放射治疗中虚拟仿真、精确定位、智能反馈、光学成像等	
	（4）无创、低负荷、穿戴式等先进医疗技术和装备	
	（5）生理监测、生命支持、血液净化、物理治疗、家庭保健等新型数字化生物医学工程产品	
2.2 高附加值植、介入材料及制品	（1）新型高生物相容性医用材料	
	（2）以药械结合、分子设计学为技术特征的植、介入体及其精密加工装备和生物反应器	
	（3）新型生物医用材料及相关医疗器械	
	（4）涂药支架、人工瓣膜、骨修复材料、人工关节、人工皮肤等医疗器械	
	（5）新一代残障人员医用康复辅具	

续表 1-2

行业分类	产品分类	主要产品（举例）
2.3 新型体外诊断产品	（1）高通量、高精度的检测仪器、试剂和体外诊断系统	
	（2）免疫、生物标志物、个体化医疗、病原体等体外诊断产品	
	（3）可现场快速检测的血液、生化、免疫、病原体等体外诊断仪器及试剂	
	（4）原料酶、诊断性抗体等试剂原料	
3. 生物农业	主要指利用现代生物技术从事农业良种及林业新品种的培育以及绿色农用生物产品的生产	
3.1 农业良种育种	（1）粮食类	超级稻新品种中浙优 1 号和Ⅱ优明 86 等、轮选 987 等小麦品种超级稻、转基因玉米、杂交玉米等
	（2）油料类	中油 6306 等油菜新品种、优质专用大豆
	（3）棉类	转基因抗虫棉花等
	（4）蔬菜类	转基因番茄、脱毒马铃薯等
	（5）畜牧、水产类	中国荷斯坦牛、北京黑猪、南江黄羊、中国美利奴羊、小型蛋鸡等畜禽新品种，鲤鱼杂交种如丰鲤、荷元鲤等水产新品种
	（6）其他	
3.2 林业新品种育种	（1）林木新品种	转基因抗虫欧洲黑杨、741 杨等
	（2）野生动物品种	野生动物驯化以及茸鹿、水貂、狐狸等特种经济动物遗传改良新品种等
	（3）其他	
3.3 绿色农用生物制品	（1）生物农药	
	（2）生物肥料	
	（3）动物用药品、疫苗	
	（4）植物生长调节剂、动物饲料	
	（5）完全可降解农用薄膜	
	（6）其他	
3.4 海洋生物资源开发利用	海洋生物资源开发利用	
4. 生物能源	主要指利用生物质开发新型能源，包括能源植物品种培育及种植行业	

续表 1-2

行业分类	产品分类	主要产品（举例）
4.1 能源植物育种和种植	（1）非粮能源专用作物类	木薯、菊芋、甜高粱、甜菜等
	（2）木本油料植物类	麻风树、油桐、黄连木等
	（3）速生乔木等原料林类	乔木、灌木等
	（4）其他	
4.2 生物液体燃料	（1）燃料乙醇	
	（2）生物柴油	
	（3）生物丁醇	
	（4）其他	
4.3 生物质气化、固化燃料生产与发电	（1）沼气	
	（2）生物质致密成型燃料	
	（3）生物质气化发电、固化发电	蔗渣发电、秸秆、农林废弃物等生物质发电等
	（4）其他	
5. 生物制造	主要指利用可再生生物质制造新型材料和化学品等，以及利用生物的机能进行制造，以替代化学制造	
5.1 生物基材料	（1）生物塑料	聚乳酸（PLA）、聚羟基烷酸酯（PHA）、聚羟基丁酸酯（PHB）以及可热塑性淀粉塑料、淀粉基聚合物等
	（2）生物基化学品	生物基乙烯、乳酸、1，3－丙二醇、丁二酸、脂肪酸甲酯、乙二醛、生物乙醇等
	（3）生物质功能高分子材料	生物质合成环氧树脂、生物质碳质吸附材料、PLA 树脂、淀粉基高分子材料
	（4）糖工程产品	木糖醇、低聚异麦芽糖、壳寡糖、低聚木糖
	（5）木基工程材料	木塑型材、无醛木塑复合材料、天然纤维/塑料复合材料
	（6）其他	
5.2 微生物制造	（1）酶制剂	纤维素酶和半纤维素酶等新型酶制剂
	（2）用微生物加工替代化学加工	微生物加工在纺织、造纸、制革等行业的应用
	（3）生物反应器	动物生物反应器、植物生物反应器
	（4）其他	

续表 1-2

行业分类	产品分类	主要产品（举例）
6. 生物环保	主要指利用生物技术从事环境污染及生态环境退化等方面的治理，开发环保生物新技术及相关设备	
	（1）污水处理	
	（2）固体垃圾处理	
	（3）土壤修复	
	（4）其他	
7. 生物服务	主要指以合同的方式为制药企业和研发机构在药物研发过程中提供专业化服务	

1.2 战略性生物产业

当今，全球经济进入深度调整转型的关键时期，各国竞争聚焦于抢占科技制高点与引领、主导新一轮经济增长的优先权与控制权竞争，信息化与全球化的时代特征，使新一轮经济增长的引擎具有高度的不确定性。各国都在努力把握科技革命的方向，探索新一轮经济增长的主导产业，加快培育战略性新兴产业，如美国的生物医药、新能源、信息技术，欧洲的新能源汽车、节能环保，韩国的数字产生等。而生物产业作为与人类最为紧密相关的产业，作为未来人类需求旺盛的产业，自然受到各国的高度重视，各国纷纷将生物产业或其内部重点的生物医药等作为战略性新兴产业进行培育。我国为抢占科技经济制高点，确保在新科技革命与全球产业变革中不像过去一样丧失机遇，在充分论证的基础上，立足我国国情和科技、产业基础，现阶段重点培育和发展节能环保、新一代信息技术、生物、高端装备制造、新能源、新材料、新能源汽车等产业为战略性新兴产业。

可以看出，生物产业不仅因其与人类自身需求的紧密相关，更由于生物科技的日新月异，受到世界各国的高度重视，是各国竞相争夺的战略性产业，因此云南加快生物产业发展的意义重大而深远。

1.2.1 生物医药技术产业化进程加快

当今全球诸多国家已经把生物医药产业作为新的经济增长点来培育，通过采取不同政策和措施加速生物医药产业的发展。在相关利好政策的鼓励和资金扶持下，以高科技生物医药产业园区建设为抓手，我国已初步形成和集聚了一批具有较强实力的创新型医药企业，有力地带动了生物医药产业的发展和技术创新能力的提高。

从世界生物医药产业发展趋势来看，目前正处于生物医药技术大规模产业化的开始阶段，预计到2020年之后将进入快速发展期，并逐步成为世界经济的主导产业。美国仍占据全球生物科技市场的主导地位，拥有世界领先的五大生物技术产业区——波士顿、旧金山、圣迭戈、华盛顿和北卡罗来纳州“科研三角园”，其拥有的大学和研究机构作为科技和物质支撑，实力雄厚，到2008年拥有1452家生物科技公司，其中336家公开持有、公开上市的生物科技公司总市值达到3600亿美元。欧洲生物制药产业占全球市场份额的30%以上，呈稳健增长态势。2006年年收入增长13%，上市企业的产品线新增163种新药，总治疗产品数量增加到692种。亚太地区作为世界上最具发展潜力的地区，其生物技术产业的发展已经引起全球关注。其中具有代表性的是日本，自2002年实施生物产业发展战略以来，国家研发预算五年内增长两倍，生物技术产业在科技文献、专利申请量分别居全球第四位和第二位，生物科技市场持续高速增长。作为七大新兴医药市场，2008年，中国、巴西、墨西哥、韩国、印度、土耳其和俄罗斯的市场总规模将增长12%~13%，达到850亿~900亿美元。

经过多年发展，我国疫苗产业在疫苗品种数量上与发达国家差距较小，在疫苗生产工艺和关键技术上，部分疫苗（甲型H1N1流感疫苗）的质量上已经与发达国家处于同一水平，乙型脑炎减毒活疫苗、23价肺炎疫苗、幽门螺杆菌疫苗等具有自主知识产权。重组蛋白在全球生物医药市场上仍处于主导地位，单抗、促红细胞生成素、生长因子和胰岛素引领了基因重组蛋白市场，2010年产值已突破870亿美元，肿瘤治疗、抗炎和促红细胞生成素方面的产品成为研发重点。我国重组蛋白领域起步于1989年，重组蛋白药物已达20多种，批准上市的有10余种，国产药品不断开发并上市打破了国外进口产品长期垄断国内市场的局面，但整体上重组蛋白产品有待进一步提升。单克隆抗体是近年来复合增长率最快的一类生物技术药物，日渐成为全球各国的竞争焦点。从2002年第一个全人源化抗体Humira上市，至2006年FDA已批准了21种单抗药物上市。抗体药物在肿瘤诊治、治疗自身免疫病、心血管疾病、感染性疾病等多方面都获得了举世瞩目的成就。2007年，全球已经有5种抗体药物的单品种销售额超过30亿美元。但在抗体靶抗原的不确定性、抗体自身的抗原性和抗体药物生产成本过高、价格昂贵等问题上面临着巨大的挑战。我国在某些抗体产品的研发方面已经取得突破，已具有利卡汀、益赛普等药物的自主知识产权，但我国抗体产业在数量上、质量上与发达国家间仍存在较大差距，以靶标为切入点和以重点企业创新为核心的关键技术建设有待进一步快速推进。

1.2.2 生物农业技术产业已步入成熟阶段

从20世纪70年代开始，现代生物技术便广泛应用于农业生产领域当中，为人类解决当今世界所面临的健康和食物等诸多重大问题提供了有利手段。据国际农业生物技术应用机构（ISAAA）的统计和预测，在全球范围内，1998年转基因农作物的销售额为12亿~15亿美元，2000年达到30亿美元，2005年达到80亿美元，2010 年达到 280 亿美元。应用生物技术可以培育出优质、高产、抗病虫、抗逆的农作物以及畜禽、林木、鱼类等新品种；可进行再生能源的利用，以解决能源短缺问题；可以扩大食物、饲料、药品等来源，满足人类日益增长的需要；可以进行无废物良性循环和减少环境污染等。因此，生物技术在农业生产中的应用具备广阔的市场空间。

现代生物技术在农业中的应用主要集中在基因工程、细胞工程、发酵工程和酶工程四大领域。其中，基因图谱、植物转基因技术、转基因动物生产药物（生物反应器）、转基因动物育种新技术等研究领域取得较大进展，而植物组织培养、生物防治应用进入实用阶段。

基因工程主要包括基因图谱、动物育种和植物育种。国际上动物、植物、微生物基因图谱的研究分别以人、水稻、大肠杆菌基因组研究最为热门，现在已进入后基因组时期。动物抗性基因工程育种主要包括从深海鱼（如比目鱼）中提取抗寒基因转入罗非鱼等其他鱼种中的研究；抗病转基因动物猪抗猪瘟、鸡抗马立克病、鱼抗出血热等方面的研究部分已获成功。动物基因工程育种主要包括将激素基因导入哺乳动物受精卵内获转基因动物，已有牛、猪、羊等生长激素基因被分离出来转入到牛、羊、兔、鱼中，不仅可产生“超级动物”，更重要的是改善了品质，改变了生长速度，使饲料费用大大降低，奶牛、奶羊的产奶量平均提高 10% ~20% 以上。植物育种开发相对成熟的领域包括抗虫基因工程、抗病基因工程、抗除草剂基因工程、抗逆基因工程、品质改良基因工程、花卉基因工程和植物生物反应器，利用苏云金杆菌产生的一类蛋白酶抑制剂 Bt 杀虫晶体蛋白基因导入到植物体中获得抗虫植物；将植物抗毒素（PA）基因、病毒相关蛋白（PRP）基因、钝化病原物致病酶的蛋白质基因、抗菌肽基因等几类防卫基因转入植物基因获得抗病毒转基因植物；利用靶蛋白和酶工程获得抗除草剂转基因植物；利用脯氨酸合成酶、山菠菜碱脱氢酶、磷酸甘露醇脱氢酶等与耐盐相关的基因遗传转化获得苜蓿、草莓和烟草等抗逆基因植物，都已发展成为较为成熟的生物农业技术，部分实现产业化推广，前景广阔。

细胞工程主要包括植物细胞工程和动物细胞工程。植物细胞工程涵盖花药培养、植物种苗、细胞及原生质培养、细胞融合技术和植物次级代谢产品；利用花药培养通过单倍体育种容易获得纯合体及纯合隐性基因的表达，已缩短了小麦、水稻和烟草等主要农作物育种周期；全球经过茎尖脱毒进行组织培养的脱毒苗已有 70 多种；水稻、小麦、玉米、人参、西洋参、烟草、毛地黄、黄连、紫草等重要粮食作物、经济作物、蔬菜和中草药植物的原生质体再生植株工作均已实现大规模细胞培养，全球已有 120 多种植物通过细胞融合技术实现原生质体再生植株。动物细胞工程包括哺乳动物胚胎生物工程技术和单克隆抗体技术；通过胚胎获取、冷冻保存、切割、移植、体外授精、细胞核移植、基因导入、性别控制等技术，世界每年仅胚胎移植牛的数量就达30万头以上，胚胎移植哺乳动物种数达20多种，商业性胚胎公司多元化快速成长，成功开发单抗试剂盒，主要用于疾病诊断和检疫，已形成强大的产业。

发酵工程可促进农产品深加工及加工后的废弃物转化利用的研究应用，世界各国都在利用工程菌或多功能的“超级工程菌”的发酵及酶工程技术来分解利用废弃物，以解决能源枯竭问题。另外利用微生物发酵还可生产单细胞蛋白、微生物农药、微生物肥料、微生物饲料与添加剂、疫苗等。酶工程的核心技术是固定化酶、固定化细胞技术，它能使发酵过程中的酶既保留生物催化活力高效专一的特点，又能像工业催化剂那样长期反复使用，使发酵工业成为低耗能、高产率的新型产业。

我国农业生物技术起步较晚，但在国家政策扶持下实现快速突破，技术创新能力和产业化水平发展迅猛。尤其是在国家“863”计划，“973”计划和“国家转基因植物研究与产业化专项”的直接支持下，我国农业生物技术的整体水平在发展中国家中处于领先地位，一些领域已经进入国际先进行列。我国已成为世界上继美国之后，第二个拥有自主研制抗虫棉技术的国家；在转基因水稻领域的研制处于世界先进水平；在组织培养的应用与开发方面一直处于国际领先地位；在植物基因组研究、转基因植物研究、单克隆抗体研制、动物生物反应器等方面取得重大突破；而动物的胚胎移植技术已在生产上推广应用。未来，我国将继续投入大量人力、物力、财力，去攀登农业生物技术领域高峰。

1.2.3 生物制造产业化进程已进入攻坚期

由于生物制造在全球工业化、现代化当中的根本性作用与关键地位，世界各国都逐渐将发展生物制造放到重要的战略地位，竞相投入开发生物制造产业。生物制造产业主要指采用以微生物细胞、生物酶及基因工程、合成生物学和细胞融合为代表的现代生物技术，利用以发酵和酶转化为代表的近代生物技术成果而形成的产业。其特点包括：常温、常压、水相反应时间24~200h的反应条件；一般没有有毒的化合物参与或形成；通常需要鼓入空气维持微生物的有氧呼吸；产业使用的原料一般是可再生的资源，如淀粉、脂肪酸、各种糖类甚至是纤维素的水解物；相对于化学工业，生物制造产业除了有发酵废水，一般对环境没有污染等。当前其主要产品包括生物基材料、生物化学品以及利用微生物或各种酶制剂对传统化学制造过程的改造。

发达国家纷纷开始重视对生物制造业的政策支持，技术研发能力不断取得突破，产业化水平稳步提升。2007年，美国能源部DOE宣布投入3.85亿美元资助6家生物炼制工厂项目，旨在解决生物质转化技术的开发与商业化过程中的关键性技术问题；并于2009年批准实施一直被压制的生物工程计划，将生物产业与新能源产业作为美国振兴的两大产业。欧盟也于2006年提出了Biocoup项目，通过第六框架计划进行研究与技术开发。此外日本、德国、印度、爱尔兰和澳大利亚等国都由政府提出了相应的利用生物质资源进行生物制造的国家级计划。

随着技术积累日渐成熟，全球生物制造产业化进程已进入攻坚期。经过多年的研发，生物制造业在技术上获得突破，早期存在的生产成本较高、性能不高的问题导致应用范围有限等不足之处已有明显改观，全球在该领域的投资活动越来越热，同时越来越多的巨头加快了这类项目的商业化步伐，期待长期耕耘后的收获。采用可再生原料路线生产琥珀酸、异丁醇、正丁醇等化学品，其生产成本已具备了与石油路线竞争的能力，这类项目成为该领域的投资热点。纵观全球，帝斯曼、巴斯夫、Myriant和BioAmber均已宣布计划，兴建多个世界级规模的生物基琥珀酸生产厂，生物制造的商业化进程已全线启动。其中BioAmber公司2011年9月宣布，在朗盛的加拿大安大略省萨尼亚工厂建设一套商业化规模的琥珀酸项目（2013年投产），同时计划在泰国建设一个琥珀酸厂供应曼谷PTT-MCC生化公司，进而生产聚丁二酸丁二酯（PBS）树脂；巴斯夫利用生物原料开始生产聚酯、表面活性剂和润滑剂；帝斯曼除生产生物基工程塑料及生物医学涂料外，还计划建设生物基琥珀酸和己二酸项目；杜邦公司的生物材料产品包括1/3-丙二醇、多元醇和聚对苯二甲酸丙二酯（PTT）树脂；巴西国家化学公司（Braskem）在本土采用甘蔗乙醇为原料生产聚乙烯；Myriant公司当前正在研究与中国蓝星（集团）总公司在南京建设生物基琥珀酸项目，此外还与泰国PTT国际化学公司合作，在东南亚建设琥珀酸项目；Gevo公司正在推进在美国南达科他州雷德菲尔德以及明尼苏达州的商业化项目——以蔗糖为原料生产低成本的异丁醇，公司还与沙索公司和曼斯菲尔德石油签订了包销协议，沙索公司包销了Gevo公司2012年和2013年的大部分生物法异丁醇产品；拥有生物法生产正丁醇技术的Cobalt科技公司，与罗地亚集团签署了一项在拉丁美洲以甘蔗渣为原料建设正丁醇炼油厂的合作备忘录。

我国生物制造产业在生物基材料、工业酶制剂等方面取得了较为先进的科技成果，在国家政策的强力推动下，我国生物制造的研发态势正朝着多元化、产业化的方向发展。我国生物制造产业"十二五"期间的发展战略已经明确：将以培育生物基材料、发展生物化工产业和做强现代发酵产业为重点，大力推进酶工程、发酵工程技术和装备创新；突破非粮原料与纤维素转化关键技术，培育发展生物醇、酸、酯等生物有机化工原材料产业，推进生物塑料、生物纤维等生物材料产业化；大力推动绿色生物工艺在化工、制浆、印染、制革等行业中关键工艺环节的应用示范；继续推进工程微生物与清洁发酵技术应用，提升大宗发酵新产品的国际竞争力。

在生物基材料方面，我国生产的聚羟基脂肪酸酯（PHA）和聚乳酸（PLA）

等被国内外的公司开发成高附加值的医用植入材料，我国在这个领域也产生了许多学术、应用和专利成果。其中，由于国内 PHA 基础研究的活跃开展，极大地促进了我国 PHA 产业的发展，PHA 已经成为我国生物材料产业中发展最为成熟的领域。浙江宁波天安生物材料有限公司作为国内外最大的生产厂商，从 1999 年开始即与中科院微生物所合作，年产 PHA（3-羟基丁酸和 3-羟基戊酸共聚物 PHBV）超过 2000 吨。另一种应用前景广阔的生物材料是 PLA，但是由于 PLA 产业与国外相比起步较晚，但发展节奏较快，面临的问题主要在于规模化放大、产业升级与成本控制方面，正处于亟待规模化生产的阶段。在生物酶制剂方面，我国酶制剂行业近年来发展迅速，酶制剂产量从 2005 年的 45 万吨增加到 2010 年的 80 万吨，年产值近 100 亿元，年增长率达到 10.1%。其中，氨基酸、维生素、有机酸等大宗发酵产品规模稳居全球第一，产值超过 1000 亿元；乙二醇、丁醇、乙烯等实现生物法制造；生物塑料、生化纤维等新材料的生物法生产初具规模；泛酸、丙烯酰胺、乳链菌肽等占据世界市场的 50%~70%。据中国发酵工业协会理事长石维忱透露，到 2015 年，我国生物制造产业产值有望达到 1 万亿元，占 GDP 比重达 3%。

值得一提的是，作为人类赖以生存和发展的重要物质基础和生物技术创新的重要源泉，微生物资源发掘与利用战略计划已成为全球生物制造领域中的核心战略内容。尽管各国纷纷加大对微生物资源的利用，但是全球微生物资源的发掘利用仍处于起步阶段，迫切需要开发利用微生物资源的新技术和新方法。为有效保存和利用已发现的微生物资源，国外发达国家均建有微生物菌种保藏中心。中国、比利时、澳大利亚、保加利亚、捷克、法国、德国、匈牙利、日本、荷兰、韩国、俄罗斯、斯洛伐克、西班牙、英国、美国等 68 个国家均建有微生物保藏中心，并且共同组成国际菌种保藏联合会（WFCC，包括 68 个国家和地区的 550 个菌种保藏管理机构）。这些保藏中心管理机制健全，具有较稳定的资金支持和较强的研究能力，储存的微生物资源丰富，可以为微生物研究提供较好的技术服务。

自基因组计划、蛋白质计划实施以来，欧、美、日等国已不同程度地制定了在今后几十年内发掘利用微生物资源、并逐步用生物过程取代化学过程的战略计划，以期在工业生物技术为基础的第三次生物技术发展浪潮中占据领先地位。美国国家科学基金会（NSF）几十年来一直资助微生物资源开发的研究，主要集中在研究分离培养新型微生物的方法策略，鉴定具有广泛微生物多样性的新型生态位点，各种环境微生物多样性研究，菌种保藏和数据库维护等方面。美国能源部（DOE）从 1994 年开始实施微生物基因组计划（MGP），目标是通过对培养微生物和微生物群活的基因组测序，发掘和认识新的基因功能，解决可再生能源生产、全球气候变暖与碳循环、清洁环境污染三大难题。随着众多微生物基因序列的完成，2002 年 DOE 正式启动“从基因组到生命”（GTL）计划；随后 2005 年 DOE 明确提出将利用微生物资源进行纤维素生物燃料生产、生物制氢、环境生物修复、二氧化碳循环与吸收的核心发展计划。除此之外，日本（阳光计划）、印度（绿色能源工程计划）、德国（生物能发展法规）、荷兰、奥地利、丹麦和瑞士等国也均制定相关法令推进生物炼制技术的研究发展，以促进生物能的技术开发和市场化。在世界各国政府发展可再生能源与化合物的策略指导下，全球石油公司、化工公司巨头和科研机构也积极参与开展微生物资源的发掘利用。例如，英国石油公司在加州大学伯克利分校等研究单位投资 5 亿美元建立能源生命科学研究所，并与杜邦公司联合，从 2006 年开始丁醇生物制造的研究。

我国微生物资源丰富，发掘和菌种保藏工作已取得卓越成效，微生物发酵工业和酶制剂工业取得突破性发展。1979 年我国成立微生物菌种收集保藏的专门机构，迄今为止已经对海洋、土壤、极端环境等多种生态环境中的微生物种群开展了一系列研究。其中从海洋微生物中筛选出许多具有重要应用价值的活性物质，包括阿维菌素、莫能菌素、马杜霉素、赤霉素等人、畜、植物抗生素和艾滋病毒逆转录酶抑制剂等，能直接降解木质纤维素微生物，能降解环境废油和含苯环有害物质的微生物，能吸收吸附放射性物质或重金属的微生物。我国已建立 8 个微生物保藏管理中心，开发出适用性强、用户交互性好和使用方便的资源数据库查询系统，并建立微生物资源描述标准和保藏管理规范化方法。除此之外，以微生物资源为基础的现代生物制造业发展迅速，在发酵工业方面，味精生产和消费居世界第一，柠檬酸的生产和出口居全球首位，赖氨酸、谷氨酸、生物法长链二元酸等生产工艺居国际领先地位；在酶制剂方面，我国在植酸酶、碱性甘露聚糖酶、高温 α-淀粉酶、脂肪酶、糖化酶、乳糖酶、β-葡聚糖等大宗工业酶制剂的研发方面均取得了较好的社会和经济效益。随着微生物资源开发利用进程的加快，我国在微生物分离培养新技术和基因组学技术、高通量筛选和分离制备技术、组合生物化学技术、定向进化技术、生物信息技术等领域仍存在诸多技术局限性，如何充分开发和利用微生物资源，科技研发和技术创新将成为未来我国微生物资源发展的关键。

1.2.4 生物能源技术产业化稳步推进

进入 21 世纪，由于国际能源价格基本上维持在高价位区间，为这一阶段的生物燃料产业发展提供了极大的支撑，玉米、甘蔗等粮食作物的能源化在全球很多地方得以推广。随着 2008 年食用商品价格的高升，尽管舆论开始指责燃料乙醇的生产导致了全球粮食价格的高升，但全球生物燃料却依然保持快速增长。根据 Clean Edge 的数据，2008 年全球生物燃料（主要指燃料乙醇和生物柴油）的产值达到 348 亿美元，比 2007 年的产值 254 亿美元增加 37%。

世界各国纷纷制定生物能源发展计划，生物能源科技研发活动在全球范围内井喷式涌现。美国自20世纪70年代以来就一直高度关注生物能源的研究。发展至今，美国已经系统地在速生植物、纤维植物、油料植物、糖和淀粉类植物从生物产量、生长与栽培性状、遗传改良以及利用的经济性状等方面积累了大量的研究成果和技术支撑，为生物能源的生产提供了重要的原料和技术支持。美国在生物能源方面的计划主要包括生物能源和替代能源研究（国家307计划）以及区域生物能源计划，并建成美国能源部生物能源研究中心。其中生物能源和替代能源研究计划旨在利用可再生能源以满足美国能源需要的远景目标，其研究具体分为4部分，即研究相关技术以降低从玉米淀粉生产乙醇的成本；研究相关技术以提高生物柴油的冷启动和可操作性、鉴别和减少有害废物的排出、建立快速和低成本的燃料检测方法；开发一种风能、太阳能和生物燃料共同发电的农场发电系统；发展可改造易蚀农田和边缘农田并转换为草地技术等。区域生物能源计划的目标为提高工业和政府计划的效率，特别是评定和未来的生物量资源的实用性以及使用和应用研究需求，通过公共和私人在生物能技术上的投资来鼓励经济发展，以成本共享为基础支持应用研究和实证生物能技术，减少或消除市场障碍，了解经济和环境的代价及风险，提高市场对生物能技术的接受能力。美国能源部生物能源研究中心包括能源部生物能源科学研究中心、能源部联合生物能源研究所和能源部大湖生物能源研究中心，重点研究能源植物的培育与高效转化、以微生物为基础的生物燃料合成以及生物燃料的经济、生态和社会影响。除此之外，巴西关于生物能源的发展计划主要包括巴西燃料乙醇计划和生物柴油计划；欧盟生物能源研发计划主要是围绕其框架计划（Framework Program，1984~2010年已实施7项）；日本制定并实施的“新能源开发计划”、“能源与环境领域综合技术开发推进计划”，主要研究课题包括7大领域，即再生能源技术、化石燃料应用技术、能源输送储存技术、系统化技术、基础性节能技术、高效与革新性能源技术及环境技术。

从技术创新产业化情况来看，全球生物能源已主要呈现出规模持续扩大，大型石油企业强力介入和产业转型升级加快等发展趋势。一方面，全球生物液体燃料生产使用量迅速增加，2007年全球主要国家的燃料乙醇和生物柴油产量分别达到约4000万吨和880万吨，另据国际能源机构预测（IEA），2006年后20多年的全球生物液体燃料消费量在基准情景下将年均增长6.3%，即从2005年的2000万吨（占全球道路交通燃料需求的1%）增加到2030年的9200万吨，约占全球道路交通燃料需求的4%；而在替代政策情景下将年均增长8.3%，到2030年增加到1.47亿吨，占全球道路交通能源需求的7%。另一方面，生物液体燃料的应用领域的拓展也取得较大成果，生物燃料应用领域开始从传统的道路交通部门开始扩展到航空交通部门。2009年8月，欧盟提出将全球2000多家航空公司纳入欧盟的排放交易体系（简称 ETS）的建议后，一些航空企业如美国波音公司联合美国大陆航空、日本航空和英国维珍航空等企业陆续在大型喷气式民用客机上成功开展了一系列混合生物燃料飞行实验。国际航空运输协会（IATA）预测：2017 年实现替代燃料有望可以满足 10% 航空燃料需求，2040 年实现替代燃料的比例将占到燃料消费总量的 50% 左右。

伴随着各国对生物燃料的扶持政策持续延续和深化，国际大型石油和化工企业、汽车企业和航空企业等，均对先进生物燃料技术的研发和产业化工作进行了深入的展开，且取得了积极的进展。例如世界最大的非政府石油天然气生产商埃克森美孚公司（Exxon Mobil）决定进入先进的生物燃料领域；美国的第二大乙醇生产商 Verasun 能源公司的 7 家乙醇工厂被美国最大的独立炼油企业 Valero 能源公司成功收购；日本新日本石油公司于 2009 年 6 月开始在以首都圈为中心的地区进行大规模的燃料乙醇销售。大型企业的强力介入，对于生物燃料产业向“社会、环境和用户友好型”替代燃料的升级转型，无疑起到了快速推进的作用。随着生物质综合精炼技术的研究进一步深入，各国纷纷加大对第二代、第三代生物液体燃料研究开发的投入，并较快取得进展，生物液体燃料产业转型升级取得较大进展，已处在第二代生物液体燃料产业化初期阶段。

随着全球生物能源研发的日益白热化，我国已明确提出将水能、风能、太阳能和生物能源作为今后一个时期发展可再生能源的重点，并提出到 2020 年力争将可再生能源消费量比重提高到 15%。近年来，我国高度重视生物能源的开发和利用，先后颁布了《可再生能源法》《可再生能源产业发展指导目录》《可再生能源发电有关管理规定》《可再生能源发电价格和费用分摊管理试行办法》《可再生能源发展专项资金管理暂行办法》和《关于发展生物能源和生物化工财税扶持政策的实施意见》等法规和配套的办法、规章。国家发改委也提出到 2010 年增加非粮液体燃料 220 万吨，到 2020 年形成年替代 1000 万吨石油的发展规模，并计划实现 2020 年规划任务总投资 2 万亿元。

我国林业生物质能源原料资源丰富，巨大的资源可利用量为生物液体能源的开发应用奠定了坚实的基础，生物乙醇和生物柴油的技术研发水平较高，产业化前景良好。我国生物能源利用主要集中在沼气利用、农作物秸秆能源化利用和生物液体燃料。发展大、中型沼气工程，实现生物质多层次综合利用，完善直接燃烧、气化和固化成型的能源化利用方式，以陈化粮为原料生产燃料乙醇以及非粮食能源作物的培育与利用等方面，使我国掌握成熟的研发技术和较好的产业化能力。随着国家对生物液体燃料产业的重视，生物燃料乙醇产业转型升级加速趋势明显，燃料乙醇的生产原料将以非粮向多元化的方向发展，原料供应由以玉米、小麦为主，逐步向红薯、甘蔗、木薯、甜高粱等高产非粮作物拓展。1.5 代生物燃料乙醇（非粮乙醇）生产技术已成熟并实现产业化，2 代生物燃料乙醇（纤维乙醇）生产技术正处于产业化前期，随着生物燃料乙醇产业升级转型的顺利完成，该产业发展空间将会更为广阔。生物柴油仍处于技术开发阶段，其原料资源潜能和市场消费空间巨大。

与此同时，我国生物能源在相关技术领域仍存在诸多瓶颈，攀登生物能源技术制高点仍需多领域的技术攻关。未来一段时间，我国亟待解决的技术和产业化瓶颈主要包括：生物能源资源研究基础薄弱，缺乏系统性和完整性，缺乏真正具有发展前途的能源植物和能源微生物；生物能源转化工艺技术有待提高，技术开发能力和产业体系薄弱；政策及激励措施力度不够，市场保障体系有待完善。

1.2.5 生物环保技术产业化持续升温

环境生物技术（environmental biotechnology）是指直接或间接利用生物或生物体的某些组成部分或某些功能，建立降低或消除污染物的生产工艺或能够高效净化环境污染，同时又能生产有用物质的工程技术。科技的发展充分证明了环境生物技术在解决环境问题过程中所显示出的独特功能和优越性，它的纯生态过程，体现出了可持续发展的战略思想，它具有速度快、消耗低、效率高、成本低、反应条件温和以及无二次污染等显著优点。它是近20年来发展起来的一门新型交叉学科，是现代生物技术在治理、修复或监测环境污染中的应用。其主要研究内容包括：环境污染监控技术、污染物的微生物降解技术、污染场地的生物修复技术、环境友好材料的生物合成技术、固体废物强化处理技术、挽救濒临灭绝物种、保护生物多样性等。环境生物技术不仅使得自然界生物净化功能得以最大限度地发挥，而且对改变现时的环境质量，解决现时的环境污染难题起到了极其重要的作用。随着细胞融合、基因工程、分子生物等技术的发展，环境生物技术得到了进一步的开发，研究领域不断扩大，已成为一种经济效益和环境效益俱佳的解决环境污染问题的有效手段之一。同时，随着人们环境意识的加强，对生物技术、生物产品的需求明显增强，政府也更加重视生物技术的发展，环境生物技术本身也将更加成熟。

随着生物技术研究和环境保护问题的不断深入，现代生物技术正以前所未有的速度融入到环保产业的发展当中，同时也有希望从根本上解决环境问题。生物技术已是环境保护中应用最广的、最为重要的单项技术，其在水污染控制、大气污染治理、有毒有害物质的降解、清洁可再生能源的开发、废物资源化、环境监测、污染环境的修复和污染严重的工业企业的清洁生产等环境保护的各个方面，发挥着极为重要的作用。现代生物环保技术的主要工作原理为：应用环境生物技术处理污染物时，最终产物大都是无毒无害的、稳定的物质，如二氧化碳、水和氮气；利用生物方法处理污染物通常能一步到位，避免了污染物的多次转移，因此它是一种能安全而彻底地消除污染的方法；随着基因工程、细胞工程和酶工程等生物高技术的飞速发展和应用，大大强化了上述环境生物处理过程，使生物处理具有更高的效率、更低的成本和更好的专一性，为生物技术在环境保护中的应用展示了更为广阔的前景。

微生物技术是应用于环境保护中较为成熟的技术手段，已成为世界各国生物技术计划重点之一。中国、比利时、澳大利亚、保加利亚、捷克、法国、德国、匈牙利、日本、荷兰、韩国、俄罗斯、斯洛伐克、西班牙、英国、美国等68个国家纷纷建有微生物保藏中心，并且共同组成国际菌种保藏联合会（WFCC，包括68个国家和地区的550个菌种保藏管理机构），这些保藏中心管理机制健全，具有较稳定的资金支持和较强的研究能力，储存的微生物资源丰富，可以为微生物研究提供较好的技术服务。美国能源部（DOE）从1994年开始实施微生物基因组计划（MGP），目标是通过对培养微生物和微生物群活的基因组测序，发掘和认识新的基因功能，从而解决可再生能源生产、全球气候变暖与碳循环、清洁环境污染三大难题。随着众多微生物基因序列的完成，2002年DOE正式启动"从基因组到生命"（GTL）计划；随后2005年DOE明确提出将以利用微生物资源进行纤维素生物燃料生产、生物制氢、环境生物修复、二氧化碳循环与吸收作为核心发展计划。除此之外，日本（阳关计划）、印度（绿色能源工程计划）、德国（生物能发展法规）、荷兰、奥地利、丹麦和瑞士等国也均制定相关法令推进微生物技术创新。

国际上许多环境生物技术成果已进入商品化、产业化发展阶段。发达国家就十分重视生物技术在环境领域的应用，并开展了大规模的科研活动。已开发了一系列的环境生物技术及其产品，并在世界上广泛应用于污水处理、大气净化及污染环境介质治理等诸多方面。生物技术是水污染控制中最成熟也是最富有挑战性的技术，在国外的环保产业中一直是市场占有量最大的，以美国为例，数十项环境生物技术产品已获得有关国家政府部门的许可并进行野外应用实验，去除土壤和水体中的重金属和有毒有机化学物质，并且成立了相当数量的环境生物技术专业公司，部分产品已占领了国际市场，如Alen Murray Corp的Clear-Fl系列微生物菌剂和日本的EM菌等可用于污染处理、污染水体恢复及空气净化等。荷兰在环境生物技术的研究及应用已在欧洲居领先地位，多年来已利用环境生物技术治理并恢复了6000多处污染地，一批如Gist Brocedes等生物环保技术公司已迅速发展起来。

尽管生物环保产业市场规模不大，但随着环境生物技术的进展和市场开拓，其应用已从单一的环境目标治理，迅速发展为广泛应用于环境保护的国民经济各个部门，生物环保技术研发投入持续升温。随着技术创新不断积累，环境生物技术已不单纯是一种污染治理技术，而已开始影响到其他行业的产业政策，促进各工业部门逐步以生物过程替代传统的化工过程，使许多污染行业的工业生产真正进入无污染的清洁生产的轨道。

随着国家环境保护力度的持续加大和节能环保政策的日趋完善，生物技术在环保产品、节能产品、环境基础设施建设、环境服务、环境友好产品、资源循环利用等领域不断拓展深入，技术创新将随着行业产值的不断提升迎来发展机遇期。在国家政策上，一方面节能减排力度不减的国家政策基调，例如国务院制定的《“十二五”节能减排综合性工作方案》明确规定“到2015年全国单位GDP能耗比2010年下降16%，化学需氧量和二氧化硫排放总量比2010年分别下降8%，氨氮和氮氧化物排放总量比2010年分别下降10%”，以及《“十二五”经济社会发展规划纲要》提出“将城镇生活污水和垃圾处理能力、环境监测评估能力和饮用水安全等环境基础设施列为基本公共服务的范围和重点”等政策，为生物环保技术的发展与应用提供了有利的宏观背景支撑；另一方面《战略性新兴产业发展“十二五”规划》等与生物环保产业密切相关的一系列规划及配套政策，以及在财政、税收和金融等方面的激励政策和优惠措施，为生物环保领域的科技研发提供诸多资金支持。

尽管我国生物环保领域的技术产业化还有待进一步发展，但是以技术创新为驱动力的生物环保产业发展，已成为国家拉动经济增长和促进转型升级的重要战略性新兴产业之一。可以预见，未来一定时期内，围绕“循环经济、污染防治与生态保护、环境监测技术、环境服务”等领域而展开的生物环保科技研发将成为我国技术创新领域的重要内容之一。

1.3 生物环保技术产业化持续升温

创新是云南实现生物资源优势向生物产业优势转化的根本，创新驱动也是长期以来云南发展生物产业过程中不断探索的重点。

改革开放初期，云南省委、省政府就立足于云南的生物资源优势，探索烟、糖、茶、胶等传统生物产业，确立了烟支柱，但当时我国处于短缺经济时代，满足温饱的基本需求对传统生物产品生产提出的是低成本、大规模的要求，差异化需求小，品牌需求不突出，单一产品的规模扩张以填补商品短缺是这个时期的最佳生产模式。云南省的自然地理多样、生物多样且以山地为主的资源禀赋特征与这个时期的主流生产模式存在一定的冲突，生产的高成本和适宜种植土地规模的限制，使云南在这个时期的传统生物产品生产在与平原和丘陵地区的竞争中处于劣势，云南省的生物多样性只有潜在价值，没有现实经济价值，只能吸引生物科学家，而对企业家的吸引力不强。

进入20世纪90年代以后，我国城乡居民收入水平不断提高，从温饱阶段向生活质量改善阶段迈进，开始关注名、特、优、稀产品，云南省在多样性的生物资源作用下的多样化特色生物产品开始受到关注，世界各地的特色生物也由于云南具备适生环境而被不断引入云南进行种植和加工生产。面对这种需求，云南省委、省政府于1996年组织实施了以食品为重点的生物资源开发产业，并将生物资源开发产业列为云南省的支柱产业进行培育，首先启动18项生物资源开发工程（简称“18工程”），作为云南省生物资源开发产业的先导示范工程，为此云南省政府和各州、市政府还专门成立了“18工程”办公室。无公害蔬菜、澳洲坚果、香荚兰、咖啡、西番莲、螺旋藻、热带花卉等被列为重点扶持品种，发挥示范带动作用。后将“以食品为重点的生物资源开发产业”改为“生物资源开发创新产业”，出台一系列扶持政策支持生物产业发展。这个时期的市场环境虽然出现了城乡居民对生活质量的追求，但总体上收入水平还不高，追求的仍然是价廉物美的消费品。云南省重点开发的生物资源产品虽然品种优、产品特，在国内具有一定垄断性和独占性，但种植和生产规模受最佳适生环境有限的制约，难以做到规模扩张基础上的低成本，使得生产成本高，销售价格相对较高，因而市场需求相对狭窄。虽然产品差异化在这个时期开始显现，但还没有成为市场主流，云南生物多样性的优势还不可能得到充分发挥，单一产品的规模化生产往往使小区域内的生物多样性受到一定程度的影响，且没有成本优势。云南生物产业发展中单个品种的小规模和整体上的规模效应还没有充分体现。这个时期处于产品差异化的准备阶段。

进入21世纪，我国基本进入小康社会，正处于迈向全面建成小康社会的进程中，人们的收入水平已经达到追求健康、安全、环保、品质和个性化需求的时代，对依靠化肥、农药、生长素催生的数量规模型粮食、蔬菜、水果等农产品开始排斥，转而追求无公害、纯天然的生物产品，对依靠混合饲料喂养和生产的家畜、家禽、禽蛋和水产品开始排斥，转而追求无公害、纯天然养殖的畜、禽、蛋和水产，品质成为第一追求，价格不再是第一购买选择。保健品、养生品和具有保健功能的日常消费品成为人们的重要购买商品。生态米、生态菜、生态猪、生态鸡、生态鱼成为人们争抢的生活消费品；三七、天麻、螺旋藻、石斛等保健品，过去因价格高昂被称为生活中的奢侈品，现在却成为人们保健生活的必需品而被一般消费者购买；红藻、玛卡等具有特殊功效的特色产品市场需求越来越大。云南生物多样性的优势和适生环境多样性的优势越来越强，过去单一产品规模化生产造成的生物多样性损害所带来的损失也越来越大。依靠科技进步，开发多品种生物产品，保持最适宜生产规模，保持适生环境，通过产品多样性、产品品质、产品品牌、产品服务实现云南生物产业的规模效应的时代已经来临。保护生物多样性不仅仅只是保护我们的生存环境，它已经是云南生物产业发展的重要组成部分，是确保云南生物产品品质最优的根本保证。云南生物产业不能再是只提供原材料，这是因为单一产品的适生环境很有限，提供原材料没有规模优势，与平原地区竞争反而会挤占其他物种的生存空间，必须推进生物产业的工业化，以现代装备改造传统生物产业，延伸产业链，加快推进生物科技产业化，采用最先进的提取技术，提取符合现代人需求的现代生物产品，以云南生物资源品质优势、生物生存环境优势打造高端生物品牌，以国际水准提供生物服务。

对于创新，邓小平同志“科学技术是第一生产力”的论断已经深入人心，但人们对科学技术的认识很多时候却脱离了“第一生产力”，割离了科技进步与普通大众需求的紧密联系。生物产业这一古老而又新兴的产业的科技创新只在细胞工程、基因工程、蛋白质工程等高尖端领域受到关注，而与普通老百姓日常生活息息相关的农产品、普通食品、副食品、日用品生产工艺创新和产品创新，很多时候只作为规模报酬递减的农业和农产品加工业看待。作为省级区域，这样的格局很容易陷入“科技创新”误区。

演化与创新经济学认为，技术追赶的全部要义在于：通过提高人均产品或服务的生产，实现价值增值。能否持续而稳定地增加价值至关重要。而很多处于赶超中的新兴工业化国家对技术的看法长期受六种错误观念的影响：一是技术是科学的应用；二是技术的自力更生是打破技术依赖的关键；三是技术越多越好；四是高技术就是最好的技术；五是技术易理解且易转移；六是研发是创新的关键，且研究引导研发。因而，大量的科技投入、科技创新实现了论文、专利、发明数量的不断扩张，但产出和有效的服务却没有得到明显增值。

专栏：错误观念及其影响[1]

观念之一：技术（只不过）是科学的应用。

- 认为科学知识价值高于技术知识。
- 投资建立研究机构，投资进行科学研究。
- 科研投资过度，技术开发不足。

观念之二：技术的自力更生是打破技术依赖的关键。

- 自行开发技术，而不是引进技术并加以消化吸收。
- 进行长期、高风险的本地技术开发，但成效不大。

观念之三：技术越多越好。

- 追求产品技术的巨大飞跃，忽视“生产现场”创新。
- 强调研发经费，忽视产品和工艺本身或生产中附加值的增加。
- 追求开发完美的技术，然后进行市场推广；而不是在经过市场检验后，再将技术完善。

观念之四：高技术就是最好的技术。

[1] 摘自：纳谢德·福布斯和戴维·维尔德：《从追随者到领先者——管理新型工业化经济的技术与创新》，北京：高等教育出版社，2004：10.

- 拨款补贴花费巨大的高技术企业。
- 忽视成熟技术和修修补补的技术。
- 忽略低技术的选用。

观念之五：技术易理解且易转移。

- 追求获取更多的技术蓝图，而不注重技术的学习与消化吸收。
- 忽视隐性知识，引进技术时不努力弥补隐性知识方面的不足。
- 过于注重技术转移的制度安排，对转移本身的改进不够重视。

观念之六：研发是创新的关键，且研究引导研发。

- 关注研发而不是工业创新。
- 注重研发中的研究环节，忽视开发。

云南省在国家战略部署的指导下，结合自身特点，将现代生物产业确立为重点培育和发展的六大战略性新兴产业之首。云南省生物资源多样，生物产品多元，生物产业落后，部分生物科技领先，生物人才占优。本书在众多云南生物产业研究基础上，收集整理生物产业新兴科技，结合云南生物资源特点与生物产业发展中的现实问题，探索性地提出和论证云南省生物产业发展的六个思路，即生物资源多样化、生物产业工业化、生物产品差异化、生物科技产业化、生物品牌高端化、生物服务国际化，为推进新兴生物科技深度融合传统生物产业，加快培育和发展云南省战略性生物产业，加快云南生物产业发展提供决策参考，服务于推进云南优化经济结构、转变发展方式和实现与全国同步建成全面小康社会奋斗进程。

需要说明的是，由于知识的局限，本书中很多内容为资料性质，以期抛砖引玉，引起更多对云南生物产业发展的研究和关注，共同为加快云南生物产业发展献计献策。

2 生物资源多样化

历史的经验已经证明，“一个物种可造就一个产业，一个基因可拯救一个产业”。生物资源是人类财富的巨大宝库，生物资源是生物技术创新和产业发展的基础。以生物多样性和生物技术为核心的生物经济是以解决人的生存与生活质量为出发点和最终目标的生命经济。未来经济将把生物技术成果运用于全方位地解决人的生存与生活质量问题。拥有生物资源就拥有未来产业发展的潜力。

2.1 多样性增强产业发展基础

生物资源及其适生环境是生物产业发展的物质基础，云南丰富而多样的生物资源及其适生环境为发展生物技术及其产业创造了优越条件，即能够为生物技术创新提供种质资源，能够为生物产品创新找到适合的自然生长环境，能够聚集生物技术创新人才。

独特的地理环境与气候条件为多样的生物资源创造了良好的适生环境。云南全境地处青藏高原边缘的大斜坡地带，以山地高原为主，山地占总面积的94%，地势阶段递降，高山峡谷相间，地形复杂多样，断陷盆地错落，既有滇东、滇中高原地区，并因此发育成各种类型的喀斯特地形，也有自西向东分布的横断山脉纵谷地区，形成自西北向东南、西南呈帚状展开，阶梯状逐渐下降，平均每千米海拔降低6米。云南全省海拔高低差异很大，最高点是滇藏交界的德钦县怒山山脉的梅里雪山主峰卡格博峰，海拔6740米，最低点在与越南交界的河口县境内南溪河与元江汇合处，海拔仅为76.4米。特殊的地理位置造就了云南省独特的气候资源与土地资源。由于地形复杂、地势垂直高差大等原因，形成了云南省独特的立体气候，全省八个纬度间的温度差异呈现出寒、温、热三种七类气候带，加之山高谷深，垂直高差大，谷底与山顶气候差异明显；年温差小，日温差大；无霜期长，光照充足。从土地资源角度来看，土地类型丰富多样，按照地貌形态特征，云南可分为山地、高原、盆地等类型。其中，山地高原约占土地总面积的94%左右，盆地约占6%。山中有坝，原中有谷，组合各异，空间分散，高海拔土地和陡坡土地占有较大比重。自南向北土壤类型分为砖红壤为主的地带、砖红壤性红壤地带、山原红壤地带和紫色土为主的棕壤地带，红壤占比55.2%，林地面积较大，宜林土地资源丰富，宜林土地资源占全省总面积的66.4%。正是这样独特的地理环境和气候条件，使云南拥有非常丰富的植物、动物和微生物资源，成为我国重要的生物资源宝库。这样的地理与气候条件也为多种生物提供了较为适宜的生存环境，云南省既是古热带植物区和泛北极植物区系的交汇点，也是喜马拉雅植物区系和东亚植物区系的交汇点，极大地丰富了植物、动物和微生物种类，拥有北半球除沙漠和海洋外的各类生态系统，是全球生物物种高富集区和世界级的基因库，享有“生物资源王国”和“生物基因宝库”的美称。

多样而丰富的生物资源及其适生环境是生物产业发展的基础。丰富多样的生物资源使云南在物种方面具有特殊性，主要表现为：云南特有和优良品种较为丰富，如茶叶、红豆杉、食用菌等是云南特有的品种，且其所含有效成分比国内外同类产品品质更高；近缘及可替代的种类丰富，如云南砂仁、马钱子、龙血树、美登木素、三七等均作为近缘的替代种类，而且其有效成分含量远高于进口药品；种质资源数量巨大，2012 年首批《云南作物种质资源多样性分布研究》共 19 部，详细从粮食种质资源、经济作物种质资源、蔬菜作物种质资源说明了云南省种质资源的多样性，此外，在专有种质资源库方面，云南省建成世界上最齐全的“重楼种质资源库”，收集保存了世界上已经报道的 24 种野生重楼中的 23 种，还发现和命名了 3 个新种。在国内已开发利用的生物资源种类中，云南所占比重极大（见表 2-1），最少都占全国的 50% 以上。除了早期为满足生活基本需要的生物资源的初级开发利用之外，已经形成了三大类型的生物资源开发利用产业，即以粮、油、畜为主的基本需求资源产业，以烟、糖、茶、橡胶、花卉为主的优势生物资源产业，以林、果、蔬菜、饮料（咖啡）、药、水产等为骨干的潜在优势生物资源产业。在已被利用的经济林木、花卉、药材、水果等经济作物中，云南都以其品种的丰富和珍、稀、名、优品种之多而居全国之冠。云南具有雄厚的以生物资源促进经济发展的物质基础和巨大的开发利用潜力。

表 2-1 可开发利用的生物资源种类

可利用资源种类	全国/种	云南/种	占全国/%
主要乔木	200	120	>60
香料植物	500	360	>75
药用植物	4700	2600	>55
食用菌	360	270	>70
柴胶寄生植物	200	100	50
两栖爬行动物	29	21	>70
观赏植物	3500	2500	>70

以医药为例，在全国查清药用植物 11020 种，云南共有药用植物类 265 科，1354 属，4785 种。在全省中药材品种中，属国家药典品种 431 种（味），占药典 456 种的 94.5%。全国 362 种重点普查的品种，云南省有 337 种（味），占 93%。在已经开发利用的甾体激素类药物中，云南丽江、罗平等地区成为盾叶薯蓣的主

要种植地，现种植面积不少于15万亩。再如菊叶薯蓣的引种，2004年以来菊叶薯蓣在云南多个地区引种，部分地区引种极其成功。云南德宏州芒市菊叶薯蓣种苗基地，开始种植于2004年5月，在种植期间缺乏科学管理受灾三次，在这样的情况下于2004年11月取样观察，发现单株重仍达300克；芒市遮放棒哈村的苗蓣种植时间、观察时间与前者相同，各植地海拔890米，取样一株，观察到单株重为700克。由于良好的适生环境保证了甾体激素类药物的原料供应，云南省主要生产企业在短短10多年间迅速进入全国同行业的前五名。

云南省基于特殊的生物资源富集的资源结构，在保证人们基本需求的同时，最早大规模地开发了橡胶、茶叶，以后又以烤烟、甘蔗为重点进行开发，近年来，对花卉、药材、水果、蔬菜、中药材、水产品等进行大规模开发，形成了开发程度好，具有市场占有力，经济效益好的一系列生物产业。例如花卉产量已连续约20年保持全国第一，鲜切花产量占全国市场的70%，是亚洲地区最大的鲜花产区，并通过昆明国际花卉拍卖交易中心有限公司打造全国花卉交易的重要平台；药材种植面积不断扩大，品种不断增加，到2011年，已有40个县（市、区）获得“云药之乡”认定，已建成三七、灯盏花、天麻、滇龙胆、铁皮石槲、滇重楼、云木香等一批具有一定规模的中药材规范化种植加工基地，已有中药材饮片加工企业20家，中药材提取物生产企业70家，天然药物生产特别是中药材提取物生产，已是发展较快且较有特色的产业之一。

丰富的生物资源聚集了众多生物资源研究机构和相当数量的生物资源研究人才，为生物产业的深度发展创造了条件。在云南省149家独立自然科学研究机构中，有76家从事生物资源开发与利用的研究。全省从事生物资源开发创新的研究机构和高等院校学科领域都比较齐备，全行业现有中、高级科研人员3760人。在生物科技创新领域，云南省已建成国家重点实验室1个，在建国家工程技术中心1个；建设和认定省部级重点实验室14个，占省级重点实验室总数的70%，在全国有较大影响的植物病理重点实验室、工业微生物发酵工程重点实验室等已成为生物产业研发基地。云南生物资源开发和生物技术的研究机构和高等院校学科领域都比较齐备，在植物区系与分类、植物化学、细胞与生物进化等优势领域取得了一些较高水平的研究成果。

2.2　多样性降低产业发展成本

多样性的生物资源和适生环境为生物产业发展降低生产成本、提高产业竞争力创造了条件。

丰富的近缘及可替代的生物种类降低了生物产业的生产成本与使用成本。云南多样性的生物资源为诸如医药制品、生化提取寻找可替代的生物物种提供了可能，而且这种可能性在20世纪通过利用云南萝芙木和披针叶萝芙木替代印度蛇根木，使提取治疗高血压有效药物成为现实，由于云南萝芙木含有与蛇根碱相同的生理活性物质，疗效也相近，而毒副作用却比蛇根木弱，通过工业化生产满足了国内需要，不需再进口蛇根碱，这一替代极大减少了因进口原材料或成品药对企业与消费者造成的成本增加。云南西双版纳分布的植物锡生藤已合成新药“傣肌松”，与进口的“氯化箭毒碱”有相似的肌肉松弛作用。除医药制品上可替代，在日用化工的香料提取方面，长期以来依靠进口的香精中的调香剂与定香剂——树苔和橡苔，特别是“法国橡苔”，2003 年从云南同属植物扁枝衣中制得的中国橡苔Ⅱ号的清香气味同法国进口的橡苔相似且更为柔和，完全可以代替进口产品。

良好的适生环境降低了生物产业的生产成本。云南特殊的地理环境通过对光、温、水和营养等生态因子在不同的地理空间进行分配，从而影响生物的空间分布以及生物生态类群的分异；而多样性的气候特点为多样性的生物生存提供了更为广阔的空间。这也意味着云南省的适生环境具有较强的包容性，全球其他地区与此相似的地理环境与气候条件下生存的动植物，很可能易于适应云南的生存环境而易于成活并适用于经济发展。以制造甾体激素类的薯蓣引种为例，来自于墨西哥的菊叶薯蓣的皂苷元含量高于本地盾叶薯蓣，菊叶薯蓣在较好的栽培环境条件下，栽培 3 年，平均每株产鲜块茎 14500 克，皂苷元含量为 4.6%。薯蓣皂素（皂苷元）是世界上合成避孕药、镇痛消炎药、麻醉药、肾上腺素、皮质激素、性激素以及蛋白同化激素等 400 多种甾体类药物的起始原料，被医药界称之为“药用黄金”。薯蓣块茎中的淀粉是生产工业酒精的原料，也是一种较好的生物能源。菊叶薯蓣在云南省西双版纳、丽江永胜、德宏等地得以推广，其中在西双版纳栽培 2 年后，随机挖样 10 株，平均每株产鲜块茎 9670 克，干鲜比为 27.91%。2001 年引入潞西市种植，已在城郊镇、风平镇、遮放镇种植 1000 亩，种植中等水平三年生采挖，亩产可达 8000 千克，皂苷元含量为 4.6%，熔点在 195~198 摄氏度。西双版纳、德宏已经成为全国菊叶薯蓣的主要栽种地，且对粮食生产没有影响。对比主要栽种地的一年生与三年生的根茎生长量、皂苷元含量及生产成本比较见表 2-2。

表 2-2 不同引种地点菊叶薯蓣生长量与皂苷元含量比较

引种地点	鲜根茎生长量比较				皂苷元含量比较					
	一年生		三年生		一年生			三年生		
	单株采得量/千克	平均/千克	单株采得量/千克	平均/千克	含量/%	平均/%	熔点/℃	含量/%	平均/%	熔点/℃
云南西双版纳	0.70~2.5	1.145	6.7~27.75	14.95	—	2.5	190~197	—	4.6	195~198
江苏南京	0.785~1.5912	1.188	2.104~2.932	2.552	1.04~3.93	2.81	—	—	—	195~202

续表 2-2

引种地点	鲜根茎生长量比较				皂苷元含量比较					
	一年生		三年生		一年生			三年生		
	单株采得量/千克	平均/千克	单株采得量/千克	平均/千克	含量/%	平均/%	熔点/℃	含量/%	平均/%	熔点/℃
江苏大丰	0.6908 ~ 0.7976	0.744	2.346 ~ 2.845	2.596	2.54 ~ 4.2	3.27	—	—	—	195 ~ 202
浙江仙居	0.9821 ~ 1.43	0.207	1.325 ~ 2.872	2.103	0.9 ~ 1.60	1.47	—	0.8 ~ 4.3	1.77	195 ~ 202

注：资料来源于《菊叶薯蓣产业化发展优势及综合利用前景分析》，2007。

由表 2-2 可以看出，云南适生环境对菊叶薯蓣的生长具有显著优势，尤其在三年生的鲜茎生长量、皂苷元含量及其溶点方面都具有优势。通常而言两年期菊叶薯蓣每亩投入种植成本为 4157 元，产出为 8000 元，种植户的纯收入为 3841 元，年平均收入为 1920 元；但从德宏的种植基地的成本收益核算来看，每亩投入种植成本 1400 元，亩产值 8000 元，种植户的亩纯收入为 6600 元，年亩平均收入 2200 元。二者成本的主要差异在于：菊叶薯蓣引种成功的关键是冬天防冻，将菊叶薯蓣的块根深埋地下，或在空中搭建大棚，可解决过冬问题。而这一问题在云南由于主要栽种地长年无霜，无需处理。近年来，云南省部分企业在生产工艺方面进行了技术创新与改进，掌握环保无污染分离法生产薯蓣皂素，将 3% 含皂苷元部分分离出来再进行水解处理，耗酸量和溶剂汽油量仅为 500 千克，大幅降低了成本，同时综合利用原料生产酒精和颗粒肥料，将工艺中的废水利用于副产物的生产中，循环利用，实现了薯蓣皂素清洁化生产。

除外来品种在云南具有良好的适生性之外，国内其他地区生物因云南具有良好的土壤条件、湖泊河流条件、气候条件及物种条件而适生于云南很多地区。特别是蔬菜业的发展得益于云南地理优势与气候条件，蔬菜实现了低成本周年生产，成为国内反季节蔬菜生产和南菜北运的重要基地。例如，元谋县全年无霜，年平均气温 21.5 摄氏度，降雨量 642 毫米，被誉为“天然大棚”，有“金沙江畔大菜园”和“中国冬早蔬菜之乡”等美誉。该县蔬菜生产普遍实行“水稻-蔬菜”水旱轮作和“玉米-蔬菜”粮菜轮作模式，品种主要有洋葱、番茄、黄瓜、菜豆等 30 多种量大质优的无公害蔬菜，销往国内 24 个省（市、自治区）的 140 多个大、中城市，并出口到欧盟、俄罗斯、韩国、日本、新加坡等国家和地区。从品种来看，云南省蔬菜种类达上百种，品种数以千计；从质量上看，云南省蔬菜在各大市场，以品种众多、天然无污染、绿色无公害、反季夏秋蔬菜等特点著称，形成了大路菜、精细菜、特色菜、人工驯化野生菜共同发展的格局。2012 年在北京的云南省“南菜北运”推介会上，向北京推介了叶菜类、花菜类、根茎类、茄果类、荚豆类以及瓜果类等数十个品种，供应量数百万吨，而且由于云南无公害蔬菜生产基地为350万亩，保证了向北方地区冬春蔬菜市场供应无污染、反季成熟的蔬菜品种。

上述对比表明，适生环境提高了云南生物产品的产量并降低了生产成本，但与此同时，云南省多样性生态系统的脆弱性也对生产企业的清洁生产提出了要求，要求这些企业进一步改进生产工艺以适应生态环境保护的需求，从而提高产业竞争力。

2.3 多样性增强产业发展潜力

生物资源多样性提供了多样化产品的物质基础，具备了生物产品种类增加基础上的规模报酬递增条件，随着人口结构的改变，居民收入水平的提高，对差异化产品需求动力增强，产业发展潜力增大。

生物产业因其技术应用的前沿性与创新性成为国际竞争的焦点，生物产业的发展对解决人类面临的人口、健康、粮食、能源、环境等主要问题具有重大战略意义。国务院《关于加快培育和发展战略性新兴产业的决定》提出要促进生物产业的基地向专业化、特色化、集群化方向发展，使已建成的22个国家级生物产业基地成为生物产业的主要聚集地。其中昆明国家级生物产业基地，已经聚集了全省80%的规模以上生物制药企业，园区拥有以云南白药、昆明制药、滇虹药业、龙润药业、沃森生物、山灞远程医疗等为龙头的生物及医药企业360多家，规模以上生物企业达到33家，全区从事生物产业人数达45000人，聚集效应已初步显现。但不可否认的是，云南生物产业层次不高、创新能力不强、集群度较低、竞争实力较弱是现实，叫得响的品牌并不太多，最为突出的矛盾在于云南的资源与生物产业的地位不匹配。

生物多样性特点与生物产业发展阶段要求云南省生物产业发展在保证专业化的同时向多元化方向转变。种类多、数量少、区域分布分散是云南省生物资源分布的主要特点。企业生产规模扩大会带来企业收益增加，这是传统工业化的基本思想。如果沿用这一思想，云南省生物资源分布的特点直接制约着云南省生物产业的发展，形成资源大省与生物产业地位不匹配的矛盾。从云南省生物资源的特点来看，种类多、数量少是其最为突出的分布特征，与此同时，由于云南生态系统的脆弱性存在，一些生物资源的种植规模或生产规模盲目扩大会引发生态系统的破坏，从而使生物多样性受到破坏。

新增长理论认为，追加新的物品和服务进行联合生产要比单独生产的成本低，即联合生产存在“成本的劣加性”。经济体系中的劳动分工导致了专业化生产，同时也给企业带来了享受规模经济和范围经济的可能性，作为利润导向的企业在选择规模经济和范围经济时，将不得不权衡两者给企业带来的利润增加的差异。在企业成长早期，专业化生产使得产品的平均成本迅速下降，企业规模经济的边际收益大于边际成本，而若要增加到两种或两种以上的产品生产，则会大大增加各方面的投入，范围经济的边际收益却远远小于边际成本。因此，在企业成长的早期，企业主要是通过追求规模经济来实现企业发展，经营单一产品。随企业单一产品生产规模扩大，企业生产两种或两种以上的产品时，能够综合利用资源、管理、技术等现有条件，以实现比这些产品单独生产时更低的生产成本，在企业内部分工的不断深入和企业规模的不断扩大的情况下，企业享受范围经济的可能性将越来越大。

考察云南生物产业发展：第一，规模经济效应在云南生物产业发展历程中已经起到重要的推动作用，传统生物产业进一步实现规模经济的边际收益与边际成本对比，已经进入经济理论的U形曲线上升阶段，发挥规模经济效应的作用有限。经过多年发展，生物产业已发展成为云南最大的支柱产业，对云南省经济发展的贡献已经达到34%。烟、糖、茶、胶等12类优势生物产业总产值已经达到2300多亿元，占全省生物产业总产值的84%。云南因重视烟叶种植和烟叶品种改良而成就了今天云南烟草的全国第一；在生物技术的支持下，国内70%以上的鲜花也出自云南；烟叶、茶叶、花卉、咖啡、核桃、膏桐、橡胶7个产业种植面积居全国第一；烟叶、鲜切花、咖啡、核桃、橡胶5个产品产量名列全国第一；甘蔗、蔬菜、丝麻、中药材等品种的种植面积和产量在全国名列前茅。这些数据表明云南传统生物产业的发展通过多年的规模扩张，在一定程度上已经实现了专业化发展，进一步规模扩张将直接受到云南省生态系统的制约。第二，已有品牌优势强力支撑生物产业发展，采用多元化发展战略。“云烟”、“云花”、“云茶”、“云药”、“云果”、“云菌”、“云菜”等一系列云字号、滇牌特色生物资源产品享誉海内外，石斛、玛咖、蓝莓等一批新兴产业亮点纷呈，由品种多元化带来的规模收益递增作用正在显现，特色生物产业的支撑作用不断提升，已经成为云南创造绿色GDP的重要产业。近年来云南省委、省政府提出云南省未来生物产业发展的主要方向是大力发展生物医药、生物能源、生物农业与生物林业；着力打造特色优势生物产业基地，促进产业结构升级和产业发展方式的转变，打造符合地方资源优势的绿色经济是符合社会潮流的经济发展方式，由“规模效益型”向“结构效益型”转变。

生物技术创新使生物产品多元化成为趋势，而高层次商品消费支出增加及人们对健康、环保重视程度的提高强化了生物产品多元化的市场需求。生物产业的发展为解决人类社会面临的健康、卫生、能源以及环境等一系列重大问题提供了新的契机和思路。

首先，生物技术创新的速度改变了生物产品的结构，多元化的生物产品成为发展趋势。新兴技术在生物产业领域的应用可以改变传统生物产品的性状，提高生物产品的附加值。如膏桐早期榨油以作为防水防腐、传统肥皂及润滑油料使用，通过生物提取技术的改进与创新，现经改性后的膏桐树油可适用于各种柴油发动机，成为生物柴油的主要原料，这一应用提高了膏桐的经济价值，从燃料生命循环的角度考虑，降低了二氧化碳的排放量，减少污染，保护环境。新兴技术改变了生物产品的储存方式，延长了产品的供给周期，拓展了产品的地理供应半径。如蔬菜产业利用冷冻技术可生产冻干蔬菜、速冻蔬菜，既保存了蔬菜本身的色、香、味、形，也大部分保存了食品中的维生素、蛋白质等营养成分，同时，经过冷冻处理后的速冻蔬菜其中心温度达到零下 15 摄氏度，提高了蔬菜的供给半径。生物新技术提纯生物资源中的有效成分，使其效用得以较大程度地发挥，这一特点在生物制药上较为常见，云南最具资源优势和发展前景的有甾体激素药以及三七、灯盏花、血竭、银杏、天麻等特色天然药物，这些恰好是防治全球疾病第一杀手——心脑血管疾病的特效药物。如三七有效成分的提取，总皂苷是三七有效活性成分，经提纯加工成为三七总皂苷，用于血塞通等药物的生产以提高三七有效成分作用的利用程度。

其次，人口结构与收入水平的变化改变了居民消费结构，高层次、高附加值的产品成为居民消费选择的新动向。当前，我国面临日趋严峻的人口老龄化、食品安全保障、能源资源短缺、生态环境恶化等挑战，为保障人口健康、粮食安全和推进节能减排，亟需加快开发新型药物、农作物新品种、绿色种植技术、生物燃料和生物发电、生物环保技术、生物基产品等。人口结构变化促使消费者更偏好于有利于健康的生物产品。我国正面临人口快速老龄化的转变，这样的转变意味着适龄劳动力供养人口比例增加，一方面人口平均预期寿命增加，人们对有益于身体健康且质量得以保证的生物产品需求越来越旺盛，如有机农产品的需求，无污染、无添加剂、无副作用的保健药品；家庭供养儿童比例减少，家庭对儿童食品、药物等生物产品需求的质量越来越高。另一方面，适龄劳动人口比例的减少增加了适龄劳动人口的工作时间与工作强度，因此在无污染、无添加剂、无副作用的环保生物产品方面的需求大大提高。伴随着我国居民收入水平的大幅提高，粗加工的生物产品市场需求将有所减少，而那些差异化且亲人体的高层次、高质量的生物产品将成为人们的主流消费倾向。

2.4 破坏生物多样性的代价

外来物种的侵入、传统工业化模式正在破坏生物多样性，很多生物物种不断消失，使云南生物产业发展的物质基础正在削弱，降低生物产业发展成本的空间正在缩小，生物产业发展潜力不断减弱。

外来物种的侵入对云南生物多样性形成威胁。云南省外来入侵植物有 158 种。这些植物从其他地域传入，自己可以结种子、发芽、繁殖，形成自己的种群，并大量爆发，至少产生三个方面的危害：排挤本土植物，破坏当地的生物多样性；形成杂草给农业生产造成损失；植物本身具有毒性，给人类或牲畜的健康造成威胁。如紫茎泽兰、水葫芦等外来物种，已对云南的生态系统造成了极大破坏，美洲斑潜蝇对农业生态系统形成了极大威胁，而盲目引进青、草、鲢、鳙四大家鱼及银鱼等，使得云南省高原湖泊中的土著鱼类遭受毁灭性的破坏。具体以薇甘菊为例，20 世纪 80 年代初，邻国缅甸使用大量薇甘菊掩护兵营，其轻巧且长有“翅膀”的种子便飞入了德宏州境内。2006 年这种植物已蔓延到 10 多万亩，给当地农民造成巨大的经济损失，甘蔗、柠檬、香蕉、咖啡等农作物减产 20%~50%，严重的甚至绝收。有薇甘菊的地方其他植物都长不起来，许多大树被它覆盖致死。

传统工业不合理的开发利用及由此产生的环境污染，成为生物多样性被破坏的主要原因之一。与云南生物多样性相伴随的突出特点就是生态环境的脆弱性，云南境内特殊的地形地貌、复杂的气候环境，导致云南物种多，但种群稀、数量少，分布区域小，对外界干扰非常敏感，遇有自然灾害或人为破坏，很容易陷入濒危境地甚至灭绝。例如在云南热带、亚热带地区分布的 3 种野生稻种中，普通野生稻 26 个分布点已经消失 24 个，药用野生稻 13 个分布点已经消失 11 个，疣粒野生稻 105 个分布点已经消失 70 多个；172 个地方畜禽品种中有 92 个品种个体数量下降，其中大普吉猪、草海鹅、文山鹅、思茅鹅、曲靖兔 5 个品种消失，怒江独龙牛、西双版纳马、红河黑绵羊等 11 个品种濒危。

无序、粗放的传统工业生产工艺难以处理由此产生的污水及空气污染，影响了生物的适生环境。工业固体废弃物、工业污水、工业废气，以及农药、化肥的施用使土地和水质不断恶化，破坏了生物适生环境，特别是水生脊椎动物和湿地鸟类赖以生存的栖息环境被大面积破坏，导致许多种类在云南境内绝迹，种群数量减少。高原湖泊阳宗海的沿湖工业发展，导致高原湖泊水体严重富营养化、重金属污染和砷污染，造成多种高原水生生物灭绝。传统工业生产工艺导致了气候条件的极端改变，长期来看，极端气候条件的频繁出现势必会影响云南省一直引以为荣的适宜各种生物生存的立体气候。

传统工业生产中生物有效成分的有限利用，造成大量生物资源的浪费。生物产业传统生产工艺的技术相对落后，如生物制药过程中往往提取某一有效成分之后，生物原料就被弃置或充当燃料，而生物原料中复杂且多样的有效成分未得到利用，这使得生物资源利用率不高，资源浪费，生产成本增加。而丽江映华企业在菊叶薯蓣生产过程中除了主要甾体激素的提取之外，改善生产流程与工艺后，增加了更多产品的生产如 17α 羟基黄体酮醋酸酯（单酯）产品，并利用生产后的生物原料进行乙醇再提取，实现了生物资源的有效利用，减少生产成本，并利用循环生产保护环境。但这样的改变在大多数生物生产企业并不多见。

大规模的商业开发与利用造成药用植物、热带林木等生物的毁灭性打击。源于经济利益，人们对生物的需求量在不断增大，带来了市场牵引的大规模经济种植园的发展。如在西双版纳，很多地区大规模砍掉原始森林，种植商业橡胶，使很多原始森林破碎，物种基因的交流难以实现，大型动物的活动区域难以满足。此外，人们对生物的商业需求与人工繁殖的困难使本就稀少的生物物种面临灭绝，从而改变了生物多样性。如产于云南南部的大花万代兰，可持续开花1个多月时间，观赏价值大，并且是很重要的杂交育种亲本，由于人们乱采滥挖，导致其在野外生存已相当困难。珍贵的热带红木被大规模地从我国边境地区运入内陆，做成家具卖到世界各地。

保护生物多样性是增强生物产业发展的物质基础。生物多样性是不可再生的，云南这种生物物种丰富的地区，也是生态脆弱的地区。云南的很多植物，在世界上都是独一无二的，一旦某种物种灭绝，它所携带的基因等信息就会消失，因此，保护生物多样性对云南的经济发展以及人的生存都至关重要。第一，生物多样性保护夯实生物产业发展的原材料基础。种质资源的保护提供了更为广泛的生物物种基础，云南是我国特有物种、孑遗物种的分布中心，东亚植物区系的现代分化中心，物种及基因资源异常丰富，是具有国际意义的陆地生物多样性关键地区。生物多样性保护有助于提高生物有效成分的比重。第二，生物多样性保护更有助于生产环保、生态的生物产品。

生物多样性保护对企业蕴含着巨大商机，可充分利用生态修复的外部效应，提升生物产业竞争力。第一，多样性保护带来的生态修复可衍生新兴市场。TEEB报告指出，生物多样性和生态系统服务带来的新兴市场，如认证农产品、认证森林产品、生物碳等自然资源中与可持续发展相关的全球商机，到2050年之前可达到2万亿~6万亿美元。再比如，2013年6月22日元阳县1300多年的红河哈尼梯田文明景观成功列入联合国教科文组织世界遗产名录。哈尼梯田正是充分利用生物多样性实现千百年来人与环境和谐共生的农业生态形式。元阳县将迎来“后申遗时代”，优质、特色梯田农产品的品牌建设以及特色旅游业的开发将成为其重要的经济驱动力。第二，生态修复推动技术创新并产生新产品，实现企业差异化战略。诺维信研发的饲料酶技术，提高家禽对磷的吸收，减少水体污染，进而降低生物多样性危机。其背景是，由于禽畜粪便中含有大量的氮和磷的化合物，这些氮和磷进入土壤后会转化为硝酸盐和磷酸盐，含量过高会使土地失去生产价值，造成地表水和地下水污染，最终使得水富营养化，水中溶解氧减少，鱼类等大量死亡，危及生物多样性。第三，多样性保护驱动企业树立良好的社会形象，成为企业运营的良好的商业模式。例如，众所周知的香格里拉（亚洲）有限公司2010年启动了“香格里拉关爱自然”项目启动，设立年度专项基金，以确保所有度假酒店统一设立生物多样性和栖息地保护项目。除了督导度假酒店的项目实施，并在项目设计、追踪、监测等方面提供支持，该项目还包括监测物种的数量，安排当地学生和客人参观自然中心，开展其他教育活动。这样既能够推动生物多样性保护实践的广泛开展，也使这些企业的行动本身成为企业品牌营销的重要策略，更能够解决一些实际的问题，如保障粮食安全、地区扶贫、扩大就业等。2013年，国家环保部召开的“伙伴关系：企业与生物多样性”主题研讨会，会议普遍认为企业参与生物多样性保护、可持续利用和惠益分享，不仅成为国际社会履行《生物多样性公约》进程中一个重要趋势，也成为企业降低运营风险、创造商业机会及追求可持续发展的重要策略。第四，生态修复有益于企业助推贫困地区增加就业机会，帮助农民脱贫。云南省生态保护较好的地区往往也是较为贫穷的地区，这些地区没有现代工业污染的有机生物产品会成为市场需求较大的产品，如成立于2012年的香格里拉农场，其原料均来自云南香格里拉的纯天然种植环境，并形成了三条成熟的生产线，即香格里拉天然咖啡、蜂蜜和护肤品。香格里拉农场品牌起源于2008年纽约Malik一家人在香格里拉的旅游。香格里拉民风淳朴，当地居民以最热情温暖的方式迎接了Malik一家，但是当地藏民的贫困同样令人动容——大多数家庭年收入仅在300美元左右。但是这片没有被现代工业污染的净土却具有生产天然有机产品的潜力。纯净的蜂蜜，醇香的咖啡，还有天然的植物原料，这些都是大自然的馈赠。通过对当地居民提供无偿技术扶持，对产品销售收入分成的方法，帮助当地居民脱贫。

2.5 保护生物多样性

保护云南生物多样性需要推动资源消耗少、成长潜力大、综合效益好的生物产业发展，使生物产业成为新的重要经济增长极，推动技术创新和产业变革。

（1）加速新技术在传统生物产业的应用力度，提高云南省生物资源的利用效率。科技创新可以加快产业结构的优化升级。传统产业的发展伴随着高消耗，面临着环境资源的约束，利用高新技术促进传统产业改造升级，可以提高资源、能源利用效率，减少污染排放；新技术的采用还可以探索和发现新资源或替代现有资源，大大地拓展了资源利用空间。

（2）深化产品多元化的开发力度，以差异化产品的生产作为云南生物产业发展的主要方向。针对云南省物产丰富但规模不足的特点，细分产品市场，利用云南省良好的资源环境条件，生产纯天然的有机生物产品；分析市场需求变化，利用已有生产工艺，进行技术改进或创新，实现生物制药、生物化工产品的多样化，实现清洁生产。

(3) 形成以企业为核心的生物多样性保护路径。在行业相关标准中将生物多样性保护的要求纳入其中。这些指标的设定能够有效地将最佳的实践推广开来，为整个行业开拓良好的市场声誉以及发展空间。将生物多样性保护列为云南省企业家的企业责任，针对不同行业的企业细化其生物多样性保护的细则及内容，建立在ISO26000基础上提出云南省各类企业及组织保护生物多样性的路径，明确平衡生物多样性保护与经济效益的措施。

3 生物产业工业化

从国民经济行业分类上讲，生物产业分布在种植业、林业、畜牧业、渔业等第一产业和医药制造业、农副产品加工业、食品制造业、饮料制造业等轻工业。云南省的生物产业经过多年的培育，已经形成一定的产业规模，但仍然没有彻底改变小、散、弱的格局，以农业业态为特征的传统生物产业还是云南生物产业的主体，改变这种格局的根本出路在于实施生物产业工业化战略，以工业化路径实现传统生物产业向现代生物产业的转变。

3.1 理论依据

生物产业工业化理论基础主要包括马克思的工业与农业相结合理论、产业链延伸理论、市场类型理论，马克思理论是生物产业工业化的最基本理论，产业链延伸理论是从产品附加值角度揭示产业发展，市场类型理论则是从企业层面揭示影响产业发展的组织形式。

3.1.1 马克思理论

马克思关于随着生产力的发展，工业和农业相综合的原理是生物产业工业化最基本的理论基础。马克思指出，“农业和工场手工业的原始的家庭纽带，也就是把二者的早期未发展的形式联结在一起的那种纽带，被资本主义生产方式撕断了。但资本主义生产方式同时为一种新的更高级的综合，即农业和工业在它们对立发展的形式的基础上的联合，创造了物质前提”。也就是说，生产力发展到一定程度，农业（传统生物产业）的进一步发展在于与工业进行联合。生物产业工业化是在市场机制作用下工业和农业相综合，用工业生产方式对农业生产要素进行整合的一种经济行为选择。这些生产要素既包括土地、劳动和资本等传统农业生产要素，也包括从现代工业部门引入的生产要素，而且往往是后者起支配作用。现代农业生产要素主要包括先进的生产技术和科学管理技术。在农业生产过程中引入工业部门的先进生产技术，实现农业机械化和农业化学化。对农业生产结果进行工业深加工，建立农业制成品工业体系，实现农产品和农业制成品的产供销一体的企业化经营管理。

农业经济主体包括农户和农业企业，可以是单个农户在达到一定资本规模后进行农业工业化经营，也可以是多个农户联合进行工业化经营。农业企业可以通过一定的组织方式，如“公司+农户”或“公司+中介+农户”等，使自己成为进行一体化经营的“龙头企业”，实现农业工业化运作。宏观地看，农业工业化就是农业与工业的产业整合。是以农业的市场化为背景，运用现代工业化技术和现代经营管理理念以及组织方式来管理农业的生产和经营，将农产品生产和加工集中化、企业化、规模化，实施全程标准化经营。总之，用工业化技术和思维谋划农业经营模式，就是农业工业化。

技术创新是农业工业化的关键。技术主要包括生产技术和管理技术，农业工业化就是对传统的生产技术和管理技术进行创新。农业工业化过程中的技术创新可以是源于公共部门所组织的研究开发，也可以是农民或私人部门通过“干中学”或试错法所积累的，还可以是农业生产要素相对价格变化而引发的创新。生物产业工业化过程是技术创新和制度创新并行的过程，创新是生物产业工业化的灵魂。

3.1.2 产业链延伸理论

3.1.2.1 产业链

完整的产业链，是指从原料采集、运输、半成品、成品生产，到产品进入分销渠道，最终到达消费者，实现商品市场价值的整个过程。包括调研产品市场信息、加工制造流程控制、品质管理和投放市场，所有这个过程涉及生产者和生产活动的组织及利润分配[1]。

同时，产业链是一条增值链，产业链各个环节的增值大小并不相同。基于微观视角，企业要努力控制产业链的上下游或产业链的关键环节，产业链整合可以降低企业交易费用、消除市场压制、发挥产业协同效应、促进技术转移与技术扩散以及优化资本配置。

3.1.2.2 产业链延伸

对最初的原料和材料进行逐级加工、深加工和精深加工，其产业经济活动表现是各个经济活动环节环环相扣，从而形成了一条具有内在经济技术联系的环环相扣的产业链条。同时，社会经济活动总是对某一生产环节的商品进行某种加工和再加工，这种加工和再加工的经济结果则是改变了商品形态和提升了商品价格；对初级原材料和产品的加工、深加工和精加工，实际上就是在构建并延伸产业链。

3.1.2.3 产业链延伸的增值功能

产业链延伸的主要目的是增加产品附加值，而在现有的产业系统中，产品附加值主要源于产业规模的扩张和产业部门的增加。就本质而言，产品附加值则来

---

[1] 王缉慈，谭文柱．关于区域发展中“打造产业链”的问题讨论［J］．产业经济评论，2005（2）．

源于一般人类劳动，对某一特定产业链的延伸，其实质就是对加工到一定程度的社会中间产品进行进一步的加工，即追加一般人类劳动，也就是在既有价值基础上产生价值增值。对社会中间产品进行多次的追加劳动则可以在特定商品上形成多次的价值追加。

然而，现实中并不是对产业链的每一次延伸或者对半成品的每一次劳动追加都能够使产品产生附加值。这主要是因为生产商品的社会必要劳动时间和个别劳动时间之间存在矛盾，即商品的价值是由社会必要劳动时间决定的，超出社会必要劳动时间的个别劳动时间就成为无偿劳动。这说明，产业链延伸要以提供为社会接受的商品使用价值为目的，单纯地为了增加产品附加值而延伸产业链是不可行的。

因此，市场主体选择延伸产业链各环节从而获得相应的产品附加值必须符合以下条件：一是合理评估市场需求，对产业链的延伸是否符合市场需要进行综合评估；二是节约劳动时间，提高劳动生产率，降低商品使用价值的时滞扣除项。

3.1.2.4 产品附加值的产业环节分布

当附加价值为正值时，市场主体有延伸产业环节的动力。劳动价值论阐明，随着市场竞争的加剧，利润率具有平均化趋势，不过这种趋势并不妨碍某个或某些环节具有较高的利润率。

这种个别环节存在较高利润率的现象，主要源于以下两个因素：第一，垄断将产生超额垄断利润。在现代激烈的市场竞争条件下，完全的市场垄断或行业垄断几乎不可能，但是由于专利、技术壁垒、资金市场壁垒以及有限的行业或市场保护壁垒的存在，部分产业环节具有垄断性。这种垄断环节可以具有较高的利润率。同时，产业链延伸一般需要较高的技术、资金投入，这往往形成高市场竞争壁垒，并具有相对垄断性，就容易具有较高的利润率。第二，创新产生的超额利润。产业链延伸环节对于经济增长来讲是经济增长点，对于产业技术来讲是技术创新。而经济增长点和技术创新，尤其是其所隐含的更多的技术、资金投入，意味着难以完全复制的创新，从而具有超额利润。

因此，产业链上各环节的新增附加价值一般是不均等的，在各个产业链环节的数量分布更是不均匀的，故市场主体往往更加关注新增附加价值较高的产业环节，进而重点发展相应的产业环节，而新增附加价值较低的产业环节则容易被忽视。

3.1.2.5 产业链延伸的选择

产品附加值在产业链各环节上的分布具有非均衡性，所以在产业链延伸的诸环节中，选择哪个产业链环节作为自身的关键产业部门加以培育，就具有两种思路：一是选择高附加价值量的部门作为自身的关键产业环节，并可以培育为支柱产业部门。这种环节市场占有率高、市场容量大，能提供当前最大限度的附加价值，但其附加价值率可能较低，投入产出效果不很明显。二是选择投入产出效果显著的高附加价值率产业环节，将其培育为高成长性、高附加价值率的先导产业部门，其一般收益率较高，但产业体系规模和社会需求总量容易制约其市场容量的扩张，因而能提供的附加价值总量也是有限的。

产业链延伸的关键是产业环节的产品附加值，市场主体要着重关注新增附加价值在不同产业链环节的分布特征，进而选择合理的产业链延伸环节。具有一定垄断优势的产业链环节是具有高产品附加值的环节，因此产业链延伸要着重选择具有垄断优势的产业链环节。

3.1.3 产业市场类型理论

根据企业市场份额的大小及企业间的竞争性，市场一般性地分为完全竞争市场、垄断竞争市场、寡头垄断市场和垄断市场。

3.1.3.1 完全竞争市场

A 假设条件

完全竞争市场必须满足以下 4 个假设条件：一是市场中有大量的买方和卖方，市场价格是由所有买方的需求总量和所有卖方的供给总量决定的，即相对于每个企业来说市场价格是外生的，每一个买方和卖方都不能影响产品的市场价格；二是每一个卖方的商品必须完全同质，买方购买商品时不关注商品的生产厂商；三是生产厂商可以自由进出市场，生产要素在各行业间可自由移动，基本不存在沉没成本；四是所有买方和卖方都完全了解市场信息，即市场信息完全对称。

B 市场模型

完全竞争市场中，商品价格由整个市场的供求决定，企业是商品价格的接受者，不会影响商品价格。

假设市场的供给函数和需求函数为线性的，即整个市场的供给函数为 $S = a + bp$，需求函数为 $D = c - dp$，其中 a、b、c、d 都是正数，联立供给函数和需求函数，可以得到商品的均衡价格为 $p = \dfrac{c - a}{b + d}$。在完全竞争市场中，由于单个企业相对于整个市场而言是微不足道的，故单个企业面临的需求曲线是一条价格确定的水平直线，而企业实现利润最大化的点则是其边际成本等于商品价格的点。

C 市场特点

在完全竞争市场中，产品价格是由整个市场的供求关系决定的，而完全竞争市场均衡状态下企业的经济利润为零。在长期条件下，商品的生产企业达到企业内部生产效率的最高点，同时社会资源在企业间的分配也最为合理。

微观经济理论认为，政府最好不要过分干预企业和市场，完全由企业间自由竞争来实现经济目标。同时，政府在完全竞争市场中的主要职能包括以下几个方面：一是加强宏观调控和行业管理；二是建立既有利于增强企业活力，又有利于经济有序运行的宏观调控体系；三是制定经济和社会发展战略、方针和产业政策，规划和调整产业布局；四是发布市场信息，加强市场管理，制止违法经营和不正当竞争。

D 完全竞争性的生物产业

根据生物产业的特点和完全竞争市场的要求，现代生物产业符合完全竞争市场条件的很少，但传统生物产业中初级农产品和没有特定功能用途的生物原材料产品基本都是完全竞争市场的生物产品。

3.1.3.2 垄断竞争市场

A 假设条件

由于完全竞争市场均衡状态下企业经济利润为零，因此企业有动力提高生产效率，进而创造成本优势，完全竞争市场则逐渐进化为垄断竞争市场。垄断竞争市场要满足以下几个假设条件：市场中有很多买方和卖方；卖方的产品有差别，但差别较小，产品间可彼此替代；厂商可自由进出市场。

B 市场模型

在垄断竞争市场中，一家厂商面临的需求曲线通常取决于生产同类产品的其他厂商的产量决策和索要的价格，而一家厂商面临的需求曲线的斜率也将取决于其他厂商的产品与自己产品的相似程度。同时，垄断竞争市场中的每一家厂商都面临着向下倾斜的产品需求曲线，故能自主确定价格。

在一个垄断竞争行业的详尽模型中，许多情况既取决于产品和技术的具体细节，也取决于厂商可选择策略的性质，所以硬要建立抽象的垄断竞争行业模型是不合理的。但是可以确定的是均衡条件下的垄断竞争市场必须满足以下三个事实：一是每家厂商都在按它的需求曲线上的价格和产量组合出售产品；二是每家厂商都在追求利润的最大化；三是新厂商的进入使每家厂商的利润降至零。这三个事实决定了需求曲线和平均成本曲线必定相切，且每家厂商都是在最低平均成本左边的产量处经营，即每家厂商选择平均成本曲线与需求曲线相切的点进行生产经营，也就是说厂商存在“过剩的生产能力”。

C 市场特点

与完全竞争市场相比，垄断竞争市场可以满足不同层次消费者的需求，提高了社会福利水平；也可以促进企业加强内部管理和开发新技术，进而使产品实现多样化和品牌化；还可以促进社会资源的合理配置。

垄断竞争市场中企业间的竞争尤为激烈，竞争形式也十分多样，主要包括：调整产品价格、提高产品质量、降低生产成本、开发新产品和运用广告宣传等。

因为垄断竞争市场与完全竞争市场最大的区别就是企业间的产品有差异，只有在商品质量、商标、包装、广告、服务等方面突出产品间的差异性，企业才能在市场中有一定的垄断能力，进而获得社会利润。

D 垄断竞争性的生物产业

结合上述垄断竞争市场的特点，现阶段我国多数产品都属于垄断竞争市场。同样的，生物产业中的产品只要存在差异性，生产厂商就很多且不能简单陈列，就可以认为该种生物产品市场属于垄断竞争市场，所以大部分的生物产业都可以符合垄断竞争市场的要求。

3.1.3.3 寡头垄断市场

A 假设条件

寡头垄断市场的特点是市场中只有少数几家厂商，或市场基本由前几位的厂商所分割，其他剩余厂商对产品供给基本不产生影响。同时，产品具有明显差异性，产品间不易被替代。

B 市场模型

寡头垄断市场中厂商往往采取序贯博弈、同时博弈和合作博弈三种经营策略，其中，序贯博弈包括产量领导和价格领导两种方案；同时博弈包括联合定价和联合定产两种方案；合作博弈则主要包括串谋。寡头垄断市场对应的模型主要有斯坦克尔伯格模型、古诺模型等。为了简化分析，寡头市场主要分析双寡头的经济模型。

斯坦克尔伯格模型主要描述的是产量领导的市场模型，假设厂商 1 是领导者，它选择的产量是 y_1，厂商 2 针对厂商 1 的产量选择它的产量是 y_2。两家厂商都知道均衡市场价格取决于总产量 $Y = y_1 + y_2$，$p(Y)$ 表示市场反需求曲线。领导者企业厂商 1 在选择产量时会考虑到追随者企业厂商 2 的产量选择。假设追随者想实现利润最大化，即 $\max\limits_{y_2}[p(y_1 + y_2)y_2 - c_2(y_2)]$。故追随者厂商 2 要选择一个产量水平使 $MR_2 = p(y_1 + y_2) + \frac{\Delta p}{\Delta y_2}y_2 = MC_2$，而追随者的产量 y_2 取决于领导者的产量 y_1，假设 $p(y_1 + y_2) = a - b(y_1 + y_2)$，$MC_2 = 0$，则厂商 2 的产量 $y_2 = \frac{a - by_1}{2b}$。领导者企业意识到追随者会根据它的产量选择 y_1 确定其产量选择为 $y_2 = \frac{a - by_1}{2b}$，故领导者企业厂商 1 的利润 $\pi_1 = p(y_1 + y_2)y_1 = ay_1 - by_1^2 - by_1y_2 = \frac{a}{2}y_1 - \frac{b}{2}y_1^2$，为追求利润最大化则厂商 1 的产量将确定为 $y_1^* = \frac{a}{2b}$，从而厂商 2 的产量将确定为 $y_2^* = \frac{a}{4b}$。

古诺模型主要描述的是联合定产的市场模型，它要求寡头企业在其他企业产量既定的情况下选择可以实现利润最大化的产量水平进行生产。假设厂商1选择的产量是 y_1，厂商2选择的产量是 y_2，均衡市场价格取决于总产量 $Y = y_1 + y_2$，$p(Y)$ 表示市场反需求曲线，$p(y_1 + y_2) = a - b(y_1 + y_2)$，$MC_1 = MC_2 = 0$，则厂商2在考虑到厂商1的产量 y_1 的情况下选择了可以使它实现利润最大化的产量 $y_2 = \frac{a - b y_1}{2b}$，而厂商1在考虑到厂商2的产量 y_2 的情况下将选择可以使它实现利润最大化的产量 $y_1 = \frac{a - b y_2}{2b}$。联立厂商1的产量 y_1 和厂商2的产量 y_2，得到 $y_1^* = y_2^* = \frac{a}{3b}$。

串谋则是寡头企业间形成某种垄断性组织（如卡特尔等），该垄断组织追求整个市场的利润最大化，然后再根据某种协议等瓜分利润。

C 市场特点

在寡头市场中，串谋是寡头厂商间最常采取的经营策略，即寡头厂商间通过形成某种组织（如卡特尔等）来垄断市场，从而阻止其他厂商进入。但是，由于寡头厂商都希望成为市场中最具竞争性和垄断性的企业，所以寡头厂商容易违反串谋条件，进而使串谋形成的这种联盟性的组织瓦解。在寡头市场中，寡头厂商间的竞争是一种激烈的有限竞争，一般不能将竞争对手完全逐出市场，却必须通过塑造核心竞争力以巩固现有的市场份额，而它们往往采取的竞争战略包括适度竞争战略、产品差异化战略等。

D 寡头垄断性的生物产业

根据上述寡头垄断市场的条件和特点，可以发现虽然符合寡头市场条件的市场很少，但不是没有，只要存在很高的市场进入壁垒（即进入市场的沉没成本很高，或生产产品的技术要求很高，或先进入市场的企业具有绝对优势等），这种市场就容易成为寡头垄断市场。生物产业中最典型的寡头垄断市场是螺旋藻市场等。

3.1.3.4 垄断市场

A 假设条件

垄断市场中只有一家厂商，或与其他厂商相比市场占有率第一的厂商具有绝对的市场优势，该垄断厂商是市场价格的制定者。

B 市场模型

在垄断市场中，垄断厂商往往选择能够实现利润最大化的价格和产量水平。假设 $p(y)$ 表示市场反需求曲线，$c(y)$ 表示成本需求函数，$r(y) = p(y)y$ 表示垄断厂商的收益函数。于是，垄断厂商的利润最大化问题就可以表示为：

$$\max_{y}[r(y) - c(y)]$$

因此，垄断厂商实现利润最大化的点是边际收益等于边际成本的点。如果边际收益小于边际成本，那么减产就能使利润增加，因为节约的成本足以补偿收益的损失；如果边际收益大于边际成本，那么增加产量就能增加利润。

C 市场特点

在垄断市场中，垄断厂商的产量往往低于完全竞争市场的均衡产量，垄断价格则高于完全竞争市场的均衡价格。垄断市场的特点是市场的产品需求量较小、垄断企业具有规模经济、新企业进入市场受到限制等。

然而，垄断厂商为了维持自己的垄断地位，往往采取多品牌压制战略、反差异化战略等竞争战略。其中，多品牌战略主要是垄断厂商通过开发多种品牌以适应顾客多样化的需求，最典型的案例是 P&G 公司和云南玉溪卷烟厂；反差异化战略则主要是为了防止其他企业通过生产差异化产品抢占市场。

同时，垄断市场形成的原因主要有以下几个：一是政府干预；二是垄断厂商具有生产某种产品的唯一的资源、技术或专利。而在垄断市场中，政府起着关键性的作用。

D 垄断性的生物产业

结合垄断市场和生物产业的特点，可以发现我国生物产业中符合垄断市场的产品几乎没有，但烟草行业具有典型垄断市场的特点，而我国烟草行业之所以具有垄断性也是由政府主导决定的。也就是说，在本身产业发展特点满足垄断市场要求的基础上，要发展成为真正的垄断行业更离不开政府的介入。

3.2 发展现状及问题

云南省的生物产业多集中在传统生物产业上，但传统生物产业却表现出了经济地位逐年下降的趋势，而现代生物产业的发展却十分缓慢。

从广义上看，生物产业活动涉及生产、流通、消费等各个环节，它们在不同的程度上，直接或间接地与生物具有相关性，基于统计数据可获得的角度，本书着重研究与生产相关的生物产业。从国民经济行业分类看，生物产业集中在第一产业中的农林牧渔业，以及除纺织服装、造纸、印刷和家具制造以外，轻、重工业中以农产品为原料，为农业提供了生产资料和化肥、农药等的加工工业和医药制造业。我们将国民经济行业分类的第一产业中的生物产业称为农业型生物产业，将集中在工业中的生物产业称为工业型生物产业。

3.2.1 农业型生物产业在国民经济中的地位逐年下降

云南省农业型生物产业占国民经济的比重从 1990 年的 37.2% 逐步下降到 2012 年的 16.0%，增加值从 1990 年的 168.13 亿元增加到 2012 年的 1654.6 亿元，年均增长4.5%。由于农业型生物产业就是国民经济行业分类中的第一产业，符合产业结构演进的一般规律，如图3-1所示。

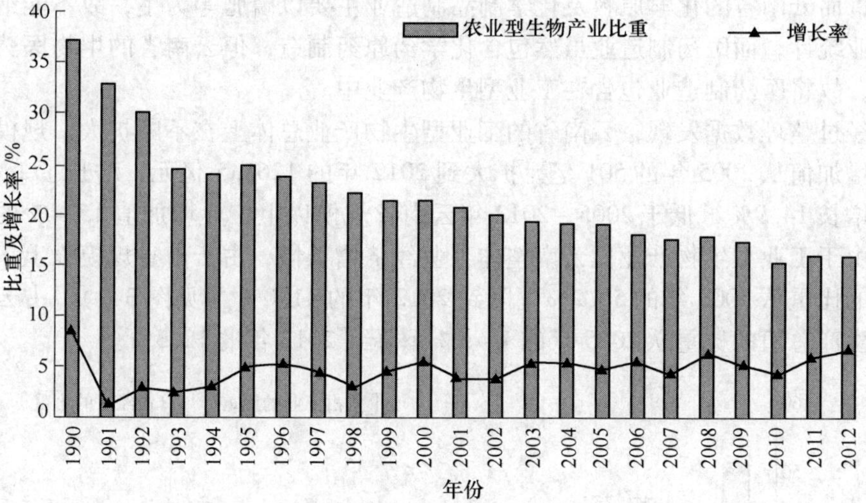

图3-1 云南省农业型生物产业占地区生产总值比重及增长率

资料来源：整理自《云南统计年鉴》中数据。

根据配第克拉克、钱纳里等人对产业结构变化规律的研究，产业结构变动存在规律性：随着经济的不断发展，第一产业的增加值比重和劳动力比重不断下降，而第二、三产业则不断上升，即随着经济发展，第一产业在国民经济中的地位越来越弱，第二、三产业的地位则逐渐增强。

农业型生物产业中的多数产品都属于产品差异性很小或基本不存在差异性的产品，且生产者数量众多，相对整个市场而言，每个生产者基本都是微不足道的，所以农业型生物产业基本符合完全竞争市场的要求。同时，农业型生物产业中的产品生产者几乎都是单个农户，基本不存在大量生产的企业组织，缺乏工厂式的组织形式；产品也都是未经加工处理的初级产品，处于产业链的最低端，产品附加值很低。

总体而言，农业型生物产业的发展趋势符合一般的产业结构发展规律，但云南省农业型生物产业存在着的技术水平低、产业附加值小、产品质量差、规模化生产不足等问题，都制约着农业型生物产业向工业型生物产业转化。

3.2.2 工业型生物产业不断壮大但增长不够快

工业型生物产业既包括传统生物产业，也包括现代生物产业。传统与现代是根据技术确定的，而工业型和农业型生物产业是根据国民经济行业分类确定的。根据生物产业中的加工制造特点，将国民经济行业分类中以农产品为原料的农副食品加工业、食品制造业、饮料制造业、烟草制品业、皮革、毛皮、羽毛（绒）

及其制品业、木材加工及木、竹、藤、棕、草制品业等轻工业以及重工业中的医药制造业列为工业型生物产业。由于生物化肥、农药在化学原料及化学制品制造业中，而云南省的化学原料及化学制品制造业主要以磷肥等为主，故不能纳入生物产业统计，而医药制造业虽然包含化学药原药制造，但云南省的生物医药发展突出，故将医药制造业包含在工业型生物产业中。

经过整理数据发现，云南省的工业型生物产业总体上在不断扩大，规模以上工业增加值从2005年的501亿元扩大到2012年的1265.5亿元，增长了1倍多，年均增长14.9%，低于2005～2012年云南省规模以上工业增加值15.4%的增长率。由于工业型生物产业比云南整体工业经济增长慢，占云南省规模以上工业增加值的比重从2005年的50.2%下降到2012年的41.0%（见图3-2），占云南省国内生产总值的比重从2005年的14.5%下降到2012年的12.3%。

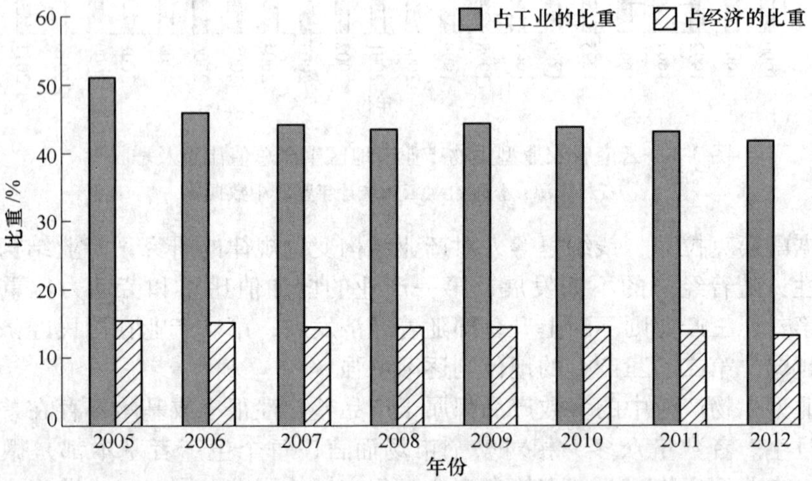

图3-2 云南省规模以上工业型生物产业增加值的经济地位

资料来源：整理自《云南统计年鉴》中数据。

从2012年工业型生物产业内部构成看（见图3-3），主体是烟草制品业，实现增加值976.25亿元，占工业型生物产业的77%，这是云南省长期打造烟草产业支柱的结果，卷烟工业长期以来是云南经济运行与发展的重要支撑力量。除卷烟产品外，围绕着烤烟在医药、食品、保健品等领域的深度开发利用、科技创新和新产品研发也在不断深入，瑞升科技等企业已经取得一定成效。处于第二位的是农副食品加工业，2012年实现增加值112.44亿元，占工业型生物产业的9%；云南省生物多样性和农产品种类多的优势是农副食品加工业的主要基础，还有很大的发展空间。处于第三位的是医药制造业，2012年实现增加值73.89亿元，占工业型生物产业的6%，若扣除化学原料药，生物药的产值比重更低，云南省的生物制药有原料优势，有科研基础，但技术转化能力有待提高。处于第四位的是饮料制造业，2012 年实现增加值 53.66 亿元，占工业型生物产业的 4%；而处于第五位的食品制造业仅占 3%。云南省作为植物王国，发展饮料制造业、食品制造业的资源条件优良，但企业生产能力有待提高。

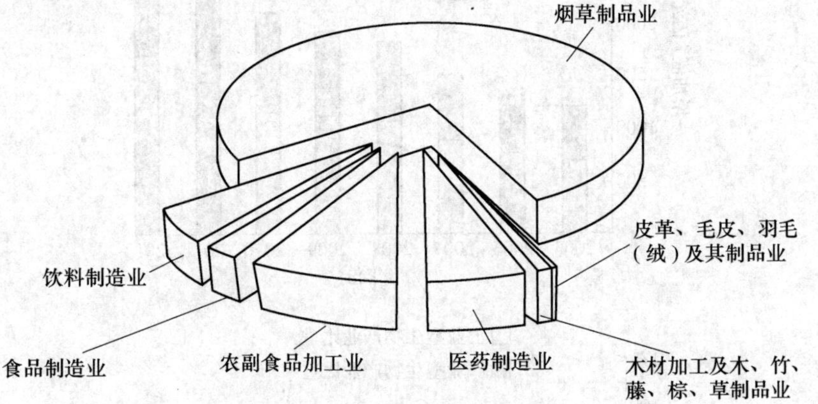

图 3-3 2012 年云南省工业型生物产业内部行业结构
资料来源：整理自《云南统计年鉴》中数据。

3.2.3 生物产业工业化程度低

从农业型和工业型生物产业构成看，2005 年以来的结构变化幅度很小，农业型生物产业增加值占生物产业增加值的比重从 2005 年的 56.9% 略微下降到 2012 年的 56.7%，只下降了 0.2 个百分点，工业型生物产业增加值占生物产业增加值的比重从 2005 年的 43.1% 略微提高到 2012 年的 43.3%，只提高了 0.2 个百分点（见图 3-4）。

从生物产业内部结构看，农业型生物产业比重偏高，工业型生物产业比重偏低，说明云南省的生物产业还集中在种养环节，工业化程度低，加工增值的比例不高。说明虽然近年来云南省加快推进生物产业，推进绿色经济强省战略，但在生物产品加工增值上发展不够快的问题仍然较为突出。

3.2.4 医药制造业快速发展但规模还不大

云南省的医药制造业发展潜力以生物制药为主，2003 年以来得到快速发展。2012 年云南医药制造业完成增加值 73.89 亿元，增长 26.6%（见图 3-5），在工业型生物产业中占 6% 左右。

生物制药是当前世界增长最快的行业，随着城乡收入水平的提高，生活质量的改善，人们对健康产品的需求越来越大。加快发展生物医药是加快发展云南省战略性新兴产业的核心和重点。云南省药用植物资源丰富而多样，但产业规模还比较小，很多药材以种植和初加工为主，工业化程度低，其根本原因是核心技术

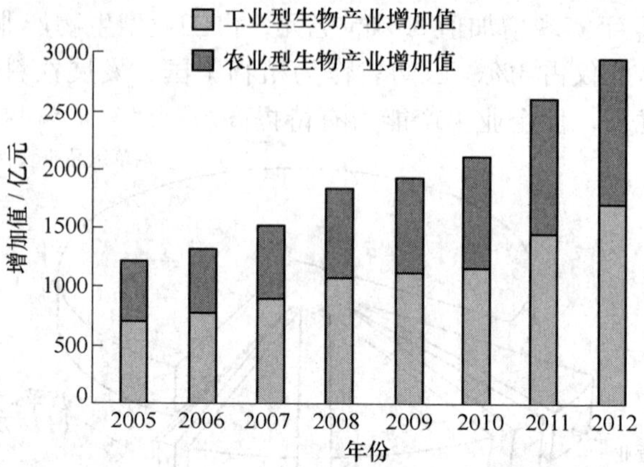

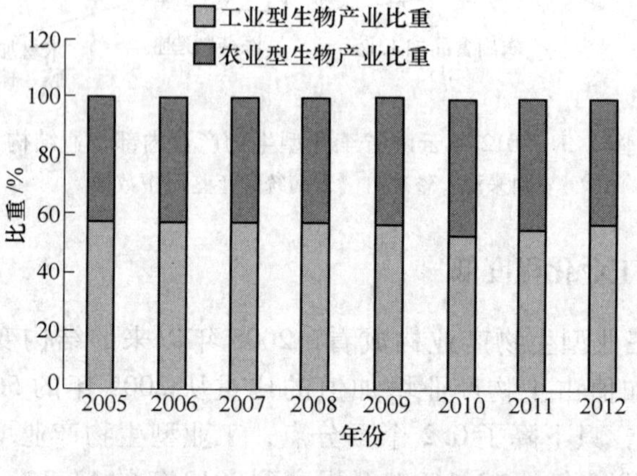

图 3-4 云南省规模以上工业型生物产业增加值及结构变化态势

资料来源：整理自《云南统计年鉴》中数据。

没有突破，难以实现工业化，一旦核心关键提取技术获得突破，将能快速实现工业化，也能有效带动药材种植农户增收，云南三七药业是这一模式的典型案例。

3.2.5 案例：三七皂苷的提取与三七产业工业化

三七是云南名优特产珍贵药材，三七分布范围仅局限于中国西南部海拔1500～1800米，北纬23.5°附近的狭窄地带，虽然在江西、湖北、广东、广西、四川、云南等地都有分布，但云南文山是原产地和主产地。云南文山三七种植历史悠久，由于三七皂苷提取技术的突破，三七种植规模不断扩大，规模化种植已从文山扩展到玉溪、红河等地。

3.2.5.1 云南三七产业发展历程

A 第一阶段（1979年以前）

1949年以前，云南仅有文山州的文山、砚山、马关、广南等县的少数农户

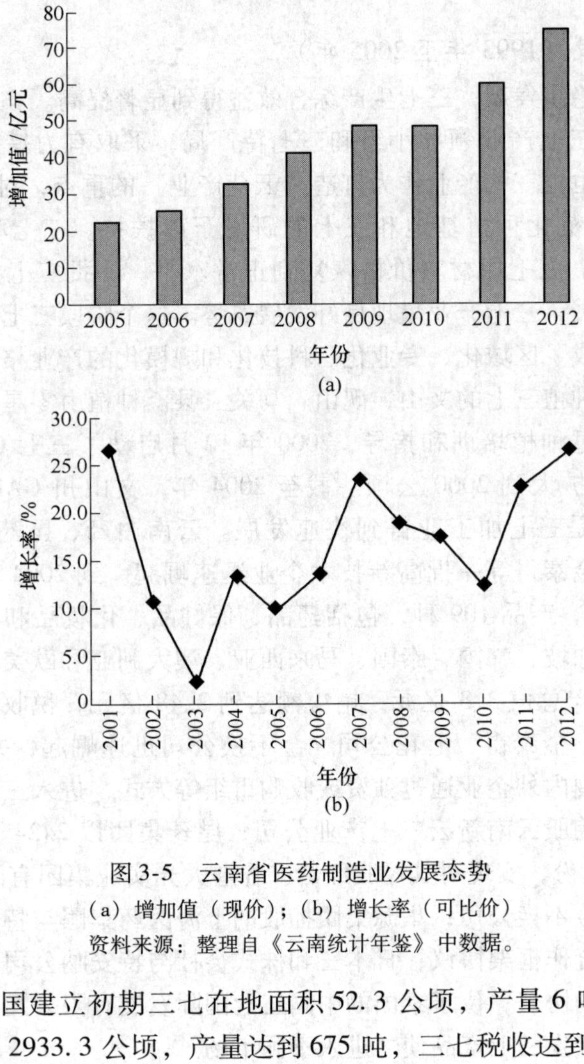

图 3-5 云南省医药制造业发展态势

（a）增加值（现价）；（b）增长率（可比价）

资料来源：整理自《云南统计年鉴》中数据。

种植三七。新中国建立初期三七在地面积 52.3 公顷，产量 6 吨左右。1974 年，种植面积扩大到 2933.3 公顷，产量达到 675 吨，三七税收达到地方财政的 50% 左右。但是在当时“以粮为纲”的指导思想下，从 1975 年开始限制三七种植，到 1979 年，三七种植面积缩减到 800 公顷，产量下降到 126 吨。

B 第二阶段（1980 年到 1992 年）

十一届三中全会后，家庭联产承包制责任制在农村普遍推行，农民群众有了生产经营自主权，1985 年以后三七经营管理权放开，国内外对三七原材料需求旺盛，供不应求，三七价格大幅上涨，极大地刺激了农民种植三七的积极性。1989 年，三七种植面积达到 4733.3 公顷，产量达 1384 吨。随着供过于求和一些假冒伪劣三七进入市场，三七价格急剧下滑，由平均每千克 221.1 元跌至 55.1 元，大量种植户损失惨重。到 1992 年，三七种植面积和产量分别下降为 1866.7

公顷和386吨。

C 第三阶段（1993年至2005年）

三七种植业稳步发展，三七生产综合效益得到显著提高。文山州大力培育三七产业，建立了三七产业领导小组和三七特产局，采取有力措施，加强宏观管理。云南省政府也把三七产业作为打造“云药产业”的重点，对文山三七产业园区、三七GAP规范化种植基地和三七的研发予以扶持。三七种植面积稳定在3333.3公顷左右，三七原材料价格恢复到正常水平。一批三七加工企业迅速崛起，市场逐步拓展，三七产业呈现良好发展态势。这个阶段三七产业发展的特点是：一是初步形成了区域化、专业化、科技化和规模化的产业格局。种植区域主要集中在最适宜种植三七的文山、砚山、马关三县。种植由零星分散逐步向专业种植户集中。通过种植培训和指导，2000年12月启动了三七GAP种植示范基地，种植面积已扩大到2000公顷。截至2004年，文山州GAP种植面积达到5513.3公顷。二是三七加工业得到快速发展。云南白药、昆药集团实力增强，圣火、特安呐和金泰得等一批高新技术企业迅速崛起。到2004年，文山三七加工企业已达25家，产品109种，包括药品、保健品、化妆品和食品四大类，产品远销日本、新加坡、韩国、泰国、马来西亚、澳大利亚和欧美市场。三七加工企业实现工业生产总值3.3亿元，销售额达到2.48亿元，税收达到3900多万。骨干企业特安呐、金泰得、七花公司、金不换公司迅速崛起，并通过国家GMP认证。三是一批国内外企业通过独资或收购重组等方式，进入三七加工领域。如香港新世界集团控股云南新云三七产业公司；昆药集团以2424万元收购金泰得公司57.39%的股份，实现对其控股经营；香港大光实业集团有限公司投资2200万元承债收购了金不换公司；华源集团控股的上海医药集团与特安呐公司签订了开发文山三七的合作框架协议；日本三和株式会社与特安呐公司签订了在日本开发三七系列产品的协议；位于泰国的中国三七国际发展有限公司与金不换、特安呐等企业合作，开发三七产品使之进入泰国市场。

D 第四阶段（2006年至今）

三七研究取得重大突破，三七企业向深加工方向发展，导致三七种植规模进一步扩大。应用现代生物技术手段，建立三七优质种源无性繁育和快繁技术体系，建设三七良种繁育基地。开发三七愈伤组织、外植体以及细胞发酵培养技术，用现代生物工程技术集约化生产三七或三七有效物质，形成新兴产业，是促进三七产业发展的重要途径。其中人参皂苷类成分是三七的主要活性物质，也是三七深加工提取的主要内容。

3.2.5.2 三七总皂苷的提取技术

三七总皂苷的提取方法比较成熟。《中国药典》中应用的方法为冷浸法，但该方法较为费时；还有一些比较传统的提取方法如水煎醇沉法和渗漉法都是当前提取三七总皂苷的主要方法。随着科学技术的发展，一些其他领域的技术也应用到三七的提取中，如超声波/微波提取、大孔树脂吸附技术、罐组逆流提取技术以及运用神经网络模型进行的优化提取工艺。

A 加热回流提取法

罗晓健等在三七提取工艺研究中，考察了溶剂用量、乙醇浓度、提取温度、加热时间、提取次数对三七总皂苷含量的影响，采用均匀设计优化出三七总皂苷的最佳提取工艺：提取溶剂用量为药材质量的 13 倍，乙醇浓度为 30%，提取温度为 70 摄氏度，加热时间 40 分钟，提取 2 次，得到三七总皂苷平均提取率为 94.92%。刘向前采用正交试验设计筛选出最佳提取工艺为：提取温度为 80℃，提取 3 次，并用确定的条件采用大孔树脂法、薄层色谱法进行验证，得出该工艺为最佳工艺。

B 渗漉法提取

渗漉法是一种较好的提取方法，其设备简单，操作安全，节能降耗，减少成分破坏，有煎煮法不可比拟的优点。闫光军等以粉末粗细、乙醇浓度、乙醇用量、渗漉速度作为考察的四个因素，采用正交表进行试验，以三七总皂苷的含量为考察指标，采用分光光度法以其中人参皂苷 Rg1 为指标成分进行测定，得出最优工艺：用三七中粉（过 20 目筛），15 倍量的 75% 乙醇，采用 5 毫升/分钟的渗漉速度进行提取，得出三七总皂苷的含量平均为 10.25%，提取率为 93.1%，可认为已基本提尽。

C 加速溶剂提取技术

加速溶剂提取技术（accelerated solvent extraction，ASE）是近年来发展起来的一种新的样品提取技术，它具有提取时间短、溶剂消耗少、提取效率高、操作模式多样化以及操作过程自动化等诸多优点，并已广泛地应用于环境、食品、药物分析诸多领域。其主要原理是在密闭容器内，通过升高压力使提取溶剂的沸点升高，使得提取过程可以在高于正常溶剂沸点的温度下进行。

李鹏等在探讨中药质量控制中应用加速溶剂提取法提取三七皂苷类成分的过程中，以三七总皂苷、人参皂苷 Rb1 和人参皂苷 Rg1 含量为指标，用单因素考察法对影响加速溶剂提取三七皂苷类成分的因素进行优化。优选出三七皂苷类成分加速溶剂提取的最佳条件为：以甲醇为溶剂，药材粒径为 0.3～0.45 毫米，提取温度 150 摄氏度，提取压力 6.895 兆帕，提取 15 分钟，提取 1 次。结果表明，ASE 与索氏提取相比，提取率相当，但能明显地缩短提取时间和减少溶剂用量，同时重现性也有明显的改善，原因可能是样品的前处理更为简单。

D 超声波法

贲永光等采用双频超声（40 千赫兹/25 千赫兹）技术对三七总皂苷提取进行强化，选择乙醇质量分数、料液比、超声作用时间及提取温度因素进行正交试验，得出影响三七总皂苷提取率的大小次序先后为：乙醇质量分数 > 超声时间 > 料液比 > 提取温度。同时优选出双频超声提取的最佳工艺条件为：质量分数为 80% 的乙醇，超声时间为 30 分钟，料液比为 1:20，提取温度为 40℃。在最佳条件下，三七总皂苷提取率为 82.41%。采用碘化钾溶液中碘的释放量来研究超声空化事件，结果表明：在相同的超声电功率下，双频超声释放碘的量远大于单频 25 千赫兹超声和单频 40 千赫兹超声释放的碘。

E 微波提取法

郭子杰等以三七为研究对象，以皂苷百分含量为指标，应用正交实验法，研究了微波对三七中皂苷浸取作用的影响效果。结果表明，80% 甲醇是较理想的提取溶剂，并且微波强化浸取的最佳工艺条件为：辐射功率 600 瓦，辐射时间 10 分钟，料液比 1:4。经过微波处理后，三七中皂苷物质的浸取速度至少是未经微波处理的 4 倍，因此提取效率得到了较大的提高。

F 大孔吸附树脂法

唐第光取总皂苷含量为 8.78% 的三七粉末，用工业乙醇分次提取，过滤，合并滤液，减压回收乙醇至一定量，加入适量水，继续回收至无醇味，加水使每 2 毫升药液相当于 1 克生药。药液通过预处理的大孔吸附树脂柱，水洗至流出液无色，改用 50% 乙醇洗脱，用 TLC 检查洗脱终点，洗脱液加入 1% 活性炭（按投料量计），回流脱色 30 分钟，趁热过滤，冷却。滤液通过铺有少量中性氧化铝的漏斗，减压回收乙醇。流浸膏于水浴上蒸至黏稠状，真空干燥，即得三七总皂苷。通过定性试验及定量测定，得出三七总皂苷与三七中所含皂苷几乎没有差别，且提取率在 88% 以上，证明该法提取三七总皂苷完全且能除去糖类等水溶性杂质及大部分脂溶性杂质，降低了提取物的吸潮性，同时纯度高，色泽好，质量稳定。

G 罐组逆流提取法

陈勇等在建立罐组逆流提取工艺参数的多指标综合优化方法中，以三七皂苷 R1、人参皂苷 Rg1、总皂苷和浸出物含量为优化目标，采用正交试验设计，考察乙醇浓度、溶剂用量、阶段提取时间和提取温度等因素对优化目标的影响；利用回归分析方法建立了各优化目标与考察因素间的数学模型，结合方差分析得到三七罐组逆流提取的最佳工艺参数为：体积分数 70% 乙醇，8 倍药材量溶剂，阶段提取时间 30 分钟，提取温度 50 摄氏度。与热回流、超声、索氏提取工艺相比，在保证较高提取率的情况下，大大节省了提取溶剂，降低了后续蒸发浓缩过程的能耗，充分显示出罐组逆流提取工艺在提高提取率、减少药材损耗、节省溶剂、提高生产效率等方面的明显优势，是一种值得在中药生产中大力推广的中药提取技术。

H 其他方法

杜雪岭等以三七皂苷为例，运用神经网络对优化中药提取工艺进行了研究。首先，在实验数据的基础上建立并优化了神经网络模型，通过比较两种不同提取工艺的模拟结果与实验结果，可以充分证明神经网络的适用性和可信性。然后，利用神经网络的预测能力，对乙醇回流提取工艺进行了优化，得到最佳工艺条件：乙醇浓度80%，乙醇用量150毫升，回流时间11小时，回流温度66℃，原料浸泡时间6小时。该法不仅可以减少实验成本而且能够提供较为可信的最优工艺条件，具有一定的实用价值。

3.2.5.3 玉溪维和制药的发展现状

玉溪维和制药创建于1993年，致力于深入研制、开发以云南高品质“三七”为主要原料的药品、保健品，集种植、科研、生产、销售于一体，形成了多元化的经营企业。随着企业的发展，在顺利通过国家食品药品监督管理局的GMP认证后，维和制药投资1.5亿元，在玉溪市高新技术开发区新建占地面积54亩的科研、生产中心，公司不断深化内部革新，创新管理模式，逐步向规范的国际化管理迈进。

云南维和药业股份有限公司有国药准字号批文83个，其中以三七为主要原料的品种36个，年提取处理三七等药材原料1200吨，年生产三七总皂苷100吨。该公司主要从事三七和云南特色植物药的深加工，生产以三七为主要原料的系列药品、保健品、食品，是集科、工、贸为一体的多元化经营的民营股份制制药企业，是云南省开发三七系列产品最具实力的企业之一。公司主要开发生产的三七系列产品包括三七片、三七胶囊、三七养血胶囊、三七冠心宁片、三七伤药片、三七花颗粒、田七花叶颗粒及血塞通片、血塞通胶囊、血塞通颗粒等。

为不断增强维和的创新能力，该公司成立了玉溪市中药现代化工程技术研究中心，设立了新产品、新技术、新工艺开发机构，制定了中长期发展规划和新产品开发计划。公司现有28名技术人员，其中博士学位6人、学士学位14人。公司投资2500万元建设研发中心，配备4500平方米的实验大楼和现代化仪器设备，建立了高效的人才激励机制，充分调动了专业技术人员的积极性，为企业开拓市场注入了新的活力。

3.2.5.4 技术突破对生物医药产业发展的作用

从三七产业发展历程可以看出，生物医药产业的发展必须依靠科技作为先导，药材的种植，需要按照 GAP 标准进行规范。药材的深加工，必须以开发成功的理论和技术做前提，而技术突破是传统产业实现新跨越的关键。当前，随着生物技术的进展以及人们对疾病分子机制认识的不断深化，越来越多的疫苗、细胞因子、活性多肽、人源化单克隆抗体等生物技术药物被研制出来用于疾病的防治；微生物研究的成果，使一些次级代谢产物可以通过发酵的方法而得到；应用细胞工程技术还培养成功了多种菌类中草药，使一些名贵的中草药可以用发酵的方法来生产。此外，生物技术的进展也给制药业创造了许多新工艺和新辅料，例如在生物研究中产生的各种层析技术已被用于制药生产；一些重要的提取法或用基因工程生产的酶已被用于药物中间体的酶促转化；一些新的生物材料已被用作药物的辅料等。生物技术的迅猛发展带来了越来越多的药物新品种和药物生产的新方法，尤其在新药研发中发挥出不可忽视的作用。

（1）丰富药物筛选途径。传统的新药筛选途径主要是：寻找先导化合物—研究构效关系—设计新化合物。在这个过程中，生物学研究中蛋白质高级结构研究的成果可以为靶分子提供三维立体结构，为研究构效关系和设计新化合物提供基础。生物学研究中的动态结合、生物大分子与其他分子作用时的构象变化以及一整套的研究方法，可以为药物与靶分子的相互作用提供理论和方法。此外，自然界中生物的多样性也为新化合物提供了丰富的来源。

（2）建立药物筛选新模型。建立药物筛选新模型是新药研究的关键。近 20 年来，许多药物作用的受体已被分离、纯化，一些基因的功能及相关调控物质被相继阐明，这就使得药物筛选模型从传统的整体动物、器官和组织水平发展到细胞和分子水平。当前，利用现代生物技术建立独特的筛选模型是发现创新药物先导化合物的关键和焦点。随着分子水平的药物筛选模型的出现，筛选方法和技术都发生了根本性的变化，出现了高通量筛选等新技术，在较短时间内即可完成数量庞大的化合物活性筛选，大大加速了新药发现的速率。此外，利用转基因等先进技术，可以建立基因缺乏或基因转入的动物或细胞系，将其作为药物研究的病理模型，也将进一步对新药研究起到促进作用。

（3）创建药理、毒理研究新方法。许多药理研究与疾病的分子机制密切相关，而对人体生理过程的深入了解也为人们进行药物的药理、毒理研究带来了新的理念。通过基因结构功能研究和蛋白质结构功能研究，科学地评价药物的疗效和毒性，研究药物的代谢和信号传导途径，可以为药理、毒理研究创立新的模型和新的方法。而且，利用生物技术开发的蛋白质类、核酸类药物不同于一般的化学合成药物，因此对药理、毒理、药代等研究也提出了新的要求，需要有新的药理、毒理研究方法与其相适应。

（4）完善药物研制和药物治疗。以往几乎所有的药物都是以群体为基础来设计和研制的，给药剂量也基本上是以年龄和体重为依据来确定的。然而，每一个病人都是一个有着独特基因特征的个体。由于基因变异，许多药物经常会产生一些意想不到、甚至相反的作用。所以，了解某些人的基因组成被认为是研制更加安全、有效的个体化药物的关键。随着生物技术的进展，人类遗传密码将被解析，对基因结构、功能的研究将更深入，必然会找出一些与疾病有关的基因，这些基因可以成为药物研究的新靶点；或以这些基因为基础建立药物筛选的新模型。国外多家生物技术公司正在直接或间接地从事这方面的研究和开发。不久的将来，将会有以基因和疾病相关的蛋白质、酶和RNA分子为基础，依据患者个体状况及基因密码，量身设计定做的针对某些特殊疾病产生更显著疗效的药物，既可加快疾病的痊愈速度，也能提高药物使用的安全性。

(5) 改进药物传输系统。随着药物扩展到肽、蛋白和DNA治疗领域，以往的药物传输方式已显得力不从心。肽、蛋白和DNA是大分子，容易在胃内发生变化，大部分没有进入正常的循环系统，所以，这些生物治疗方法在给药方式上需要创新。生物技术将使药物传输领域在采用聚合技术提高蛋白和肽等大分子的稳定性、增强药物对疾病的特殊治疗作用、提高药物摄取率、降低副作用等方面取得更大进展，并使药物更易服用。

3.2.5.5 案例启示

云南省在加快发展战略性新兴产业进程中，面对云南的药物资源多样化优势，生物医药产业的发展不能仅仅依靠资源，更重要的是应充分认识和掌握科学技术发展的趋势和规律，有效地组织力量，抓住生物技术药物研发的重点，应用新技术、新方法、新理念指导新药设计，建立自己的药物筛选新模型，深化生物大分子药物的代谢与动力学研究，完善质量控制和评估体系，突出重点项目并进行重点部署和重点资助，加快生物技术药物研发的国产化，力争在某些领域率先取得突破性的进展。

3.2.6 农副食品加工业有待加快发展

农副食品加工业是云南省工业型生物产业规模较大的行业，虽然其在云南省经济发展中的地位呈现上升的态势，但其波动幅度较大，发展很不稳定，2012年实现增加值112.44亿元，占工业型生物产业的9%左右，整体上增长不够快(见图3-6)。云南特色农产品种类多，可加工增值的产品多，但加工程度还比较低，农副食品加工业不发达，虽有鲜花饼、螺旋藻片等产品，但名牌产品少，加工企业规模小，规模以上的农副食品加工企业更少。

根据云南省农副食品加工业的企业目录，可发现云南省的农副食品加工业主要集中在制糖业，发展范围很有限，且企业的发展能力不高，多数为中小企业，

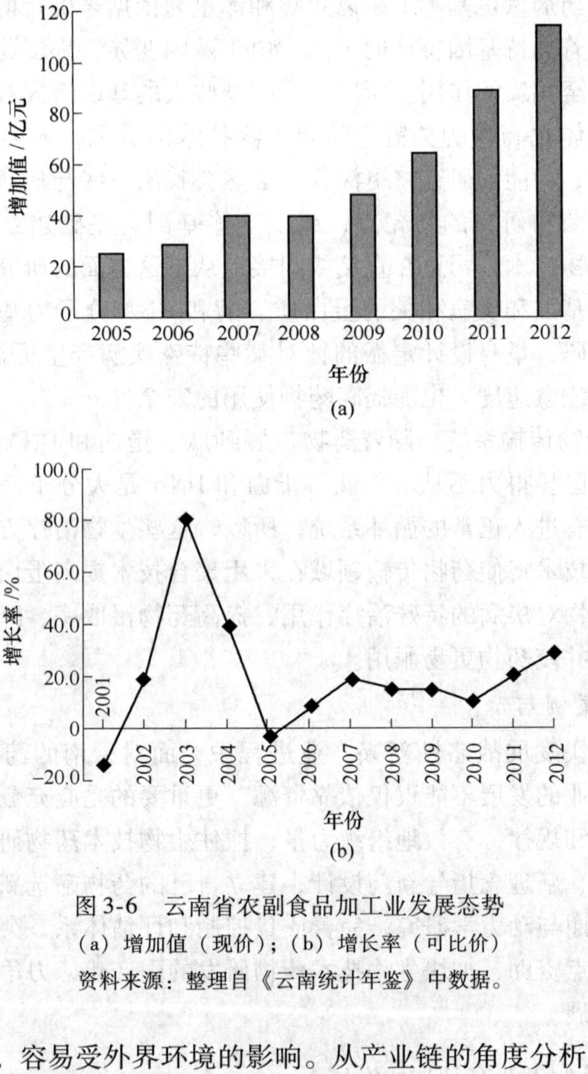

图 3-6　云南省农副食品加工业发展态势

（a）增加值（现价）；（b）增长率（可比价）

资料来源：整理自《云南统计年鉴》中数据。

市场竞争力有限，容易受外界环境的影响。从产业链的角度分析，云南省农副食品加工业主要集中在产业链的中上游阶段，产品附加值不高，且很少涉及技术含量较高的产品，受限于其他相关企业的发展需求。

3.2.7　食品和饮料制造业不发达

云南省的食品制造业和饮料制造业在国民经济中的地位更低，2012 年食品制造业实现增加值 34.06 亿元，饮料制造业实现增加值 53.66 亿元，仅占工业型生物产业增加值的 3% 和 4%，虽然近年来增长幅度较大，但基数小，产业规模不大（见图 3-7 和图 3-8）。云南省丰富而多样的生物资源并没有带来食品制造和饮料制造的产业优势。食品制造业和饮料制造业产品基本处于完全竞争市场，市场开拓、营销网络、品牌战略等市场竞争是这类产业的重要举措。云南省的食品工业和饮料工业普遍存在市场竞争能力弱的问题，制约产业规模的扩大。

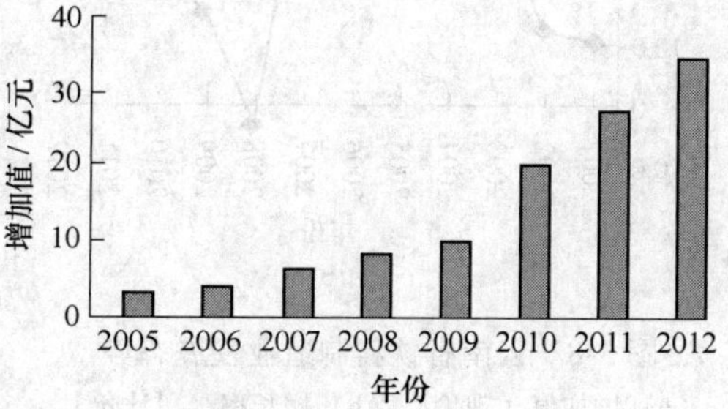

(a)

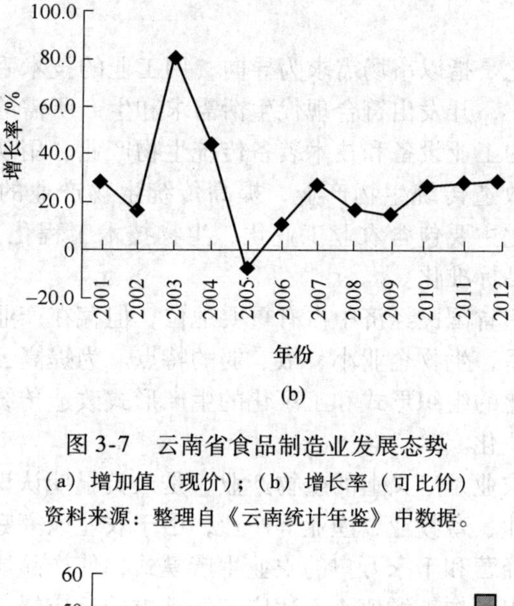

(b)

图 3-7　云南省食品制造业发展态势

（a）增加值（现价）；（b）增长率（可比价）

资料来源：整理自《云南统计年鉴》中数据。

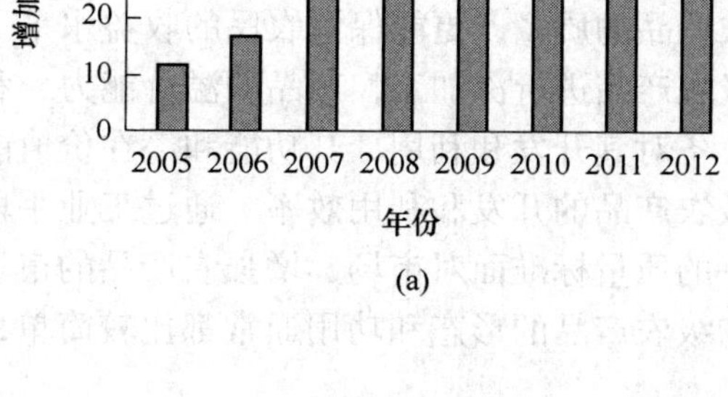

(a)

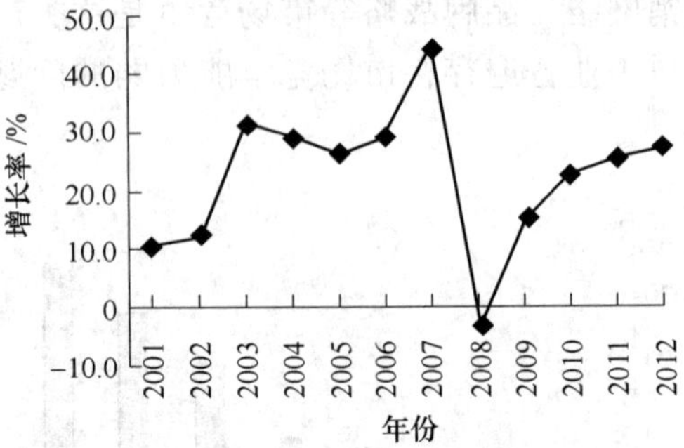

(b)

图 3-8 云南省饮料制造业发展态势
（a）增加值（现价）；（b）增长率（可比价）
资料来源：整理自《云南统计年鉴》中数据。

3.3 发展思路

生物产业工业化是指以市场需求为导向，用工业的技术手段和设备，对初级生物产品进行深加工，开发出符合现代生活需求和生产所需的产品，生物产业工业化也指用现代化的工业设备和技术装备传统生物产业，用现代生物技术、种植技术、信息技术等改造传统生物产业，提高传统生物产业的生产效率和管理水平。生物产业工业化主要包含农业工业化、生物技术工程化、生产过程自动化、智能化以及生物产品标准化。

生物产业在云南省国民经济中占有重要地位，但存在产业层次低，传统产业突出，生物技术落后，生物企业小、散、弱的特点。为提高云南省生物产业的竞争力，必须以产业化的组织形式和工厂化的生产形式改造传统生物产业，推进云南省生物产业的工业化。

农业工业化。农业是广义上的生物产业，是人类早期认识自然、利用自然过程中所形成的种植业、畜牧业、渔业等产业，由于农业以家庭经营为主要生产形态，分散的小农户经营和千家万户的农业生产模式，使产品质量差异大，抵御市场风险的能力弱，出品加工增值小，适应市场需求的反应慢。通过工业化组织方式和生产模式，将农业生产车间化，将农户生产经营作为生物产业的第一车间，在同一技术标准和专业技术人员指导下生产，形成“公司＋基地＋农户”的工业化模式，既能保证农产品的质量，更能保证农民的收益水平。通过工业的技术手段和工业设备对初级农产品进行深加工，产品的溢价能力、利润空间就能得到释放。通过工业技术设备对其开发和利用，其功能和潜在价值能得到很好的开发和应用，从而提高初级农产品的开发和利用效率。通过工业手段，以规模化、标准化的加工模式，统一的质量标准面对市场，增强农产品的市场竞争力。消费者需求是多样化的，而初级农产品的形态和功用通常都比较简单，如果根据不同的功能区分、不同的消费者需求对其深加工，就能最大程度地满足消费者不同的需求，随着消费需求日益升级，人们越来越注重品质品牌，通过对初级农产品精深加工，可以大大提高农产品的品质和形象，满足消费者更高层次的需求。

农业工业化的路径，应按照初级农产品的产品特征、产品属性进行有针对性的开发和利用，发挥其最大的效用；应充分了解各种初级产品的属性和特点，针对性的开发和利用，实现价值利用最大化；应充分了解和调研市场，找到消费者的真正需求，对初级农产品进行精深加工；应按照标准来加工生产，农产品跨国贸易必须实现产品的标准化，只有使我国农产品规格标准尽快和国际接轨，才能在国际贸易中占据优势，扩大出口，并且要按照国家制定的标准，甚至是国际标准，来安排农产品的加工和生产；应用工业的生产经营理念或组织形式来发展生物产业，通过工业的组织形式及经营理念进行规范化、科学化、系统化的管理，按照出产一件商品的标准对其进行质量控制、品牌宣传、渠道建设等，并注重产品的研发和创新。

生物技术工程化是指将生物技术转化为产品的过程。要通过产、学、研一体化组织体系，将科研机构、高等院校和大型企业（集团）研发的生物技术尽快投入工业化生产过程，形成满足城乡居民消费需求的生物产品。针对云南生物科技较为先进的领域，通过改革科研考核模式、培育科技服务业、建立和完善技术交易市场、扶持新产品营销等途径，促进生物技术尽快实现工程化应用。要以城乡居民生活消费需求为导向，引导生物科研机构和企业的技术创新导向，消除仅为发表论文、形成专利和发明为目标的研发模式。

生产过程机械化、自动化、智能化。电气化、机械化、自动化和智能化是科技革命的发展脉络，是不同时期工业化的重要科技特征。机械化、自动化和智能化是实现生物产业工业化的重要形式。要针对云南生物产业初级产品为主，精深加工不足的问题，大力推进生产过程的机械化、自动化和智能化。要着力引进先进设备、精深加工装备来提升改造云南的传统生物产业。

生物产品标准化。标准化是工业化的核心，要发挥云南生物资源多样性优势，突出品质优势，形成多品种产品的质量标准；要通过产学研一体化组织体系，开发新产品，形成若干云南省具有品质优势的产品质量标准，向省外、国外土地资源丰富的地区扩散，既掌握质量标准，又缓解土地资源短缺矛盾。相关部门和科技机构紧密配合，尽快制定云南省生物产品质量标准体系，统一规范和约束省内生物制品生产企业的种植标准、产品质量标准和技术标准。

3.4 发展对策

由于一般性生物工业制品属于完全竞争市场上的商品，利润空间狭窄，云南企业所面对的本地市场小于发达地区企业所面对的本地市场，发展过程中云南企业竞争力不强，所以生物产业工业化程度低。要加快云南生物产业工业化，就必须提升生物资源深加工企业的获利空间和竞争能力。

（1）大力培育生物科技中介服务业。科技中介服务是实现科技成果转化的重要载体和纽带。针对云南省从事生物基础研究、科技开发的机构多，但成果转化慢的特点，大力培育生物科技中介服务业，为民间资本投入生物产业提供技术源信息和中介服务，为生物科技研发机构和个人提供产业化途径。

（2）建立和完善技术交易市场。尽快建立和完善云南省技术交易市场，实现生物科技研发机构与工业化生产企业之间的直接对接。技术交易市场可实行有形市场和无形网络市场两种形式。技术交易市场以生物科技研发机构、生物科研人才为技术供给者，通过柜台制和网页形式展示自己的科研成果，面向生物制品生产企业和投资者，开展科技成果转让，尽快实现生物技术工业化。

（3）鼓励生物产品生产装备化。对引进国外先进设备的生物制品生产企业给予补贴。对生产工艺落后的生物制品企业进行积极干预，鼓励其加快生产工艺设备的更新改造。彻底改变云南生物农业型生物产业多为手工式、家庭式、作坊式的生产格局，引入机械化作业、企业化经营，通过机械化作业实现生物农业的标准化、规模化生产，通过企业化经营解决生物产品供给与市场需求不一致的问题，通过企业经营的管理模式实现农业型生物产业的科学化、现代化和高效化。大力培育生物装备工业发展，在着力支持生物医学工程设备引进和自主研发的同时，还要着力支持开发适合云南生物多样性特征，开发云南特色生物食品、饮料的小型机械设备。进一步营造投资环境，鼓励民间资本和非公经济投资生物制品生产的机械设备制造业。

4 生物科技产业化

生物科技产业化是指把握新科技革命与全球产业变革的趋势，加快推进生物科技的产业化应用，使科技创新尽快转化为生产力的思想与战略。就云南而言，通过生物科技产业化战略，推进云南生物科技研发机构、人才、科研成果与城乡居民现实需求的结合，利用全球范围内的新兴生物科技来深度融合云南省的传统生物产业，尽快实现生物资源大省向生物产业强省的转变。

4.1 理论依据

生物科技产业化的理论基础是演化经济理论、科技革命与全球产业变革理论、新科技革命与生物经济时代等理论、全球生物科技竞争论等❶。

4.1.1 新科技革命与生物经济时代

自2008年美国金融危机后，全球经济持续低迷，使得各国普遍认为新一轮的科技革命势在必行。根据中国科学院开展的“第六次科技革命的预测研究”结果表明，新一轮科技革命可能是一次新生物学和再生学的革命。它将在五个主体学科发生重大突破：整合和创新生物学、思维和神经生物学、生命和再生工程、信息和仿生工程、纳米和仿生工程等。关键技术是信息转换器技术、人格信息包技术、仿生技术、创生技术和再生技术等。根据经济长波理论，2020年可能是经济长波周期的一个拐点，全球已有数百个顶尖实验室已进入不宣而战的“核心专利争夺战”，以试图通过研发出爆发式的大规模市场应用，进而争夺新一轮经济发展的制高点。

科技革命是科学革命和技术革命的统称。学术界普遍预言，相对于之前的科技革命，新一轮的科技革命极有可能在方向、结构和性质上发生新的转变，并且均指向生物领域。

（1）方向转变。在之前的科技革命中，主要发生在物理学领域、技术科学和信息科学领域，属于物质科技革命或信息科技革命，而新的科技革命极有可能主要发生在生命科学领域，或者以生命科学为基础。从以前的科技革命历史结构

❶ 对于演化经济理论、科技革命与全球产业变革理论的介绍和总结，可参考2009年的《转变经济发展方式 科技支撑云南经济增长研究报告》，本书从略。

看，如果说21世纪以前科技革命的重点任务是认识自然、改变自然和满足人类需要，那么进入21世纪后科技革命的重点任务将是人类认识自己、改变自己和适应宇宙环境，全面提高生活质量、提高人类可持续性和适应宇航时代的需要。也就是说，人类历史上之前的科技革命处理的是人与环境的关系问题，而新一轮科技革命将主要处理人类自身的问题，这是科技革命的一种方向转变。

（2）结构转变。前几次科技革命主要发生在某一个学科，或在几个学科领域分别发生，而新科技革命将可能发生在几个学科的交叉结合部，它将具有一种新的复合结构。从人类文明和世界现代化的前沿角度看，新一轮的科技革命将可能以生命科学为基础，融合信息科技和纳米科技，提供提高生活质量和满足人类精神生活需要的最新科技，它将可能是三大学科（生命科技、信息科技和纳米科技）的交叉融合，并主要发生在三大学科的交叉结合部，而不是仅仅发生在单一的生命科学领域，也不是分别发生在几个学科领域。

（3）性质转变。新一轮的科技革命将是第一次完整意义上的科技革命，因为它同时包含科学革命和技术革命。新一轮的科技革命将是三大革命（科学革命、技术革命和产业革命）的交叉融合，是一次多维复合的综合型科技革命。新一轮的科技革命将推动世界现代化的第五次浪潮，导致世界格局的重新洗牌，如果它的预期目标能够实现，人类文明将进入“再生时代”，人类生活将发生质的变化。

除此之外，学术界还普遍推测，新一轮的科技革命将比前几轮的科技革命影响更深刻和宽广。新一轮的科技革命是一次新生物学和再生革命，涉及人类自身的发展和进化，对民族的影响将超越以前的物质和信息科技革命；同时，信息革命提供的技术手段，极有可能放大新一轮科技革命的机会成本。因此，面对新一轮的科技革命，蕴涵巨大的经济利益和社会利益，将在一定程度上影响国家兴衰，只有抓住科学革命机遇的国家，才有可能不被历史所淘汰。

在过去的500年里，我国与前几次科技革命无缘，导致我国国际地位一路下滑。以社会生产力（按购买力平价计算的人均国内生产总值）为例，1700年中国社会生产力水平排名世界第18位，1820年排第48位，1900年排第71位，1950年排第99位。在信息技术革命中，我国虽然反应迅速，采取跟踪模仿为主的战略，但却没有获得理想成绩，在信息技术上取得的重大突破和核心专利少之又少，有世界影响的信息产品、信息品牌屈指可数。毫无疑问，新一轮的科技革命将为中国现代化提供难得的发展机遇，在短暂的过渡期内只有抓好科学布局，才可能抓住新一轮科技革命的机遇，在经济科技竞争中占据一席之地，进而获得主导权。

4.1.2 生物技术已成为全球科技创新的制高点

生物技术（biotechnology）又可称为生物工程，是以生命科学为基础，运用生物化学、生物物理学、分子生物学、细胞生物学、微生物学、遗传学等原理与生化工程相结合来研究、设计、改造生命系统以改良生物乃至创造新的生物品种，改造或重新创造设计细胞的遗传物质、培育出新品种，以工业规模利用现有生物体系，以生物化学过程来制造生物工业产品和为人类提供服务的一类高技术。生物技术自20世纪90年代开始在全球科技领域内盛行，其范围涵盖基因工程（含蛋白质工程）、细胞工程、酶工程、发酵工程等领域，沿袭至今仍以引领者的身份占据着全球科技创新的制高点。

基因工程（genetic engineering，又称为基因拼接技术和DNA重组技术）是现代生物技术的核心，其技术为基因的结构和功能的研究提供了有力的手段。它是指以分子遗传学为理论基础，以分子生物学和微生物学的现代方法为手段，通过改变生物原有的遗传特性，进而获得新品种，生产新产品。基因工程自20世纪以来取得了巨大进展，尤其是转基因动植物和克隆技术的相继突破，标志着基因工程在全球范围内掀起了一场新的技术革命。在科技层面上，该领域的支撑技术主要有核酸凝胶电泳技术、核酸分子杂交技术、细菌转化转染技术、DNA序列分析技术、寡核苷酸合成技术、基因定点突变技术、聚合酶链反应技术；在产业应用层面上，主要应用于包括转基因鱼、转基因牛、转黄瓜抗青枯病基因的甜椒、转鱼抗寒基因的番茄、转黄瓜抗青枯病基因的马铃薯、不会引起过敏的转基因大豆、抗虫棉和超级动物为主要内容的农牧业和食品工业，包括基因工程药品生产和基因诊断与基因治疗为主的医药卫生业，以及以“超级细菌”为主要内容的环境保护。

细胞工程（cell engineering）与基因工程一起代表着生物技术最新的发展前沿，伴随着试管植物、试管动物、转基因生物反应器等相继问世，细胞工程在生命科学、农业、医药、食品、环境保护等领域发挥着越来越重要的作用。总的来说，细胞工程是指应用现代细胞生物学、发育生物学、遗传学和分子生物学的理论与方法，按照人们的需要和设计，在细胞水平上的遗传操作，重组细胞的结构和内含物，以改变生物的结构和功能，即通过细胞融合、核质移植、染色体或基因移植以及组织和细胞培养等方法，快速繁殖和培养出新物种的生物工程技术。技术层面上，细胞工程的研究内容主要涉及动植物细胞与组织培养、细胞融合（新的物种或品系、单克隆抗体）、细胞核移植（无性繁殖、克隆动物）、染色体工程（多倍体育种）、胚胎工程（优良品种、试管婴儿）、干细胞与组织工程（胚胎干细胞、组织干细胞）、转基因生物与生物反应器（转基因动物、转基因植物）。细胞工程是全球产业化应用水平最高的生物技术，尤其是在粮食与蔬菜生产、园林花卉、临床医学和药物领域已获得较高的盈利能力。例如，在粮食与蔬菜生产方面，我国在以花药单倍体育种途径培育出的水稻品种或品系有近百个、小麦品种或品系有30个左右，日本麒麟公司已能在1000升容器中大量培养无病毒微型马铃薯块茎作为种薯，实现种薯生产自动化；在园林花卉方面，香蕉、柑橘、山楂、葡萄、桃、梨、荔枝、龙眼、核桃等十余种果树的试管苗去病毒技术已基本成熟，香蕉去病毒试管苗的微繁殖技术已成为产业化、商品化的先例之一；已研究成功的林木植物试管苗达百余种，涵盖松属、桉树属、杨属等植物属种，包括泡桐、槐树、银杏、茶、棕榈、咖啡、椰子树等，其中桉树、杨树和花旗松等大面积应用于生产，已报道的花卉试管苗有360余种，其中已投入商业化生产的有几十种，尤其是我国对康乃馨、月季、唐昌蒲、菊花、非洲紫罗兰等品种的研究较为成熟，部分已商品化；临床医学与药物方面，抗乙型肝炎病毒表面抗原（HBsAg）的单克隆抗体的应用，用于检测极小肿瘤病灶的单克隆抗体的临床应用，以及各种疫苗、菌苗、抗生素、生物活性物质、抗体等生物药品；另外，在动物繁育优良品种方面，胚胎分割技术、核移植细胞融合技术、显微操作技术等人工授精和胚胎移植技术已广泛应用于畜牧业生产。

酶工程（enzyme engineering）主要由酶的生产、酶的分离纯化、酶的固定化和生物反应器四个部分组成，在工业上的大规模应用集中于食品工业、轻工业以及医药工业中。酶工程是指将酶或微生物细胞、动植物细胞、细胞器等在一定的生物反应装置中，利用酶所具有的生物催化功能，借助工程手段将相应的原料转化成有用物质并应用于社会生活的一门科学技术。它包括酶制剂的制备、酶的固定化、酶的修饰和改造、酶反应器等方面内容。近几十年来，随着酶工程不断的技术性突破，在农业、工业、医药卫生、能源开发及环境工程等方面的应用越来越广泛。酶在食品工业中最大的用途是淀粉加工，其次是乳品加工、果汁加工、酶工程烘烤食品及啤酒发酵，与之有关的各种酶如淀粉酶、葡萄糖异构酶、乳糖酶、凝乳酶、蛋白酶等占酶制剂市场的一半以上。另外，帮助和促进食物消化的酶成为食品市场发展的又一主攻方向，包括促进蛋白质消化的酶（菠萝蛋白酶、胃蛋白酶、胰蛋白酶等）、促进纤维素消化的酶（纤维素酶、聚糖酶等）、促进乳糖消化的酶（乳糖酶）和促进脂肪消化的酶（脂肪酶、酯酶）等；在轻化工业中，酶工程技术主要应用于洗涤剂制造（增强去垢能力）、毛皮工业、明胶制造、胶原纤维制造（黏结剂）牙膏，以及化妆品的生产、造纸、感光材料生产、废水废物处理和饲料加工等；重组DNA技术促进了各种有医疗价值的酶的大规模生产，用于临床的各类酶品种逐渐增加，如作为临床体外检测试剂、利用酶清除血液废物、防止血栓形成和体内酶控药物释放系统等；在全世界开发新型能源的大趋势下，利用微生物或酶工程技术从生物体中生产燃料也是人们正在探寻的一条新路，如利用植物、农作物、林业产物废物中的纤维素、半纤维素、木质素、淀粉等原料，制造氢、甲烷等气体燃料以及乙醇和甲醇等液体燃料，利用微生物作为石油勘探、二次采油、石油精炼等手段也是近年来国内外普遍关注的课题；酶工程应用于环境净化，尤其是工业废水和生活污水的净化，也是酶工程应用的主要途径之一，利用基因工程技术创造高效菌种，并利用固定化活微生物细胞等方法，已在废水处理及环境保护工作中取得了显著的成效，同时生物传感器为环境监测的连续化和自动化提供了可能，降低了环境监测的成本。

发酵工程是用来解决按发酵工艺进行工业化生产的工程学问题，在生物技术产业化过程中起着关键作用。发酵工程是指采用现代工程技术手段，利用微生物的某些特定功能，为人类生产有用的产品，或直接把微生物应用于工业生产过程的一种新技术，其内容包括菌种的选育、培养基的配制、灭菌、扩大培养和接种、发酵过程和产品的分离提纯等方面。从广义上讲，发酵工程由上游工程、中游工程和下游工程三部分组成，其中上游工程包括优良种株的选育、最适发酵条件（pH 值、温度、溶氧和营养组成）的确定和营养物的准备等；中游工程主要指在最适发酵条件下发酵罐中大量培养细胞和生产代谢产物的工艺技术；下游工程指从发酵液中分离和纯化产品的技术，包括固液分离技术（离心分离、过滤分离、沉淀分离等工艺）、细胞破壁技术（超声、高压剪切、渗透压、表面活性剂和溶壁酶等）、蛋白质纯化技术（沉淀法、色谱分离法和超滤法等），最后还有产品的包装处理技术（真空干燥和冰冻干燥等）。在发酵技术的产业化应用上，仍集中在医药、食品加工和环境保护领域。例如，在医药工业上，基于发酵工程技术开发了种类繁多的药品，如人类生长激素、重组乙肝疫苗、某些种类的单克隆抗体、白细胞介素-2、抗血友病因子等；在食品工业上，主要生产传统的发酵产品（如啤酒、果酒、食醋等）、食品添加剂和帮助解决粮食问题；在环境科学领域，多集中于污水处理中微生物的强化。

纵观上述生物技术的发展，全球生物科技正在向更深更广的领域拓展，生物技术的国际竞争已到了分秒必争的地步。研判未来经济社会诸领域对生物产业的需求，超前部署一批生物前沿技术、积累下一代技术的原始创新和集成创新、争占生物科技制高点，已成为世界各国努力的科技战略重点。

4.1.3 生物科技产业化的基本特征和发展趋势

生物科技产业化的首要属性是技术创新性和制度创新性。生物经济是建立在生命科学与生物技术研发与应用基础之上的经济，它的基本要素是知识与技术，知识的生产与技术的进步首先依赖于创新。创新是生命科学与生物技术从研发到应用的一个过程，即将科学技术成果推向产业化的过程，技术创新是生物经济时代的本质特征，更是生物科技产业化的原始推动力。生物科技的产业化推进还依赖于制度、管理和思想创新。生物制造是一个全新的生产方式和工艺流程，是制造技术的最新发展阶段，是制造技术与现代高新技术结合而形成的前沿技术群，因此将产生新的产业制度、新的企业制度、新的管理模式、新的市场运行机制等。在制造全球化的大趋势下，需要根据不同需求创新性构建全新形态的产品和服务的生产模式，通过跨企业的协同经营生产计划管理、供应链管理、动态联盟项目管理、协同商务管理等创新模式，才能真正实现生物科技和生物产业的快速发展。

生物科技产业化的关联性与渗透性。生物技术通用性强，生物产业关联度大、产业链长，对其他产业的带动和诱导作用强，生物经济已然成长为全球最具战略性的经济部类。生物技术是一个庞大的知识集合体，各学科交叉融合使得其技术的通用性强，当前已广泛应用于医药、农业、海洋、能源、环保、食品等领域，尤其是随着技术的日益成熟和全球化应用，其在经济领域中的渗透性将更加凸显。生物技术对经济和社会各个领域的渗透和扩散，一方面催生了庞大的生物产业体系，另一方面还带动了与之相关联的相关传统产业，通过产业链条的延伸最终繁荣了整个国民经济体系，实现了产业结构优化升级。因此，关联性和渗透性的特征决定了生物经济具有高增长性、高带动型和高效益性，这是生物科技产业化发展的本质特征之一，进而使其在全球化过程中具备了“领航产业”的条件。

生物科技产业化的多样性和广泛性特征主要体现在生物产品和企业类型的多样性，以及产业分布的广泛性。生物产品的多样性是指随着科技的不断创新，产品的差异化生产特性越来越凸显。生物产品的多样性，为资源丰富的发展中国家提供了难得的发展机遇。发达国家仅凭暂时的技术、资金优势就企图把发展中家排挤出生物产业革命大门的做法越来越困难。有些生物技术实力并不太强的国家，能够紧紧依靠自己独特资源和技术储备，集中技术力量首先在某一特色领域实现突破，通过小范围的相对优势来对更大范围、更广领域的技术和产业实现以点带面的辐射、拉动和融合，最终建立起一个强大的生物产业体系。生物企业类型的多样性是指生物科技创新一旦实现突破，任何小企业都可以迅速成长，垄断和寡头企业不可能阻止其他创新型企业的成长，产业领域内表现为少数龙头企业和众多小企业并存的行业格局。龙头企业数量有限，其产品在生物产品市场占有主导地位。与此同时，真正活跃于生物技术创新领域的还是众多小企业，数量更多的小型生物科技企业，为了生存而苦苦挣扎，它们只有通过技术创新，突出其特色优势而显示出强大的生命力。生物产业分布的广泛性是指由于生物科技的广泛应用和深度渗透，生物产业将几乎涉及国民经济所有的行业，涵盖国民经济的第一、二、三产业。

生物科技产业化的依赖性与可持续性。生物科技产业化的依赖性特征，主要表现为对制度的依赖性和对资源的依赖性。对制度的依赖性，其一，指生物产业中知识产权的作用特别突出，尤其对审批制度极为敏感。较为宽松的审批制度会加快新药上市的速度，国家有严格的知识产权保护的政策法规会促进投资者的积极性，政府的管制在很大程度上决定了生物产业发展的状况。其二，指生物技术涉及很复杂的伦理、法律和现存的社会秩序问题。由于生物技术可能从根本上改变人类本身，因此生物产品的制度管制将更加严格。例如，当前一些国家通过制定技术贸易壁垒，限制转基因农产品的贸易政策，表明生物科技产业化的推进将在很大程度上依赖于国家制度。生物科技产业化对资源的依赖性主要体现为生物技术和产业发展必须依靠基因遗传资源的支持。生物资源是生物体数目有限的基因，这种稀缺性使得抢占基因资源成为影响生物技术产业的一个很重要的因素。例如，人类基因组计划所发展起来的战略与技术使生物资源由原先的群体种质资源转变为序列进而信息化，使用这些信息的方法已被专利化，若上游技术被专利化，下游工作难度将加大，甚至完全失去参与的权利。因此，生物科技产业化必须依赖于对生物资源的竞争上，如果失去资源，将无法分享市场份额。

生物科技产业化的可持续性是指生物材料属于可再生性原材料，生物科技创新将使生物经济进入良性循环。生物技术是以生物或培养的细胞等为原料生产产品的，而细胞是构成生物体最基本的单位，具有无限复制的特性，所以生物技术的原料具有可再生性，它们是取之不尽，用之不竭的资源。除此之外，利用生物系统生产产品产生的污染物很少，对环境的破坏性很小或几乎没有，而且重组微生物甚至还可以消除环境中的污染物，从而使社会生态系统步入良性循环的轨道。

生物科技产业化的基本发展态势为：产品市场加速化、生物技术扩散化、科研投入升级化、生物安全重点化。

全球生物产品市场呈现加速发展态势。经过近 30 年的发展，随着科技的日趋成熟，生物产业正在成为继信息产业之后，又一个迅速崛起的经济领域。据上海科技情报所统计数据，自 2001 年以来全球生物产业的销售额每 5 年翻一番，增长率高达 25%~30%，是世界经济增长率的 10 倍左右；全球生物产业市场 2001 年约达 700 亿美元，2010 年达到 1471 亿美元，年平均增长率约 18%。其中市场分布仍以美国为主，北美市场占全球的 48%、欧洲占 25%、日本是 20%。预计到 2020 年生物医药占全球药品的比重将超过 1/3，生物能源将占世界能源消费比重的 5%，生物质材料将替代 10%~20% 的化学材料。OECD 发布的《2030 年的生物经济：施政纲领的设计》预计，到 2030 年，生物技术在工业领域中的应用占其总产量的 39%，农业领域应用占 36%，医疗保健领域占 25%，其中工业应用潜力最大。当前发展生物经济，正在成为许多国家应对金融危机的战略措施和新的经济增长点。一些国家的生物与医药相关的产业占 GDP 的 15% 左右，许多发达国家的生物产业 GDP 也占到了 10% 左右。全球生物产业的快速增长，表明生物科技正在全球范围内快速推进，已然成为经济的新增长点。

另外，发达国家生物产业开始呈现出由幼稚期快速步入成长期的发展态势，形成生物科技产业化快速推进的又一有力佐证。根据《2009 年世界生物产业发展报告》数据显示：尽管2007年生物产业总体表现为小额亏损，但429家上市公司的数据显示，2007年是32年来首次出现盈利的年度，实现收入780亿美元且盈利10亿美元以上。大型公司盈利出现了加倍增长，部分中型企业也开始出现盈利，与2006年整体经营亏损18亿美元相比，中型公司2007年整体盈利4亿美元。2008年全球生物产业在金融危机下业绩顽强收红。全球公开上市交易的生物科技公司实现收入从2007年的803亿美元增加到2008年的897亿美元，同比增长12%。2008年全球生物产业已实现整体盈利，由2007年的亏损31亿美元变为盈利10.2亿美元；收入增长12%，达到897亿美元；其中，美国增长8.4%、欧洲增长17%、亚太地区增长25%。以上数据表明全球生物技术产业发展已然迈入分水岭，即由产业的幼稚期进入成长期。生物产业的快速成长，既是科技创新的结果，同时又将进一步加快科技创新的全球化进程。

生物技术向工业领域扩散趋势明显。生物技术作为新的科技革命浪潮，正以前所未有的速度迅速融入工业领域，是科技革命引领工业革命发展规律的客观反映。伴随着几次生物技术的推广应用，标志着一个以生物催化和生物转化为特征，以生物能源、生物材料、生物化工、生物冶金等为代表的现代工业体系正日渐形成。工业生物技术涉及传统的工业技术水平的提升和新兴生物技术产业的发展，一批新兴产业群正在快速形成，在全球范围内将掀起一场新的现代工业技术革命，化工、汽车、塑料、纺织、造纸、消费品等产业，从投料到制成产品，从污染控制到包装等全部生产流程都将发生变革。2008年全球乙醇年使用量达到约5170万吨，生物柴油的使用量达到约1430万吨。另据专家预测，预计到2020年，生物医药占全球药品的比重将超过33%，生物质能源占世界能源消费的比重达5%，生物基材料将替代10%~20%的化学材料，生物产业的市场空间将比信息产业大10倍。生物产业的销售额每5年增加2倍，增长率高达25%~30%，是世界经济增长率的10倍左右。随着生物科技的日渐成熟，生物技术将更加快速地融入现有工业领域，改进和提升工业结构。

世界各国不断加大对生物科技研发投入力度。政府支持是生物经济发展的最重要因素之一，许多国家的政府都将21世纪国家经济的发展希望寄托于生物科技。生物产业已成为世界经济与国家安全竞争的焦点，各国、各地区纷纷制定生物技术产业发展战略规划，成立专门机构，并采取建园设区、争夺人才、增加投入等重大措施，促进生物技术产业在知识密集区域集聚化发展，努力抢占21世纪国际经济技术竞争制高点。如美国基础研究经费的49%用于生物技术和生命科学研究，欧盟“第六框架计划”的46%用于生物技术及其相关领域；欧盟15国在2003~2006年间重点发展的科研领域中共投资175亿欧元，其中生命科学位于七大主题领域的首位；英、法、德、澳、韩等国政府近年来研究开发投入最多的领域也是生物技术。

我国政府也高度重视生物技术及其产业的发展，以期使其成为我国21世纪最有希望取得创新进展和最具国际竞争潜力的新领域。党的十七大报告中明确提出，“提升高新技术产业，发展信息、生物、新材料、航空航天、海洋等产业。”为进一步推动我国生物产业发展，我国成立了“国家生物技术研究开发与促进产业化领导小组”，建立生物产业基地，制定《中国生物技术及产业化发展纲要》，组织实施重大专项等一系列措施。2009年6月，国务院办公厅发布的《促进生物产业加快发展的若干政策》中，阐述了现代生物产业发展的重点领域为：生物医药领域、生物农业领域、生物能源领域、生物制造领域、生物环保领域。在相关政策的强势支持下，我国已初步建立了完整的生物技术研发体系，在基因组测序、生物芯片、干细胞研究、组织工程蛋白质解析、生物医学材料等领域的研究和技术处于国际先进水平。全国涉及生物技术的企业7300多家，工业总产值约8000亿元，国内许多省（市）如江苏、山东、天津等在“十二五”发展规划中都将生物产业作为战略重点，纷纷制订专项规划和政策，设立专门领导机构和专项资金，培养专门的人才队伍，加速生物产业的发展。

生物安全问题是产业化过程中的关键点。SARS的肆虐、禽流感的侵袭以及各种生物病毒的危害，使越来越多的人认识到，生物战剂对经济发展、社会稳定的影响将超过核武器。未来国家安全，必须具有防御生物战剂的能力。生物技术在保障生物安全中具有不可替代的作用。全世界有数十种生物制剂、数百种危险生物对人类安全构成巨大威胁。必须依靠现代生物技术建立健全防御生物恐怖、防治重大疫病的应急技术体系，研制针对主要生物恐怖因子的疫苗与治疗药物，研制生物芯片、生物传感器等生物检测技术，为国家安全提供技术支撑。

4.2 发展现状及问题

云南生物资源的优势地位，使云南生物科技发展历史悠久，科技机构众多，人才聚集，科技成果丰厚，在部分领域处于国际先进水平，一些领域处于国内领先地位，生物科技在云南科技事业中占有重要地位。但云南生物科技产业化程度不高，资源优势还未转化为经济优势。

4.2.1 云南生物医药科技产业化有待进一步深化

云南省生物医药是在原有的优势医药产业基础上建立起来的，经过近几年大力发展，科技创新能力获得较大提升。与此同时，由于观念、资金等多方面制约因素，云南省生物医药仅在疫苗和医药服务领域中具备产业化潜力，云南省生物医药科技创新和技术产业化有待进一步提升。

经过多年发展，云南省已初步建立起以科研院校和产业基地为依托的生物技术平台，生物医药科技创新能力稳步提升。全省与生物医药产业相关的科研创新机构有国家重大科学工程 2 个，国家重点实验室 2 个，国家级企业技术中心 5 个，从事生物医药研发的中央驻滇单位 7 个，省属大专院校 19 家，地州市属及民办中药、民族药研究机构 6 家。国家科技部、国家发改委先后批准了中药现代化科技产业（云南）基地、昆明国家生物产业基地的建设，为云南生物技术产业技术水平和层次的提高搭建了重要平台。值得一提的是，云南省在灵长类动物实验的服务外包领域具有得天独厚的技术发展优势。近年来，云南省已在灵长类动物实验天然资源中活性成分的筛选以及 P3/P4 实验室等领域中，初步建立了一批药理实验和药效学实验平台，具备了生物医药领域服务外包的条件。随着全球技术服务外包行业的热度逐渐提高，云南省应依托灵长类动物实验室的优势特色，加快助推服务外包的企业化、市场化以及实现与资本市场的对接，不失时机地实现生物医药外包业务的跨越式发展。

近年来，生物医药中试生产中心、实验动物中心和公共实验中心、生物医药动物模型与安全评价工程中心、天然药物活性筛选工程实验室、病毒性传染病生物制品工程研究中心等创新能力建设项目，为云南省生物医药产业的发展在国家层面上争取较高占位奠定了重要基础。结合基地和研究中心建设，云南省发展改革委、云南省科技厅启动了中药标准化及质量研究中心、药物安全性研究（GCP）中心、中药工程技术及中药制剂研究中心、中药新药临床研究（GCP）中心、中药材规范化种植指导中心、中药信息中心，以及昆明国家生物产业基地生物医药中试生产中心、实验动物中心和公共实验中心等公共服务平台建设。“十一五”期间，立项支持的医药研发项目共计 62 项，共投入科技经费 6455 万元，拉动医药创新投资 39118 万元；争取国家产业化示范工程及创新平台建设项目 18 项，其中产业化项目 10 项、创新能力建设项目 8 项，项目总投资 11.32 亿元，争取国家投入 9700 万元；针对重大疾病治疗的在研一类新药超过 20 个，围绕天然资源开发利用以及特殊化妆品产品研发的技术引进、技术合作取得较大进展。

尽管云南省医药科技已经取得了长足发展，但与国内发达地区相比仍存在科技创新驱动力不足的突出瓶颈问题。缺乏与市场经济相适应的科技创新资源的配置机制和服务环境，科技成果市场化水平低，企业自身在人才、品种、技术、管理、资本、市场等技术创新的资源配置方面存在结构性矛盾，以企业为主体的产、学、研创新机制尚未形成等，仍是制约云南省生物医药科技创新发展的突出瓶颈。因此，要实现科技突围，云南省就必须通过建立技术装备先进、人才结构合理、创新能力较强、管理科学规范的生物医药创新体系，继续深化自主创新，加强医药产业关键技术和前沿技术研究，采用“模仿与创新”结合方式积极拓展新领域，加快发展化学原料药及制剂、生物技术药物、新型诊断试剂、康复保健、生物医用材料和药物研发服务外包产业，通过优化重组与机制创新强化产业创新能力，完善新药创制、天然活性物质筛选与结构优化、中药材优良品系选育与规范化种植技术研发、药品中试与剂型研究、药品临床前研究与临床研究、质量控制与产品标准体系研究等科技创新领域的技术支撑，通过建立以骨干企业（集团）技术中心建设为依托的新药研发技术联盟，深化体制创新，使企业掌握医药创新发展主动权。

专栏：云南主要生物医药创新

(1) 中药、民族药、天然药物技术创新。加强新产品上市后的临床再评价研究，以47个名方名药为重点对现有创新药、民族药产品进行“二次开发”；加强对天然药、民族药、名医名方的筛选，从现有医院制剂中筛选新药开发项目；进一步加强中药生产过程质量控制技术研究和质量标准提升。

(2) 化学原料药及制剂技术创新。抓住近几年专利药专利保护到期时机，抓紧专利药仿制；重视化学原料药及制剂新产品、新技术的引进，加强制剂技术，以及新辅料的研究、引进和推广，提高化学原料药及制剂仿制的起点和水平；以昆明制药集团、昆明积大制药、昆明滇虹药业、昆明贝克诺顿制药等知名制药企业为核心，构筑云南省化学原料药和化学药企业创新平台体系，加快云南省化学原料药及制剂产品更新的步伐。

(3) 生物疫苗制品技术创新。采用人才和项目引进方式，加强细菌性疫苗、病毒性疫苗、基因工程疫苗及联合疫苗研发及产品产业化，逐步推进在治疗性疫苗、重组蛋白药物、重组单抗药物以及干细胞治疗等领域的研发和产业化关键技术攻关；以昆明医学生物所、云南沃森生物技术公司等高技术企业为依托，构建云南省新型疫苗制品创新产业集群。

(4) 健康产品技术创新。继续实施云南天然资源、民族医药资源的深入发掘工程，开发具有云南特色的高质量的天然保健品、特殊化妆品、日化产品；引进国内外先进加工技术和装备，提升企业生产能力和产品附加值；以云南白药集团股份有限公司、云南绿A生物工程技术公司、昆明滇虹药业、云南东方不老生物技术有限公司等知名企业为依托，发展天然保健品、特殊化妆品、日化产品等健康产品创新集群，构筑云南生物医药产业发展又一新增长点。

4.2.2 云南生物科技创新成绩斐然

凭借优越的地理环境和多样性的物种资源，生物科技在云南省农业领域的应用快速推进，转基因植物的研究与开发也取得瞩目成就，生物种质资源、农作物生物技术育种、应用植物病毒等某些领域已达到国内先进水平。

粮食作物新品种选育和产业化工程稳步成长。在软米两系杂交稻新品种培育上，云南省农业科学院和云南金瑞种业有限公司选育了具有云南特色和自主知识产权的“云光”系列软米两系杂交稻新品种，实现了杂交水稻育种与生产上的优质与高产的结合，技术处于国际领先水平，得到袁隆平、朱国英、谢华安等院士的高度评价。经过20多年的努力，杂交水稻已突破5000万亩，杂交水稻的推广已成为不可缺少的生产措施，在云南省稻谷生产中占有举足轻重的地位。在优质专用玉米新品种选育上，以“云瑞”系列为代表的优质抗病杂交玉米品种不断扩大推广应用，市场前景广阔。

经济作物新品种选育和产业化工程扎实推进。在优质油菜产业化工程中，推广品种主要为云南省自育的花油、“云油杂”系列品种，具有高产、稳产性及抗逆力特性；但是全省在油菜科研、生产、技术推广、基础设施建设、良种繁育、技术培训、机械化收割等各个方面都没有引起足够的重视，资金投入较少，不能满足生产发展和市场发展的需要，产业化推进有待进一步提高。在蚕桑产业化推进工程中，全省已有蚕桑产业管理和技术人员7000余人，云南省农科院蚕桑蜜蜂研究所为云南唯一的从事蚕桑高技术研究的科研机构，其性别控制育种技术已处于国内行业领先水平，利用常规杂交育种方式育成蚕桑良种近20个，推动了云南蚕桑产业的良种化；到2008年，全省桑园面积已发展到120万亩，共养蚕95.8万张，蚕茧产量3.45万吨，生丝产量2871吨，实现农业产值10亿元，工业产值6.2亿元，出口创汇131万美元，惠及农户28万余户，缫丝厂和丝绵被加工企业从业人员近万人。在香蕉优良育种繁育方面，通过农业部“948”引进技术示范项目、公益性行业专项等实施，尤其是2008年农业部启动了国家香蕉现代产业技术体系的建设，依托云南相关研究和生产单位建设了1个香蕉病虫害综合防控站和3个综合试验站，加快了云南香蕉产业化的进程；但是由于缺乏适合云南特点的香蕉标准化生产技术规范和关键技术，云南省仍面临产量低和品质差等不利局面，现代技术推广有待进一步提高。在特色柠檬产业化工程上，针对产业存在的问题，云南省农科院红瑞柠檬研究所作为技术依托单位进入国家柑橘产业技术体系柠檬综合试验站，该研究所在柠檬种质资源利用、丰产栽培技术、病虫害监测防治等方面建立了一整套较完善的科研体系，已申请国家技术专利4项并初步建立了一支长期服务于德宏柠檬产业的本土化科技创新团队及服务队伍，为云南省柠檬产业的可持续发展构建了高起点的科技创新平台。

蔬菜新品种选育和产业化工程快速发展。在蔬菜种子产业化工程方面，云南省通过承担“十一五”科技攻关计划“外销蔬菜可持续发展关键技术集成研究及产业化示范”和“十一五”期间的其他蔬菜项目，已收集蔬菜育种资源材料10000余份，选育自交系434份，自交不亲和系217份，胞质雄性不育系56份，细胞核雄性不育系29份。先后育成白菜品种3个、番茄品种1个；1个茄子、2个辣椒新品种已申报植物新品种权；2个白菜新品种、2个辣椒新品种、1个番茄品种通过了专家的田间现场鉴评。以上品种累计示范推广10万亩。建设和完善试验基地100多亩；建立十字花科蔬菜细胞工程育种实验室1个，已开展十字花科蔬菜小孢子培养、原生质体融合等细胞工程，完成了十字花科蔬菜白菜、青花菜、花椰菜和萝卜小孢子培养技术体系的优化工作；茄果类育种实验室1个，已开展茄果类蔬菜花药培养、抗病种质筛选、实验室嫁接等工作，完成了茄果类蔬菜抗病砧木的筛选和嫁接技术工作。在蔬菜良种繁育方面，建有2000亩稳定的种子生产基地。在西南特色蔬菜种子产业化基地建设方面，云南农科院在省委、省政府支持下，开展农作物新品种选育、品种资源的收集保存与研究利用、生物技术应用分析测试、优质粮经作物种子与种苗生产繁育技术、农业工程设计等取得较大的进展，已拥有云南省重点试验室、农产品质量检测中心，农作物育种实验室、分子生物学实验室、遗传基因转化实验室、云南省良种繁育基地、种子质量检室、资源保存圃等和相关配套实验设备设施；同时云南农科院加强科研产业服务平台，建立科技信息交流站，加强科技成果转化，粮食作物水稻、玉米、小麦、蔬菜、马铃薯等作物品种在全省范围内推广，种子生产取得了好成绩，开展农业科普宣传和培训，为云南省繁种基地建设打下科技基础。

花卉新品种选育和产业化工程获得较快提升。在花卉高技术产业化工程方面，云南科技支撑条件已初步形成，已建或在建的有国家地方联合花卉工程研究中心、云南省花卉育种重点实验室、云南花卉工程技术研究中心、农业部花卉产品质量监督检验测试中心（昆明）、国家林业局月季新品种测试站、国家高新技术产业化示范基地、云南切花新品种种苗现代化生产基地，以及2个云南省创新型企业试点云南省企业技术中心，汇集云南花卉研究创新人才团队。据统计，2009年全省花卉面积将达到58万亩，同比增长10.7%，产值达200亿元，增长13.6%，出口达1.2亿美元，增长18.8%，成为云南省农产品出口的主要大宗商品；鲜切花产量56亿枝，增长5.9%，连续16年保持全国第一；促进农民增收50亿元，增长11.1%，成为带动农民增收致富活力强、潜力大、辐射强的特色优势产业之一。

用材林新品种选育和产业化工程基础进一步夯实。在高产优质多抗云南松新品种选育方面，初步解决了云南松二代育种群体、个体选择和二代种子园营建的关键技术，建立了一定面积的云南松二代种子园及优良家系收集区，结合地方林木良种基地建设和林业工程建设，推动了云南松高世代育种进程和良种用种的升级，产生明显的社会效益和生态效益。在云南热区速生丰产用材林产业化工程，以及思茅松工业原料林培育技术方面，提出了菌根营养土育苗、百日壮苗培育、苗木分级标准、合理密度控制、施肥及抚育管理等丰产栽培配套技术；在西南桦培育技术方面，提出了苗木培育、苗木分级、丰产栽培技术、抚育管理技术等配套实用技术，经专家鉴定，已达到国内同类研究先进水平，并被云南省科技厅认定为“思茅松、西南桦工业原料林优质、高效培育技术研究”成果。在极珍贵用材高效林产业化发展方面，云南省林业科学院已通过科技攻关项目“红木类珍贵用材树种培育试验与示范”，对这类树种的繁育技术和人工林培育技术进行了系统地开发研究和示范，丰富和发展了我国珍贵用材树种的人工用材林培育技术，已建立了110多公顷的研究示范基地，收集了铁力木、云南红豆、滇木花生、榉树、印度紫檀等几个珍贵用材树种的省内外种源，进行了种源试验研究。在思茅松采脂原料林产业化方面，云南省林业科学院已在普洱市境内进行了高产脂母树选优，共选出了300个优良单株，并利用选出的优树材料营建了2000多亩高产脂基地林，培育出“思茅松高脂I号”，并初步提出了建立高产脂思茅松原料林的技术措施，如定植密度、施肥技术和留阔抚育技术等。

经济林新品种选育和产业化工程取得小范围发展。在核桃高新技术产业化工程方面，云南省林业科学院经济林研究所与漾濞核桃研究站经过40年的科技工作，通过种间杂交，培育出早实、早熟、丰产的优良新品种5个，已通过云南省林木品种审定委员会审定；选育出了一批适宜云南栽培的地方优良品种及早实杂交新品系核桃供生产示范推广，并在核桃高效嫁接技术、集约化栽培、病虫防治、产品贮运加工等方面也涌现出一批先进的科研成果和成熟的技术工艺。在油茶关键技术研究与产业化工程中，云南省林业科学院广南油茶研究站经过40多年的研究工作，已选育出适宜云南省大面积推广的广油3号等5个油茶新品种，在油茶丰产栽培、病虫害防治等方面积累了丰富的经验，但是科技创新能力仍有待进一步提升。

优质家畜胚胎生物技术产业化工程发展空间和提升潜力较大。云南省在家畜胚胎生物技术方面虽起步较晚，但近十年来发展迅速，在良种扩繁、种质资源保存等方面已经建立了成熟的技术体系，在牛羊胚胎移植高效扩繁技术研究与规模化推广应用方面已处于国内先进水平。10年来，累计超数排卵处理本地良种羊和引进品种波尔山羊、努比山羊、萨能奶山羊等供体羊1376只，生产鲜胚13876枚，移植受体11921只，累计产羔7958只。其中山羊鲜胚移植产羔率为58.87%，批次最高达83.33%，绵羊鲜胚移植产羔率为63.64%，建立了成熟的胚胎冷冻保存技术体系；同时开展了奶牛、肉牛、奶水牛的胚胎移植技术推广应用，生产出胚胎移植犊牛1000余头。胚胎生物技术在云南省规模化推广应用后，获得了较好的经济和社会效益，并向天津、甘肃、青海、安徽、河南、贵州、四川、江苏等地开展技术服务，起到了较好的示范和带动作用。胚胎生物技术在云南省无论从技术到市场，还是从相关政策到农业结构调整需要都已成熟，发展前景极为广阔。

云南省生物农业科技取得的优越成绩，为云南农业可持续发展奠定了重要的科学基础，加快生物农业科技产业化并提高科技支撑力将成为未来一定时期云南省生物农业发展的重要内容。加快生物农业科技产业化步伐，应在现有优势技术基础上，继续深化利用生物转基因技术和生物工程技术，以烟草、畜牧、蔬菜、花卉、水果、制糖、制茶等产业为重点，培育优质、高产、高效的农业新品种和野生动植物繁育种源；深化绿色高效农业创新，推进生物饲料及饲料添加剂、生物肥料、植物生长调节剂、动物疫苗、微生物全降解薄膜等绿色农用生物制品的科技研发，为开发具有广阔市场前景的终端消费品提供农业科技支撑。

4.2.3 云南省生物制造已具备一定的技术积累

云南省具备发展生物制造得天独厚的资源优势条件，近年来已在酶制剂、生物农药、植物提取物和生物肥料等领域掌握和积累了一批创新技术。但是，云南省生物制造业技术研发仍面临科技创新层次低、领域窄、科研机构科研成果转化能力差、科技对产业支撑作用弱等突出问题。云南省欲将生物制造业发展成为渗透能力和带动效应强、科技含量高、增长速度快的新兴产业，仍需面临诸多瓶颈问题。

在酶制剂方面，云南省是中国最具生物多样性的地区，有大量耐热微生物及耐热酶资源，具有得天独厚的资源优势，发展潜力巨大；在淀粉酶、蛋白酶、糖化酶、脂肪酶、纤维素酶、弹性蛋白酶等酶制剂方面均有一定程度的科技积累。但是，云南省酶制剂的产业化发展不高，从事酶制剂生产的公司较少，全省仅有昆明爱科特生物科技有限公司、云南康和生物工程有限公司、昆明陆良酶制剂有限公司这三家酶制剂公司，且产值较低，缺少专业化的企业管理人员和销售人员。销售环节跟踪服务能力不足，导致云南省酶制剂资源优势无法顺利转化成产业化优势，制约生物制造业的发展。

凭借种植生物农药作物的气候和资源优势，以及生物技术科研平台，云南省已在以线虫必克、百抗、生物克菌宁为代表的微生物源农药，以及烟草废弃物、苦参提取烟碱、苦参碱系列产品等生物农药的技术研发和产业化建设方面具有一定的技术基础和发展潜力。云南省生物农药作物种植呈规模化发展态势，是我国印楝和除虫菊生物农药原料的潜在中心产区；在印楝产业化种植的基础上，云南省多家研究机构和公司联合开发，在我国首次实现印楝素、昆虫信息素生物农药的产业化生产，已从印楝种子中分离和完成化学结构观察的印楝素类化合物达16个，其中4个是国外尚未发现的新物质；天然植物源杀虫物质除虫菊酯已开发出30多个合成类似物，农药产品覆盖全球各国市场；另外，烟草根结线虫病生物防治的研发实力也较强。与此同时，云南省生物农药产业化进程也仍面临企业规模小、品种单一、抗风险能力弱、缺乏资金和技术人员等瓶颈问题。

纵观国内外发展现状，以科技研发支撑产业发展，以技术创新驱动产业升级，是云南省生物制造产业发展的必然选择和当务之急。加快推进云南省生物制造产业发展，需要进一步认清生物制造科技发展动向、市场基本形势和自身技术与资源优势，制定高效产业创新政策，拓展多元化技术创新领域，破解技术创新融资瓶颈，完善人才引进与人才管理机制，通过技术创新真正形成并发挥云南省生物制造产业的聚集发展和规模效应，并依靠企业核心竞争力的不断提升最终实现云南省生物制造产业的跨越式发展。

4.2.4 云南生物能源科技创新有待进一步提升

云南省依托资源优势，已掌握多种生物能源的开发技术，能源产业也初步进入产业化生产阶段。在技术掌握和产业化开发方面，已经应用于生产燃料乙醇的能源农作物主要有甘蔗、甜高粱、木薯、甘薯等，用于生产生物柴油的农作物主要有油菜、膏桐等。在技术产业化的快速拉动下，云南省生物能源正呈现出全面推进的良好发展态势。

凭借悠久的乙醇发酵历史，云南省在生物质能源的生产技术、生产线维护管理、技术管理人才、技术工人、产品销售等方面有较丰富的积累，基本具备了生物燃料装置建设和运行管理的较好基础。作为我国生物柴油开发试点省，国内外专家、企业等纷纷在云南省构筑研究实验平台计划，省内林业、农业和工业发酵专业的高校和研究机构对生物质能原料的品种选育、种植技术和燃料乙醇工厂设计、加工工艺技术、所需生物制剂及生产技术已有所储备，具备了一定的技术支撑能力。初步形成在种植方面以西南林学院、云南农业大学、云南省农业科学院、云南省林业科学院、云南植物研究所为依托，而在工厂设计、工艺技术及生物制剂方面以云南省轻工业科学研究所、云南大学、云南师范大学、昆明理工大学等科研机构和高校为支撑的生物能源科技创新体系。

在研发成果产业化上，云南省燃料乙醇生产环节初具规模，生物柴油重点仍主要在种植环节。为推进燃料乙醇产业的发展，2006 年云南省编制了《云南省燃料乙醇产业发展规划》，随后公布了 10 户定点生产企业和 6 户备选企业名单，初步建成元谋龙川江生物开发有限公司、元阳红泰糖业有限公司、建水宏溪经贸有限公司等 3 户企业 5 万吨乙醇项目并竣工投产，燃料乙醇的发展进入了实质阶段。昆明市科技局招商引资入昆的新能源项目云南新鑫燃料乙醇有限公司年产 60 万吨燃料乙醇项目已与 2011 年正式落户寻甸县，整个项目由 4 条生产线组合而成，即年产燃料乙醇 60 万吨、变性淀粉 20 万吨、蛋白饲料 30 万吨、生物肥料 10 万吨的生产线各一条，总投资预计超过 10 亿元，计划 5 年内全部建成。

结合国内外发展趋势和云南省生物能源科技发展现状，一方面生命能源科技创新能力存在较大发展空间，另一方面云南省仍处于原材料野生与半野生规模种植的产业发展状态，利用基因组学的研究方法对其进行遗传改造，培育出优质能源植物等一系列生物能源技术仍存在较多空白。因此，发展生物能源科技强省，就必须循序渐进，科学布局生物能源科技支撑体系，制定生物质液体燃料产业科技创新规划，出台优惠政策并加大扶持力度，完善金融资金投入机制和人才引进机制，着力提升云南省生物能源发展的科技支撑力。

4.2.5 云南生物环保科技创新显著增强

在生态立省、建立资源节约型与环境友好型社会等战略部署下，云南省多年来持续重视生态环保问题。经过多年努力，云南省环境保护工作取得显著成效，通过实施重点减排工程，主要污染物减排任务顺利完成，治污设施建设取得重大进展。全省城市生活污水处理能力由2005年的119.2万吨/日提高到2010年的264.95万吨/日，新增城市生活污水处理能力145.75万吨/日，污水处理率达70%，比2005年（40.47%）提高了近30个百分点。建成生活垃圾无害化处理厂38座，无害化处理能力11013吨/日，无害化处理率70%，处理能力比“十五”末提高了99%。滇池、阳宗海、洱海等治理工程稳步推进，重点流域污染治理工作取得显著突破；生物多样性保护工作力度持续加大，全省已有12个州（市）、70余个县（市、区）开展了生态建设示范，全省开展农村环境综合整治项目试点109个；顺利完成了污染源普查、土壤污染普查和重金属污染防治规划，环境监管和防范环境风险的能力显著提高。

云南省生物环保技术及其产业化，也在节能和环保的社会发展战略导向下稳步发展。近年来，多家从事生物环保业务的高新技术企业纷纷涌现，为云南省生物环保技术创新与产业推进奠定了一定的发展基础。例如，由昆明环境工程技术研究中心、云南化工机械厂、昆明净滇环境保护有限责任公司、云南大学四家单位共同投资组建的集科、工、贸于一体的云南高科环保工程有限公司是国有控股高新技术企业，其高浓度生化难解有机废水处理可行性研究、中试实验、工程设计、设备制造、运行管理和以专用催化剂为主的环保技术进出口业务，填补了云南省生物环保技术领域的多项空白。昆明船舶设备集团公司下属全资子公司——云南昆船环保技术有限公司，依托多年来的技术积累，已开发出造纸法再造烟叶生产线总体工艺与成套装备研发和系统集成，航空垃圾、城市生活垃圾处置及资源化，污水处理及再生回收利用等环保工程项目设计、系统集成、工程总包等环保技术业务，依托现有技术，其他生物环保技术研发工作稳步推进，有力支撑了云南省生物环保技术产业的发展。

云南省政府纵观国内外环境问题和环保产业发展趋势，积极推进生物环保技术创新并实现产业化，肩负着云南省发展生物产业和节能环保产业的双重重任。新时期，党中央、国务院明确提出“要把加快建设资源节约型、环境友好型社会作为重要着力点”，云南省政府也提出“经济建设和社会发展要坚持生态立省、环境优先原则，把良好的生态环境和自然禀赋作为云南省未来发展最重要的资源和资本”，加快环境保护事业发展已然成为新时代背景下社会发展的重要建设内容之一。生物环保技术创新与产业发展是生物技术在环保产业中的创新性应用，是加快转变经济增长方式的重要战略性新兴产业，更是推进社会节能环保工作的重要内容之一。因此，着力发展生物环保技术创新，积极推进生物环保产业发展，是构筑云南省绿色经济发展加速引擎的重要保障。

4.3 发展思路

在全球范围内配置生物医药技术、生物农业技术、生物制造技术、生物能源技术和生物环保技术，利用国际上最先进的生物医药技术改造提升云南生物医药产业，以政府为主导、企业为主体、科研院所为支撑，着力推进原始创新、集成创新、引进消化吸收再创新、协同创新，推进云南生物医药、生物农业、生物制造、生物能源、生物环保等产业快速发展。

抢占未来发展主动权，把握国内外科技和产业发展方向，面向食品、医药、能源和工业等领域的需求，举全省之力高起点培育、高标准发展云南省生物技术。转变思想，更新观念，抢抓机遇，科学谋划，加快部署，及时掌握核心关键技术，形成产业创新驱动发展能力，构筑企业创新主体功能，优化创新政策法规体系，营造创新市场发展环境，着力培育云南省生物技术研发力，构建现代生物技术创新体系，加快生物科技成果产业化进程，构筑引领和支撑云南经济持续快速健康发展的生物技术创新驱动新引擎。

依托资源优势，加快培育生物新技术，提升科技创新能力和科技成果转化能力，为全省生物产业跨越式发展提供强力技术支撑。

依托昆明市国家生物产业基地，组建生物技术工程创新中心，形成配套齐全、功能完备的一体化生物技术研发支撑平台，制定更为优惠的财政和税收扶持政策，集中力量发展生物技术产业聚集区，发挥生物技术产业发展的聚集效应，尽快形成较大的生物技术产业规模。

坚持生物多样性保护和可持续利用基本原则，以燃料乙醇和生物柴油为突破口，努力将云南省建设成为“生物能源”技术研发基地；以酶制剂、植物提取物、生物农药和生物肥料等为产业基础，努力将云南省建设成为“微生物资源”技术研发基地；以优势特色农产品培育和深加工为切入点，以云药为产业基础，努力将云南省建设成为“战略生物资源”技术研发基地；以生物制造、康复医疗服务业作为实现跨越发展的重点，努力将云南建设成为“仿生科学与技术”技术研发基地。

完善技术平台建设，构建云南省生物技术创新体系；建立政策框架完善生物技术研发的协调管理机制；畅通融资渠道，构建多元化资金投入机制；完善人才储备机制，构筑人才储备池；构建生物技术合作与交流机制，打造生物技术全球化战略。充分发挥政府职能部门的统筹、协调和引导等基础性作用，构筑有利于云南省生物技术发展的机制体系建设。具体领域是：

（1）生物医药科技产业化。以深化生物医药产业科技创新驱动发展为目标，组织实施以生物技术药物创新、化学药物品质创新、中药标准化创新为主要内容的生物医药技术科学研究计划，完善科研院所基础支撑平台和共性技术平台，强化企业技术创新机制建设，全面提升云南省生物医药产业发展的技术创新驱动力。

以新型疫苗研发为重点，促进疫苗升级换代；以治疗性抗体等蛋白质和多肽药物研制为重点，促进酶类药物发展；以重组血液制品研制为重点，促进血液制品综合利用；开发细胞治疗和基因治疗等新设备，加快开发生物技术产品品质化、规模化生产的先进适用性技术。以缓释、靶向、长效等为重点推进新型制剂、新型辅料和关键工艺技术研发；推进以绿色制造和过程控制为重点的先进适用性技术研发和应用。以中药标准化为标准，推动道地中药材优良品种选育；健全中药材种植、加工、运输等制药过程的工艺标准和质量标准的关键技术开发；加快以作用激励明确、物质成分可控、临床疗效确切、使用安全为重点的中药材品种开发，培育现代重要大品种资源库。

（2）生物农业科技产业化。立足现有优势技术基础，围绕现代农业、粮食安全和生态改善主题，充分发挥云南省农业生物资源优势，进一步推进生物育种和农业生物制品技术研发能力建设和产业化推广应用建设，促进创新资源向企业聚集，完善创新人才管理制度，为云南省生物农业品质化和标准化发展奠定扎实的科技支撑力。

重点开发以水稻、玉米、小麦、大豆、棉花、油菜、马铃薯和猪、牛、羊、禽等为重点的农林动植物的高产、优质、多抗和高效新品种和扩繁技术；加快推进分子育种、细胞育种、胚胎移植等现代生物技术与常规育种技术的集成创新；加快果蔬、花草、林木等植物的超高产、多抗、优质专业、易处耐藏、营养强化新品种的培养；推进动物基因工程疫苗与动物疫病诊断试剂的产品与标准化技术研发；推进以企业为主体的生物种业品种研发、繁育与标准化技术平台。加速生物菌种新资源，发展规模化发酵培养关键技术与装备，促进农用制品产业标准化、品质化和规模化发展；加快动植物生物反应器核心技术和现有产品研发；推进高品质植物免疫诱抗剂、生物杀菌剂等生物农药新产品开发；加快突破保水抗旱、荒漠化修复、磷钾活化、抗病促生、生物固氮、残留除草剂降解及土壤调理等生物肥料标准化生产技术瓶颈。

（3）生物制造科技产业化。以绿色、低碳和可持续发展为目标，构建云南省生物制造技术支撑体系，组织实施以生物基材料、生物基化学品、新型发酵产品为主要内容的生物基产品研发计划，着力推进以化工、轻纺、冶金为主要领域的生物制造技术产业化推广计划，有效提升云南省生物制造技术的创新水平和行业竞争力。

重点推进以非粮生物醇、有机酸、生物烯烃等为重点的生物及化工原料新产品与先进适应技术研发；提升以氨基酸、维生素等为重点的新型发酵产品开发；推进以生物塑料、生化纤维为重点的生物基材料创新和适用技术研发。加强生物催化剂、工业酶制剂新品种开发，培育发展高效工业用微生物菌种，推动微生物制造产业优化升级；以生化合成、生物印染、生物漂白、生物采矿为重点着力突破绿色生物工业关键技术和装备创新；进一步推进发酵工艺与装备创新。

（4）生物能源科技产业化。以开拓清洁能源、缓解能源短缺和解决“三农”问题为战略目标，拓展非粮生物质原料的来源与种植技术，加快先进生物液体燃料的技术研发，推动生物质燃气和成型燃料的技术推广与应用，完善生物能源激励机制和产业政策，因地制宜地优化布局云南省生物能源战略性创新体系。

重点研究盐碱荒地、荒坡地、宜林地等宜能荒地开发能源作物种植的先进适用技术；推进以纤维素乙醇原料预处理、低成本水解糖化关键技术为重点的科技攻关；加速以生物质燃气合成燃油催化剂为重点的科技研发；推进以能源林、甜高粱茎秆、非粮淀粉类植物、农林废弃物和新型能源作物为重点的非粮原料合成燃油技术。研究以农林剩余物、灌木林、生活垃圾、蔗渣、畜禽粪便、有机污水等为重点的生物质发电技术。推进以大型生物质集中供气成套装备、中高温高效沼气厌氧发酵成套装备、沼气净化、压缩、灌装成套设备、低电耗生物质燃料成型设备、生物质供热锅炉技术和民用灶具为重点的技术研发。

（5）生物环保科技产业化。结合云南省环境保护突出问题，立足优势自有技术积累，有侧重点地开发高性能生物环保材料和生物制剂，推进高效生物监测、修复和废物利用等成套工艺和装备的适应性技术研发，构筑涵盖水污染、大气污染、有机废弃物治理和受损生态系统的治理与修复为体系结构的云南省生物环保科技创新体系。

开展以污水高效处理菌剂、生物膜、污泥减量化菌剂等为重点的生物制剂开发；推进以污水生物处理高效反应器、废水深度处理和中水回用等为重点的适用性成套设备研发；推进以有机废弃物腐熟剂、堆肥接种剂、微生物添加剂等为重点的专用功能菌剂科技研发，以及以有机废物处理、复合肥生产为重点的适用性配套装备开发；推进生态系统修复专用植物材料和制剂的研制。

4.4 发展对策

4.4.1 完善技术平台建设，构建生物技术创新体系

针对云南省生物技术成果小，力量分散，项目和设备重复投资等问题，精心

策划，合理布局，建立布局合理、配套完善、分工明确、高效运转的生物技术创新体系。构筑专业化、机构化的云南省技术创新体系，有利于减少技术平台重复投资，有利于快出成果、出大成果，有利于稳住人才、吸引人才，有利于化零为整、盘活全局赶超国内外先进水平。

组建生物技术工程创新中心。中心建设包括生物信息分析、基因功能鉴定、转基因技术、生物安全研究评价、动物克隆、产业中试基地、实验动物基地等功能完备的一体化生物技术研发支撑平台，做到研究、开发、中试环节完备有序衔接。同时，在有条件、有研究特色的地方组建协作网点，承担研究地方特殊物种的生物技术任务，作为动态的和不固定的协作成员，构成云南省生物技术有中心有外围、有点有网的战略布局。中心作为技术的辐射源，不断向外围辐射技术并进一步开发新项目。

培育企业的技术创新能力，构建以企业为主体的生物技术创新体系。要把建立健全企业技术创新体系和运行机制纳入现代生物技术企业建设的重要内容，使大中型企业成为生物技术研究开发和技术创新的主体。制定和实施生物高新技术改造传统农业、医药、轻化工产业的方案，提高其科技含量。

加强重点实验室在技术研发中的基础性作用，加强与企业合作，提升生物技术成果产业化能力。以政府为纽带，助推重点实验室与企业或企业集团的合作，一方面拓宽研究开发经费的投入渠道，使实验室成为企业的技术研发中心；另一方面企业则成为实验室成果产业化的重要载体，通过产、学、研的结合实现云南省重点实验室的改造和提升，并提高其生物技术成果产业化的能力。

4.4.2 建立政策框架，完善生物技术研发的协调管理机制

云南省应根据现代生物产业高投入、高风险、高收益、周期长等特点，结合国家税收改革方向和促进生物产业发展的政策措施，研究制定针对生物产业发展的专项政策措施和税收优惠政策，强化政府在加快推进生物科技创新和技术产业化过程中的引导、协调等宏观基础性作用。政府在生物技术研究、开发、应用方面的作用包括增加对技术研发的公共投资，使公众了解信息，避免转基因生物所带来的风险，保护知识产权包括专利、植物品种保护、种子认证、生物多样性获取等。建立生物技术发展的政策框架，构建基础性宏观制度支撑，是云南省加快生物产业发展的必然选择。

政府应加强政策引导，给予优惠政策，健全法律法规，完善生物资源管理法规和体系。云南省政府业务主管部门应认真研究如何从管理体制和管理办法上支持和促进创新工作，在国家生物技术发展政策和总体规划的框架下，尽快组织相

关专家研究制定云南省生物技术发展的近期、中期和长远规划以及实施方案。鼓励和支持生物技术创新，特别是要支持拥有自主知识产权的研究开发和产业化工作，针对当前云南省工农业上的热点和难点问题，选择一批重大生物技术研究开发项目，经同行专家论证后，采取公开招标的方式选定项目的承担单位和人员，让有条件、有能力的单位和个人来承担重大项目。完善知识产权制度，加快生物技术、生产工艺和产品专利的审批速度。

强化政策对企业技术创新的配套支持。对企业从事或支持技术创新性研究开发予以财政和税收优惠政策。逐步完善企业的激励技术创新调节机制，在企业分配制度上，逐步实施技术创新人员的收入与技术创新成果挂钩的分配形式；在企业产权制度上，逐步允许创新者以技术创新的知识产权入股。鼓励生物高新技术企业建立自己的科研所和博士后流动站，扶持其不仅具有生物技术创新人才和技术手段的优势，而且拥有一些高水平、高效益的生物技术成果。

4.4.3 畅通融资渠道，构建多元化资金投入机制

资金是生物技术研究开发与产业化的支撑条件，构建多元化资金投入机制，通过拓宽融资渠道可获得生物技术产业规模化发展所需的长线资金，并以此来逐步增加对生物技术研究和开发的资金投入，加快成果的转化速度。云南省应抓住国家扩大投资的机遇，以政府投入为引导，以增量带动存量，盘活分散在各部门的存量资金，采取财政、金融、税收、贴息、补助等多种经济和政策杠杆，全方位鼓励和引导更多的社会资本向生物产业聚集。

积极畅通银行贷款、企业和民间投资以及外商投资等多种资金渠道，并且通过立法保护投资者利益十分必要。下大力气改变当前云南省生物技术研究开发仍然以政府投入为主体的状况，逐步形成政府、生物技术企业、风险投资公司等共同投入的多元化投入格局。鼓励企业与研究机构之间实行合同开发、技术入股等灵活多样的合作模式，拓宽投入渠道，积极创建和培育风险投资公司，发展风险投资基金，增加对生物技术研究开发及其产业化的风险投资比例。充分运用财政支持、金融信贷、引进外资、民间投资等渠道，解决生物产业发展的融资难问题。财政资金“以小搏大”引导金融和社会资本投入生物产业。制定生物产业融资的可操作政策，建立有利于风险投资进入、退出的科学机制。支持生物企业通过资本市场融资，提高直接融资比重。积极推荐符合条件的生物技术企业在国内外证券市场融资或发行企业债券，支持生物技术企业通过收购上市公司和创业板直接融资。

加大政策性金融对生物产业的资金支持力度。根据省级财政的财力情况，逐

年增加云南生物农业发展的专项资金，建立较大数额的生物产业发展专项资金，重点支持破解生物产业发展的瓶颈环节和延伸产业链的集成技术、共性技术研究，强化支持源头创新，加强生物技术创新平台建设，高度关注生物技术研发生产中关键“工程化”技术的攻关研究，解决产业发展中亟待解决的关键技术问题。金融机构对符合产业政策和信贷政策的生物企业要给予积极的信贷支持，支持中小企业以专利技术为担保向银行贷款。鼓励和吸引更多社会力量建立风险投资基金，吸引省外、国外风险投资机构来云南省建立办事处或选择投资项目，充分利用创业板市场，吸引大批社会资金投向生物工程科研开发和成果转化过程，大力扶持科技投融资机构的建立和发展。

4.4.4 完善人才储备机制，构筑人才储备池

改变观念，解放思想，通过制定一系列优惠政策，培养优秀人才，引进外来人才，防止人才外流，构筑云南省生物技术发展的人才储备池。高度重视人才的引进，为他们创造施展才华的条件，鼓励和吸引他们为云南省服务，是解决云南省人才紧缺的一条有效途径。要加强省院、省校联合培养等方式，有计划、分批次引进和培养不同专业层次的技术人才和学科带头人，重点培养中青年技术骨干。同时，加强岗位培训，提高整体专业技术水平。建立和完善生物技术人才的培养和在职培训机制，加速专业技术人员的知识更新，一方面要有计划地选送部分人员到国外学习进修，以便及时掌握国外生物技术发展的最新动态；另一方面要充分发挥高校的优势，设立相关专业培养合格的掌握生产技术的专门人才，加速生物技术领域高学历人才的培养，现时通过举办各种培训班，使现有生物技术人才的知识得到不断更新，为一流人才的成长创造良好环境。进一步完善生物技术人才的薪酬制度和奖励机制，防止优秀的技术人才外流。

4.4.5 构建技术合作与交流机制，打造生物技术全球化战略

积极开展生物产业的国际合作与交流，推进省外先进的技术“引进来”，推进具有比较优势的产品“走出去”，带动生物技术研发的健康快速发展。充分利用国内和国际两种创新资源，加大招商引资力度，完善相关配套政策，利用研发机构和产业基地平台吸引省外生物技术企业入驻云南省，全面提升生物产业的技术创新能力、国际国内市场开拓能力和参与国际国内市场竞争能力。

积极寻求互惠互利、共同发展的合作与交流途径。根据相关产业的实际需求，加强相关领域生物关键技术的引进、消化和吸收，积极开展滇沪、滇粤、滇港和省院、省校合作，进一步加强与中央驻滇科研机构的全面联系和密切合作，

不失时机地借鉴和吸收发达国家的先进技术、成果和成功经验。重视与生物技术应用有关的国际服务机构的联系与沟通，以便获得支持与帮助，加快我国生物技术及其产业发展的国际化进程。优化企业合作渠道，通过企业间开发新产品和开拓新市场等多方面的合作，建立良好的贸易伙伴关系，使生物技术这一高新技术更快更好地发挥其积极而重要的作用。利用相关院所的科研优势，开展联系交流、人才引进、科技合作等，提高云南省生物技术的总体水平，把生物技术研究开发和产业化推上一个新台阶。

5 生物产品差异化

生物产品差异化指生物产业内有竞争关系的企业所生产的同类产品，由于商品的物理性能、销售服务、信息提供、消费者偏好等方面存在的差异而产生的产品之间的不完全替代。产品差异化强调的是同类产品之间的不完全替代。现代产业组织理论认为，某一产品的竞争优势主要来自于其与其他同类产品的差异。塑造产品差异化的实质是从生产者的视角探讨企业怎样通过选择或制造产品差异化来提高产品竞争力，进而提高企业的市场力量。

一方面，随着生活水平的提高，消费呈现出个性化的特征，需求的差别化特征日益明显并逐渐成为市场的主流，企业为迎合消费者的需求进而赢得市场，围绕产品质量、设计、工艺、功能、品牌、服务等方面展开产品差异化竞争。另一方面，产品差异化已成为企业进行非价格竞争的主要手段之一。产品差异化在一定程度上影响企业需求曲线的形状和位置。在总需求既定的前提下，消费者的偏好能扩大产品的市场份额、降低产品的可替代性，这就赋予企业一定的市场力量，使其得以制定并在一段时间内维持高于竞争对手的价格，从而获得更高的效益。另外，产品差别化有助于形成进入壁垒，使企业在一定程度上成为免受潜在进入威胁的相对垄断者。消费者对某种产品的偏好越强烈，产品差别化程度越高，潜在竞争者面临的进入壁垒就越高，从而进入的可能性就越小。

5.1 理论基础

产品差异化是产业组织理论的重要研究领域之一。产品差异化在市场运行和价格决定方面起着重要的作用，也是企业弱化激烈的价格竞争导致的破坏效应、塑造市场力量的重要手段，同时还是企业进入新领域和遏制潜在竞争者进入的重要手段。关于生物产品差异化的理论基础，从需求和供给两个视角，主要有产品差异化理论、范围经济理论、多样性偏好理论等。

5.1.1 产品差异化理论

企业层面上的产品差异化是经济增长理论中涉及产业创新的新经济增长理论。事实上，产业创新是经济增长的重要源泉，也是产品差异化的重要途径。一般来说，产业创新可以分为两大类：生产过程创新和产品创新。产品创新（差异化）又可以分为垂直差异化（vertical differentiation）和水平差异化（horizontal differentiation)。垂直差异化是指新产品与原有产品的功能相近，但在质量上有所提升，总的来说，新产品与原有产品之间是一个垂直的关系，创新推动了产品品种的增加。而水平差异化则是指新产品与原有产品之间是一个水平的关系，新产品有着新的功能，能够增加消费的多样性或增进生产的专业化，也就是创新推动了产品质量的提升。

根据技术创新表现形式的不同，可以将垄断竞争条件下的内生增长模型产品差异化分成两种：一种是产品品种增加型增长模型；另一种是产品质量升级型增长模型。下面我们分别考察这两种模型。

5.1.1.1 产品品种增加型增长模型

产品品种增加型增长模型是将技术创新理解为中间产品品种或消费品品种的增加。用这条研究思路说明经济增长的模型主要包括：罗默的知识驱动模型(1990)、格罗斯曼-赫尔普曼模型（1991)、里韦拉-罗默模型（1991）和扬模型(1993)。

在说明中间产品品种增加型技术创新对经济增长的影响时，罗默等人通常假定总量生产函数采取 D-S（Dixit-Stieglitz）生产函数形式，D-S 生产函数可以表示为：

$$Y = BL_1^{1-\alpha}\sum_{i=1}^{n}X_i^{\alpha}\ ,\ 0 < \alpha < 1$$

A. M. 斯彭斯（1976)、A. 迪克西特和 J. E. 斯蒂格利茨（1977）最早研究了这一函数形式，不过他们将这一函数理解为一种效用函数。D-S 效用函数表明消费者偏爱多样化的消费，消费品品种的增加将导致消费者效用水平的提高。W. J. 埃歇尔（1982）将 D-S 型函数重新解释为一种生产函数，以说明中间产品品种的增加可以导致生产的规模收益递增。D-S 生产函数的特征是：当经济中不存在技术进步（中间产品品种数 N 固定不变）时，最终产出 Y 是关于劳动 L 和资本积累的函数，将导致资本边际产品无限递减；当经济中存在技术进步（N 不断增加）时，由于不同种中间产品相互独立，资本总量的增加并不导致资本边际产品递减，因此技术进步提高了资本收益率，使最终产品的生产呈现规模收益递增的特征。

罗默首先将 D-S 生产函数引入增长理论研究。在罗默的知识驱动模型(1990）中，经济中存在两个拥有不同生产技术的部门，物质产品部门在 D-S 生产函数下生产最终产品和中间产品，研究部门则在二阶齐次的生产函数下生产新知识。由于物质产品部门的生产函数是 D-S 型的，技术进步使中间产品和最终产品的生产呈规模收益递增。对物质产品生产者来说，技术进步类似于一种正的外部性，技术进步的存在保证了物质资本的不断积累和经济的持续增长。

罗默（1990）进一步认为，使经济增长得以实现的技术进步又是由经济系统内生决定的。据罗默分析，技术是不同于普通竞争性商品和公共产品的一类特殊商品，技术的特殊性表现在技术具有非竞争性（这使技术不同于竞争性商品）和部分排他性（因此技术也不同于非排他性公共产品）。技术的部分排他性使私人厂商存在投资于研究开发以生产新知识的可能。为了保证创新厂商能够从新产品获得收益，必须存在一种制度安排使研究厂商对其研制的产品拥有一定的市场力量。为此，罗默假设研究厂商是垄断厂商。

研究厂商拥有一定的市场力量仍然只是内生技术进步得以实现的必要而非充分条件，为了保证经济系统足以实现内生的技术进步，还须要求研究成本不能过高。进一步说，为了保证经济存在一条平衡增长路径，必须要求研究成本相对于最终产品的价格保持不变。为了使研究具有固定成本，罗默假设技术溢出效应足够强，一家研究厂商研制出的新产品设计提高了所有研究厂商的生产率水平，研究生产率的提高恰好抵消了工资率上升促使研究成本增加的趋势，使研究成本始终不变。具体地说，这要求研究部门的生产函数具有二阶齐次性。因此在上述物质产品部门和研究部门的生产函数假设下，经济将沿着一条平衡增长路径增长。由于存在技术的外部性，分散经济的均衡增长率低于社会最优增长率。

5.1.1.2 产品质量升级型内生增长模型

在产品品种增加型增长模型中，经济增长表现为最终产品数量的不断增长；而产品质量升级型增长模型认为，最终产品质量的不断提高也是经济增长的一种表现形式。此外，质量升级型增长模型还着重考察了伴随技术进步和经济增长而出现的旧产品遭淘汰的现象，即技术进步所具有的创造性破坏效应，以及由创造性破坏效应所产生的经济增长过快的可能性。产品质量升级型增长模型主要包括：格罗斯曼-赫尔普曼模型（1991）、阿格亨-豪伊特模型、塞格斯特罗姆等人的模型（1990）及塞格斯特罗姆模型（1991）等。这里我们只考察较有代表性的格罗斯曼-赫尔普曼模型（1991）。

格罗斯曼-赫尔普曼的质量升级模型仍假定总量生产函数是 D-S 型的，但是现在产品种类数 N 被看做是固定不变的，技术进步表现为每一种产品质量的提高。厂商从事研究开发的前景是不确定的，厂商投入于研究的资源越多，其研究成功的概率越大。每一个商品序列由质量优劣不一的同种商品组成，只有最优质商品才被实际生产出来，因此新产品的引入将导致旧产品被淘汰出生产过程。技术具有两种外部性：其一，所有研究厂商可以利用所有的创新成果，技术的这种溢出效应将导致分散经济的技术进步率和均衡增长率均太低；其二，生产某种产品的新技术的出现使原先生产该产品的厂商损失全部的资产价值，但创新厂商并不考虑它的创新给其他厂商带来的负面影响，技术具有的负的外部性导致私人厂商从事创新的激励过高，从而使分散经济的技术进步率和经济增长率过高。最终结果取决于上述两种效应哪一种占优势。

格罗斯曼和赫尔普曼认为，当创新幅度为外生给定时，分散经济的均衡增长率可能低于也可能高于社会最优增长率。为了使经济达到帕累托最优，政府必须根据市场激励的不同情形相机采取对策。若对研究开发的市场激励过大，政府的最优政策是对研究厂商征收适度的税收；或对研究开发的市场激励不足，则政府应对研究厂商提供适当的补贴。

当创新幅度为经济系统内生决定时，分散经济的均衡增长率一般低于最优增长率。这时政府无法通过采取简单的税收或补贴政策使经济实现最优。政府可以采用保护创新的专利政策等措施向创新幅度较大的研究活动提供较大的激励，以此提高技术进步率和经济增长率。

5.1.2 消费者多样性偏好理论

随着我国城乡居民收入水平的提高，消费需求不断增加，消费层次不断上升。居民过去主要集中于满足基本物质生活需求，以“吃饱穿暖”等作为基本需求。在收入提高的情况下，这种物质需求逐步得到满足，居民进而将需求扩展到了健康、环保、科学的生活方式上。同时，随着收入的增加，对于同样的物质产品的需求会有所增加，根据边际效用递减理论，消费者在增加的商品消费上所获得的效用是不断递减的，那么，消费者将会倾向于不断尝试新产品，使自己获得最大效用，这样的生活方式会促使消费者在消费时进行多样化的选择，进而产生多样性需求偏好。消费者的多样性偏好随着这种生活习惯的改变而不断增强。

随着消费者收入增加，以及生物产品的不断创新，消费者对于生物产品的需求也存在多样性偏好，且有不断增强的趋势。生物产业的显著特征就是产品种类多，不同产品对于同一消费者的效用不同，而同一产品对于不同消费者的效用也是不同的，在这样的多样性偏好显著不同的市场中，随着社会产品的丰富和人民生活质量的提高，人们对产品的需求变得多样化，由此导致人们的消费模式也多样化。

生物企业在进行产品定位时应对消费者的多样化需求特点有一定的把握，要根据消费者多样化特点进行产品的培育。根据居民的生活环境和条件的变化，社会文化、价值观的多元化，心理追求的变化可以看出居民需求多样化的变化特点，这种需求多样化特点基本体现在两个方面：一方面是不同的个体表现出越来越多样的生活需求；另一方面是同一个体在不同的生活领域或不同的生活场景中，生活需求会具有更大的差异。这种特点在总体上可概括为广泛性、个体性、情感性、多样性、差异性、易变性和关联性。相关研究通过对消费者多样化购买行为的影响因素分析表明，消费者的多样化购买行为和消费者期望的价值呈现出正向的相关关系，而多样化购买行为和感知风险呈现出负向的相关关系。通过对消费者多样化购买影响因素的分析，可以使生物产品生产者更加清楚地看到消费者发生多样化购买行为的背后潜藏的变量，也可以针对具体生物产品进行分析，看其公司应不应该发展多样化品牌战略来争取和维持喜欢见异思迁的消费者。因此，生物产业在市场方面应该把握好消费者的这种需求多样化特点，进行营销创新，有效创造新产品，引导并满足顾客需求。

但是，在生物产品的培育方面并不是种类越多越好，而是应该考虑到生产成本和消费者效用等因素，不能进行盲目的模仿扩张生产，而应当针对具体产品用途进行创新。在消费者多样性偏好不断增强的情况下，生物产业应该以满足消费者不同偏好为目的进行发展，在产品技术、质量等方面加大投入力度，研制、创新出更多差异化产品，以满足消费者不断增强的多样性偏好。但是，消费者的这种多样性偏好并不是无限的，根据研究结论，这种多样性偏好和居民的满意度之间有着密不可分的关系。产品分类数量越多，消费者多样性感知程度也在提高；而产品分类数量与消费者满意之间并非是简单的正向关系。增加产品分类数量，提高了消费者多样性感知，多样性感知有助于提高感知价值，从而带来消费者满意度的提高，但同时由此导致的消费者决策成本提高，一并带来的消费者负担和后悔降低了消费者的满意程度，所以产品分类数量对消费者满意的影响是一个非常复杂的过程，并非是简单的正向关系。生物医药、生物制造等行业的产品种类较多，而且随着时间推移，产品数量还会不断增加，那么，在培育生物产品的过程中，应该根据消费者的多样性感知程度特点进行培育，而不能进行盲目地模仿并进行规模化生产，而应当在把握消费者多样性需求特点的前提下进行创新研发制造。

5.1.3 范围经济理论

1975 年，美国经济学家潘扎尔和威利格最早对范围经济做了定义，认为范围经济是这样一种现象，即企业在生产过程中由生产一种产品到生产多种产品的扩张过程中，所造成的平均生产成本下降的一种经济现象。在一些不带有垄断性质的市场之中，企业的大规模生产往往会造成产业内部之间的过度竞争，而这种大规模生产的结果往往形成了需求不足，产能过剩。而这种竞争促使企业在产品上进行创新，并进行多元化的经营。而范围经济则是建立在这种多元化经营的基础之上提出的概念。范围经济是企业由于多元化经营而带来的成本节约现象，是企业纵向扩张的主要动因之一。当一个企业生产多种关联产品，比多个企业分别生产其中一种产品的总产出水平要高，或者说单位产品的平均成本要低，即企业有范围经济时则倾向于纵向扩张；反之如果一个企业生产多种关联产品，比多个企业分别生产其中一种产品的总产出水平要低，或者说单位产品的平均成本要高，即企业有规模经济时则倾向于纵向收缩。

在生物产业中，大多数行业属于技术密集型和资本密集型，这样的行业最大的特点就是容易形成垄断竞争的模式，如生物医药、生物医学工程、生物环保等领域。在这种技术密集型和资本密集型的行业中，比较适合实行范围经济的发展模式，即利用生物技术实行跨范围的多样化的生产，有利于节约成本。

生物技术产业最明显的特征就是高投入、高产出，相关研究表明，企业实行规模经济和范围经济可以在一定程度上限制在某一行业中进行竞争并能够获利的公司的数量，而这一效应主要是针对某些资金密集型、技术密集型产业而言的，生物产业属于这类产业。更为重要的是，在生物产业中，很多产品的研制需要经历较长的周期，如生物医药行业，至少花上几年时间，而生物环保的研发之路则更长，这就决定了在生物产业中只有少数的大型企业能在研发的道路中生存下来，最终的结果是形成垄断竞争模式。一旦生物企业处于垄断竞争的市场中，企业容易利用自身拥有的生产经验、工艺流程、技术创新以及组织水平等进行纵向一体化发展。垄断竞争的市场能为企业带来良好的研发创新的环境与条件。如果企业处于完全竞争市场，则很难进行研发与创新，而生物产品也只是不断地模仿，不利于整个生物产业的长远发展。在生物产业具备范围经济条件的情况下，市场环境成为企业成长的关键因素。

同时，产业集群有利于生物企业实现范围经济。许多发达国家在技术、人才、资金密集的区域，形成了生物产业集聚区，由此形成了比较完善的产业链和产业集群。以美国为例，高度集聚的产业集群是美国生物医药产业发展的重要特征，波士顿的“基因城”、旧金山的“生物技术湾”等产业集群都是全球生物医药创新最为活跃、产业化程度最高的区域。产业集群对企业实现范围经济有利，范围经济的优势在于节约成本，而产业集群带来的则是信息、技术、人才等要素的流动，大大降低了在产业内部形成不良竞争的风险；同时，产业集群对于企业在降低原材料采购成本方面也具有一定优势，最终对实现范围经济有助推作用。云南已经拥有了昆明国家生物产业基地，昆明是2007年国家第三批认定的五个国家生物产业基地之一。基地将积极构建种质资源、基因资源保护与可持续利用研发体系以及生物产业技术创新和科技服务体系。基地的建成对于云南生物企业培育差异化产品，实现范围经济形成了很好的支撑作用和助推作用。

5.2 发展现状及问题

随着我国城乡居民收入水平的提高和生活质量的改善，云南生物产品市场需求不断扩大，云南生物产品差异化、多元化开发取得巨大进步，形成了众多系列特色生物产品，但与云南多样性的生物资源相比，开发程度还很低。

5.2.1 已经开发出一些市场占有率高的特色品类系列产品

在云南生物资源开发利用实践中，以市场需求为导向的创新，满足最广大消费者日常生活的典型案例是云南白药系列和三七系列。

5.2.1.1 云南白药系列

云南白药成为生物产业中科技创新绩效最突出、产品差异化战略实施最成功的典型。云南白药集团从上市之初的市值不足9亿元到接近700亿元，其成功的原因有很多，而其保持了产品的多样性是其成功原因之一。云南白药已开发出了云南白药胶囊、云南白药酊、云南白药膏、云南白药气雾剂、云南白药创可贴等产品。在上市之初，云南白药专注于云南白药气雾剂的生产，而云南白药气雾剂产品也是云南白药集团公司的最核心产品，随着居民多样性偏好的不断增强，云南白药开始注重消费者的多样性需求，进行产品的多样化生产，已有10个系列产品，涵盖了200多种不同的产品，产品种类从最初的药用扩展到了创意产品以及服务产品，甚至还包括了医药方面的书籍和茶品。云南白药不断研发创新的过程促使其在市场中占领了较大的份额，而注重消费者的多样性偏好以及保持产品的多样性是成功的关键。

云南白药集团作为一家从事药品生产经营及外购药品批发零售的企业，主要以中药为基础。近几年中药产业和相关企业提出了“现代中药”、“中药现代化”等概念，但依旧以药物产业为生存和发展的依据。我国中药生产、研发和营销缺乏创新，工业化水平低，剂型落后，产品守旧，品牌老化，以致中药一直以较差的形象示人，与方便、快捷、舒适的现代生活形成了鲜明对比，使得现代人对于传统中药的印象日益模糊。而随着中药药房和销售渠道的不断减少和萎缩，传统中药与现代生活之间的距离日益扩大，使中药企业的生存和发展也受到了极大地威胁。云南白药集团通过实施产品的差异化战略将传统中药与现代日化产品进行结合，使得传统中药真正融入了现代生活，其产品也不仅仅只在医院、药房使用，而是扩大了消费群体和市场，使这一老品牌焕发出新的活力和生机，改变了中国传统中药的消费模式。

A 产品差异化战略的开端——云南白药创可贴

云南白药集团产品差异化战略首先从创可贴开始。云南白药集团通过市场调查，发现作为外伤治疗和快速止血产品，创可贴以方便、好用的特性正不断挤占着云南白药外用散剂的市场，并且发现在消费者的认知领域中，邦迪创可贴实际上等于一条胶布。云南白药认识到了这一点，找到了一个差异点，即有药效的创可贴，在创可贴中加入云南白药。由此云南白药与邦迪的核心差异就显现出来。云南白药创可贴不仅是在中药产品向现代日化产品发展上形成差异化，还在本身产品上同邦迪形成了差异化。

云南白药集团与在皮肤护理、技术绷带和黏性贴领域全球领先的德国拜耳斯道夫公司合作，委托拜耳斯道夫（常州）有限公司生产白药创可贴，在创可贴中加入云南白药，使云南白药在外伤治疗上的优势和拜耳斯道夫在材料学的领先技术结合起来，加上使用美国3M公司先进的透皮材料，一块小小的创可贴凝聚了几大企业的高科技精华。利用邦迪最薄弱的环节进行产品差异化定位和营销，迅速地占领了大片市场份额。云南白药创可贴成为云南白药集团利润的一个增长极。

B 产品差异化战略的发展——云南白药牙膏

同以往的中药产品相比，白药牙膏是具有颠覆性的一款中药产品。其革命性意义在于：牙膏是现代生活必不可少的产品，而白药牙膏通过把白药和牙膏结合，使得传统中药以一种更为方便、快捷和舒适的方式融入了现代生活。白药牙膏在多个方面克服了传统中药的一些局限。

首先，云南白药牙膏极大降低了交易成本。对于普通消费者来说，一般的口腔问题不足以去医院，因为成本太高昂——他们需要寻找合适的医院、来回医院的交通成本、诊断成本、服药成本等。事实上，他们需要的只不过是一种简便、有效的口腔问题解决产品。所以，当云南白药推出以牙膏为载体、内含云南白药有效成分，可以治疗“牙龈出血、肿痛、口腔溃疡”的专业功能性牙膏时，云南白药牙膏的目标消费群体——牙龈或牙周炎患者，就不必费劲寻找治疗的药物，也不必为此专程去医院就诊和买药，白药牙膏还将白药的使用过程简化为每天刷牙那么简单，这些都极大降低了消费者的选择成本、就诊成本、购买成本和使用成本。云南白药牙膏以非常合理的方式重塑了白药的消费模式。在决定消费者购买行为的诸多因素中，交易成本起到了非常重要的作用。在市场竞争日益激烈和消费者忠诚度不断下降的趋势下，企业尤其需要通过降低交易成本来吸引顾客，提高销售量和扩大市场份额。其次，白药牙膏开创了全新的中药销售渠道。传统中药一般依赖于中医院或中药铺来销售，然而，由于种种客观原因，相对于西医，传统中药销售渠道一直处于萎缩状态，这直接阻碍了传统中药业务的发展。而白药牙膏虽然是中药产品，但却以现代日化产品的形态出现，从而销售渠道迅即扩展到现代零售体系，大到各类商场、超市，小到社区门市部，都成为了白药牙膏的销售渠道，这摆脱了传统中药销售渠道不畅对中药发展的负面影响，也使得中药产品一举进入主流生活方式。

同时白药牙膏不仅是在中药产品向现代日化产品发展上形成差异化，还在本身产品上同其他牙膏形成了差异化。云南白药牙膏的防止牙龈出血的功能性定位，与其他牙膏形成差异化竞争。在激烈的牙膏竞争市场上击败了高露洁、佳洁士等国际品牌取得了成功。云南白药的这种产品差异化，使客户的忠诚以及其他竞争对手要克服这种“独特性”付出的努力构成了进入壁垒，产品差异化给云南白药带来了较高收益。同时在面对替代品威胁时其所处地位比其他竞争对手更为有利。

云南白药通过对传统中药的产品差异化创新，重塑消费模式，很好地和现代便捷的生活完美融合，并推动传统中药产业的突破式增长。为传统中药的发展开辟了新的发展方向和模式，同时给集团带来了巨大的收益。

5.2.1.2 三七系列

三七系列是云南省生物资源实现差异化程度最高的生物产业。三七自古以来就有“止血神药、理血妙品”的美称，三七功能广泛，药理奇妙和药效显著。三七总皂苷中的人参二醇与人参的化学结构基本相同，具有镇静神经、提神健脑、抗疲劳、抗衰老、抑制人体致癌物质——自由基生长的作用；而总皂苷中的人参三醇具有其他药物难以达到的活血化瘀、降低血黏度的作用。三七中含有多达十余种人体极为需要的氨基酸，三七保健品对平衡人体营养需求、增强体质和提高人体对疾病的抵抗力有着显著作用。云南省的三七品质第一，其产量占全国的98%以上。云南已在食品、药品、保健品等领域开发出系列产品。从行业角度看，三七已经在制药、保健品、食品、化妆品与日用品等行业得到广泛应用；从产品剂型看，三七产品有注射剂、滴丸剂、片剂、胶囊剂、散剂、颗粒剂、膏剂等。

A 三七药品

以三七、三七提取物（三七总皂苷）或以三七为主的中药制剂制成的三七药品有云南白药、片仔癀、复方丹参片、复方丹参滴丸、三七冠心宁、三七片、三七胶囊、心痛宁片、三七活血丸、田七痛经散、宫乐栓、血栓通注射液、血塞通注射液、理血王胶丸、复方三七胶囊、三七总苷片、血塞通片等，均广泛用于临床。特别是近几年来，在三七的新产品开发方面获得了新突破，已成功研究开发了以七生力（三七单体皂苷 Rg1）、七生静（三七单体皂苷 Rb1）和血塞通滴丸等为代表的三七新药第三代产品。同时，三七还与多种药物配合使用，可治疗多种病症。另外，三七中的各类化合物对血液系统、心脑血管系统、代谢系统均具有良好的生理调节作用，在我国200种医药、保健品和化妆品中得到了广泛应用，产生了巨大的经济效益。

B 三七保健食品

依据“药食同源”的理论，利用现代高新技术在规模化、集约化、规范化、产业化发展三七人工种植的基础上，进行了三七系列保健食品的开发和研究。如，云南特安呐公司生产的三七唐旨康胶囊、三七力康片、超细三七粉胶囊；文山三七研究院和文山赛参公司共同研究开发的三七睡亦香胶囊；云南文山七丹药业股份有限公司正在开发的三七总苷软胶囊、三七叶苷软胶囊等。另外以三七为主要原料开发的保健食品还有三七速溶粉、三七怡眠胶囊、金不换袋泡茶、七花保健茶、七叶浸膏、七叶清酒、三七菊茶、青清含片、三七速溶咖啡、螺旋藻胶囊等保健食品。

C 三七化妆品和日用保健品

已研发生产了三七系列化妆品，如三七精华祛斑面膜粉、三七清洁面膜粉、三七爽肤水、三七靓肤水、三七美白洗面奶、三七粉底霜、三七早霜、三七晚霜等，具有良好的润肤、嫩肤、除皱、美白功效。

D 三七饮片

三七传统饮片以各种不同规格的三七（净制）、生熟三七粉、三七片为主。除生三七粉和熟三七粉外，市场上还开发了超细三七粉、活性三七、三七配方颗粒、红三七片、红三七粉等一批新剂型饮片。随着三七产业开发的不断深入，三七知名度的不断提高，三七系列产品的需求量将会不断加大，三七饮片的需求量也将不断增多。

随着化学生物学和代谢组学研究的迅猛发展，云南省正在加强对三七的药效与功能的研究，加强三七化学物质基础和药效功能以及在体内代谢之间关系的研究，进一步挖掘三七新的药效功能与应用范围。特别是提取三七单体化合物的活性研究，针对有效部位深度开发心脑血管疾病方面的新药。通过多学科交叉进一步加大对三七的基础应用，使三七向制药、保健品、化妆品、饮料、食品等方面发展，扩大应用领域，拉长产业链，提高市场占有率。

从云南白药和三七两个品类的系列产品开发可以看出云南生物医药的成长性和巨大的市场潜力，到 2009 年生物医药产业单品种销售收入过亿元的就有 21 个，销售收入超过 1000 万元以上的品种约 110 个（销售收入占全省医药工业销售收入的 82%），在《国家基本药物目录（基层部分）》中，云南生产的药品有 121 个品种进入，占基本药物目录（基层部分）品种数的 39.4%。其中，化学药品种 75 个，中药品种 46 个，云南共有 29 个独家品种进入国家医保目录。

5.2.2 部分品类的生物产品成长性初现端倪

经过多年的探索，部分品类的生物产品开始体现出良好的成长性，较为典型的有印楝、天然除虫菊、烟碱等生物农药系列、茶系列、虫草系列等。

5.2.2.1 生物农药系列

云南生物资源具有丰富多样的比较优势，经过多年发展，生物农药已经在国内外具有一定的影响。20 世纪 90 年代以来，云南生物农药产业发展迅速，以印楝、天然除虫菊、烟碱为代表的植物源农药，从种植、原药提取、毒理学研究、剂型开发到市场开拓，产业链不断得到延伸和发展。芸薹素内酯原药及其制剂、线虫必克、芽孢荧光菌粉剂等产品的成功开发，填补了云南省甾醇类植物激素和微生物源农药的空白。

A 印楝

印楝是从印楝树种中提取的一种生物杀虫剂，可防治 200 多种农、林、仓储和卫生虫害。全球有 20 多个国家对印楝树进行研究、开发和利用。云南是我国最适宜种植印楝树的地区，自 1995 年引种以来，已种植成活 19.8 万亩。全省有

3 家企业从事印楝素原药提取及剂型开发。云南光明印楝产业开发股份有限公司已具备 500 吨/年印楝素油的生产能力，并开发出 5 个印楝复配农药剂型。云南建元生物开发有限公司分别在元谋和蒙自建立种植基地和深加工基地，已具备 20% 印楝素干粉 36.6 吨/年的生产能力。云南中科生物产业有限公司依托国内科研院所和国际先进技术，从印楝种子中分离和完成化学结构观察的印楝素类化合物种类达 16 个，其中有 4 个属于首次发现。该公司已具备 40% 印楝素干粉 14 吨/年的超声波提取原药能力和 0.3% 印楝素乳油 67 万升/年的生产能力及多种昆虫信息素诱芯等产品，其中 0.3% 印楝素乳油荣获第四届上海国际工业博览会创新奖。

B 天然除虫菊

天然除虫菊酯原药提取及农药剂型开发已有近 200 年的历史，但由于提取工艺和产品的光敏稳定性等原因，使其发展举步维艰。随着科技的发展，将超临界萃取技术和微胶囊缓释控制技术运用到天然除虫菊原药的提取和生产上获得成功，为发展除虫菊种植、多工艺提取原药、降低生产成本，突破光敏性限制、延伸产业链打下了基础。采用超临界萃取天然除虫菊原药的云南中植生物科技开发有限责任公司和红河森菊生物有限公司已分别具备 50 吨/年和 40 吨/年的原药提取能力；采用亚临界萃取技术萃取原药的云南玉溪亚临界植物化工有限公司具备 50 吨/年的生产能力。4 家剂型开发企业在大力研发天然除虫菊酯卫生杀虫剂系列产品的同时，玉溪山水公司采用微胶囊缓释控制技术成功解决了除虫菊酯光敏性问题，有效地延长了除虫菊酯的作用期，拓展了天然除虫菊酯在大田、森林、仓储的病虫害防治范围；中植生物公司同美国专门研究开发天然除虫菊酯的美击克公司合资合作，不仅使天然除虫菊原药出口有了保障，而且为剂型的进一步研究和国际市场的开拓创造了条件。

C 烟碱、苦参碱

云南是烟草大省，充分利用烟草资源优势，提取具有杀虫活性成分的烟碱和药物中间体茄尼醇，为烟草综合利用提供了新的途径。云南文山润泽生物农药厂 2003 年 8 月建成 10% 烟碱乳油 500 吨/年能力的生产线，产品投放市场后深受农民欢迎。位于玉溪高新开发区内的云南海通生物科技有限公司正在建设提取 98.6% 以上高纯烟碱 100 吨/年、10% 烟碱乳油 10000 吨/年及茄尼醇的生产线，农药产品的各项批准手续已经完备，该公司达产后将成为全国最大的烟碱生产企业。苦参碱作为植物源农药产品已经引起农药界的高度重视，文山润泽生物农药厂正在科学育苗、推广种植、原药提取、剂型开发和复配上积极进行开发研究，为苦参碱产业化作准备。

D 微生物源农药

微生物源农药起步较晚，但具有较快的发展趋势，已有 4 家企业从事微生物源农药的研究开发，有9个产品投放市场。昆明沃霖生物工程公司针对文山三七病虫害防治研发的“根腐消”产品已具备1000吨/年的生产能力；陆良酶制剂有限责任公司生产的线虫必克，玉溪千久生物技术有限公司生产的“三灭”等产品在国内都具有一定的影响。

5.2.2.2 茶系列

随着人们生活水平的提高，追求天然、安全、健康的意识不断增强，茶叶新产品的消费市场也基本成熟，新技术、新产品能够很快实现产业化。经过云南省委、省政府重点扶持，云南茶产业多方向、多途径地开发茶叶新产品，已形成了红茶、绿茶、普洱茶、紧压茶、花茶、保健茶、速溶茶等共一百多个花色品种。红茶、普洱茶的出口约占全省产量的一半，主要销往东南亚、西欧等五十多个国家和地区，绿茶和花茶主要供内销，紧压茶主要销往西藏及省内部分民族地区。

茶叶新产品发展主要有四个方向：一是新型，如新香味茶、冷水可泡茶等；二是快捷，如袋泡茶、速溶茶、茶饮料等；三是营养，如超微细茶粉、茶叶食品等；四是保健，如低咖啡因茶、高GABA茶、降糖茶、茶多酚、茶氨酸、茶多糖等。最终使茶叶多用途利用，贯穿于我们生活的各个方面。茶叶新产品开发主要从两个途径展开。一是传统茶加工技术创新，如采用特异品种：高氨基酸、高儿茶素、高花青素的茶树品种等；加工工艺创新：绿茶+乌龙茶、红茶+乌龙茶、膨化技术、超高压技术、纳米粉碎技术等；品种+工艺创新：乌龙茶品种+绿茶工艺、乌龙茶品种+红茶工艺等。二是茶叶深加工产品的开发。从中间原料生产向终端产品生产转变；从食品、饮料、医药领域向饲料、纺织、日用化工、建材等领域跨越，将有更加广阔的发展空间。

近年来，天士力集团进入云南，在思茅区倚象镇投资建设天士力工业园，采用纯天然高科技萃取技术，开发出“帝泊洱”牌即溶普洱茶珍，获得了巨大市场，进入了欧美日等发达国家市场，带动了高科技萃取普洱茶的技术应用与推广。

5.2.2.3 冬虫夏草系列

冬虫夏草与人参、鹿茸一起被列为中国三大宝。中医认为，虫草入肺肾二经，既能补肺阴，又能补肾阳，主治肾虚，阳痿遗精，腰膝酸痛，病后虚弱，久咳虚弱，劳咳痰血，自汗盗汗等，是唯一一种能同时平衡、调节阴阳的中药。云南省是我国重要的冬虫夏草产地。经过多年的开发，云南玛雅生物科技公司等一批高科技企业已开发出粉末、胶囊、片剂、口服液等系列产品，多数以虫草提取物为主要成分的保健品、化妆品、药品投放市场。随着人们生活水平的提高，对冬虫夏草的需求不断增加，但冬虫夏草极度稀缺，价格不断提高，因此，通过微生物工程等技术培育虫草菌丝体和有效成分的产品开发取得一定成效，也开发出系列产品，弥补了冬虫夏草的极度稀缺性。

5.2.3 整体上原料型产品居多，深加工型产品差异化程度低

虽然云南生物产品差异化取得显著成效，但整体上存在着开发产品少，产品差异化程度低，传统开发模式下的单一品种开发无规模优势，进而形成了小、散、弱的产品开发格局。云南生物资源开发整体上以原料型产品为主，很多资源开发的产品差异化集中在原料型产品形态上的简单变化，以粉、片、胶囊等为主，对内在的、对人体有直接功效的可高效利用物质的提取技术没有突破，产品附加值低，也造成较大的资源浪费。这一问题最典型的是石斛、茶叶和天麻。石斛作为药用至今已有2000多年的历史，《神农本草经》认为，石斛“味甘，平，无毒。主伤中，除痹，下气，补五脏虚劳……”，《名医别录》《本草纲目》等历代中医学著作对石斛的功能不断加以补充。云南是石斛原产地之一，云南约有2800个石斛种植单位，其中企业150多家、农户2600余户。2012年云南有石斛4万亩，占全国的50%左右。近年来，虽然石斛种植面积的扩大，但石斛相关产品的开发基本是原料型，主要产品有石斛胶囊、石斛纯粉、石斛鲜条、石斛茶、石斛酒、石斛冲剂、石斛饮料、石斛餐饮、铁皮枫斗颗粒、铁皮枫斗浸膏等数十种。

云南很多地方出产的茶叶品质好，大部分县、乡（镇）都有自己的茶叶加工企业，虽然已形成了几家在全国有影响的龙头企业，但大部分茶企业加工规模小、散、弱，新产品开发能力弱。云南各茶叶加工厂都有自己的品牌，但大部分以毛茶、初制茶为主，产品品质差异难以体现，整体上还处于为省外大型茶叶加工企业提供初级产品的状态，深加工产品开发不足。

螺旋藻系列产品开发也是如此，螺旋藻是地球上人类已知的营养成分最丰富、最均衡的生物，螺旋藻蛋白质含量高达65%~71%，且蛋白质的氨基酸组成与人血蛋白相似，极易被人体吸收。螺旋藻同时富含各种维生素、微量元素、藻多糖、藻蓝素、亚麻酸、类胰岛素等多种生物活性物质，具有促进前列腺素合成、抑癌防癌、加速创口愈合等多种药用和保健功能。云南永胜程海的螺旋藻品质最好，多年以来，云南省的螺旋藻生产企业所开发的天然螺旋藻系列产品主要有两类：一类是将螺旋藻粉加入其他食品中，产品有方便面、营养块、饮料、糕点和花式面条等；一类为纯螺旋藻加工而成，有藻片、胶囊等。针对螺旋藻有效成分提取基础上的产品开发仍然不足。

云南省的小粒咖啡属醇香型，属世界上质量最好的咖啡之一，仅次于哥伦比亚咖啡，主要分布在临沧、保山、思茅、西双版纳、德宏等市、州，德宏热作物研究所已经收集保存了120多个小粒咖啡品种资源，引进和筛选了包括卡蒂姆系列在内的多个优质种质，并完成了这些品种的试种和评价。云南省的咖啡销售一

直依赖雀巢、麦氏等国外大公司，收购量占全省产量的50%以上，省内的销售队伍规模小、散，初加工水平较低，深加工几乎没有，难以实现产品差异化经营。尽管云南省政府一再强调要注重初加工质量，但大部分公司仍在继续沿用本应淘汰的办法，混级交货，质量得不到保障，把十分有限的、本应用于初加工设备更新的资金用于扩大种植面积。1998 年全省只有约 20% 的生豆实现了色选分级。

云南澳洲坚果、油茶、万寿菊等引进品种，由于深度开发不足，基本处于原材料种植阶段，以原材料型单一产品为主，更缺乏针对不同层次消费者需求的差异化产品。

5.2.4 科技创新不足制约着差异化产品开发

产品差异化的核心是满足市场需求的科技创新和新产品研发，但云南生物产业产品创新体系尚不完善，投入不足，企业创新意识不强，支持创新的金融服务环境差。缺乏与市场经济相适应的科技创新资源的配置机制和服务环境，科技成果市场化水平低，以企业为主体的产、学、研创新体制机制尚未形成。企业产品基础研究水平不高，知识产权保护不力，市场开拓投入不足，缺乏销售网络和优秀的销售人才等，产品销售成为制约云南生物产业发展的瓶颈。如石斛产业，基础研究薄弱，各级研究单位对石斛的基础性研究比较薄弱，投入的人力和物力还很有限，对石斛的认识还不够深入和透彻，制约了云南石斛产业的快速发展。石斛育种工作滞后，人工栽培品种来自野生资源，品系或居群混杂，化学成分上也有较大差异。种源混乱致使产量与内在质量不稳定，严重影响了药材质量。虽然对石斛的种类进行了评价和研究，但是取得的成果较少，各种石斛的主要化学成分及其功效研究尚不清楚，相关产品的研发十分薄弱。再如云南生物农药的新产品研发滞后，全省专门从事生物农药的科研机构除中国科学院昆明植物研究所外，没有自己的专门研究机构。生物农药生产企业的技术中心和行业研发平台建设滞后，尤其对新产品的作用机理、毒理学和环境行为学等高投入的研究更是十分薄弱。再如云南螺旋藻开发的产品形式单一，主要产品为保健品，螺旋藻的多种功能未能充分利用。

5.2.5 产品质量标准体系建设滞后

云南省的很多生物资源具有独占性，有些是品质具有独占性，有些是品种具有独占性。由于产品质量标准体系和原产地标志等建设滞后，制约了差异化产品的市场潜力。如生物农药的质量控制和产品安全等尚没有统一的地方性标准，同一种类的生物农药质量检测标准也不统一。由于缺乏统一的质量控制标准，致使在企业标准的制定上往往根据企业自身试验的结果进行检测，可能带来生物农药产生新毒性的不安全问题，也会对云南省生物农药今后的市场竞争带来深远影响。如茶叶，国家将对包括茶叶在内的28类食品生产实行质量安全市场准入制度，即实施强制性的食品质量安全（QS）认证，并要求企业必须具备出厂检验能力。云南省大部分茶叶加工企业加工设备简陋、工艺落后、水平低下，生产管理规范不够、标准化程度低，难以通过我国QS认证，与食品质量安全QS认证要求差距较大，很多产品面临着被淘汰的风险。如云南石斛资源有优势，但药材质量标准滞后。石斛属种类繁多，加工成商品后鉴别困难，至今尚未找到快捷、简便、有效、适用于实际工作的鉴别方法。《中国药典》（2010版）中仅有石斛和铁皮石斛2个药材，如龙陵县种植面积比较大的齿瓣石斛尚无“身份”。云南石斛或云南铁皮石斛也缺乏共同的地理标志认定。

5.2.6 云南生物企业的市场需求意识薄弱

云南生物企业对市场需求调查不充分，不能很好地将企业产品与市场需求结合。产品差异化战略实施的目的是要在某一领域建立起与众不同的优势，但并非无中生有，而是要建立在科学的市场细分基础上，市场细分又是立足于顾客需求的差异化、个性化。差异化战略并不是单纯的标新立异，而是落脚于顾客的需求，必须是能为顾客创造价值的差异，这就要求企业能够洞察竞争对手的产品，找到竞争对手所忽视的而又为消费者所重视的方面实施差异化。这是云南生物产业最薄弱的环节。如云南茶叶的深加工虽然技术比较成熟，但针对国内外不同市场区域人群消费需求和消费习惯进行深加工产品开发的力度小，基本是针对一般市场需求的产品开发。再如昭通天麻质量和产量在全国各天麻产区中雄居榜首，具有抗癫痫、抗惊厥、抗风湿、镇静、镇痉、镇痛、补虚等多种治疗、补益功能，临床用以治疗高血压、血管神经性头痛、脑震荡后遗症以及语言謇涩、风湿寒痹、四肢痉挛、小儿惊风等，同时也开发出了有效成分天麻素。但仍然以食品和保健品为主，缺乏针对特定人群的产品开发，天麻产业的附加值还没有得到充分体现。

5.3 发展思路

要实现云南生物产业的突破性发展，必须重塑云南生物资源开发模式，推进多品种开发、全方位开放、小规模开发的产品差异化发展模式，实现产品种类扩张形式的规模报酬递增以替代传统开发模式下的单一品种数量规模报酬递增。应发挥云南的生物多样性优势，利用最适宜地区、品质最优的生物资源，在全球范围内配置科技资源，引进先进技术，采用现代生产工艺，开发品质最优、生态亲和力最强、生产规模有限的生物产品，满足特定消费者的需求。

结合人们的消费潮流和云南生物资源特征，云南生物产品差异化的具体思路是：（1）以稀缺性与独创性打造独占性。在多样性的生物资源和多样性的生态环境中开发独创性产品，即“人无我有”。（2）以最优适生环境实现品质竞争优势。对于具有普适性的大宗生物产品，以云南最优适生环境只发展最佳品质的高端产品，即“人有我优”。（3）以突出云南特色实现产品差异。面对省外平原地区产品，突出云南的高原特色；面对省外高原地区产品，突出云南的热带、亚热带特色；面对省外热带、亚热带产品，突出云南的干热河谷特色；面对省外的高科技产品，突出云南的生态特色；面对省外的生态产品，突出云南的民族特色；面对省外的民族特色产品，突出云南的物种跨境融合特色，即“人优我特”。（4）以人们消费的个性化定制差异化产品。强调个性是现代人的基本特点，信息化的渗透使个人定制产品成为可能。为每个人定制品类相同而具体产品有所差异的产品是努力方向，即“人特我稀”。

5.4 发展对策

技术创新、品牌创新、顾客偏好与细分是创造产品差异化、形成市场竞争力的重要手段。

5.4.1 以消费者需求为导向研发差异化产品

要建立以满足顾客需求为导向的技术研发与创新体系，开发出能够满足客户需求的差异化产品。

从产业层面看，生物产品差异化要着眼于引领生物产业的未来，这是产品差异化的最高境界，通过技术创新实现产品差异化才能获得先发市场优势与技术创新壁垒。首先，要创新商业模式。商业模式主要由赢利模式、产品模式、业务模式、运营模式、管理模式等构成，本质是围绕产品模式创新，打造全新运营模式，为企业打造更具差异化与竞争力的赢利模式。在商业模式中，产品环节的创新关键在于产品技术创新，通过产品技术创新为商业模式创新提供支撑。其次，要打造完整产业链。产品差异化的竞争，需要有强大产业链支持能力，技术创新能力要能够支持全产业链布局，在全产业链各个环节均要有突出的能力。以高新技术创新为主导的产品差异化，更需要整条产业链运营的各个环节来保障其有效性。第三，要突破核心技术。虽然很多企业已明确知道实施何种产品差异化有利于本企业的发展，但是又受制于某些关键技术未获得突破，这是我国企业在技术创新中的普遍困境。直接掌控核心技术并拥有成本优势，使其能够研发出各类差异化的产品，满足不同消费者的需求，形成同类产品的价格优势。

从品牌层面看，要围绕品牌定位提供差异化产品，并有针对性地进行技术创新。首先，要提升针对品牌特性的技术支持能力，产品技术创新能力是支持品牌特性的关键。其次，要提升改变品牌定位的技术支撑能力，改变原有品牌定位，尤其是从中低端向中高端品牌定位转变，关键是技术创新能力。

从营销层面看，基于营销的产品差异化很容易被复制，但短期内优势明显，且技术创新的难度也相对较低，是产品差异化的重要模式。第一，要推进响应消费者需求速度的技术创新。产品差异化的本质是满足消费者需求，有些产品差异化在技术创新层面并不复杂，难度较低，但是对于速度的要求较高。谁能第一时间满足了消费者需求，谁就有能力最先把差异化的产品提供给消费者。第二，要推进满足消费者需求认知的技术创新。第三，要推进基于抢占品类的技术创新。品类的运用在快速消费品市场有着非常好的效果，尤其是在帮助企业寻找细分市场、创造新的品类需求方面有着独特的效果。第四，要推进提升产品科技含量的技术创新。提升产品科技含量的技术创新是最为原始的技术创新，要通过更有难度的技术创新为企业获得市场份额。

5.4.2 通过品牌差异化与产品差异化的结合，创造强势品牌

品牌创新是产品差异化的终极壁垒。产品差异化是有市场价值的产品差异化，不是为了差异化而差异化。有市场价值的产品差异化来源于以市场尤其是顾客关键选择要素为导向的四种产品差异化。

（1）对标差异化。选择顾客认知度最高的产品，采取逆向思维的方式设计产品差异化，抓住顾客关键选择要素，以对标竞品没有满足的要素为自己产品差异化的核心。对标差异化是实用、简单、可以快速见效的产品差异化方法，企业可以针对竞争产品的任何一个有顾客认知的利益点，进行反向差异化。

（2）产品价值链差异化。即增加本产品的含金量与附加值，在产品价值链的上、中、下游环节，寻找增加产品附加值与利益点的元素。主要有三个方向：一是产品系统化（及系列化），增加产品的内涵或外延的辅助性产品，增加产品的附加值，扩大顾客消费的时机与场合；二是产品专业化，产品的专业化、专一性，是塑造产品差异化的重要手段；三是产品资源化，产品资源化指企业通过对原料、关键辅材、添加物或工艺的垄断，实现产品的资源差异化，通常都是引入稀缺甚至垄断性资源，作为提升产品含金量的主要元素，这对于建立产品的长久价值是非常有效且重要的途径。

（3）参照系差异化。指不改变产品本身的形态，通过与产品之外要素的关联，改变消费者对产品的认知，并使其产生新的购买理由。通过参照系的改变，使产品的用途发生变化，从而创造出新的消费需求。参照系统差异化，是围绕核心产品进行的一系列跨界、混搭，从而改变顾客的产品认知与选择驱动因素，实现有市场价值的产品差异化。

（4）品牌差异化。指通过品牌元素的塑造带来的产品差异化。主要有两个方向：一是品牌审美元素带来的差异化，就是通过产品的名称、字体、色彩、线

条、构图、声音、音乐、香味、触觉、人型、动物、卡通、外形、包装等元素的组合设计，塑造产品的差异性；二是品牌内涵创意带来的差异化，这是塑造品牌核心价值，保证产品的个性，以将产品差异化的市场价值最大化、持久化。

5.4.3 通过顾客细分的产品创新推进产品差异化

云南生物产业以中小企业为主，中小企业只能发挥“专、精、快、灵”的特点实现产品差异化。进行消费者细分的维度有地理和人口统计特征、消费需求和行为特点、心理和价值取向等，可归结为三类基准：

(1) 以地理和人口特征为基准的产品差异化。我国地广人多，横贯多个气候带和地理特征区，形成了丰富多彩的区域性文化、生活习俗和消费特点，为企业进行产品差异化提供了肥沃的土壤。以这样的目标市场进行产品差异化的风险小、收益大，并能迅速形成区隔优势。另外，基于区域性独特的气候条件、土特产和文化特色，也可以进行有效的产品差异化。按照人口统计特征来细分顾客也是成功进行产品差异化定位的重要手段。

(2) 以需求特点为基准的产品差异化。随着城乡居民收入水平的提高和生活质量的改善，消费者的分化更加明显，需求也更加个性化，并且消费越来越理性，这是实现产品差异化的根本基准。

(3) 以生活方式为基准的产品差异化。随着收入水平的提高，消费者的细分指标越来越趋向于精神类指标。面对个性化、多元化和品味化等精神方面的需求，产品差异化要能让顾客身临其境地体验其产品的设计风格与艺术品位，再加上提供个性化的定制和全程无忧的服务，才能在保持较高价格的同时，又让消费者获得良好的体验。

基于消费者细分的产品创新，本质上要求从竞争导向转向顾客导向，从价格导向转向价值导向，从投机导向转向能力导向。更多地去研究和发现消费者的不满意和新需求，才能找准产品差异化的基准，并培育相应的持续创新和卓越运营的能力，才能为顾客提供独特的价值，建立起自己的核心优势。

6 生物品牌高端化

随着人民生活水平的提高和自我保健意识的增强，市场对于医药产品、健康产品的需求正快速提升，人们追求更多的是产品所能带来的附加值，即追求享受、健康、个性化的服务。在云南省这片仅占全国4%的国土面积上拥有了全国50%以上的植物种类、70%以上的动物种类和80%以上的植被类型。云南生物产业具有的是多样性优势、品质优势，而不是单一产品的规模优势，要实现云南生物资源的品质优势，以最小的产品数量实现最大规模的经济效益，只有打造高端品牌才能实现，生物品牌高端化是云南生物产业发展的重要思路。

6.1 理论基础

提升云南生物产业的品牌高端化发展思路的理论基础是品牌经济理论、品牌效应和市场定位策略。

6.1.1 品牌经济理论

新古典经济学认为价格作为资源配置的协调机制是充分有效的，市场价格决定人们的行动和选择。品牌经济学研究品牌与价格机制之间的关系。所有的经济问题都是选择问题，任何选择都要付出代价，需求曲线中的价格当然不限于货币价格，它是最广泛意义上的价格或代价，换言之，市场价格是一种代价，但代价不一定是市场价格（张五常，2001）。一般我们在分析消费者选择和购买的时候，把消费者实际支付的商品价格作为“价格”，而实际上，消费者在选择的过程中的代价除了实际支付的价格外，从众多可供选择的品牌中选择一个进行购买的过程中还必须花费选择成本（孙日瑶，2006；刘华军，2006），选择成本和支付的价格一起构成了消费者选择和购买的“价格”，即代价。品牌经济学和品牌经济理论从选择成本出发看待一切局限条件。把选择成本理解为需求领域的消费者在选择和购买过程中的摩擦力，这种摩擦力的存在降低了消费者的选择效率。实际上品牌作为一种品类符号，可以有效地降低消费者的选择成本，进而改变需求曲线的位置。然而，品牌是如何影响马歇尔所认为的“经济分析的发动机”的需求，经济学中并未给出解释，这在某种程度上妨碍了经济学对品牌的分析。正如张五常反复强调的那样：经济学最基本的理论，其实只有一个，就是价格理论，价格理论的精髓就是一条向右下倾斜的需求曲线（需求定律）。

所谓选择成本，是指通过交易费用，目标顾客获取一组品牌信息之后，从中选择一个品牌所花费的成本。品牌是与目标顾客达成长期利益均衡，从而降低其选择成本的排他性品类（category）的符号。品牌信用度是通过品牌这个排他性的符号向目标顾客做出并做到某种品类承诺的程度。品牌信用度等于品牌品类度与品牌策略的乘积，品牌信用度决定了消费者在选择某个品牌商品时的选择成本。由于品牌品类度介于0和1之间，品牌策略取值0或1，因此品牌信用度也介于0和1之间，即$B\in[0,1]$。为了更好地理解这些定义，可以通过把不同的品牌看做其能代表的利益点——品类的集合，那么每个品牌所包含的品类数是不一样的，比较这些品类是否能够满足自己的利益点就需要花费时间、精力等。

商品的销售价格和选择成本都是消费者在选择和购买过程中的代价。由于人的“趋利避害”的本性，任何代价的上升都会使需求数量减少。因此在选择成本及其他条件不变的情况下，某个品牌的商品价格上升，则其需求数量减少，反之则增加。同时在某品牌商品的销售价格及其他条件不变的情况下，消费者选择该品牌商品的成本越大，则其需求数量越少，反之则越多。在某品牌商品的销售价格及其他条件不变的情况下，某个品牌的品牌信用度越高，则对该品牌商品的需求数量就越大，反之则越小。当某个品牌成为单一品类的代言时，该品牌商品的需求数量达到最大。因此，当某个品牌的品牌信用度提高后，在价格不变的条件下，需求量也会增加。同时，由于品牌信用度的提高是以品牌品类度的提高为前提的，即某个品牌所代表的品类越少，其品牌信用度越高。而随着品牌代表的品类数量的减少，该品牌的替代品则越少，进而使得该品牌商品的价格需求弹性变小，移动后的需求曲线的斜率比原来的需求曲线的斜率要大。在满足品牌信用度提高的情况时，在任何既定销售价格条件下，某品牌商品的需求数量比不考虑品牌时的需求数量要大。当引入品牌后，由于品牌信用度的提高使消费者选择成本降低，从而在任意价格水平下，品牌信用度的提高使某个品牌商品发生了变化，根本原因是品牌降低了有着“趋利避害”本性的消费者的选择成本，从而使需求扩大，且更加缺乏弹性。引入品牌后的需求改变不仅能解释品牌信用度的提高可以在同一价格条件下有更大的购买量，而且可以说明当需求变化后，在价格有所提高的情况下，购买量比之前也可以有所提高。

6.1.2 品牌效应

企业品牌是产品品牌、服务品牌、雇主品牌和财务品牌有机结合的整体，它表示的是某企业所生产的产品所具有的知名度和美誉度，它代表的是某个企业在消费者心目中的形象。

美国市场营销协会（American Marketing Association）于1960年提出品牌的定义具有代表性，品牌是指“一个名称、术语、标志、符号或设计，或者是它们的结合体，以识别某个销售商或某一群销售商的产品或服务，使其与它们的竞争者的产品或服务区别开来”。

企业品牌代表着公司的整体形象，它通过向顾客提供产品和服务把公司的经营理念传递给消费者，它凝聚了企业对其所生产的产品和所提供的服务的定位和形象，这就是狭义的企业品牌。同时还有与之对应的广义的企业品牌，即包括狭义的企业品牌和企业的产品与服务在内企业所拥有的一切品牌。

在发展初期，企业通常会把营销的重点放在产品或服务的定位与形象上，这时只能称之为产品品牌，当企业把营销的重点转移到企业自身的整体形象和在外界的声誉上时，才可以称之为企业品牌。企业品牌在代表公司整体形象的同时还要把公司在产品、服务和顾客感受方面要给顾客带来的期望传递给消费者。企业品牌并不是对企业名称和企业标志的简单表达，它还隐含着企业的历史背景、人文精神、企业文化、核心竞争力、社会观念、价值观以及管理水平等许多信息。

品牌是企业的核心竞争力，是让一家企业在同业中卓尔不群的标志，有了这个标志，企业就拥有了无形资产，品牌可以看做是企业保持竞争优势的一种强有力的工具。

从企业的特性角度来看，对于学校、酒店等企业来说，它自身就能给消费者带来一定的利益，所以这类企业本身就是一件产品，产品品牌和企业品牌在这类企业身上产生了重叠；而有的企业则存在着包括企业品牌和产品品牌的一个品牌系统。戴维·阿克将系统内的品牌分为几个层次，各层次的品牌在整个系统中扮演着不同的角色。总之，产品品牌是企业品牌成长的基础，而企业品牌则为产品品牌积累着价值，他们之间的关系，正如戴维·阿克所描述的：“公司品牌如同军队的护旗手，使人对军队产生信赖，但战争的胜利还是要依赖于军队自身的努力。”

品牌效应指的是品牌为其使用者带来的经济效益和社会影响，也就是品牌在其应用中所产生的作用。品牌最初是用来区别不同产品的，但是社会的进步和商品经济的高速发展使得品牌的作用已经发生了根本性的变化。从经济意义上看，品牌效应是品牌的知名度、信誉度以及品牌的美誉度等因素对消费者的决策产生影响，导致产品的销量和附加值的提高，进而给品牌的使用者带来的利润；从社会意义上看，一个企业产生了一个著名品牌，或者一个产业集群产生了几个著名品牌，不仅可以大大提高这个企业或产业集群在外界的声誉，而且可以极大的增强本企业或本集群内部员工的自信心和自豪感。

在现代社会，科学技术的日益进步在丰富市场上产品种类的同时，也使得企业对生产技术的获取更加容易，这就导致同质化现象愈演愈烈，在消费者看来同类产品之间在功能、质量等方面的差异越来越小，企业为提高所生产的产品的竞争力，保护自身的利益，就开始强调品牌的应用，使品牌效应得到广泛关注。

品牌具有以下作用：

（1）帮助企业树立良好的外部形象。品牌代表着一个企业所生产的产品的功能、品质、用途等在消费者心目中形成的形象，是企业人文和企业文化的体现。由于消费者较容易形成一定的品牌偏好，它还可以代表该企业所占的市场份额。

（2）提高生产经营者的盈利。品牌注册之后就会受到法律的保护，禁止其他个人或组织在未经品牌所有者允许的情况下使用。品牌的有效宣传可以使企业的产品在消费者心目中迅速而深刻地形成印象，并刺激消费者的购买欲望。

（3）帮助消费者识别和选择商品。消费者不可能在购买每一种产品之前都进行尝试，在面对众多的选择时只能依据产品的品牌效应来决定购买哪种产品。一个品牌的知名度和美誉度高，消费者购买该品牌产品的意愿就强。

6.1.3 市场定位策略

所谓市场定位，是指根据顾客对于某种产品属性的重视程度，给本企业的产品确定一个市场位置，让它在特定的时间、地点，对某一阶层的消费者出售，以利于与其他厂家的产品竞争。目的在于为自己的产品创造和培养一定的特色，富有鲜明的个性，树立独特的市场形象，以区别于竞争对手，从而满足消费者的某种需要和偏爱。依据市场定位理论进行策划，开发出的产品成功率将大大增强。一般而言，市场定位可划分为功能定位、品质定位、是非定位等几种类型。现代企业通常是按照实际需要选择适用自己产品的市场定位策略。在市场经济条件下，同类产品越来越多，竞争日趋白热化，企业要想在同类产品的竞争中取胜，必须正确运用市场定位策略，为自己的企业和产品找到恰当的市场位置。云南省的生物产业所具备的最大优势是物种资源丰富，将其定位于主导式的高端品牌，从产品质量、服务、信誉等多个维度提升产品附加值、增加产品差异性、提高产品的竞争优势，可充分发挥云南省生物资源的优势，促进云南生物产业的发展。

高端定位是以价值消费需求为导向，为客户提供高价值利益空间，企业通过对产品品质升级和强力品牌塑造打造高消费价值，同时，企业据此来获取高额利润空间。从品牌学的角度来讲，就是将品牌定位于"高利益价值区间"的品牌定位策略，而不是定位在"高端的消费群"那么简单。

高端定位可以简单描述为最佳品质、最优价格和整合传播的科学有效组合。一般来说，定位于高端的产品相对来说具有独特的品牌主张、口碑卓越、价格高、利润高、产品质量相对较高，但因为有门槛导致目标客户较少、需求较少、销售量不高等特点。虽然高端产品的销售量没有中低端产品高，但如果占领高端市场的一部分市场份额的话，那么也足以使一个企业生存下来并且获得高额利润，经营一个高端品牌也会使经营者产生无与伦比的优越感。

产品是高端品牌运作的根基和基础，只有保证了产品的质量，才有可能将品牌做成高端品牌。对于云南省生物产业来说，具备生物多样性的优势，物种资源丰富，可开发产品也多。因此为实现维持产品的差异化和多样性的最终目标，应从改善产品质量入手，将产品定位为“高价值、高价格、高端形象”，避开与国内其他品牌的“同质化”竞争，依靠传统品牌的优势，使得消费者对产品的认知度和忠诚度迅速提升，进一步带动产品的销售，达到附加值最大化、经济收益最大化。

进行云南省生物产业高端品牌定位应当从以下几个方面入手：第一，找出目标消费者或市场认知的高端领域和未来需求领域，即对生物产业发展阶段、消费者认知、企业优劣势、市场地位等方面自行诊断。第二，将企业、产品或品牌与消费者的未来需求结合，优先抢占先机，扩大市场占有率。第三，从产品入手，提高产品质量，进行产品差异性营销。第四，进行品牌策略选择和营销 4P 竞争策略匹配，注重品牌推广和营销，在质量、款式、功能、价格、服务、信誉等方面使消费者得到最好的服务与满足，争取将品牌做成名牌。第五，定位为品牌服务，重视细节，给顾客以贴心的贵宾级服务。

6.2 发展现状与问题

生物产业作为云南省的支柱产业之一，经过多年的长期扶持发展，品牌建设取得显著成绩，形成了一批国内外知名品牌，具有良好的示范带动效应，但还存在着知名品牌少，品牌建设能力弱等问题。

6.2.1 以高原特色打造生物产品品牌

云南省委、省政府围绕高原特色农业建设，着力打造生物产品品牌。秦光荣书记提出，云南高原特色农业要打造“丰富多样、生态环保、安全优质、四季飘香”四张名片。李纪恒省长提出，培育品牌，要靠质量、技术、市场、文化、宣传五个方面大力推进传统优势产业升级改造，提升品牌在产品中的附加值；要大力扶持“云烟”、“云茶”、“云花”、“云药”、“云酒”、“云糖”、“云胶”等以“云南”冠名的系列名优品牌发展，培育一批拥有自主知识产权、自主品牌的特色产业集群；要加快推进高原特色农业，以农业龙头为核心，在花卉、蔬菜、水果、野生菌等领域，着力培育一批上规模、有竞争力的高原特色农业品牌；工商部门要引导企业注册商标，并在争创驰名、著名商标方面给予支持帮助，对企业实施品牌战略给予政策鼓励。

云南省生物企业越来越认识到培育拥有强势品牌的重要性，云南生物产品品牌的发展取得显著成绩，形成了一批在规模、经济基础和发展潜力方面具有较强实力的生物品牌，涌现出了一批知名企业品牌。规模以上各类生物产品加工企业达到 1100 多家，主要生物产品加工率提高到 48%，其中，云南白药、景谷林业、绿大地先后在国内证券交易所上市。生物产业领域的中国驰名商标、云南省著名商标、地理标志证明商标实现了三个“零”的突破，分别达到9件、314件和10件，拥有“斗南花卉”、“晨农蔬菜”、“云南白药”、“排毒养颜胶囊”、“昭通天麻”、“滇虹药业”、“老拨云堂”、“福林堂”、“绿A”、“沃森生物”、“云南红酒”等一批知名品牌产品。这些企业都拥有一个或一批在国内外享有盛名的产品品牌，它们以品牌为支撑进行规模扩张，再以规模扩张获得源源不断的竞争优势，保持稳定的市场占有率，它们对提升我国企业品牌的国际竞争力发挥了很大的作用。另外，云南省多年来打造“云烟”、“云茶”、“云花”、“云菜”、“云药”、“云果”等品牌，产生了“红塔山”、“云烟”、“滇红”、“龙润普洱”、“云南白药”等知名品牌。

以“绿A”品牌为例，经过10多年的打造，绿A公司已成为中国微藻的领军企业，并与日本的DIC和美国Cyanotech并称世界螺旋藻三巨头。依托云南独有的资源，立足于微藻应用技术前沿。绿A年产高品质天然螺旋藻粉3000吨，占世界总产量的约二分之一。绿A坚持产、学、研一体化的道路，在科研上居世界领先水平，其旋藻研究已达多糖、多肽分子水平。2006年，绿A公司就成为中国第一且唯一实现红球藻产业化的企业，并凭此一跃成为国际微藻研发中心。绿A公司除了在正规药店销售绿A外，还在全国140多个大、中城市建立了自己的办事机构，并开设了170多家专卖店，加强了售后服务。绿A天然螺旋藻精片符合绿色食品标准，被认定为绿色食品，许可使用绿色食品标志，荣获“十佳保健品”称号，连续获得中国“十佳保健品”称号的保健食品、“云南十大知名品牌”、“中国保健品公信力品牌”、“云南名牌”、“云南省著名商标”称号，获“云南品牌”YC认证，成为唯一上榜的保健品品牌，获“优质螺旋藻”标志、“中国保健品最具公信力品牌”、“云南十大最具成长性品牌”奖等称号。

6.2.2　加快了培育商标品牌梯队建设

云南省把争创驰名、著名、知名三级高知名度商标品牌作为推进商标战略实施、服务地方经济发展的重要举措，完善工作机制，强化梯次培育，积极宣传指导，科学规划发展，使云南省商标品牌建设取得明显成效，商标品牌数量快速增长。截至2012年6月30日，云南省注册商标量达到6.51万件，中国驰名商标达到45件，已注册和初步审定的地理标志证明商标达到52件，云南省著名商标达到1177件。与2008年年底相比，注册商标增长了1.3倍，中国驰名商标增长了5.4倍，地理标志商标增长了4.2倍，云南著名商标增长了85%。商标品牌布局结构更加合理。全省共有12个州、市有中国驰名商标和地理标志商标，16个州、市都有云南省著名商标，11个州、市开展了知名商标认定工作。驰名、著名商标品牌产业集中度不断提高，除卷烟、冶金、化工外，主要分布在生物制药、花卉、茶叶、农副产品等优势产业；地理标志商标产品主要分布于中药材、茶叶、畜禽、水果、米豆制品、核桃、咖啡、烟叶等特色农业资源。商标品牌经济效益逐步显现，驰名、著名商标企业借助品牌影响力，实现了企业规模化快速扩张，已逐步成为云南省推动经济增长和开拓国内外市场的主力军，在云南经济发展中起着重要的领军作用。据初步统计，2011 年云南省的中国驰名商标企业总产值约为 1372 亿元，占全省 GDP 的 15.68%；云南省著名商标企业总产值约为 2721 亿元，占全省 GDP 的 31.1%。农村地区通过地理标志和农产品商标品牌的运用，保护了特色农产品资源，推进了农业产业化进程，实现了农业增效和农民增收。商标发展政策机制不断健全，2008 年以来，省政府召开全省推进商标战略实施工作会议，出台了《云南省人民政府关于推进商标战略工作的实施意见》，与十六个州、市人民政府签订了目标考核责任书，将商标战略实施纳入全省检查考评项目。国家工商总局关心云南商标战略工作，专门出台优惠政策，支持云南实施商标战略，服务“桥头堡”建设。商标战略政策扶持和责任考核体系不断完善，形成“政府推动、部门协调、企业主体、社会参与”的商标发展工作格局。

云南省大力推进的商标品牌战略对促进云南产业结构调整和经济发展方式转变发挥了重要作用。商标权是重要的知识产权，是企业自主创新能力的集中体现。商标品牌对提高企业创新力和竞争力，推进产业发展和结构调整，促进经济发展方式转变等具有重要的作用。

如昆明斗南花卉有限公司充分利用“斗南”这一中国驰名商标的品牌效应，推动市场的发展和产业的扩展，斗南花卉在全国 80 多个大中城市中占据 70% 的市场份额，并出口到 46 个国家和地区，成为中国花卉市场的“风向标”和花卉价格的“晴雨表”，带动全省形成产值达 267 亿元的花卉产业。

通过培育发展农产品商标和地理标志商标，将云南省的生物资源优势转化为品牌优势和市场竞争优势，创立一批生物产品品牌，培育一批龙头企业，带动地方经济发展。

6.2.3 云南白药品牌进入中国百强

近年来，云南白药集团重视商标品牌建设，探索出一条以“云南白药”中国驰名商标为主品牌，以“宝相花”、“金口健”等 10 件云南省著名商标为子品牌，以 835 件国内商标和 162 件国际商标为基础的多品牌发展和保护模式，产品创新、市场开拓与品牌发展相互促进，企业创新力和竞争力迅速提高，10 个著名商标品牌产品销售过亿元，1 个驰名商标品牌产品销售过 15 亿元，商标品牌为企业的创新发展提供了强劲的动力。云南白药集团的成功经验启示我们，商标品牌是企业自主创新能力的重要载体，是企业的文化、服务、商誉、经营理念和产品质量的集中体现，培育发展自主品牌，有利于增强和保护企业创新能力，提升企业的市场竞争力。

云南白药由云南民间医生曲焕章于1902年研制成功，对跌打损伤、创伤出血有很好的疗效。云南白药由名贵药材制成，具有化瘀止血、活血止痛、解毒消肿之功效。云南白药所主张的是中药文化、关爱文化和伤痛文化，被誉为“中华神药”、“中华瑰宝”等，堪称中华传统医药中最响的品牌之一。可以说，经过近百年的发展史，为云南白药奠定了丰厚的文化底蕴和品牌资产价值。股价迭创新高，其市值超过600亿元，是医药行业市值最大的上市药企。云南白药拥有独一无二的品牌，而这种品牌的沉淀恰恰是产品在激烈的市场竞争中不断创新所形成的。下面以云南白药为例，以分析云南生物产品品牌现状及特点。

云南白药品牌最初设计的主要目的是通过完整、正确的品牌设计来体现品牌形象，从而告诉企业客户“我是谁”、“我是做什么的”。该品牌的设计是通过深入挖掘白药的历史文化背景后，将其百年的发展历史与中华民族近百年的民族伤痛史紧紧地结合，使白药逐渐融入中国人的精神情感世界，成为关注伤痛、抚慰伤痛和治愈伤痛的代名词，它本身已幻化成一个关爱个体伤痛和民族情绪的情感符号、真爱符号。

通过对市场的分析，云南白药找到了一条从“伤痛文化”到“关爱文化”的价值升华的脉络。厚重的历史底蕴凝结成白药的品牌承诺，即“如果伤痛在所难免，云南白药就在你身边”。云南白药在坚持其高效、快速疗伤、止血、止痛的基本核心功效的前提下，围绕着这一品牌形象，不断推出更多更全的产品，服务于更广大的人民群众，同时积极参与慈善事业，从品类、品质、品德、品行等方面不断地塑造着其真诚厚实的关爱文化。

与此同时，面对国内、国际竞争市场，云南白药集团抓住全省开展解放思想大讨论的契机，确立了“加快转变发展方式，加快创新特色品牌，加快产业集聚”三个转变，进一步围绕“药”这个核心拓展相关的健康产业，打造“新白药、大白药”的品牌新概念，在增量上做文章的发展思路，为该企业快速发展提供强有力的保证。

云南白药与其他生物企业不同之处在于，它不断拓展细分市场，将产品分为：云南白药膏、云南白药气雾剂、云南白药牙膏等。云南白药品牌设计主要是实施了“大品牌下的多品牌”策略，各子品牌的延伸丰富了白药的内涵，也把白药这个神奇配方的功效进行了全方位的诠释，并在此基础上，成就了白药跨界创新的实现。特色天然药物领域的“云丰”品牌，健康、养生领域的“千草堂”品牌，医用敷料、急救包领域的“泰邦”品牌，妇科用药领域的“天紫红”品牌，儿童用药领域的“童俏俏”品牌都正逐步向纵深发展，每一个品牌之下的产品销售都连年上升，使云南白药走出了伤科的单一领域，并同时增加了子品牌和大品牌的价值积累。通过多品牌的设计发展战略，一方面强化核心品牌的价值定位、牢牢占据消费者心理和情感；另一方面降低单一品牌所带来的风险，避免品牌滥用对核心品牌价值的稀释。经过不断创新，促使其产品在生物行业中持续焕发活力。

云南白药新的品牌承诺是"如果伤痛在所难免，云南白药在你身边"。同时加强产品研发，本着让白药在你身边，又能进入家庭的原则，将视线转向生产创可贴，同时引进德国先进的创可贴生产技术及美国3M公司先进的透皮材料。针对邦迪，将广告语确立为："有药的创可贴，伤口好得更快一些"。"有药好得快"的广告推广运动，确立了云南白药创可贴是快速治疗伤口的创可贴新标准制定者的地位，成为云南白药创可贴对市场最有力的一次冲击，体现了一个百年品牌与时共进、对新时代消费者在关爱形式上的创新。一方面让主要广告受众——普通工薪阶层、社会公众，感受到百年品牌对当代普通人的新的关爱；另一方面又让次要目标对象——广大经销商和云南白药的合作伙伴，真正通过品牌的高调创新推广活动，重视了白药百年的品牌创新。

以云南白药创口贴产品的推动为契机，云南白药从现代人的生活状态和价值观念出发寻求创新。这种创新通过"关爱"这个核心价值与品牌发展中深厚的历史、人文价值积淀良性互动，并用现代元素为其添加时尚、生活的气息，云南白药最终以"关爱文化"为价值桥梁，完成了对百年品牌认知断裂的修复工作，重新将具有鲜明个性的品牌承诺融入了现代人的生活中。争取将云南白药做成"百药"，使得销售收入再上一个新台阶，把白药品牌做大做强。保证云南白药不仅质量过硬，品牌更是"硬"，成为国家放心品牌。

云南白药创可贴。2001年，云南白药围绕保密配方与材料科学的结合进行产品创新，推出了云南白药创可贴。以"有药好得更快一点"为价值诉求的白药创可贴成长惊人，销售额从2001年的3000万元飙升至2008年的近3亿元，超越市场冠军的长期保持者邦迪，成为行业领导者。在2000年以前，国外企业占据了中国创可贴市场90%的份额，到2008年，在这个每年5亿元的小创伤护理品市场中，云南白药创可贴占到了市场份额的二分之一。在2009年云南白药创可贴市场份额超过了邦迪。

云南白药牙膏。2005年，云南白药牙膏以超凡的胆识和魄力、势如破竹的姿态，在中国牙膏市场掀起了一场史无前例的风暴。云南白药牙膏瞄准中国人的口腔健康，把重心放在中国人口腔的全面呵护上，也直接引领了中国人"健口时代"的到来。在中国牙膏市场普遍还停留在牙齿清洁的时代，云南白药牙膏洞见未来，直接推出未来级的产品。当一个全新的时代来临之际，先行者无疑抢占了先机。也正因为如此，短短几年时间里，云南白药牙膏迅速成为中国牙膏市场民族第一品牌。在2006年年底，其市场销售额累计已飙升至3亿元，成功开拓了功能性牙膏高端市场的“新大陆”，确立了中国功能性牙膏的品牌地位。2007 年年底，云南白药牙膏的销售额累计已冲破 6 亿，一举成为医药产品进军日化领域的成功典范。2008 年，云南白药牙膏进入全国牙膏市场销售额前 5 名，在部分城市仅次于佳洁士和高露洁，排名第三，成为连锁大卖场、专业卖场等现代渠道的第一民族品牌，也是功能性牙膏的第一品牌。2009 年，白药牙膏销售收入为 7 亿元。根据欧睿咨询的数据，白药牙膏在全国市场的份额排行第五。白药牙膏已经是云南白药集团旗下市场增长性最高的产品之一。2011 年评选的中国最有价值 100 个品牌榜单中，“云南白药”是云南省入围的两个品牌之一，位列第 36 位。

6.2.4 云南生物产品知名品牌少

虽然云南生物产品品牌建设取得可喜成绩，但总体上云南品牌数量太少，知名品牌更少。2011 年评选的中国最有价值 100 个品牌榜单中，云南只有“红塔山”和“云南白药”入围，分别位列 12 位和 36 位。

一定程度上讲，云南生物企业品牌和国际品牌的差距就在于品牌的价值的差距，因为品牌作为一种无形资产，它的价值评估就是对市场份额、增值创利能力、出口能力、商标的认知程度、投资支持、超越地理和文化边界的能力等各方面的评估的结果。由表 6-1 和表 6-2 中的 2011 年中国最有价值品牌和 2007 年世界最有价值品牌的价值数据可以看出，云南生物企业品牌价值与国际著名品牌价值存在着相当大的差距。

表 6-1 2014 年中国最有价值品牌

公司名称	品 牌	品牌价值/亿元	所属行业
中国工商银行股份有限公司	中国工商银行	2691.33	金融
中国移动通信集团公司	中国移动	2568.45	工厂
中国电信集团有限公司	中国电信	2322.61	工厂
中国农业银行股份有限公司	中国农业银行	2221.53	金融
中国建设银行股份有限公司	中国建设银行	2004.12	金融
中国平安保险（集团）股份有限公司	平安	1799.24	金融
中国银行股份有限公司	中国银行	1737.26	金融
中国石油化工集团有限公司	中国石化	1696.13	能源
华为技术有限公司	华为	1652.47	工厂
中国石油天然气集团有限公司	中国石油	1616.44	能源
阿里巴巴网络有限公司	阿里巴巴	1574.23	工厂
中国联合网络通信集团有限公司	中国联通	1548.66	工厂

注：资料来源于中金在线（http：//www.cnfol.com）。

表 6-2 2014 年世界最有价值品牌

排 名	品 牌	地区/国家	品牌价值/亿美元
1	苹果	美国	1188.63
2	谷歌	美国	1074.39
3	可口可乐	美国	815.63
4	IBM	美国	722.44
5	微软	美国	611.54
6	通用电气	美国	454.80
7	三星	韩国	454.62
8	丰田	日本	423.92
9	麦当劳	美国	422.54
10	梅赛德斯奔驰	德国	343.38

注：资料来源于新华网（http：//www.news.cn）。

中药、民族药、天然药占云南医药工业总产值和销售收入的70%以上，与我国医药市场以化学药为主，中药为辅，医疗器械、卫生材料为重要补充的市场需求结构有较大差异。云南医药企业同质化竞争较为突出，企业自身在人才、品种、技术、管理、资本、市场等资源配置方面结构性矛盾突出，企业核心竞争力不强。另外，从总体上看，在云南省生物行业中，较为知名的大企业较少，品牌建设缺乏动力。

由于云南省生物行业以小企业为主，几乎占到整个行业的80%，而小企业的生产经营乏力，很容易受到资金不足、资源有限、政策引导不足等多方面的影响，从而陷入发展困境，更多的只会停留在初始的起点，维持原样的经营状态。另外，小企业还难以从银行融资，这直接导致了这些企业做出来的产品质量较差，不能得到多数消费者的认同，没有品质的优势和突出的特点，更难以达到高端品牌的要求，价格也只能维持在较低水平，企业能收获的利润也是非常有限的。如此恶性循环，企业仍旧维持在低水平的发展，绝大多数品牌没有较大的知名度，难以做大做强。

品牌是市场经济发展的产物，企业品牌意识的形成是与市场经济发展的实践相适应的，不同的经济发展水平下，由于社会观念以及规范等文化行为的不同，使得消费者对品牌的诉求度、诉求点有着很大的差异。只有在经济发展水平比较高的情形下，才能产生和强化现代品牌的理念，通过当今发达国家经济发展的实践，我们已经看到市场经济是强势品牌创造和发展的前提，并且市场经济越发达，强势品牌越集中、品牌的等级越高、成长得越迅速，也越经得起时间和竞争的考验。云南省作为西部经济发展较为落后的地区，要在全国范围内提高品牌竞争力，打造强势品牌，必然是一个循序渐进的过程。

6.2.5 品牌建设能力弱

云南省生物产业的品牌建设能力弱，主要体现在四个方面：(1) 缺乏产业龙头和知名品牌。很多特色生物产品主产区或品质最好的品种在云南，但生产企业长期沿袭传统工艺，忽视名优品牌的培育，产品销售以散装为主，不注重增值产品的开发。国内外市场上还没有能代表云南各类生物产品形象的知名品牌，广大消费者对云南生物产品品质的认同度不高，这制约了云南生物产业的发展。(2) 品牌维护意识不强。云南省的很多生物资源开发企业、行业协会及一些职能部门，对保护优势产品和优势企业的措施还未加强。很多种类的生物产品在产品品质和原产品鉴定等方面还未形成系统的操作规程，商标注册不及时，有优势的产品被仿冒、抢注等问题还存在。(3) 品牌内涵模糊，缺少个性化品牌。很多生物产品生产企业不重视对自己专名品牌的内涵赋予和充实，很多特色产品除了商标、包装外，与同类产品并无显著差别，如云南茶叶中取名“云雾茶”的就很多，在品牌内涵上无根本区别，个性化的品牌内涵基本上没有体现，不同产地的品质优势更是缺乏展示。(4) 缺乏售后服务。在产品竞争十分激烈的市场上，客户在注重产品质量的同时，还会以员工的服务态度和售后服务作为其选择购买的标准。如果服务不到位，是很难赢得消费者口碑的，更不可能赢得市场认可。云南省普遍存在员工服务意识不强的问题，不能发掘客户需求并满足客户，售后服务也做的不到位，导致市场占有率难以有效扩大。

因此，云南的生物产业发展需要走有特色道路，发挥品质优势，消除小规模劣势，必须从高端产品入手，以满足客户需求为最终目标，通过高端产品定位来发展生物产业，以提高利润，增加附加值。

6.3 发展思路

将生物行业定位于高端品牌，根据消费需求增加产品附加值、重视新产品开发、形成行业壁垒更有助于建立企业竞争优势，增加企业经济收益，吸引对价格不太敏感的客户。所谓品牌，即有“品”才会有“牌”，即企业应当在保证其产品质量的基础上去创造名牌。首要的工作是保证产品质量，以赢得消费者的初步认可。品牌的建立，主要基于有形产品和无形服务。有形产品是指产品的新颖包装、独特设计，以及富有象征吸引力的名称等；而无形服务是在销售过程中或售后服务中给顾客满意的感觉，让其体验到做真正“上帝”的幸福感，让他们始终觉得选择买这种产品的决策是对的。纵观行情，市场上的生物产品差异性越来越小，因此从消费者的立场看，他们更看重的往往是商家所能提供的服务和效果。从长期竞争来看，建立品牌营销是生物企业长期发展的必要途径。对企业而言，既要满足自己的利益，也要顾及顾客的满意度，注重双赢，赢得终身顾客。在这种大环境背景下，更需要重视品牌对于生物能源产业发展的支撑和带动作用，依托云南特色资源，着力发展市场前景广阔、具有云南自主知识产权的大品牌，实施品牌推进战略，培育和发展生物能源产业自身的名牌产品支撑体系，采取股份制、兼并、联合、合资、出售、独资、租赁等多种形式，支持、鼓励、引导企业进行重组，解决生物能源“小、散、弱”的问题，培育一批带动力强的生物能源龙头企业，充分发挥龙头企业的优势作用。另外，要积极开展技术改造，招商引资，使云南生物品牌迅速膨胀，做大做强，打造生物能源产业的“航母”，带动和辐射一大批配套、互补、协作的中小型企业，形成生物能源产业群体。提高生物能源产业的规模效益，发挥网络、媒体专栏、会议会展等传播渠道的作用，扩大宣传力度，吸引国内外投资者，形成生物能源产业发展的良性互动发展局面，大力促进云南生物产业发展。

对于云南省生物品牌高端化的构建，重点需要从增加产品附加值入手，以打造高端品牌，脱离中低竞争。首先，要将云南生物产业定位为“高价值、高价格、高端形象”，避开与其他品牌的同质化竞争。其次，建立专门的销售渠道和生产线，将云南省生物品牌推向国内乃至国际市场。最后，依靠云南省传统品牌的优势以及消费者对于云南省生物品牌的认知度和忠诚度，进一步带动云南省生物品牌的销售。发展思路是：（1）明确品牌系统目标。根据市场需求，合理调整云南省生物资源开发创新产业结构，优化生物资源创新产业的区域布局。明确不同的品牌在云南省生物品牌系统中不同的角色定位，通过品牌之间的关联性，在品牌之间的互动中产生整合力量，有效地避免各品牌在市场竞争中的相互伤耗，在考虑各品牌对整个系统的影响的基础上，合理分配资源，改善产业结构不合理的现象。（2）集中力量培育旗舰品牌。旗舰品牌在企业的品牌组合中居于较高层次，发挥核心作用，最能够体现企业文化的精髓，是企业品牌管理资源投资的重点。从数量上看，它可以只有一个，也可以不止一个。一般而言，旗舰品牌具有很高的知名度和良好的形象，是消费者购买信心的重要来源，延伸力强，可以同时使用在多种产品上，起到注释和推动产品销售的作用。所以，旗舰品牌的管理应该从全局和战略的角度进行，为的是要得到各部门的协调和配合。另外，在企业资源的分配上，旗舰品牌也应该得到大部分的投入和支持。（3）保持各品牌之间的联系。保持品牌系统内各品牌之间，尤其是旗舰品牌与其他品牌之间的相互支持和促进的关联作用，把不同品牌的特点有机地结合起来，让品牌在发展中共同进步，这样才能使云南省生物品牌在进军市场的时候，有的放矢地推行品牌战略，赢得国内外消费者的注意力。这就要求在分清品牌的不同层次的基础上，找到能够让品牌相互关联的交汇点。在实践中，要站在消费者感知的角度，从消费者对旗舰品牌的态度、旗舰品牌与其他各品牌之间的适应性以及整合后品牌形象等方面进行认真的分析。

6.4 发展对策

品牌营销已经在全球兴起，并成为跨国公司不可或缺的营销手段。云南省生物产业在实施品牌营销的过程中应注意：树立正确的品牌营销观念；构建企业和消费者的共同利益基础；通过创新提高品牌竞争力；合理延伸品牌范围；综合运用各种营销手段；注重保护品牌，最后达到扩大市场份额，实现长久增值的目的。具体而言，云南省生物品牌高端化发展，需要从以下几个方面着手：

（1）发挥优势，准确定位。实现企业高端定位，结合云南地域、气候、环境优势的特点，充分发挥云南生物物种资源丰富的优势，采用先进的生物技术，使产品达到非常优良的品质，以增强产品的不可替代性，形成行业壁垒，扩大市场占有率。云南省生物行业在人才、科研、营销、经营理念等方面需要同时努力，引入人才，提供高端化的产品，紧跟国家产业政策，以高技术为支点。

品牌定位体现品牌在所属产品类型中的差异化个性，以市场为导向，寻找品牌形象与目标市场消费者需求的最佳切合点，并借助整合传播等手段将品牌印象明晰、准确地融入到消费者和潜在消费者的心中。科学的品牌定位对企业占领市场和扩展市场有着很重要的导航作用。企业和产品品牌的准确定位是品牌营销成功与否的关键。企业定位始终要以消费者的需求为导向，定位的关键是抓住潜在目标顾客的需求，企业在调查了解顾客需要什么的基础上明确地表明自己能提供什么，才能找到企业和顾客的共同利益点，从而强化品牌的形象。而品牌个性的差异化就是真正衔接品牌价值与消费者需求的关键所在。很多时候，品牌个性的差异化往往基于产品功能的差异化，只要抓住这个关键点，上升到品牌的个性，就能找到突破口。

（2）加大推介，重视营销。好品牌不是放在办公室里欣赏，而是树立于客户的心中。传播品牌对于品牌的发展至关重要，应通过各种渠道扩大知名度，传播品牌。传播上要将品牌高附加值外化，尽量凸显品牌的品质和品位，增加品牌在市场终端的拉力。无论是广告、新闻及宣传，都必须围绕凸出品牌的品质和品位来进行。企业需要根据行业竞争特征、自身的现金流状况和产品特色适时的进行品牌推广，以扩大品牌的影响力和崇高感，提高市场口碑，为品牌制造影响力，提高市场占有率。

生物行业的发展，要以追求个性化为基础，提高产品的附加值。生物企业要利用各种方式为品牌创造更多的附加值，将品牌营销贯穿到产品开发设计、销售和售后服务的整个营销过程中，以自己独特的产品魅力来满足消费者的特定需求。要以人为本，进行市场细分，针对不同的人群提供不同的产品，增强专业化水平，立足优势作为支撑点。在实践当中，最有效的解决之道就是整合营销，通过整合营销，企业可以有效提高企业的营销能力，使营销活动由简单的流通环节转变为价值创造环节，帮助企业实现高端定位战略。另外，企业在进行成本-收益核算时，应该具有长远规划，品牌营销的成本支出将贯穿于营销战略实施的全过程，但品牌营销的收益可能是隐性的和滞后的，企业需要根据行业竞争特征、自身的现金流状况和产品特色决定实施品牌营销的时机和力度。

(3) 注重创新，强化品牌。产品质量作为品牌定位的一个支撑点，其决定因素是技术，因此，企业只有坚持持续的技术创新，加大对研究开发以及质量管理的投入力度，选择适合的技术创新策略，建立有效的技术创新机制，形成技术的战略领先性，才能为提升品牌竞争力奠定坚实的基础。企业实现高端定位战略的首要条件就是创新能力，以维持和提高品牌的竞争力，保证企业能够生存并长期发展。只有注重创新，注重差异化，增强产品的不可替代性，才能使得企业长期立于不败之地。在激烈的市场竞争中，努力创新以提高品牌的核心价值才是保持品牌魅力的根本。云南省生物企业必须更新观念，根据消费者不断变化的需求倾向，持续在产品包装更新、产品质量提高、产品功能完善等方面进行创新，从而长期维持品牌的竞争力，并通过品牌的积极效应开拓市场。

云南省生物产业应以高端产品为重点，加大对生物产品的推介力度，突出品质特征，开拓更广阔的市场。

企业方面应以进化的眼光来看待品牌的成长，即通过不断调整策略，才能成就一个强大的品牌。注重差异化，提高产品附加值，增强不可替代性，在遵循生态系统的基础上发展品牌。企业要在品牌打造之初就注重品牌资产的组建，只有踏踏实实地实施品牌化路线，从企业经营的各个环节积累、创建品牌资产，才能够最终实现与消费者的共鸣，消费者才能够认识品牌、了解品牌，继而与品牌产生共鸣。生物产业是一个典型需求导向型产业，从确立生物产品的品牌定位，到实施品牌管理，均需要针对消费者的需求，在药品特性、竞争市场方面做精细的研究调查，并将品牌策略整合到产品研发、生产、营销的各个环节。具有针对性的生物品牌管理将方便消费者辨别同一类型产品的不同品种，使自身品种在竞争中脱颖而出，帮助企业获得更大的经济利益。

(4) 整合资源，品牌延伸。对于一家生物企业来说，旗下品牌日益增多，是企业发展的必然，但如何整合品牌资源，是一个重要的课题。生物品牌间是否存在有机的内在联系，是决定生物品牌管理效率高低的关键。因而，将云南省的众多生物品牌进行整合，发掘其内在联系，有助于提高品牌管理的效率。

企业可建立品牌工作室，将品牌顾问、标志设计师、公关顾问和广告公司等整合在一起，发挥各自的专业功能。品牌制造的流程非常复杂，每一个环节都不可或缺。企业的品牌制造需要足够的时间和精致的包装。在产品同质化严重和模仿速度快的现状下，只有迅速建立品牌工作平台的企业才能赚取更多的利润。

企业将品牌作为运作的核心，需要各部门都能通晓品牌的策略和发展方向，不再局限于市场营销部门内部分享。企业品牌的创立来自于企业的整体行动，方向一致，才会有卓越的品牌，这是因为企业每一个产品都是品牌的延伸，每一个员工都是品牌的造就者，每一个客户都是品牌的传播者。另外，当企业品牌在细分市场上具有一定知名度之后，可以进行合理的品牌延伸，有利于强化品牌的核心价值。在进行品牌多元化延伸前，应该对品牌实力进行评估，主要包括：是否有技术创新能力，是否具备品牌延伸成功的技术基础和人才保障；企业管理、市场营销是否具备条件和能力；是否拥有比较充足的资本来承受品牌延伸时带来的资金压力。

无论是在品牌营销战略的制定中还是在实施中，企业始终要注意品牌的保护。保护品牌，首先要树立法律意识，重视商标申请和专利注册，利用法律手段维护品牌权利；其次是要建立品牌危机应对机制，即使一个品牌的发展蒸蒸日上，也要未雨绸缪，做好应付品牌危机的准备。企业及其品牌在发展过程中面临很多的不确定性，如果在各种风险面前束手无策，企业积累的品牌资产将可能毁于一旦。云南省企业品牌竞争能力总体上弱于外省和跨国公司，因此，在生产制造、经营管理和售后服务中，必须对品牌进行全方位的保护，在利用品牌优势的同时精心呵护品牌。

当今经济社会已经进入了提升企业品牌国际竞争力的时代，品牌竞争力已经成为企业核心竞争力的最持久的外在表征，市场竞争越来越趋向于企业品牌之间的竞争，所以，对于云南省生物企业来说，以实施生物资源开发创新工程为重点，依靠高新技术，开发名优特新产品，提升企业品牌的竞争力，已经成为企业保持战略领先性的关键。云南省生物企业品牌只有按照高端、高质、高效的产业发展要求，以不断地提升品牌竞争力为导向，结合自身实际，不断强化品牌意识，加速知名品牌培育步伐，在总结经验和吸取教训的同时，运用有效的品牌运营策略，才能在中国经济甚至是世界经济中占有一席之地，真正实现把云南建设成为全国最大的生物资源开发创新基地的宏伟目标。

6.5 云南省生物品牌

6.5.1 生物医药企业

1. 云南沃森生物技术股份有限公司
2. 云南生物药业有限公司
3. 云南施普瑞生物工程有限公司
4. 云南生物谷灯盏花药业有限公司
5. 云南英茂生物制药有限公司
6. 云南个旧生物药业有限公司
7. 云南大东生物制药集团公司

8. 云南大围山生物制药厂
9. 云南龙凤谷生物药业有限公司
10. 云南德华生物药业有限公司
11. 云南玉溪望子隆生物制药有限公司
12. 云南天宇生物制药股份有限公司
13. 云南林缘生物制药有限公司
14. 云南健荣生物药业有限公司
15. 康恩贝云南高山生物农业有限公司
16. 云南迪庆香格里拉生物制药有限公司
17. 云南原上草生物药业公司
18. 云南绿谷生物药业销售有限公司
19. 云南通大生物药业有限公司
20. 云南生物谷弥勒药业有限公司
21. 云南华联云蜂生物药业有限公司
22. 昆明全新生物制药有限公司
23. 云南绿野生物医药有限公司

6.5.2 制药企业

1. 云南白药集团股份有限公司
2. 昆明制药集团有限公司
3. 云南腾冲制药厂
4. 云南老拨云堂药业有限公司
5. 昆明福林堂药业有限公司
6. 昆明滇虹药业有限公司
7. 云南盘龙云海制药有限公司
8. 云南龙润集团有限公司
9. 大理白族自治州中药制药有限公司
10. 玉溪市维和制药有限公司
11. 国营云南永安制药厂
12. 云南本善制药有限公司
13. 云南昭通制药厂
14. 云南曲靖制药厂
15. 云南岷山制药厂
16. 昆明振华制药厂
17. 云南龙发制药有限公司

18. 云南金泰得三七股份有限公司
19. 云南植物药业有限公司
20. 云南金柯制药有限公司
21. 云南明镜亨利制药有限公司
22. 云南龙海天然植物药业有限公司
23. 云南优克制药有限公司
24. 云南滇中药业有限公司
25. 云南宏泰制药有限公司
26. 云南大理瑞鹤药业有限公司
27. 云南英茂红河制药有限公司
28. 云南南药梁河制药有限公司
29. 云南云河药业有限公司
30. 云南永安制药有限公司
31. 云南曲靖药业有限公司
32. 云南一枝蒿制药有限公司
33. 云南万裕药业有限公司
34. 云南傣药有限公司
35. 云南维和药业股份有限公司
36. 云南特安呐制药股份有限公司
37. 昆明中药厂
38. 昆明云健制药有限公司
39. 昆明积大制药有限公司
40. 昆明全新制药有限公司
41. 昆明贝克诺顿制药有限公司
42. 昆明圣火药业集团有限公司
43. 昆明利健消毒制品有限公司
44. 昆明南天化工药业有限公司
45. 昆明南疆制药有限公司
46. 昆明宇斯药业有限公司
47. 昆明兴中制药有限公司
48. 昆明双龙卫生材料有限公司
49. 昆明康业医疗器械有限公司
50. 昆明利尔康医疗用品有限公司
51. 昆明赛诺制药有限公司
52. 大理药业股份有限公司

53. 楚雄老拨云堂药业有限公司
54. 西双版纳制药厂有限公司
55. 云南大理制药厂
56. 云南长城制药厂
57. 云南腾药制药股份有限公司
58. 昆明南江制药厂
59. 云南天开药业有限责任公司
60. 云南积华医药物流有限公司
61. 云南大唐汉方制药有限公司
62. 云南大唐草本医药有限公司
63. 云南天利药业有限责任公司
64. 云南名扬药业有限公司
65. 云南保元堂药业有限责任公司
66. 云南伏克制药公司
67. 云南云龙制药有限公司
68. 云南南诏药业有限公司
69. 云南和创药业有限公司
70. 云南鸿翔药业有限公司
71. 云南南药骄雄制药股份有限公司
72. 云南福泽药业有限公司
73. 中国医学科学院版纳名盛制药厂
74. 云南植物药业有限公司
75. 云南佑生药业有限责任公司
76. 云南永孜堂制药有限公司
77. 云南永安制药有限公司
78. 云南英茂红河制药有限公司
79. 云南医药工业股份有限公司
80. 云南雄业制药有限公司
81. 云南香格里拉藏药集团有限公司
82. 云南希陶绿色药业股份有限公司
83. 云南无敌制药有限责任公司
84. 云南万裕药业有限公司
85. 云南通用善美制药有限责任公司
86. 云南天昭药业有限公司
87. 云南天元制药有限公司

88. 云南天利药业有限责任公司
89. 云南特安呐制药股份有限公司
90. 云南省药物研究所制药厂
91. 云南省陇川县章凤制药厂
92. 云南七王制药有限公司
93. 云南普济堂药业有限公司
94. 云南普洱华丰裕制药有限公司
95. 云南盘龙云海药业集团发隆药业有限公司
96. 云南南药制药有限公司
97. 云南南药梁河制药有限责任公司
98. 云南铭鼎药业有限公司
99. 昆明大观制药厂
100. 昆明贝克诺顿制药有限公司
101. 昆明邦宇制药有限公司
102. 云南明镜制药有限公司
103. 云南盟生药业有限公司
104. 云南理想药业有限公司
105. 云南克雷斯天然药物制药厂
106. 云南金乌黑药制药有限公司
107. 云南金不换（集团）有限公司药业分公司
108. 云南汇丹制药有限公司
109. 云南黄家医圈制药有限公司
110. 云南和泰药业有限公司
111. 云南昊邦制药有限公司
112. 云南滇池制药有限公司
113. 云南大理瑞鹤药业有限公司
114. 云南楚雄云中制药有限责任公司
115. 云南白药集团文山七花有限责任公司
116. 云南白药集团天紫红药业有限公司
117. 云南白药集团丽江药业有限公司
118. 云南白药集团大理药业有限责任公司
119. 西双版纳版纳药业有限责任公司
120. 三九集团昆明白马制药有限公司
121. 瑞丽民族制药有限公司
122. 昆明中元堂民族制药有限公司

123. 昆明云健制药有限公司
124. 昆明源瑞制药有限公司
125. 昆明四创药业有限公司
126. 昆明市宇斯药业有限责任公司
127. 昆明圣火制药有限责任公司
128. 昆明生达制药有限公司
129. 昆明赛诺制药有限公司
130. 昆明群芳药业有限公司
131. 昆明龙津药业有限公司
132. 昆明龙恩制药有限公司
133. 昆明老拨云堂药业有限公司
134. 昆明康普莱特双鹤药业有限公司
135. 昆明金殿制药有限公司
136. 昆明积大制药有限公司
137. 昆明宏达制药厂
138. 云南省玉溪市维和制药有限公司云南省玉溪制药厂

6.5.3 螺旋藻品牌

1. 绿 A（十大螺旋藻品牌，著名商标，云南绿 A 生物工程有限公司）
2. 程海牌（十大螺旋藻品牌，著名商标，云南永胜程海蓝宝实业）
3. 海迪（十大螺旋藻品牌，北京程海湖科技 - 丽江海迪螺旋藻开发公司）
4. 滇程（十大螺旋藻品牌，丽江程海螺旋藻生物保健品有限公司）
5. 仙藻（十大螺旋藻品牌，丽江永胜天天螺旋藻生物工程开发有限公司）
6. 旺藻（十大螺旋藻品牌，知名品牌，云南旺藻生物工程有限公司）

7 生物服务国际化

随着国际产业分工的深化，一些具有特定生产要素优势的地区也能在国际产业分工中率先发展某些特定产业，而无需遵循一般的产业梯次演进规律。由于云南省特殊的自然地理造就的生物多样性，长期以来成为我国生物基础研究的重要基地，中国科学院系统在云南很早就设立动物所、植物所、热作所，改革开放后，林业部、科技部、教育部等国家部委和云南省又相继筹建了微生物所、林科院、环科院等一大批科研院所和研究基地，为我国生物科技发展奠定了良好的基础，并培养了大批的生物科技人才。云南生物产业发展相对滞后不是生物科技的滞后，而是生物科技产业化的滞后。云南生物服务国际化是指生物服务业在起步培育阶段就立足于云南的生物基础研究优势，着眼于世界生物产业的发展，大量承接国际知名生物制药企业、国际知名生物育种企业、国际知名生物制造企业的基础研究、技术研发等科技服务项目，不是按照一般的产业演进规律，而是在省内的生物产业发展到高度化阶段，产业链自然延伸到服务业需求时才发展生物服务业。

7.1 理论依据

云南省实施生物服务国际化的理论依据是国家将生物服务业专门列为生物产业的一个领域以及重点鼓励发展的高技术产业之一，同时，制造业服务化的理论与实践也是生物服务国际化值得借鉴的理论依据。

7.1.1 生物服务业已成为重点领域

生物服务业是生物技术产业与服务业的交叉行业，它以生物技术产业为基础，但与强调制造和生产的生物技术业不同，生物服务强调的是生物领域的研发、基因测序等服务。2011 年 12 月，在《国务院办公厅关于加快发展高技术服务业的指导意见》中，生物技术服务被列为重点推进高技术服务的八个领域之一。《生物产业发展规划》首次将生物服务从生物医药、生物农业等领域中单独分离出来，成为国家重点关注的新兴领域。生物服务业的概念在此时也有了较为明确的界定：生物服务是伴随着生物技术不断发展而诞生的一种新服务业态，是生物产业和现代服务业的交叉领域，它有两个层面的含义，一方面是依靠生物技术和其他现代科技手段，为社会发展和生活改善提供的新型服务业态；另一方面是针对生物产业自身特点，为生物产业自身的发展提供的专项技术服务。具体而言，生物服务主要包括关键技术开发、公共技术服务平台建设、生物产业高端中介服务企业培育、政策配套四个方面：(1) 针对重点创新产品产业化的技术外包服务，例如CRO和CMO（委托制造）。从疾病目标研究、药物化合物的筛选和研发、人体临床试验、药监局审核、委托生产代加工，乃至市场销售的价值链，已渐渐由研发、生产甚至销售的专业服务厂商提供相关的配套服务，透过利润共享与风险共担的理念，医药产业渐渐形成了一个完整的产业价值链。(2) 针对生物技术自身，从基础研究到产品研发各环节的公共技术服务，例如基因组学研究、实验室设备和试剂供应的配套服务等。(3) 依靠现代生物技术开展的各种延伸服务，例如个体化医疗、远程医疗和远程环境监测等。(4) 生物服务还包括为生物技术和生物产业发展提供的专业中介服务，例如法律、金融、技术孵化等。《国务院办公厅关于加快发展高技术服务业的指导意见》指出，国家将重点发展的生物服务相关领域包括："重点发展创新药物及产品的临床前研究和评价服务，形成具有特色的研发外包服务体系。积极发展胚胎工程、细胞工程、分子育种等现代生物农业技术服务，加速生物技术成果在农业领域的应用。加快发展生物环保技术服务。以国家生物信息共享体系为载体，开展生物信息技术服务和国际合作。"

而早在2010年《云南省生物产业发展规划纲要》中，考虑到云南省发展生物信息、医药外包、康复医疗优势突出，已经将生物服务业单独作为一个行业。根据云南省实际，结合《云南省加快推进优势生物产业发展计划》和国家产业政策以及重点组织实施的一些重大专项的投资方向，包含了生物医药、生物农业、生物能源、生物制造、生物服务五个行业。

与生物产业的其他领域相比，生物服务产业更具新兴产业的特点，即节能降耗、污染小、技术知识密集。在培育生物服务新业态方面，我国重点支持合同研发和委托制造服务产业的发展，组织实施生物信息服务行动计划，培育基因测序、分析测试和生物信息等专业服务企业。有机构预测，到2015年，我国生物服务业年产值预计将达到1500亿元，培育出一批具有国际先进水平的生物服务大型企业。

7.1.2 制造业服务化的思想借鉴

计算机、通信、互联网等信息技术的发展，拉近了产品的最终顾客与生产企业之间的距离，也使得顾客更容易表达他们对产品的满意度。如何更好地提高顾客满意度，成为企业提升产品价值的努力方向。从全球制造业企业发展的趋势来看，越来越多的制造业企业不再仅仅关注产品的生产，而是将行为触角延伸至产品的整个生命周期，包括产品开发或改进、生产制造、销售、售后服务、产品的报废、产品的解体或回收。越来越多的制造业企业不再仅仅提供产品，而是提供产品、服务、支持、自我服务和知识的“集合体”。这就是所谓的全球制造业服务化趋势。

关于“制造业服务化”，不同的学者有着多种不同的认识。1988 年，Vandermerwe 和 Rada 最先提出“服务化”一词（the servitization of manufacturing），他们的解释是，制造企业由仅仅提供物品或物品与附加服务向“物品-服务包”转变。完整的“包”包括物品、服务、支持、自我服务和知识，并且服务在整个“包”中居于主导地位，是增加值的主要来源。他们是用“servitization”一词来表述服务化。1999 年，White 等学者提出，服务化就是制造商的角色由物品提供者向服务提供者转变，它是一种动态的变化过程，企业和产品都可能处于服务化过程之中，因此他们是用“servicizing”来一词来表述服务化。2000 年，Reiskin 将服务化定义为“企业从以生产产品为中心向以提供服务为中心的转变”。2003 年，Szalavetz 提出，制造业服务化具有两层含义：其一是内部服务的效率对制造业企业竞争力来说日趋重要，已超过了传统的决定因素，诸如企业技术质量、人力资源质量、运作效率、资产数量。这些内部服务不仅包括产品和过程开发、设计、后勤、扩展训练、岗前培训以及价值链管理，还包括组织开发和协调、人力资源管理、会计、法律及金融服务。其二是与物品相关的外部服务对顾客来说，其复杂性和重要性日益提高。“物品-服务包”不仅包括维护和修理，还包括购买融资、运输、安装、系统集成和技术支持。他是用“tertiarization”一词来表述服务化。

20 世纪 80 年代，Michael E Porter 在其著作《竞争优势》中，用价值链来反映企业的价值增值活动，将“服务”视为企业价值创造的五种基本活动之一。由于价值链的加工制造环节易被模仿，而服务环节尤其是研发、设计、营销、售后服务等不易被模仿，能够获得较长时期的差别化竞争优势，因此制造业企业的价值链以加工制造环节为起点，向研发、营销等服务环节延伸，导致服务化现象的出现。

制造业服务化，就是制造企业为了获取竞争优势，将价值链由以制造为中心向以服务为中心转变。

Vandermerwe 和 Rada 等学者认为，制造业服务化经历了三个阶段：第一阶段，制造业企业仅提供物品。传统的制造业企业把注意力集中于生产高质量的物品上，顾客也都希望自己购买的物品经久耐用。第二阶段，制造业企业提供物品和附加服务，如售后服务，这些顾客服务是“伴随着物品的服务”，服务被看做是附加物。第三阶段，制造业企业提供“物品-服务包”。在这一阶段，服务被看做是提供物的重要组成部分，由物品和服务构成的完整解决方案，以满足顾客的需要。

而 White 等学者则提出了四阶段演化理论。他在 Vandermerwe 和 Rada 的基础上，又提出了“基于物品的服务（product-based services）”，就是把既有的实物产品作为平台，向顾客提供与物品相关的服务。例如，销售计算机硬件后提供长期的 IT 服务等。按这样的思路，制造业服务化的发展就包括了四个阶段：物品，物品和附加服务，物品-服务包，基于物品的服务。

另外一个比较典型的观点是 Fishbein 等学者提出来的，即物品-服务连续区理论。他们认为，制造业企业能够以多种方式满足顾客的需求，既可以向顾客直接卖物品，也可以向顾客提供服务，另外还存在一些中间状态。具体来说，物品-服务连续区中的交易模式包括卖物品、卖物品及附加服务、资本性租赁（租赁期满承租人获得设备的所有权）、维护性租赁（租赁期满出租人仍然拥有设备的所有权）、租赁及附加服务（租赁期间出租人承担物品维修的责任）、卖功能（买方使用设备、维修物品、培训人员时需向卖方付费）、卖服务（买方仅向卖方提供的服务付费）。这些交易模式反映出制造业企业由仅仅卖物品向卖物品所提供的功能或服务转变过程中所经历的阶段。

制造业服务化的发展模式，可借鉴到生物服务国际化的实施进程之中，除了生物服务外包，还应包括产品和过程开发、设计、后勤、扩展训练、岗前培训以及价值链管理，以及组织开发和协调、人力资源管理、会计、法律及金融等全价值链的服务。

7.2 发展现状及问题

云南省生物服务业国际化进程没有相关统计数据，但各生物科研平台和云南本土企业已经尝试了国际化的进程，为云南省拓展国际视野，加快发展生物服务业奠定了良好基础。

7.2.1 具备良好的基础和条件

（1）科技创新能力日益增强。全省 140 个科研机构中有 76 个从事生物资源研发工作，拥有相关研究人员 3700 多人。在生物科技创新领域，已建成国家重点实验室 2 个，在建国家工程技术中心 1 个；建设和认定省部级重点实验室 20 个，在全国有较大影响的植物病理重点实验室、工业微生物发酵工程重点实验室等已成为生物产业研发基地，在以特产天然药物有效成分为基础开发的人工全合成和结构改造药物方面走在国内前列，初步形成了涵盖生产、加工、贸易的科技体系、标准体系和社会化服务体系。例如云南师范大学微生物工程研究所，初步建立了微生物培养及监测服务平台、微生物基因组测序及生物信息分析平台、饲料原料分析检测平台、酶制剂检测服务平台、发酵工程小试车间。实现技术转让和产业化项目 13 项，累计转让经费 2000 多万元。该研究所最近又取得了新的进展，首先是从抚仙湖中分离了一株新的在制备生物柴油方面有较好应用潜在价值的富油微藻 *Monoraphidiumsp.*（FXY－10），结果表明富油微藻 FXY-10 可成为制备生物柴油的潜在原料。其成果发表于英国国际著名工程技术类一区 SCI 期刊《生物资源技术》（Bioresource Technology）上；其次该课题组利用鸟枪法宏基因组焦磷酸测序技术，首次研究了倭蜂猴粪便的微生物组，这一研究结果丰富了有限的灵长类动物宏基因组研究，并为人类与非人灵长类动物间的比较宏基因组分析以及人类与其微生物组进化的比较研究提供了框架，对于促进该珍稀野生动物的保护及其胃肠道微生物资源的利用具有重要意义。这些研究都为云南生物服务国际化提供了坚实的基础。

（2）云南省拥有北半球除沙漠和海洋外的各类生态系统，是全球生物物种高富集区和世界级的基因库，野生近缘种和民族遗传资源丰富，享有“生物资源王国”和“生物基因宝库”之称，能够承接世界上大部分的生物产品研发服务。

（3）经过多年的发展，在传统生物产业方面具有一定规模优势和经济优势，为发展生物医药、生物制造、生物能源、生物保健产业等现代生物产业提供了良好的产业配套条件和基础，更为发展生物服务业提供了必要的产业基础。

（4）各地纷纷推出生物服务业发展行动。如昆明努力发挥医疗信息化、生物医药方面的优势，大力发展医疗信息化、图像传输、生物医药服务，支持生物服务企业承接医疗信息化软件开发、生物医药研发等业务，不断扩大昆明在上述领域的规模和优势。重点支持昆明国际生物医药发展中心项目，投资 2600 万美元，一期目标是建设达到国际标准的药物临床前实验和安全评价，灵长类技术服务平台并开展服务外包业务，二期目标是建设国际生物医学与生物医药产业化孵化园区。

7.2.2 部分企业和研发机构已展开国际服务

由中科院昆明植物研究所承担的昆明国家生物产业基地公共实验中心总投资 3200 万元，将构建大型仪器分析测试实验区和网络监控中心，为相关单位提供天然药物筛选与新药创制、生物资源开发、蛋白质资源实验、生理生态实验等专业性实验和技术服务；由中科院昆明动物研究所等承担的昆明国家生物产业基地实验动物中心总投资 4200 万元，搭建灵长类实验动物化技术与人工繁育技术平台，形成与国际接轨的大型实验动物研究技术等，为相关单位提供标准化的实验动物产品和动物实验服务；由云南省药物研究所等承担的昆明国家生物产业基地医药中试生产中心总投资达 6700 多万元，按照 GMP 标准建设和完善中药、天然药物制剂、疫苗中试生产平台，为国内外客户提供完备的天然药物、新药创制、中药现代化和新型疫苗研发等中试和小规模生产技术服务。

2012 年 10 月，沃森生物与俄罗斯签署了多项许可协议，以期进行旗下 b 型流感嗜血杆菌结合疫苗的国际化尝试。

云南惠尔生物科技有限公司依托云南高原丰富的生物资源优势，专业从事生物技术研究与开发、绿色健康产品的生产与销售。公司依托云南高原的生物资源优势进行的主要研究及开发项目有：松花粉资源的开发与利用；蜂产品系列深加工项目；螺旋藻系列深加工项目。公司年加工各类花粉300吨以上；公司的螺旋藻养殖基地占地100亩，年产食品级钝顶螺旋藻粉250吨；公司同云南的各大天然养蜂厂都建立了密切的业务关系，保证了优质蜂产品原料的供应。公司主营的产品有：高原松花粉系列；高原蜂胶系列；天然螺旋藻系列；优质高原蜂花粉系列。

云南昆明生物科技公司涉及多项生物服务。如生物制品的技术开发、技术转让、技术咨询、技术服务；生物、饮食、运动营养学、信息专业技术领域内的技术开发、技术转让、技术咨询、技术服务，预包装食品（含熟食卤味、冷冻冷藏，凭许可证经营），从事货物与技术的进出口业务，医药咨询（不得从事诊疗活动）、商务信息咨询（以上均除经纪）；生物科技、电子产品专业领域内的技术研究。

云南翘楚生物技术有限公司可以承担多种对外科技服务。公司建有作物病毒研究与应用省创新团队、食用菌研究团队、菌物学研究团队，有科技人员29人，其中研究员8名，副研究员7人，博士学位7人。长期以来致力于病原和资源农业微生物的研究与应用技术开发，建立了植物病原微生物检测诊断和资源微生物收集、保存、评价、应用技术体系。可以为其他科研单位、企业开展科技服务，保证高效率、高质量地完成如下对外承接任务：（1）植物病毒病害诊断鉴定。利用自研的10余种农作物病毒的三抗体夹心酶联免疫吸附测定（TAS-ELISA）检测试剂盒，以及RT-PCR、荧光定量PCR、电子显微镜等方法常年为云南及周边省市科研单位、企业提供水稻、玉米、甘蔗、蔬菜、花卉、马铃薯、烟草、生姜、香蕉、柠檬等主要粮经作物的种子、种球、种苗的病毒病检测服务。（2）组织培养脱毒服务，中心承接各类作物脱毒服务。（3）筛选抗病毒活性化合物中心建有抗烟草花叶病毒化合物筛选模型，对外承接抗病毒化合物活性的筛选。（4）蔬菜瓜果有机洗剂的应用。云南省农业科学院生物技术与种质资源研究所与云南翘楚生物技术公司合作研发的“翘楚牌”微生物益生菌剂（蔬菜瓜果有机洗剂），可有效去除瓜果蔬菜残留农药、残留化肥。该产品不含任何化学添加物，不会对瓜果蔬菜造成二次污染，为残留农药残留化肥进入人体筑起了一道坚实的“防火墙”。（5）蛋白质双向电泳研究服务，该公司长期致力于蛋白质组学研究，已经熟练掌握蛋白质双向电泳技术并且开展了多种植物、微生物蛋白质组研究。研究人员能够为客户开展双向电泳、质谱分析等技术服务。

云南云百草生物技术有限公司以生物学和中医中药为理论基础，以生物技术为手段，以中草药生物资源可持续利用为前提，依托云南丰富的中草药生物资源，从事有机食品、功能食品、健康食品和中草药以及相关的生物技术产品的研发和生产。

7.2.3 搭建生物服务国际化平台

为推进云南生物产业的国际化经营和生物服务国际化进程，云南省委、省政府积极搭建各种平台，为省内科研机构和生物科技企业服务。

2013 年 6 月，承办了“第七届中国生物产业大会”，结合我国生物产业发展及云南生物产业发展特色，举办生物产业发展论坛、项目专题对接、生物产业成就展与企业专题展、生物科技成果展览等活动。为云南生物产业走出云南，走向世界迈出了重要的一步。国内科研机构、知名生物企业以及来自美国、英国等国家的 700 家企业参展参会，超越历届大会规模。云南生物企业在推介会及投资峰会上实现了外部资金与本地资源的对接。这届中国生物产业大会展览面积约 2.7 万平方米，设 4 个展馆，分为云南特色生物资源展区、昆明市特色生物产业展区、大会成就展及科技成果展、企业专题展与交易洽谈区。展览内容包括生物产业的成就成果展、企业展览、产品展销等，集中展示生物产业发展的成果，推介最新科研成果，宣传企业形象。大会参会代表超过 3300 人次，成功搭建国内外成果转化和技术交流平台。“第七届中国生物产业大会”有效联合了政府部门、科研单位、金融机构、生物企业等共同研讨生物产业发展趋势与动向，也为云南生物服务国际化迈出了重要的一步。

2012 年“第 27 届国际茶花大会”在楚雄市举办，国际茶花大会是以探讨茶花品种繁育、苗木生产、园林园艺技术交流与合作的学术会、展洽会，是自然科学技术领域的学术性国际会议，通过学术交流、展览、洽谈等活动促进茶花品种繁育、苗木生产、园林园艺技术、资源保护与开发利用等方面的国际发展。

2013 年国际茶业大会在普洱市举办，美国、加拿大、英国、俄罗斯等国的国际茶商参加。通过举办茶产品交易会、茶产品展示与交易、茶具、加工设备、新技术及茶文化展览，搭建平台，开展多形式、宽领域的交流与合作。

另外，积极支持云南省的各类生物科研机构开展国际学术会议，开展国家学术交流，为云南生物服务国际化创造条件。

7.2.4 云南生物服务国际化还存在诸多劣势

（1）云南生物服务业国际化发展已面临严峻的竞争。上海、江苏、辽宁、湖北、北京、天津等很多省市已把生物服务业作为重点产业进行扶持，由于这些省市的生物产业发展较好，发展生物服务业具有很好的产业基础，对云南发展生物服务业形成激烈的竞争格局。这些省市在过去的对外开放中已经形成很好的国际化基础，与发达国家的大型生物企业建立了良好的经济联系和生产网络，承接生物服务外包具有先天优势。这些省市区域内的大中城市都已出台本地发展服务外包产业的目标、重点，大都出台优惠政策，投入大量人力物力吸引外来投资，扶持服务外包发展，这对昆明乃至云南在生物服务国际化领域的招商引资形成了挑战，也制约了云南省生物服务业的发展。

（2）云南生物服务业发展及其环境还存在很多问题需要解决。一是现代生物产业所占比重小，现有生物产品仍以原料和初加工产品为主，深度开发不够，产业链短。二是缺乏大规模、高档次、深加工的龙头企业，企业布局分散，产业集聚程度低、点多面广、配套能力差、辐射带动能力不强，尚未形成集群效应。三是科技研发与产业化体系不健全，企业技术创新能力和新产品研发能力弱，科技对产业支撑不力。四是市场融资渠道单一，社会资本进入不多，多渠道资金聚集对生物产业投入的格局尚未形成。五是云南发展生物服务业的优势还没有得到国内外的充分认识，虽然近年来通过生物产业大会等平台展开了一些宣传，但在生物资源优势、生物基础研究优势和科技研发优势的对外宣传力度不够。国外发包方往往对云南省的国际接包能力不够了解，对我国众多示范城市的外包业务特色和专长了解不够深入。

（3）国内相关法律法规尚不健全。当前，我国生物服务业的管理体制与统计口径尚未理顺；在数据隐私保护、信用体系建设等方面，与其他国家相比还有差距；一些与生物服务业发展的相关法律法规尚待优化。

7.3 发展思路

充分发挥云南在我国建设21世纪“海上丝绸之路”中的地位和作用，利用好“中国面向西南开放桥头堡”建设机遇，依托生物资源优势和科研基础优势，加快实施生物服务“走出去”步伐。结合云南省已具有的技术基础和发展潜力，重点在“农作物生物多样性与病害控制重大科学问题和关键工程技术”、“应用转基因技术、组织培养技术和动物胚胎移植与克隆技术育种”、“高度纯合的近交系大型实验动物繁育技术”、“人类重大疾病与重要生理功能相关基因研究”、“我国主要家养动物基因研究”、“以天然药、民族药为基源的药物中间体及化学原料药的研究”、“以灵长类动物试验为特色的重大疾病动物实验模型和药物安全性评价”、“单克隆抗体快速诊断制品”以及“具有生理活性的极端环境微生物代谢产物及其相关基因研究”等项目率先推进国际化。积极扶持发展为生物、医药的研究提供符合国家新药研究规范的高水平的安全、有效、可控性评价服务，包括：毒理、药理、药代、毒代、药物筛选与评价，以及药物质量标准的制定、杂质对照品的制备及标化；为研究药物缓、控释等新型制剂提供先进的技术服务及中试放大的技术服务等。积极拓展其他生物育种、生物制造、生物医药、生物环保技术服务等新兴服务业态的国际化步伐。

7.4 发展对策

(1) 建立开放型的技术支撑创新体系。优化资源配置，打破部门单位界限，在充分发挥中科院知识创新体系西南基地和云南省大学、科研所现有的与生物资源开发创新有关的重点实验室的技术和装备条件的基础上，按照与国际接轨的要求，通过调整、整合、补充和部分新建，组建若干具有较大规模、多学科交叉、创新能力强、开放运行的技术支撑体系。加强其生物多样性保护及可持续利用研究能力，生物技术工程化验证和集成能力，产业化孵化能力。鼓励企业与企业、企业与科研院所之间的技术联盟，加强企业自身的创新能力，构建多层次的基地创新体系，从整体上提升产业的综合竞争力及产业持续发展能力。

(2) 加强知识产权保护。以国家现有的相关法律法规为基础，紧密结合服务外包行业特点，按照服务外包产业发展所需要的知识产权保护、商业信息安全保护、数据交易标准规范等要求，健全相关行业的管理规范和行政执法机制，推动行业信用管理。强化知识产权保护，对符合条件的服务外包企业在知识产权试点、示范和保护等方面予以支持，对取得重大经济社会效益的自主知识产权项目予以奖励。建立行业诚信数据库，加强从业人员诚信管理，规范市场秩序，提高行业服务质量，打造行业诚信环境。

(3) 鼓励生物产业企业走出去。云南不仅要成为国际承接生物服务外包的基地，最好也能鼓励有优势的生物产业企业成为服务外包的发包方，增强成本优势和技术优势。加强对研发服务企业的政策支持，开展政策创新试点；鼓励服务出口，从事技术服务出口的企业应享受与产品出口企业相应的支持政策；在高新技术企业认证等政策中，围绕服务企业增加相应认证标准；鼓励在城市安全、检验、检疫等部门加大 CRO 应用，加大对技术服务的政府采购力度；鼓励企业开展国际业务，对样品进出口实行信誉积累和快速通关等政策。

(4) 推动产业集聚，培育龙头企业。国内生物研发服务业企业大多处在发展期，多是在个别环节拥有专有技术的中小企业；而国际龙头企业大多开展技术集成，提供一条龙服务。鼓励骨干企业兼并重组，延伸服务链，培育龙头企业，依托龙头企业培育生物服务业务。针对产、学、研结合不紧密、成果对接不顺畅、前期研发成果难以转化和落地等问题，搭建国际化的公共服务平台，形成支撑创新品种在前期研发、中试工艺、后期评价及临床用样品生产等领域的创新服务体系，为企业的创新产品提供完备的技术服务，减少前期研发成本。

(5) 支持服务品牌建设。一是扩大国际影响力，研发服务不同于产品，直接面对欧美等国际主流市场，由政府牵线搭桥，搭建平台，支持云南生物服务企业和科研机构参加权威会议，并在国际主流杂志上加强宣传；二是鼓励和支持企业达到国际标准，支持企业通过美国 FDA、欧盟、日本的 GLP、GCP、ISO 等权威认证，提高品牌影响和国际竞争力。

（6）成立云南生物服务产业联盟。北京、成都、广州等城市相继成立了生物医药外包服务产业联盟、生物医药研发供应链联盟或者统一规划产业园区来支持生物医药服务外包的发展。云南也要探索成立生物服务产业联盟，以专业化的服务、统一宣传、收集国际需求信息，为有生物服务发展潜力的企业提供便利。

（7）鼓励科研机构科研人员在职开办科技服务企业。根据十八届三中全会精神，全面深化科技体制改革。尽快制定激励措施和政策，鼓励生物科研机构和高等院校从事生物科技创新的科研人员在职开办科技服务公司、企业，推动科技服务业的快速发展和国际化进程。

8 生物医药新兴科技

当前生命科学和生物技术取得的重要进展和重大突破正推动生物医药研究和产业进入革命性变化的新时代，其中包括生物技术药物（包括生物技术创新药和仿制药）、化学药和中药在内的生物医药产业成为当今世界最活跃的战略性新兴产业之一。

8.1 生物技术创新药

生物制药技术是一门综合分子生物、分子遗传学、生物物理等基础学科，集医学、生物学、药学等为一体的先进技术。随着技术的成熟，生物制药技术的产业化已基本形成，在药物的研究开发中得了日益广泛的应用，如今生物制药产业已成为发展速度最快的产业之一。生物制药技术在预防、诊断、控制疾病，保护人类健康及延长人类寿命中发挥着越来越重要的作用❶。

8.1.1 生物制药技术发展水平

美国是生物技术的发源地，又是应用现代生物技术研制药物的第一个国家，多数基因工程药物首创于美国。自 1971 年第一家生物制药公司 Getus 公司在美国成立开始试生产生物药至今，已有 1300 多家生物技术公司（占全球生物技术公司的三分之二），生物技术市场资本总额超过 400 亿美元，年研究经费达 50 亿美元以上；正式投放市场的生物工程药物 40 多个，已成功地创造出 35 个重要的治疗药物。美国共有生物制药公司约 1400 家，其中形成规模生产的有 20 多家公司。日本在生物技术的开发上仅次于美国，共有生物制药公司约 600 家，而且不断加强世界市场的开拓，进入欧洲和亚洲市场。欧洲在生物技术的开发上稍落后于日本，但近两年来欧洲在生物技术的投入和新公司成立的数量上急速增长，拥有生物制药公司 300 家。

近年来，全球生物制药市场呈现高速增长态势，年均增长 15%~18%。2010 年，全球生物制药的市场规模已达到 1400 亿美元，预计到 2020 年，生物制药产品有望占全球药品销售收入的 1/3。全球已上市的生物制药产品达 100 多个，另有 400 多个品种可能在完成临床研究后投放市场。在全球最畅销的 100 个处方药

---

❶ 摘自《中国生物产业研究发展报告》（2010），北京：化学工业出版社，2010。

中，生物技术药物所占比重从2002年的15%提升到2010年的33%，预计到2016年将占到45%的比重。未来若干年内，生物技术药物将在全球医药健康领域发挥不可替代的作用。

8.1.2 健康需求刺激生物制药技术创新

8.1.2.1 肿瘤治疗的需求

当前各种疾病中肿瘤的死亡率高居首位，我国每年大约有100万人被诊断为肿瘤，死于肿瘤的患者达54.7万。全国每年用于治疗肿瘤的费用高达150多亿美元。肿瘤是多种机制导致的复杂疾病，现在仍主要运用早期诊断、手术、放疗、化疗等手段进行综合治疗。未来抗肿瘤生物药物会迅速增多，如利用基因药物抗体抑制肿瘤的发展和扩散，利用基因治疗法对肿瘤进行治疗（使用γ-干扰素基因对骨髓瘤的治疗），利用导向IL-2受体的融合毒素对CT-CL肿瘤进行治疗，应用基质金属蛋白酶（TNMPs）来抑制肿瘤血管的生长，可以阻止肿瘤的转移。这类药物将来会成为抗肿瘤的主要治疗剂，现在有3种化合物开始了临床试验。

2013年，我国研发的国家三类化学药“盐酸帕洛诺司琼”获得国家食品药品监督管理总局核准签发的新药证书、药品注册批件及“盐酸帕洛诺司琼注射液”药品注册批件。盐酸帕洛诺司琼是第二代5-HT3受体拮抗剂，主要治疗及预防中度和重度致吐化疗引起的急性恶心、呕吐，临床多作为肿瘤辅助用药及手术后恶心呕吐的预防和治疗。与其第一代药物昂丹司琼、格拉司琼相比，盐酸帕洛诺司琼具有副作用少、疗效显著等优势，在治疗肿瘤、预防癌症方面具有积极作用。

肺癌KRAS突变仍是棘手的医药难题。作为KRAS信号传导通路的关键物质，法尼基转移酶一直为KRAS抑制剂领域的研究热点之一。我国台湾的国鼎生物科技研发出法尼基转移酶抑制剂安卓健。安卓健是由我国台湾原生原种的牛樟芝菌培养提炼而来，牛樟菌为我国台湾地区特有的种族，只有在我国台湾地区发现该品种牛樟树。2013年，安卓健成功完成Ⅰ期临床试验。它除了对肺部肿瘤表现出良好的有效性及安全性外，还对胰腺癌、肝癌等恶性肿瘤体现出良好的疗效，安卓健Ⅱ期临床预计于2013年11月正式启动。

8.1.2.2 神经退化性疾病治疗的需求

现在利用生物技术治疗老年痴呆症、脑中风、帕金森氏病及脊椎损伤的药物，如胰岛素生长因子rhIGF-1已开始Ⅲ期临床实验。用于治疗末梢神经炎和脑萎缩硬化症的神经生长因子（NGF）以及脑源神经营养因子（BDNF）都开始Ⅲ期临床试验。全国每年中风患者大概60万，每年死于中风患者达15万。现在有效治疗中风症的药物不多，特别是很少有可治疗不可逆脑损伤的药物，Cerestal

已被证明能对中风患者的脑力有显著改善和稳定作用，已经进入Ⅲ期临床试验。

8.1.2.3 自身免疫性疾病治疗的需求

很多疾病都是由于自身免疫缺陷引起，如红斑狼疮、哮喘、多发性硬化症、风湿性关节炎等。我国风湿性关节炎患者多达4000多万，每年花费巨额医疗费，很多制药公司正对这类疾病进行研究。如Genentech公司研制出一种治疗哮喘的单克隆人源化免疫球蛋白E抗体，进入了Ⅱ期临床试验。美国Cetor's公司开发出一种用于治疗风湿性关节炎的TNF-α抗体，治疗的有效率达80%。有些公司运用基因疗法治疗糖尿病，治疗方法是把胰岛素基因导入到糖尿病患者的皮肤细胞，然后把这些细胞注入人体，让这些工程细胞可以进行全程胰岛素供应。

8.1.2.4 冠心病治疗的需求

我国每年有接近100万人死于冠心病，每年都要花费高额的治疗费。未来10年，防治冠心病的药物将推动制药工业迅速发展。Centocor's Reopro公司利用单克隆抗体对冠心病引起的心绞痛治疗以及对心脏功能的恢复取得了成功，这标志着诞生了一种新型冠心病治疗药物。随着基因组科学的建立以及基因操作技术的迅速发展，基因治疗与基因测序技术正在进行商业化开发，推动了治疗学的发展。利用转基因技术构造转基因动物和植物，都以实现产业化开发，以转基因绵羊为载体生产蛋白酶ATT抑制剂，来治疗囊性纤维变性和肺气肿疾病，进入到了Ⅱ、Ⅲ期临床试验[1]。

8.1.3 现代主要生物制药技术

8.1.3.1 基因工程技术

基因工程技术是利用体外重组技术或PCR（聚合酶链式反应）技术，切割、加工修饰获得目的基因，将重组对象的目的基因插入载体，拼接后转入新的宿主细胞，构建成工程菌（或细胞），实现遗传物质的重新组合，并使目的基因在工程菌内进行复制和表达的技术。

基因工程技术是现代生物技术的核心，基因工程技术的快速发展，融入了医学、生物学、化学和物理学等多学科最新研究成果的生物制药，也成为近年来发展最快的高新技术产业之一。不断研制成功并投放市场的生物技术药品和诊断试剂在为人们诊病、治病的同时，更给人们带来了攻克和治愈各种疑难疾病的希望。

基因工程药物是先确定对某种疾病有预防和治疗作用的蛋白质，然后将控制该蛋白质合成过程的基因取出来，经过一系列基因操作，最后将该基因放入可以

[1] 李珂．现代生物制药技术的发展现状及未来趋势［J］．中小企业管理与科技（上旬刊），2010（8）。

大量生产的受体细胞中去，在受体细胞不断繁殖过程中，大规模生产具有预防和治疗这些疾病的药用蛋白质。利用基因工程技术生产药物的优点：一是大量生产过去难以获得的生理活性物质和多肽，为临床应用提供有力保障；二是发现、挖掘更多的内源性生理活性物质；三是对内源生理活性物质的不足之处进行改造和去除；四是可获得新型化合物，扩大药物筛选来源。

A 我国基因工程制药发展水平

与发达国家相比，我国基因工程研究起步较晚，但国家对发展生物技术高度重视，把生物技术研究放在高新技术领域的首位。我国第一个进入产业的基因工程药物 IFN-a1，1989 年经卫生部批准获新药证书，随之 IFN-a1b、IFN-a2a 型也获得卫生部批准，产品已投放市场，这标志着我国基因工程制药的研究和开发已跻身于世界先进国家行列。乙型肝炎表面抗原基因工程疫苗已在我国研制成功，1991 年完成中试，已形成一定规模的生产能力，经临床试验抗体阳转率达 100%。这是我国投放市场的第一种高新技术疫苗。1994 年 IL-22 也获卫生部新药证书，基因工程 hGH、t-PA、hEGF、EPO 等十几种蛋白质或多肽药物也已投入生产。在 2009 年甲型 H1N1 流感病毒流行时，我国也率先利用基因工程生产出了流感疫苗❶。

B 基因工程制药技术的应用

基因工程技术在医药工业中最重要的应用是新药的研究、开发、生产和改造传统药物。通过基因工程技术已经能够获得以前由于材料来源困难或制造技术问题无法生产的药物，主要有生理活性物质、抗体、疫苗三大类。

（1）生理活性物质的生产。利用基因工程技术已能够生产激素类药物、细胞因子类药物、重组溶血栓类药物等。如胰岛素、重组人生长激素、重组人促卵泡激素、干扰素、集落刺激因子、白细胞介素、肿瘤坏死因子、趋化因子、转化生长因子 B、生长因子、重组链激酶及重组组织型纤维酶原激活剂等。

（2）抗体的生产。基因工程抗体又称重组抗体，是指利用重组 DNA 及蛋白质工程技术对编码抗体的基因按不同需要进行加工改造和重新装配，经转染适当的受体细胞所表达的抗体分子，被广泛应用于疾病的临床诊断、预防和治疗及基础理论研究等领域。

自从基因工程抗体技术诞生以来，它的发展经历了好几个阶段。主要包括完整的抗体分子、抗体可变区 Fv、单链抗体 ScFv、抗原结合片段 Fab 以及其他为改善抗体药物的某些性质而产生的各种抗体衍生物。1984 年，Morrison 等人将鼠单抗可变区与人 IgG 恒定区在基因水平上连接在一起，成功构建了第一个基因工程抗体。此后，各种基因工程抗体大量涌现。它们已用于肿瘤、病毒病、自身免

❶ 黄榕珍. 基因工程制药应用及研究进展 [J]. 海峡药学，2010（22）。

疾病、哮喘及心血管疾病等的治疗，如用于治疗 B 细胞淋巴瘤的抗 CD20 嵌合抗体 Rituximab，用于治疗自身免疫病的抗 TNF-α 单抗 Infliximab。

国外最新兴科技：加州大学圣地亚哥分校 Moores 癌症中心的研究人员发现了一种人源化单克隆抗体，证实其可以靶向和直接杀死慢性淋巴细胞白血病（CLL）细胞。慢性淋巴细胞白血病是美国最常见的血液癌症类型，新研究为至少部分的慢性淋巴细胞白血病患者提供了一种有潜力的新治疗。研究论文在线发表在 2013 年 3 月 25 日的《美国科学院院刊》（PNAS）上。

2013 年 10 月 17 日，波士顿大学和 MRC 生物技术公司达成一项合作研发治疗炎症疾病和灌注损伤以及由于突然失血导致组织损伤的抗体。这项由波士顿大学发现的抗体 IL-16 抗体能够用于治疗多种炎症疾病。

（3）疫苗的生产。基因工程疫苗是将病原体的编码保护性抗原的基因片段克隆入表达载体，用以转染细胞或真核细胞微生物及原核细胞微生物后得到的产物或者将病原的毒力相关基因删除掉，使成为不带毒力相关基因的基因缺失苗。其包括基因工程亚单位疫苗、基因缺失活疫苗、基因工程活载体疫苗、核酸疫苗、转基因植物疫苗等。和传统疫苗相比，基因工程疫苗有许多优点：一是具有可靠的安全性和有效性；二是易于大规模使用；三是生产成本低。

国外新型疫苗：2013 年 10 月 24 日，美国研究人员称，他们开发出一种拼接多种基因的“马赛克疫苗”。动物实验显示，该疫苗可使艾滋病病毒感染风险降低约 90%。这一研究成果有可能为人类防艾滋带来新希望。“马赛克疫苗”也被称为“镶嵌疫苗”，是以分析大量病毒基因序列以及人体免疫反应为基础，利用人工设计优化基因序列制造出的疫苗，可诱导机体产生广泛的免疫保护反应，覆盖所有常见的艾滋病病毒亚型。该疫苗已经在恒河猴动物体上进行了试验并表现出高保护性，研究人员接下来要在美国与非洲同时进行临床试验。

2010 年 3 月，美国新技术用烟草替代鸡蛋生产流感疫苗。生产疫苗普遍使用的还是老工艺。在消灭流感病毒并将其转化为疫苗之前，需要无数富含养分的鸡蛋来培养这些流感病毒。因此，在 2013 年流行性 H1N1 新变种来袭的时候，卫生部门需要花很长的时间去准备疫苗，同时要提前好几个月选择合适的流感病毒株作为明年接种疫苗的来源。德国农工大学科学家们发起了一项名为 Green Vax 的工程，尝试利用烟草去生产疫苗，他们认为烟草比鸡蛋能更加快捷更加有效的生产疫苗：首先将一段流感病毒的基因插入细菌体内，这种基因能指导一种蛋白质的合成，当感染病毒时，人体免疫系统会对此蛋白进行识别并产生免疫。接着用这种细菌来感染烟草叶，这种蛋白在烟草中就会大量合成。把受感染的烟草叶切成小块并压碎，并将这种蛋白提取出来，然后使用这种蛋白质制备疫苗。美国国防部为 Green Vax 项目拨款 4000 万美元，并计划在德克萨斯州布莱恩市建立一个生产工厂。这项技术主要用于各种流感疫苗的制备，魁北克市的 Medicago 公司，正致力于用烟草制备鸟类 H5N1 流感疫苗。

国内新型疫苗：近几年来，手足口病（Hand，foot and mouth disease，HFMD）受到越来越多的关注。肠道病毒 71 型（Enterovirus type 71，EV71）是引起 HFMD 的病原体之一。由于 HFMD 重症或死亡病例以 EV71 为主要病原，且该病尚无特效的治疗药物，EV71 疫苗成为预防 HFMD 有效的措施。迄今为止，全球尚无批准使用的 EV71 疫苗。我国成功研发出 EV71 灭活疫苗，并已通过中国食品药品检定研究院的检定和国家食品药品监督管理局的审批，进入临床试验阶段。EV71 疫苗将会成为我国一个自主研发的疫苗，且有望成为世界上第一个批准使用的 EV71 疫苗❶。

2013 年 10 月 26 日，中国科学家在杭州宣布，成功研发出人感染 H7N9 禽流感病毒疫苗株。该疫苗株种子株已通过中国科学家医学实验动物研究所新药安全评价研究中心的安全性评价试验。检验结果显示，该病毒疫苗株的各项基数指标均符合流感病毒疫苗株的要求。这意味着已具备供给人感染 H7N9 禽流感病毒疫苗生产厂家的条件，可以进行生产申报。

C 未来主要研究和投资的领域

（1）开发针对神经系统、肿瘤、心血管系统、艾滋病及免疫缺陷等重大疾病的多肽、蛋白质和核酸等新技术产品。在这方面的开发重点将主要是干扰素、生长激素与 T-PA 等。

（2）选择一批市场前景好的生物技术产品及疫苗、诊断用单克隆抗体。专家认为我国在这方面已有一定基础，开发重点是乙肝基因疫苗与单克隆抗体诊断试剂。

（3）靶向药物开发主要是开发抗肿瘤药物。治疗肿瘤药物确实存在一个所谓“敌我不分”的问题。在杀死癌细胞的同时，也杀死正常细胞。针对这个问题科学技术提出了导向治疗方法。所谓导向治疗就是利用抗体寻找靶标，把药物准确引入病灶，而不伤及其他组织细胞。

（4）人源化的单克隆抗体研究开发。抗体可以对抗各种病原体，也可作为导向器，但单克隆抗体多为鼠源抗体，注入人体后会产生抗体（抗抗体）或激发免疫反应。国外研究的噬菌体抗体技术，联合抗体技术，基因工程抗体技术已解决人源化抗体问题。

（5）血液替代品的研发仍然占重要地位。血液制品是采用大批混合的人体血浆制成的，由于人血难免被各种病原体所污染，如艾滋病病毒及乙肝病毒等，通过输血而使患者感染艾滋病或乙型肝炎的案例时有发生，因此利用基因工程开发血液替代品引人注目。

---

❶ 李燕，刘燕敏，梁晓峰．肠道病毒 71 型疫苗研究进展［J］．中国疫苗和免疫，2011（17）。

D 国外新型基因技术

狂犬病毒破坏人的神经系统而使人死亡，仅在非洲和亚洲，每年就有5万多人死于狂犬病。人体被疯狗咬伤后，理想的治疗方法是先清洗伤口，注射抗体来中和狂犬病毒，然后再使用狂犬疫苗来激活人体免疫系统。但由于价格昂贵，狂犬病毒抗体在发展中国家特别是撒哈拉以南的非洲国家供应量很少。

2009年4月，南非利用基因改良烟叶，成功制造出了狂犬病毒抗体，并将其命名为“Rabivir”。Rabivir对非洲存在的主要狂犬病毒株都有效。由于种植烟草成本较低，烟草叶来源和供应稳定可靠，而提取方法相对简单，因此，Rabivir的制造成本要比市场上已有的狂犬病毒抗体低很多，利用该抗体可以制造便宜的狂犬病诊断试剂。Rabivir另一个优点就是安全，因为它是完全由植物而来。这种药物一旦人体试验获批，南非科技与工业协会将计划扩大生产，以供应南部非洲发展共同体各成员国。

E 国内最新基因技术

（1）近期成功研发低成本致病基因检测技术❶。中关村华康基因研究院的研究团队不久前成功研发出高准确性、低成本、高效率的新一代致病基因检测技术，并成功在临床上对多种遗传性疾病的检测和预防进行了应用。这一技术的突破和初步临床应用为基因检测技术的大规模、多病种临床推广创造了可能。与第一代测序技术、基因芯片技术、普通高通量测序技术3种主流检测技术相比，新一代致病基因检测技术在准确性、经济性、高效性等方面均有一定的优势。应用新一代检测技术，不仅可以检测常见的已知致病基因，还能同时检测数百个相关可能的致病基因，降低了漏诊率，并为发现新的致病基因提供了有效手段。

云南可加强这项技术的引进，尽快将这一技术应用于临床。同时建立基因检测公共服务平台，为各医疗及科研机构的临床及科研工作提供技术支持。

（2）中关村研制成功全球首张检测致聋基因芯片。“致聋基因筛查”的过程很简单，取几滴血滴在指甲大小的生物芯片上，6小时后就能找出致病基因。这张用于检测遗传性耳聋的基因芯片，由中关村研发，是全球第一张用于临床的致聋基因检测芯片。生物芯片，结合了生物医药技术检测技术和微电子技术，将核酸或蛋白质片段有序地组合在基片上，将待检验样本与芯片上的核酸和蛋白质进行反应，从而分析待检标本的相应成分。20世纪末，生物芯片在欧美兴起。2003年“非典”肆虐时，研制出用于“非典”病毒检测的生物芯片，经400多例临床样本检测分析，证实检测结果最为准确。生物芯片在我国首次投入临床应用，就显示出巨大威力。

（3）云南利用“基因芯片”诊断疾病。2010年12月，云南省第一人民医院

---

❶ 摘自生物谷网站。

临床基础医学研究所“基因芯片诊断技术”获卫生部临床应用能力资格认证，成为国内第二家、云南唯一具备“基因芯片诊断技术”临床应用能力的机构。该项认证标志着基因芯片检测技术能在有效地质量保证体系和监督管理机制下，服务于临床，为遗传病诊断、感染性疾病诊断、个性化治疗方案制定等提供快速、准确的辅助诊断。云南省第一人民医院临床基础医学研究所“基因芯片诊断技术”主要应用于对遗传性耳聋、分枝杆菌种、结核耐药、乙肝耐药的检测和临床诊断上。

F 基因工程技术药的市场预测

据中国医药商业协会最新预测，生物医药产业未来有望形成6000亿~8000亿元的市场。其中：新型疫苗市场需求旺盛，提升防控重大传染性疾病防控能力，可以产生1000亿~1500亿元的规模疫苗市场；抗体药物和蛋白质药物等生物技术药物市场未来可产生3000亿~5000亿元的市场。在主要产品种类中，国际市场销售最好的基因工程药物有促红细胞生长素（EPO）、G-CSF、白介素、干扰素、胰岛素、T-PA等，还有细胞因子、受体类药物、凝血Ⅷ因子等，疫苗以乙肝病毒疫苗为主，此外还有用于检测诊断的PCR技术的试剂、克隆用的探针等试验用品。

G 前景展望

由于基因工程运用DNA分子重组技术，能够按照人们预先的设计创造出许多新的遗传结合体，具有新奇遗传性状的新型产物，增强了人们改造动植物的主观能动性、预见性。而且在人类疾病的诊断、治疗等方面具有革命性的推动作用。所以，各国政府及一些大公司都十分重视基因工程技术的研究与开发应用，抢夺这一高科技制高点。

8.1.3.2 酶工程技术

酶工程技术（enzyme engineering technology）是利用生物酶、含酶细胞器或细胞作为生物催化剂来完成需要的重要化学反应，是新兴生物技术（biotechnology）之一。酶工程技术具有反应特异性高、快速、高效、反应条件温和且易于控制等优点。

A 酶工程技术在医药产业中的应用

通过酶工程可制备生物代谢产物（如糖、有机酸和氨基酸等），可以转化甾体，可以生产抗生素、氨基酸和有机酸、维生素、核苷酸类药物。由于外源性酶在体内易产生免疫反应，稳定性差，难以达到特定部位，因此固定化酶、人工细胞、脂质体及红细胞膜包埋酶工程技术在临床治疗中的应用日趋活跃。

国内新兴科技：2012年2月5日，一项从连翘中提取有效成分连翘抗生素的创新技术获得突破。传统的中药材连翘具有清热解毒、消肿散结之功。现代研究证实，连翘有优异的抗菌、抗病毒活性、抗肿瘤等作用，可以部分代替抗生素。

我国年产抗生素21万吨，其中有9.7万吨抗生素用于畜牧养殖业，而畜禽产品抗生素残留超标严重危害食品安全，危及人的健康。河南省生物技术开发中心的科研人员发现，在连翘叶中蕴涵的连翘苷、连翘酯苷等有效成分的总量是果实的10倍以上。他们将连翘苷、连翘酯苷、熊果酸、黄酮苷等四种连翘有效成分进行全新的活性组配与优化，创建有效地质控方法，开发出具有显著抗菌作用的活性配伍新产品——12%连翘素，形成高回收率、低成本、节能减排的连翘素提取工艺。这不仅提升了连翘果的利用率，还消除了利用连翘叶的技术阻碍，为大规模利用连翘铺平了道路。

云南是连翘主要的生产地之一，有效的引进该技术，可以创造较大市场价值。

B 前景展望

与化学药物相比，酶工程制药更安全可靠，它不需要有毒原料，反应条件温和，它增加了原料中原子的利用率，废物排放少，可以制造出化学方法不能制造的药物。可以利用云南丰富的生物优势，大力发展酶工程技术制药。

8.1.3.3 发酵工程技术

发酵工程技术也称作微生物技术，是指采用现代工程技术手段利用微生物的某些特定功能（生长、繁殖和代谢活动），为人类生产有用的产品，或直接把微生物应用于工业生产过程的一种新技术。自20世纪70年代以来，由于细胞融合、细胞固定化及基因工程等技术的建立，发酵工程进入一个崭新阶段，广泛应用于医药、食品、农业、化工、能源、新材料和环境保护等领域。

发酵工程药物是一系列通过微生物发酵生产的抗细菌、抗真菌、抗病毒、抗肿瘤、抗高血脂、抗高血压作用的药物，以及抗氧化剂、酶抑制剂、免疫调节剂、强心剂、镇静剂、止痛剂等的总称。

我国领先发酵工程技术——半合成红霉素技术。近年来由于半合成红霉素的临床疗效，国内外市场对红霉素原料药的需求量增大。我国的研究人员提出基于生物反应器流场特性研究，形成了世界上规模最大370立方米高耗氧罐红霉素发酵工艺流程，建成了世界上红霉素产量最大，技术最先进的工厂，产量达到全世界的30%以上，技术还推广到头孢菌素C、维生素B_{12}、阿维菌素和克拉维酸等十多种产品，使企业在降低生产成本和节能减排上取得重大进展。

这项技术已经相对成熟，加之云南省拥有丰富的微生物资源，对引进这一技术非常有利。

8.1.4 细胞工程技术

细胞工程是以细胞为对象，应用生命科学理论，借助工程学原理与技术，有目的地利用或改造生物遗传性状，以获得特定的细胞、组织产品或新型物种的一门综合性科学技术。

当前细胞工程所涉及的主要技术领域包括细胞融合技术、细胞器特别是细胞核移植技术、染色体改造技术、转基因动植物技术和细胞大量培养技术等方面。

8.1.4.1 单细胞技术

细胞作为生命体结构和生命活动的基本单元，要了解生命体中一些生命活动规律，就必须要以细胞为研究基础。在对细胞内组分的分析研究中，由于对单细胞分析的难度比较大，所以往往采取对细胞群体的分析手段来获得细胞中的化学信息，但是这样就会带来很多的局限性和弊端。在生物体内的组织具有不均匀性，对于单个细胞间更是具有较大的差异。在对细胞群体的统计分析结果中，掩盖了单细胞间的差异，使医学、生物学及其他学科在深一步研究中受到限制。对于单个细胞的研究，能够掌握更准确更全面的细胞信息，可以深入探讨以往群体分析中平均结果对个别信息掩盖的局限性，单细胞分析的引入对疾病的早期预防和诊断有重要的意义。单细胞的分析能够准确地提供出细胞内物质及细胞内生化反应的准确信息，能够反映出细胞的功能与化学组分间的特定关系，以及某些细胞在生命体内的特殊作用。因此，单细胞技术成为当今最重要的研究领域。

国外新兴科技：2010 年 5 月 20 日，美国科学家宣布世界首例人造生命——完全由人造基因控制的单细胞细菌诞生。这项具有里程碑意义的试验表明，新的生命体可以在实验室里被创造，而不一定通过进化来完成。科学家们首先选取一种名为丝状支原体的细菌，对其基因组进行解码并复制，产生人造的合成基因组。然后，将人造基因组移植入另一种称为山羊支原体的细菌，通过分裂和增生，细菌内部的细胞逐渐为人造基因所控制，最终成为一种全新的生命。在培养皿中，合成细菌的分裂等行为就像天然细菌一样。尽管这种技术仍处于实验阶段，但研究人员相信其运用前景广阔。研究小组计划，先合成出可供生命存在的最小数量的基因，然后通过向其中弥补其他基因，制造一系列新的微生物，比如可生产生物燃料的细菌、有用的药品、可以从空气中吸收二氧化碳和其他污染物的细菌或是制造合成疫苗所需的蛋白质。

国内新兴科技：2012 年 10 月，清华大学的研究人员发表文章，介绍了一种 3D 微型水凝胶的构建，它们可捕获和培养单个神经元，用于长期监控，为研究神经元的结构和功能提供了机会。在另一篇文章中，一组研究人员介绍，单细胞可通过寡核苷酸膜附着在玻璃上。这种方法不仅能实现细胞的长期监控，还为细胞间相互作用的研究增添了可能。

8.1.4.2 干细胞技术

（1）美国 人类胚胎干细胞克隆技术首获成功。美国俄勒冈健康与科学大学研究员立花真仁等的研究小组于 2013 年 5 月 15 日在美国科学期刊《细胞》

（Cell）网络版上发表文章，宣布已使用“体细胞克隆技术”向女性提供的卵细胞内植入他人皮肤细胞的细胞核，首次成功制作了能够分化成各种组织的胚胎干细胞（ES 细胞）。

如果使用患者的体细胞，就可以制作基因相同而不会出现排异反应的治疗用组织。虽然卵细胞的提供是一大难题，但比起 iPS 细胞（iPS 细胞是通过基因转染技术将某些转录因子导入动物或人的体细胞）来，克隆 ES 细胞也许较少出现基因异常。这项成果有助于阿尔茨海默症等多种疾病的个性化治疗，也在客观上助力克隆婴儿的创造前景。在研究中产生的人类胚胎干细胞与受精胚胎很相似，而且没有出现任何染色体异常，这表明这种细胞具有正常的基因活性，能分化发育为更多特异性细胞类型，用于替换受损组织。这项发现为组织和器官功能失调或受损的患者，提供了干细胞新来源。这种干细胞可以更新和替换已经损坏了的细胞和组织，将为上百万的患者减缓病情。

（2）美国 基因疗法结合干细胞治疗可加快创口修复。2013 年 10 月 17 日，约翰霍普金斯大学的研究人员将基因治疗和干细胞技术结合起来用于创口修复。这种疗法用于小鼠模型发现小鼠创口恢复速度大大加快。这也暗示着一种更好治疗老年人创口的新疗法。科学家已经知道干细胞在人体修复过程中起着很重要的作用。而一种名为低氧诱导因子-1（HIF-1）的蛋白在干细胞迁移至血液的过程中起着很重要的作用。而老年人由于生理原因饭细胞处于一个相当低的水平，这导致一旦受伤，就很难康复，可以通过将编码 HIF-1 的基因导入以增加干细胞数目来达到治疗目的。

（3）中国 建成世界最大人胚胎干细胞库。2012 年 3 月，中南大学生殖与干细胞工程研究所所长卢光琇带领的科研团队，建成了世界上最大的具有不同组织相容性抗原的人胚胎干细胞库。该细胞库可为干细胞治疗提供重要种子资源，为解决胚胎干细胞应用面临的安全性问题提出了极具创新性，可应用于临床研究成果。

8.1.4.3 我国细胞工程研究现状

我国细胞工程研究现状是：文章发表量和专利申请量增幅很大，基础研究成果显著；应用研究缺乏监管和规范，基础平台和研究项目总体处在跟随欧美国家的状况，缺少有导向性的重大创新性技术。免疫细胞治疗已列入国家第三类医疗技术，医疗机构陆续开展相关方面的应用，但都处在小规模、不规范的状态。在干细胞治疗中，只有造血干细胞技术相对成熟，但需突破其扩增技术，其他干细胞产品尚未建立起明确的质量标准和规范的技术评价体系。

8.1.5 蛋白质工程技术

蛋白质工程技术是在基因水平上通过分子设计和 DNA 重组技术合成自然界

不存在的蛋白质的新技术。蛋白质工程技术可为生物药物合成或改造提供设计方案，并通过有针对性的改造，使合成的重组蛋白药物的活性、稳定性、生物利用度、半衰期、免疫原性等得到改善。该技术在生物药物创新研究领域的应用价值日益凸显。定点突变、体外定向进化和 tRNA 介导蛋白工程是主要的 3 类蛋白质工程技术。

（1）定点突变技术。定点突变技术是指在已知生物药物的结构和功能基础上，有目的地改变其某一活性基因，或在已知 DNA 序列中取代、插入或删除特定长度的核苷酸片段，通过基因突变而改变生物大分子结构中的个别氨基酸残基，得到具有新性状的生物药物的方法，又称理性分子设计。与使用化学因素、自然因素导致突变的方法相比，该法具有突变率高、简单易行、重复性好的优点。此外，定点突变技术不仅可改变特定的核苷酸序列，而且可对一段最有可能影响生物功能和性质的核苷酸序列进行随机突变，从而产生一系列突变蛋白质，进而发现高活性或基因改良的生物药物。

（2）体外分子定向进化技术。蛋白质工程药物的体外定向进化，又称分子进化，指在实验室模拟自然进化机制（随机突变、重组和自然选择），通过易错 PCR（error-prone PCR）、DNA 改组（DNA shuffling）等方法，对编码蛋白质工程药物的基因进行随机诱变，再通过高通量筛选或压力选择方法定向筛选出性能更加优良的生物药物或创制出自然界所没有的、性质优良的新药。与定点突变不同的是，定向进化不需已知的生物药物结构－功能信息，故其又称为非理性设计。与定点突变技术相比，定点突变技术只能对天然蛋白中少数氨基酸进行替换，蛋白的高级结构基本保持不变，对蛋白功能的改造较为有限；此外，已有的蛋白结构－功能关系数据已远远不能满足当今人们对蛋白质新功能认知的要求。因此，作为新兴的蛋白质改造策略之一的体外分子定向进化技术应运而生。

（3）tRNA 介导蛋白质工程技术。tRNA 介导蛋白质工程技术指将人为设计的非天然氨基酸选择性地掺入蛋白质，也称为定点非天然氨基酸替代法。该技术与定点突变技术相似，均可选择性地对目的蛋白进行定向改良。

Olejnik 等采用 tRNA 介导蛋白质工程技术，建立了一个高效、高特异性的蛋白 N 端标记方法，用于蛋白质的结构和功能研究。Thibodeaux 等利用酪氨酰 tRNA 合成酶，将 50 多个非天然氨基酸引入大肠杆菌及哺乳动物细胞的蛋白质中，从而为哺乳动物细胞蛋白质分子的改良提供了更多的途径，并为蛋白质结构和功能的研究开辟了新思路。Ye 等采用化学氨酰化法，用一系列带有氟化边链的氨基酸致酵母苯丙氨酸 tRNA 发生错酰化，并借助无细胞翻译系统，将所得氨酰 tRNA 可被用于合成在特定位点含有氟化氨基酸的目的蛋白。Ugwumba 等利用氨酰 tRNA 合成酶，将非天然荧光氨基酸（7-羟基香豆素-4-基）乙基甘氨酸作为荧光指示剂掺入西尼罗河脑炎病毒中的非结构蛋白 2B（NS2B）-NS3 蛋白酶中，获得对荧光高度敏感的突变体，可用于酶抑制剂的快速筛选。

tRNA 介导蛋白质工程技术已可将 20 多种非天然氨基酸掺入蛋白质中，尽管该技术尚处于发展阶段，但其在新功能重组蛋白的研发中具有广阔的应用前景。

国内新兴科技："SAP 蛋白"治疗系统性红斑狼疮。国家自然科学基金重大项目首席科学家、复旦大学免疫生物学研究所及苏州大学生物医学研究院熊思东教授领衔课题组经过 12 年研究首次发现，人体血清中存在着一种可以与 DNA 结合的重要血清淀粉样蛋白 P 成分（SAP 蛋白），"SAP 蛋白"可使致病性类型巨噬细胞"改邪归正"，转变成具有保护作用的亚群，并首次提出"SAP 蛋白"具有治疗系统性红斑狼疮的新功能。这项技术已经通过了小鼠实验。

8.2 生物仿制药

8.2.1 生物仿制药的发展现状

我国生物技术药物行业发展经历了 20 年，我国企业也已涉足这个巨大的市场，根据公开的资料显示，我国现已批准上市 13 类 25 只 382 个不同规格的基因工程药物和基因工程疫苗产品中，有 6 类 9 只 21 个规格的产品属于原创，其余的都属于仿制。

从技术层面上讲，生物仿制药的开发远难于化学药物。生物仿制药通常研发需要 8 ~ 10 年，比化学药仿制药 3 ~ 5 年要长很多；研发经费通常需要 1 亿 ~ 2 亿美元，远高于化学仿制药的 100 万 ~ 500 万美元；生物药物是特征复杂的大分子药物，具有复杂的空间结构，细胞培养的条件（温度和营养）、产品的加工、纯化、储存和包装都会影响产品的生产，整个过程中的微小差别会对最终产品的质量、纯度、生物特性以及临床效果产生巨大的影响。

国内涉及生物仿制药的企业逐步增多，据统计，销售阶段有 5 家，临床阶段 8 家，临床前或拟投资的 15 家，集中在几个国外畅销产品。但企业普遍面临着几个技术问题：细胞表达量低，通常稳定细胞株的表达量为 20 ~ 50 皮克/（细胞 · 日），细胞培养工艺不成熟或者灌注工艺的选择、蛋白纯化工艺成本高以及仿制药质量标准的不明确等，而且中国企业在生物仿制药开发中 QbD（技术源于设计）和 PAT（工艺分析技术）理念的应用与欧美国家相比相距甚远，也是影响生物仿制药开发的一个障碍。

在全球蓬勃发展的生物仿制药势头下，主要市场份额仍然被国外大型制药公司掌控，有数据显示，市场主要被国外厂商控制，山德士、梯瓦和 Hospira 三家厂商占据超过 80% 的市场份额。在市场规模最大的 7 个国家生物仿制药市场中，美国依然是最大的生物仿制药巨头，也是全球生物仿制药市场的主力，并将推动全球生物仿制药市场规模在 2020 年达到 110 亿 ~ 250 亿美元，从而使其占全球生物制剂市场的比例达到 4% ~ 10%。因此，开发生物仿制药已经成为衡量一个国家医药发展水平的重要指标，对国家医疗水平提高，国民健康素质的提升具有不可估量的意义。

8.2.2 我国生物仿制药的市场预测

生物仿制药主要指在原创生物制药产品专利保护过期后，生产区别于原创型生物制药产品的类似物。生物仿制药的主要目标产品领域包括：促红细胞生成素、粒细胞集落刺激因子、干扰素α、干扰素β、人体生长激素、重组人胰岛素。

根据美国、欧盟专利局网站、中投证券研究所公布数据显示，2013~2020年将是生物仿制药发展的黄金时期，其中生长激素、促红素、G-CSF在欧洲已到期，已有仿制药获批；干扰素、胰岛素即将到期，已有多家企业申报；TNF-α受体融合蛋白和单抗肿瘤药物也有多家企业进行临床试用或临床研究。

从获批数量看，综合型仿制药企业获批数量最多，两大仿制药巨头是山德士和梯瓦。山德士在欧洲获批3个，美国现有2个均为其所有；梯瓦自有团队在欧洲获批1个。

中国仿制药的发展正面临良好时机，单抗药物和长效重组蛋白质药物最有可能出现。国际市场上生物仿制药的发展经历了一个重组蛋白药物—长效重组蛋白药物—单抗药物的发展历程。促红素、G-CSF等都已成为市场巨大的品种。生物仿制药品的开发已从促红素、G-CSF、干扰素等发展到融合蛋白、单抗药物。

由于中国现有普通的重组蛋白药物生产厂商较多，品种没有做大，但“长效重组蛋白药物”和“单抗药物”还处在发展空白期或萌芽期，未来可发展的市场空间很大，应成为云南生物医药发展的重点之一❶。

8.2.3 生物仿制药主要技术

8.2.3.1 长效重组蛋白技术

重组蛋白药物经静脉和皮下注射后通常半衰期较短，延长蛋白药物半衰期的方法主要基于三种原理：一是增大蛋白药物分子量；二是利用血浆药物平衡；三是减少免疫原性。构建突变体、PEG化修饰和与血清白蛋白融合是三种延长重组蛋白药物半衰期的方法❷。

（1）构建突变体。通过构建突变体延长蛋白药物半衰期，常用方法有：增加蛋白药物的糖基化程度，通过糖基化一方面在蛋白药物表面增加了侧链，增加蛋白质稳定性，阻碍了蛋白酶对蛋白药物的降解作用，另一方面使蛋白药物分子量增大，减少了肾小球滤过；通过形成缓释的微沉淀物，使释放游离型药物的时间

---

❶ 摘自《生物仿制药：仿制药中的创新药》（2011年版）。

❷ 戚楠，马清钧．长效重组蛋白药物研究进展［J］．中国生物工程杂志，2006（26）。

延长。其中已经研制成功并上市的药物如重组人 EPO 突变体（Amgen 公司的 Aranesp）和重组人胰岛素的突变体（Aventis 公司的 Lantus）。

（2）PEG 化修饰。PEG 化（PEG ylation）即聚乙二醇（polyethylene，PEG）共价修饰蛋白质。PEG 化蛋白药物主要通过增加蛋白质的分子量，减少药物排泄，并且 PEG 可以作为屏障挡住蛋白质分子表面的抗原决定簇，减少免疫原性，减少体内清除率，PEG 的屏障作用还可以保护蛋白质不易被蛋白酶水解，PEG 化的这些特点均有利于延长蛋白药物的半衰期。

国外已上市的 PEG 化的蛋白药物有 PEG 化的 L-天冬酰胺酶（Enzon 公司的 Oncaspar）、PEG 化的 IFNA2b（Schering 公司的 PEGIntron）、PEG 化的 IFNA2a（Roche 公司的 Pegasys）和 PEG 化的 G-CSF（Amgen 公司的 Neulasta）。除了上述这些已上市的长效 PEG 化蛋白药物外，处于临床前研究的还有：超氧化物歧化酶（Enzon 公司）、白介素-2（Chiron 公司）、水蛭素（BASFAG 公司）等，预计这些重组蛋白药物在上市之后都会有预期的成效。

PEG 化的蛋白质最终将导致其各种生物化性质发生改变，如化学稳定性增加，抵抗蛋白酶水解能力提高，免疫原性和毒性降低或消失，体内半衰期延长，血浆清除率降低等，这些性质有助于仿制药的生产。

（3）血清白蛋白融合。人血清白蛋白（human serum albumin，HSA）是有 585 个氨基酸残基的单链无糖基化的球形蛋白质，分子量 65kDa，它是人血浆中含量最高的蛋白质。HSA 本身就是许多内源因子和外源药物的载体，药物和血清白蛋白结合后，可以减少其生物利用度同时增加在体内的半衰期。大多数治疗用的蛋白和多肽半衰期一般较短，而 HSA 有将近长达 19 天的血清半衰期，并且 HSA 的基因在毕赤酵母中可以高效分泌表达，其发酵液表达量可以达到 4 克/升，上清液杂质含量较少，纯化方便，因此将蛋白质药物基因与 HSA 基因融合，在毕赤酵母或酿酒酵母中表达，获得 HSA 的融合蛋白，延长蛋白质药物的半衰期。

美国马里兰州人类基因组科学（HGS）公司已经进行一系列与 HSA 融合延长蛋白质药物半衰期的研究，其蛋白质药物 HSA/IFN-A 融合蛋白（Albuferon-A）已完成临床试验，正在研发的处于临床早期阶段的蛋白药物如 HSA/IFN-B 融合蛋白（Albuferon-B）、HSA/rIL-2 融合蛋白（Albuleukin）、HSA/rG-CSF 融合蛋白（Albugranin）、HSA/rHGH 融合蛋白（Albutropin）。

8.2.3.2 单抗技术

A 概述

单克隆抗体是由单一 B 淋巴细胞株分泌的只能识别一种表位高纯度抗体。1975 年 Kohler 和 Milstein 首次建立了 B 淋巴细胞杂交瘤技术，但由于鼠源抗体会使机体产生人抗鼠抗体（HAMA）反应，阻碍了其在临床上的应用。20 世纪 80 年代，DNA 重组技术应用于抗体改造，先后出现嵌合抗体和人源化抗体，虽在一定程度上解决了鼠源单抗的问题，但仍可引起不同程度的 HAMA 反应。随着 PCR 技术、抗体库技术、转基因技术的发展，1989 年第一个完全人源单抗研制成功，实现全人源抗体的制备，同时抗体衍生生物出现，这些成果使单抗对人类的作用充分发挥。

20 世纪 80 年代初，我国科学家利用杂交瘤技术成功开展单克隆抗体的研制工作，获得大批鼠源性单抗，为抗体工程的发展奠定基础。1987 年，“863” 计划生物技术领域将抗体导向药物作为一个专题，开展了针对肝癌、肺癌、胃癌、白血病的导向药物研究。20 世纪 80 年代中期，我国开始基因工程抗体研究，随之发展噬菌体抗体库的建立。我国单抗已经发展到了第四代，分别为鼠源化抗体、人鼠嵌合单抗、人源化单抗以及完全人源化单抗。我国 SFDA 批准上市应用于临床的 18 个治疗性单抗产品中 8 个为我国自主开发。我国单抗研究已经取得了一定的成果，上游与国外差距不大，但仍存在模仿度高、技术水平低、投入少、产业化程度低、产品安全性和有效性低等一系列问题。

1991 ~ 1998 年美国单抗技术经历了鼠源化单抗、人鼠嵌合单抗、人源化单抗的突破；20 世纪 90 年代末转基因技术实现全人单抗技术；2003 年后，技术突破较少。

抗体药物是近年来增长最快的一类生物技术药物，2011 年单抗药物的市场总量已经达到 628 亿美元。美国由 FDA 批准上市的治疗性单抗药物 31 种，开发商绝大多数为美国企业；中国由 SFDA 批准上市的单抗药物有 18 种，有 6 种为美国进口产品。

B　全人源化抗体

全人源化抗体是指将人类抗体基因通过转基因或染色体技术，将人类编码抗体的基因全部转移至基因工程改造的抗体基因缺失动物中，使动物表达人类抗体，达到抗体完全人源化的目的。生产完全人源化抗体的方法主要包括抗体库技术和转基因技术。

a　抗体库技术

抗体库技术的主导思想是将某种动物的所有抗体可变区基因克隆在质粒或噬菌体中表达，利用不同的抗原筛选出携带特异抗体基因的克隆，从而获得相应的特异性抗体。

噬菌体抗体库技术的出现开创了一条简便快捷的基因工程抗体生产路线，为人源化抗体的制备提供了新途径。噬菌体抗体库技术是 20 世纪 90 年代初期抗体工程领域的重大研究进展，它结合了噬菌体展示与抗体组合文库技术，把外源 DNA 插入噬菌体编码的外壳蛋白 pⅢ或 pⅧ的基因中，使外源 DNA 片段对应的表达产物融合在噬菌体外壳蛋白中形成融合蛋白。该方法包括噬菌体库的产生、结合抗原的展示抗体的筛选、展示有高亲和力抗体的噬菌体扩增、有高亲和力的抗体的分离和定性具体分析步骤❶。其基本方法是从人外周血淋巴细胞或脾细胞中提取 RNA 或基因组 DNA，设计核苷酸引物，用 PCR 方法克隆人全套抗体重链及轻链可变区基因组装到噬菌体表达载体内，与噬菌体外壳蛋白基因融合，感染大肠杆菌并使抗体片段表达于噬菌体。然后利用抗原-抗体特异性结合而筛选出所需要的抗体，并进行克隆性扩增，获得可溶性抗体片段（如 Fab、scFV 及 dsFv 等），即噬菌体抗体❷。1989 年美国 Scripps 研究所 Lerner 实验室首次应用噬菌体表面展示技术构建了噬菌体抗体库。该技术在制备基因工程抗体方面发展迅速，国内外已有人源或鼠源抗 HBV、HIV、RSV、TNF、erbB2、gp120 等噬菌体抗体的报道。Vitaliti 等利用噬菌体抗体库技术制备了抗血管内生长因子（VEGF）的 scFv，能明显减慢肿瘤的生长。何小鹃、朱建高等利用该技术成功构建了大肠癌噬菌体抗体库和鼻咽癌抗独特型抗体库，并从中筛选出全人源抗大肠癌单链抗体和鼻咽癌抗独特型单链抗体。我国研究者成功地从 SARS 病毒噬菌体抗体库中筛选出具有中和活性的抗 S 蛋白 Fab 片段抗体，体外实验证明其可部分中和 SARS 病毒活性，能明显延缓细胞病变的过程❸。

抗体库技术在肿瘤治疗，大多数病毒感染，某些细菌所致疾病、一些自身免疫病及生命科学的基础研究等方面已发挥重要作用，将成为抗体的重要突破。

b 转基因技术

全人源化抗体还可以通过小鼠的基因工程免疫方法获得。产生免疫反应的基因工程敲除鼠，然后用杂交瘤技术使小鼠的脾细胞或淋巴细胞与骨髓瘤细胞融合。通过灭活内源性的小鼠抗体基因，然后引进人源抗体基因片段，当对人源抗体免疫的时候就可以在小鼠体内产生全人抗体分子。另一种方法是将人抗体基因微位点转入小鼠体内细胞，转染色体小鼠的免疫抗原基因环境和人类非常相似。还有一种不同的方法是向免疫供体或混合性严重免疫缺陷的小鼠体内注入人源淋巴细胞，通过抗原免疫使小鼠脾细胞融合骨髓瘤细胞。

转基因小鼠制备的人抗体，其功效优于其他技术生产的抗正常人体蛋白单抗。小鼠识别抗原和动员抗原的抗体系统仍保持完整，容易把人体蛋白识别为异物。此外，由于抗体是体内产生的，经历了正常装配和成熟过程，从而保证成品具有较高的靶结合亲和力。但转基因小鼠也存在一些缺陷，即转基因通常有体细胞突变和其他独特的序列，导致不完整的人源抗体序列；而且，由于抗体是在小鼠体内装配，因而产生的单抗具有鼠糖基化的模式，所以这些单抗最终并不是全人源化的。需要进一步研究以改进这项技术。

---

❶ 张忠东，成军，张树林．噬菌体展示技术的原理及应用［J］．世界华人消化杂志，2003。

❷ 初晓霞，侯明．抗血小板人源化抗体的研究进展［J］．中国实验血液学杂志，2005（13）。

❸ 康晓平，杨保安，赵慧．从噬菌体库中筛选抗 SARS 病毒 S 蛋白的 Fa 中和活性抗体研究［J］．中华微生物学和免疫学杂志，2005（25）。

8.2.4 仿制药最新研发技术

8.2.4.1 iBio Launch 技术生产帕利珠单抗生物仿制药

2012 年 4 月 10 日 iBio 公司宣布，在绿色植物中生产生物治疗性蛋白及疫苗抗原的 iBio Launch 技术，已被成功用于生产一种功能性单克隆抗体药物帕利珠单抗（palivizu mab）的生物仿制药。帕利珠单抗是一种人源化单克隆抗体，能够结合呼吸道合胞病毒（respiratory syncytial virus，RSV）糖蛋白融合蛋白（glycoprotein fusion protein，F），抑制病毒进入细胞。帕利珠单抗用于减少 RSV 相关的住院治疗，但其价格昂贵，限制了其在 RSV 高风险性婴儿中的使用。在 RSV 流行季节，这些婴儿需要每月接受一次帕利珠单抗肌肉注射，该抗体在全球的年销售额超过 9 亿美元。

iBio 公司研发合作伙伴，美国弗劳恩霍夫分子生物技术中心的科学家，已利用 iBio Launch 载体系统在绿色植物组织中表达出了帕利珠单抗的重链（heavy chain）和轻链（light chain）。该技术平台专门用于含多链蛋白的表达，如抗体。在植物中表达出的帕利珠单抗能够自我组装形成正确的四级结构，随后将这些抗体从植物组织中提取出来。

研究表明，利用 iBio Launch 技术生产的帕利珠单抗，能够结合灭活的 RSV，表明它能够识别病毒表面的 F 抗原。此外，研究还表明植物源性的帕利珠单抗在蚀斑减少中和试验（Plaque Reduction Neutralization Test）中具有剂量依赖的 RSV 中和作用。使蚀斑数减少 50% 的植物源性帕利珠单抗浓度，与报道的重组哺乳动物细胞源性的帕利珠单抗所需浓度相当。同时，所观察到的病毒中和作用具有抗原-抗体特异性。

在植物中生产功能性帕利珠单抗，扩展了现有 iBio Launch 系统生产的单抗数量，所有用 iBio Launch 技术生产的单抗，均已被证明得到了正确的组装，同时在相应的测试试验中达到了完全的生物学活性。

8.2.4.2 LC-MS 在生物仿制药分析表征和比较性研究上的应用

近年来随着生物制药，尤其是单克隆抗体类药物在全世界范围的快速发展，蛋白类药物的系统表征越来越受到重视。沃特世公司根据市场的需要，率先开发出了专门用于蛋白药物表征的 Biopharma Lynx 软件，可以进行完整蛋白、肽图、翻译后修饰、双硫键等全方位的自动分析。另外 Biopharma Lynx 还可以直观地对比原研药和仿制药的结果，找出样品中相同和不同的地方，大大地简化了生物仿制药研发的流程。高效的软件结合沃特世公司业内领先的 LC/MS 平台，为生物制药表征提供了一个完整的解决方案。

8.3 中药标准化

中药标准化需要经历中药种植标准化、中药配伍禁忌标准化和中药检测标准化三个过程：

8.3.1 中药种植标准化

在中药材规模化种植受到重视和不断发展之后，中药材的规范化种植正变得越来越受关注。实施化肥、农药、生长激素以及药材种植混杂退化、盲目引种、提前采收等问题是我国中药材产业发展过程中的主要困扰。

一种新的药材种植方式被提出，这是一种国家级标准——中药材 GAP，全称是中药材生产质量管理规范。它是一种为保障和提高药品质量与安全性而实施的源头措施。建立 GAP 基地能有效控制原料质量，提升产品信誉。

云南中药材种植面积已达 170 万亩，其中三七、天麻、滇龙胆、万寿菊的种植面积超过十万亩。文山三七、昭通天麻、红河灯盏花 3 个品种获得了实施地理标志品保护。采用 GAP 这种中药材生产管理规范模式，可以提升中药质量和信誉。

8.3.2 中药配伍禁忌技术标准化

8.3.2.1 概述

中药配伍禁忌是由于药性相反或毒-效冲突而可能导致毒性的发生或疗效的降低，甚至危及生命，故药性相反或相制的药物在遣药组方过程中禁止配伍应用❶。

“十八反”、“十九畏”是古今医家临床用药配伍禁忌的核心内容。但是“十八反”、“十九畏”中两药配伍为什么反？其宜忌条件、毒-效转化规律等，一直未有明确界定，给临床实际用药带来了诸多困惑和质疑。

8.3.2.2 中药配伍禁忌标准化技术体系

该技术体系的基本结构层次为：一是构建基于中药配伍禁忌关联数据库的知识挖掘技术体系，为研究方案的制定和实施提供指引；二是构建中药配伍致毒、增毒系统的毒性评价技术体系，为阐明反药配伍组合的量-毒-效关系及其作用机制提供支撑；三是构建中药配伍禁忌反药药味及其组合的化学物质库，为揭示反药配伍致毒、增毒、减效的化学物质基础奠定基础；四是构建基于药物相互作用的体内外代谢研究技术体系，为阐明中药配伍禁忌反药组合的药物与药物、药物与机体相互作用机制提供技术平台；五是构建反药同方配伍妨害疗效的减效机制研究技术体系；六是构建反药同方配伍宜忌条件和毒效转化研究技术体系。

A 中药配伍禁忌关联数据库的知识发现技术体系的构建

(1) 中药配伍禁忌的古今文献信息收集考证与数据库的建立。汇集整理与中

---

❶ 段金廒，张伯礼，范欣生，等. 中药配伍禁忌研究思路与技术体系框架 [J]. 世界科学技术—中医药现代化专题讨论（一）：中药配伍禁忌研究，2010。

药配伍禁忌相关的古今文献，考证其衍化过程，确定标准的药材品种和来源。整理归纳历代医家相关理论阐述和临床实践经验，研究其适用病症、使用剂量、用法特点、不良反应以及药物配伍等内容。以《中医方剂大辞典》《中华本草》等为基础，对以上内容进行考证规范，建立具有中医药特点的中药配伍禁忌与安全用药数据库。

（2）中药配伍禁忌的配伍关系挖掘与知识发现研究。研究以中药“十八反”、“十九畏”为代表的配伍特点，针对禁忌药物配伍开展数据挖掘研究，建立适用于中药配伍禁忌特点的数据挖掘方法，从中发现各反药组合的剂量比例关系，药物性味归经、升降沉浮属性间的关系，各反药组合的毒性反应特点，在特定条件下宜忌关系相互转化的适用病症特点，总结禁忌配伍组合区别于一般药物组合的特殊属性，为实验研究及临床应用提供数据支持。

（3）反药组合在方剂中的应用特点与知识发现。中药在中医临床上的主要应用形式是方剂。对包含反药组合的方剂，进行组成、功效、主治病症、配伍关系等内容的比较分析，分析禁忌配伍药组合在不同方剂中的地位和作用。针对不同病症研究与其配伍的药物种类、剂量等，为临床应用提供参考，其技术路线图如图 8-1 所示。

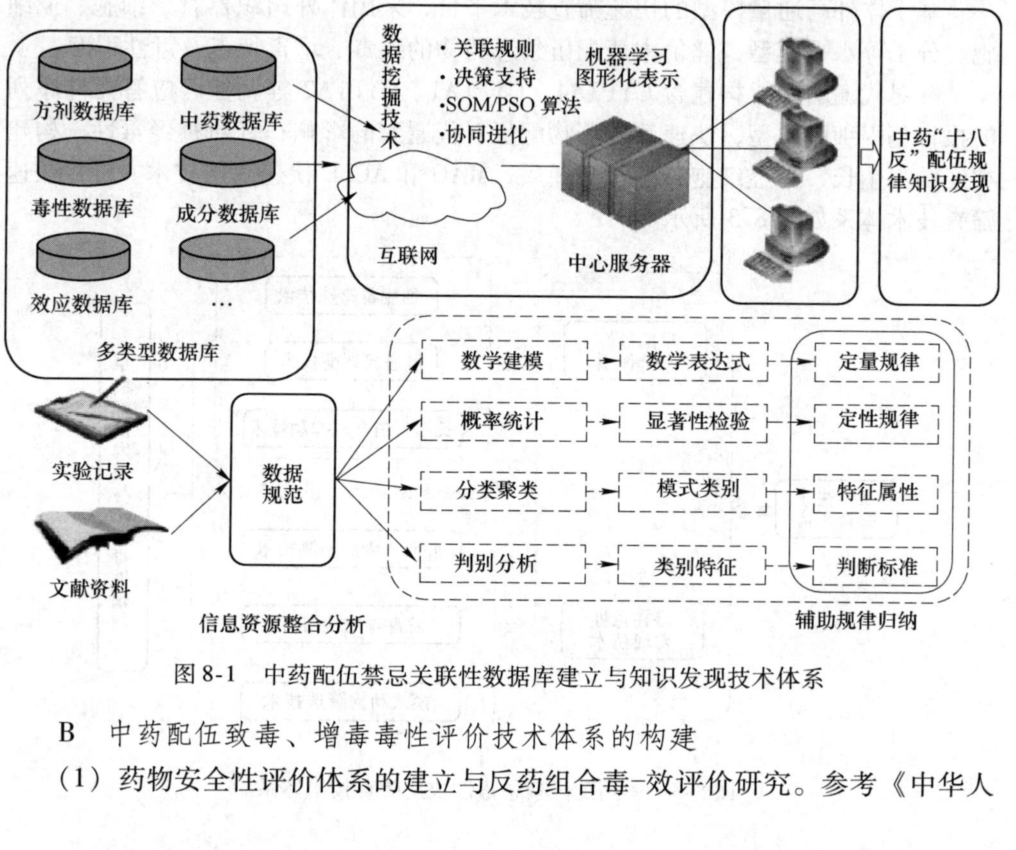

图 8-1　中药配伍禁忌关联性数据库建立与知识发现技术体系

B　中药配伍致毒、增毒毒性评价技术体系的构建

（1）药物安全性评价体系的建立与反药组合毒-效评价研究。参考《中华人

民共和国药典》的剂量，采用适宜的整体动物与体外评价方法和模型，系统评价中药配伍禁忌反药组合基于常用剂量的单次给药及多次给药后产生的生物效应、作用靶器官、靶组织等；利用非线性生物信息学技术进行毒-效数据的整合与分析，评估其致毒、增毒、减效的特点及效应强度，研究其致毒、增毒、减效的特点和量-毒-效之间的变化规律，科学界定其禁、忌、宜的本质。中药配伍禁忌传统毒理学研究技术体系如图 8-2 所示。

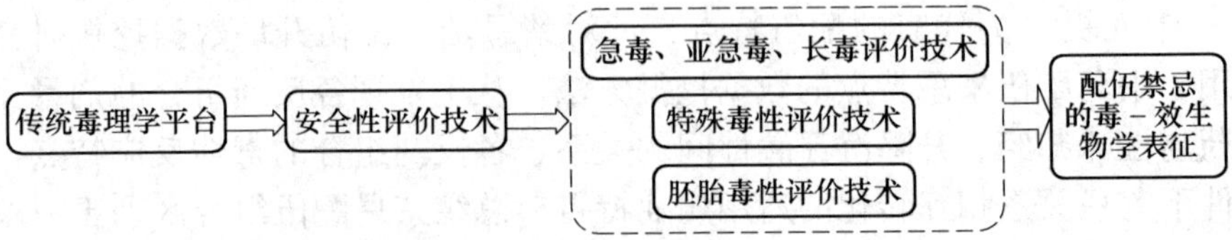

图 8-2 中药配伍禁忌传统毒理学研究技术体系

（2）药物毒性快速筛查体系的建立与反药组合毒-效评价研究。基于模式生物斑马鱼的安全性评价与快速筛查技术平台，考察反药组合前后不同给药方法、不同剂量配比等对斑马鱼生理状态的影响，并对斑马鱼与小鼠的急性毒性数据进行相关性分析，完善斑马鱼用于毒性快速筛查的方法学。

基于体外高通量模型的快速筛查技术平台，采用体外组织器官、细胞、亚细胞、分子等水平模型，评价中药配伍禁忌药物的致毒、增毒特点及毒性程度。

针对代谢酶干扰构建含 CYP3A4、CYP1A1、CYP1A2 等调控区应答元件序列的报告基因细胞模型，快速筛选药物配伍对代谢酶的影响；针对神经毒性，构建神经轴突生长、神经细胞毒、神经递质、MAO 和 AChE 快速筛选技术。毒性快速筛查技术体系如图 8-3 所示。

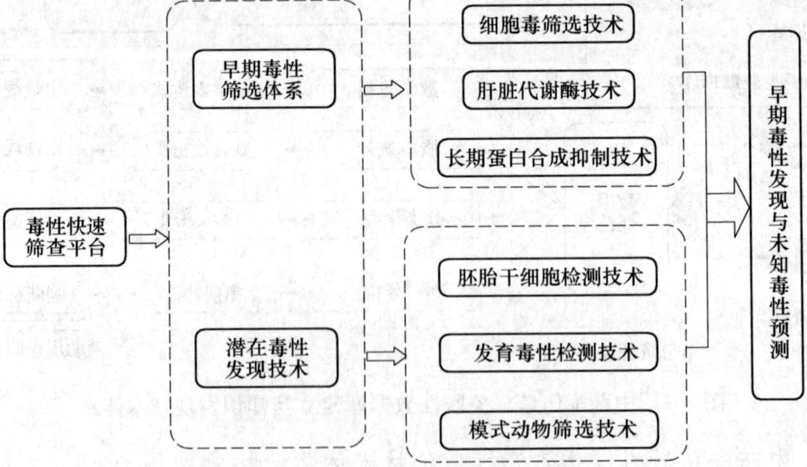

图 8-3 中药配伍禁忌毒性快速筛查技术体系

(3) 量-毒-效评价体系的建立与反药组合致毒、增毒、减效机制研究。基于剂量梯度、多指标优化的实验设计，考察配伍禁忌药物的毒性作用及其相关的效应表现。计算有毒药物的最小中毒剂量和药物安全范围，并对其量-毒-效数据进行非线性模拟建模，揭示其量-毒-效关系。

考察配伍禁忌各反药组合配伍后的毒性特点及其致毒程度，计算配伍后的最小中毒剂量和药物毒性动态变化范围。基于配伍相互作用的不同环节（体外煎煮、体内代谢过程、体内靶器官等）研究其对毒性物质含量和毒性作用的影响，分析其安全范围的动态变化过程，阐明反药组合配伍前后的量-毒-效关系，定量表征禁忌配伍的致毒、增毒程度。

开展中药配伍禁忌的量-毒-效关系研究，确定有毒标准饮片的安全剂量范围，提出代表性反药组合配伍前后的毒性动态变化范围。

C 中药配伍禁忌反药药味及其组合的化学物质库的构建

(1) 建立中药配伍禁忌反药药味及其组合的样品及化学物质库。遵从古今中医认识，规范研究所涉及配伍禁忌各药味的基原、产地、加工、炮制等环节，建立药材及饮片样品库，以保证供试样品的质量稳定和可追溯；遵从中医临床主要传统汤剂、散剂的不同剂型用法，在毒-效评价引导下，逐级分离、分析毒效物质基础，建立化学物质库，为揭示反药配伍致毒、增毒、减效的化学物质基础奠定基础。

(2) 中药配伍禁忌反药药味及其组合的毒-效物质基础分析。采用生物效应导向的色谱-质谱等现代分离分析联用技术、定向剔除技术及生物分离分析等技术，开展配伍禁忌反药药味及其组合前后，体内外毒-效物质化学成分结构变化及可能发生的化学转化等定性定量比较研究，揭示其配伍前后化学物质的变化规律。

采用多因素非线性回归、人工神经网络、智能机器学习等方法，对反药组合配伍前后化学物质变化与毒-效作用进行关联研究，分析得到致毒、增毒、减效相关化学物质，并通过化学物质分离制备技术对其进行富集，采用相应生物效应指标进行关联关系研究，以揭示其化学本质及宜忌配伍条件。中药配伍禁忌反药药味及其组合的毒-效物质基础研究技术体系如图 8-4 所示。

D 药物相互作用的体内外代谢研究技术体系的构建

依据药物体内代谢过程的各环节，对反药组合药味配伍前后所含化学成分的吸收特点、分布规律、代谢转化特征、毒-效物质排泄及蓄积致毒等进行系统研究，阐明其致毒、增毒、减效的毒效表征、体内作用物质、相互作用机制、影响因素及产生条件等。

(1) 采用整体动物及在体模型，通过现代分析手段，结合定量测定与定性分析，研究其吸收、转运、分布、代谢、排泄过程，探讨其成分与成分、成分与机

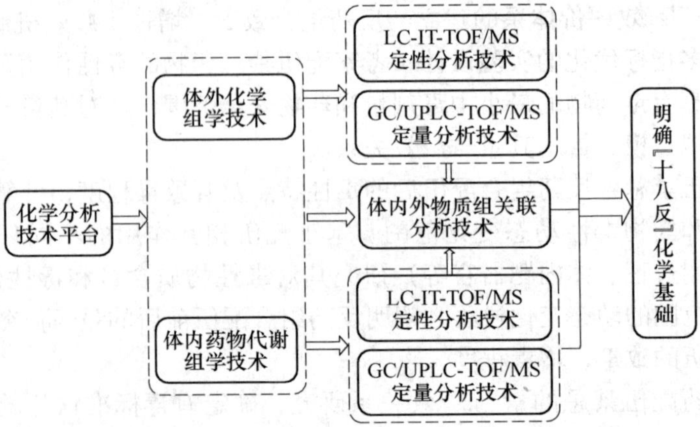

图 8-4 中药配伍禁忌物质基础研究技术体系

体之间的相互作用，阐明其毒效成分的药代动力学规律。

(2) 根据口服给药在胃内溶出、pH 值及酶环境-肠内菌转化、pH 值-跨膜转运等体内过程及影响因素，利用体外吸收连续动态仿生系统，如人工胃液体外环境、体外肠内菌转化、Caco-2 细胞跨膜转运等对代表性配伍禁忌反药组合药物的吸收规律进行研究。

(3) 建立离体（扩散池法、翻转肠囊法等）和细胞模型（MDCK 等），考察禁忌配伍效应成分群在跨膜转运过程中对外排蛋白抑制、受体抑制、诱导吸收蛋白转运等关键环节的影响；研究其与 P-gp 及其药物吸收、排泄相关载体蛋白之间的相互作用，分析效应成分群在吸收、排泄过程中相互影响，并与毒性研究相结合明确毒-效物质基础。

(4) 采用 Cocktail 探针技术，通过大鼠整体试验、大鼠肝微粒体体外试验、人肝微粒体体外试验 3 个途径，选用特异性的几种化学药作为 CYP450 酶亚型的探针药物，研究配伍禁忌药物对肝细胞 P450 酶的影响，对Ⅰ相代谢酶和Ⅱ相代谢酶的诱导或抑制作用，明确其配伍前后对代谢酶活性的影响，分析其相互作用及配伍关系。

(5) 应用色谱联用分析技术，定性定量研究体液中的毒效成分及内源性代谢产物，进行同步药物浓度及药效作用相关分析，结合模式识别等化学信息学技术，分析生物体给予配伍禁忌药物前后代谢指纹谱的差异，获得相应的生物标志物群，确定药物毒性的特征代谢模式及其生物标志物，确定与某些毒效学指标密切相关成分，明确生物学基础与化学本质。

(6) 建立计算机模型预测配伍禁忌反药组合效应成分的吸收、分布、代谢、排泄及其动力学过程。

E 毒-效生物学基础研究体系的建立与毒性标记物研究

基于代谢组学、基因组学、蛋白组学相关技术与方法，采用代谢分析技术、基因芯片技术、差异基因分析、蛋白质发现技术等，对反药组合的毒性生物学基础进行评价研究，探讨反药组合在代谢过程、蛋白表达、基因表达等层面的生物标记物，以揭示中药配伍禁忌药物的致毒、增毒生物学基础及机理。中药配伍禁忌系统毒理学研究技术体系如图8-5所示。

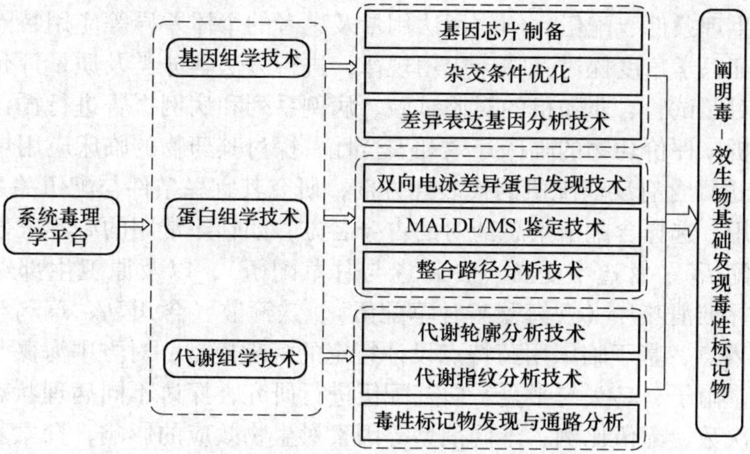

图8-5　中药配伍禁忌系统毒理学研究技术体系

F　中药配伍减效机制评价体系的构建

通过观察对相关病理模型药效变化评价，阐明其配伍是否造成药效降低；应用化学、药代动力学、药物代谢等分析其配伍前后药效物质的变化，明确药效化学实质及药效成分间的相互作用规律。在此基础上，进一步考察相关化学组分产生妨害疗效的作用机理。

(1) 依据药味主要功效和临床治疗作用，建立相应动物模型，采用客观的药效评价指标，对其单味药及配伍组合的药效进行评价，明确其配伍是否产生疗效妨害作用。

(2) 根据代表性方剂的主要功效和临床治疗作用，建立相应动物模型，采用与临床诊断密切相关的药效指标进行研究，明确其配伍对方剂是否产生疗效妨害作用。

(3) 利用现代分离、分析检测手段，建立代表性反药组合与方剂配伍前后水煎液的化学指纹谱，比较其差异性，结合化学计量学方法，提取特征指纹进行鉴定，明确配伍前后化学成分的变化，揭示配伍引起的化学成分间相互影响。

(4) 以代表性反药组合配伍前后对大鼠连续灌胃，使药物达到稳态血药浓度后，收集含药血样，采用联用分析技术分析样品，建立药物代谢物图谱，比较单味药及配伍组合的药物代谢物图谱差异，明确配伍前后药效成分的体内变化。

(5) 给药不同时间采集动物血液、组织器官、尿、粪便等，进行样品处理分析，获取药代动力学参数，揭示配伍禁忌组合及方剂配伍前后对相关成分吸收、分布、排泄等环节的变化规律。

G 反药同方配伍宜忌条件和毒效转化研究体系的构建

（1）从循证医学角度考察分析中药配伍禁忌应用的宜忌条件。全面查阅、整理、分析鉴别和讨论评述中药配伍禁忌的古今临床相伍应用的文献，总结配伍特定的病理生理条件、配伍比例、用法用量及患者的个体差异等应用特点和宜忌条件。从循证医学角度探讨其临床应用规律，进行方法学分类及质量评价，对鉴定出的随机对照试验、非随机的对照试验、病例系列和病例报告进行循证医学系统评价和分析，评价药物的临床疗效和安全性，探讨其药物的临床应用规律。

（2）选择含有反药配伍的代表性方剂，研究其宜忌条件与配伍关系。基于古今临床应用，选择含配伍禁忌药对的古今名方，如临床常用的海藻玉壶汤（含海藻与甘草配伍）、甘遂半夏汤（含甘遂与甘草配伍），以及原卫生部颁布的中药成方制剂标准消咳片（含海藻与甘草配伍）、铁箍散（含川乌、草乌与白芨、半夏）为切入点，基于临床用药特点设计特定的病理模型，对方中海藻与甘草、甘遂与甘草、附子、乌头与半夏、白芨配伍进行研究，探讨不同病理状态、给药途径、给药次数、配伍比例、不同剂型等因素对生物效应的影响，探索其用药特点与药效特征，揭示其临床应用的宜忌条件与配伍关系，从而指导临床合理、安全、有效的使用配伍。

构建技术体系，包括：构建中药配伍禁忌数据挖掘与知识发现技术；构建中药配伍毒性发现与评价方法技术；构建中药配伍致毒、增毒、减效的化学物质基础研究方法技术；构建基于反药组合的毒效物质代谢过程及相互作用机制研究方法技术；构建基于同方配伍的反药组合妨害治疗作用机制研究技术；构建基于特定病理环境的反药配伍组合宜忌转化研究技术。为中药配伍禁忌研究和丰富中医药配伍理论提供技术支撑。

云南现在已初步建起以中药、天然药、民族药为主，包括化学药、生物制品、医疗器械、卫生材料、中药饮片、现代中药种植等，集生物医药研发、生产、服务、流通、医药教育为一体的产业体系。云南中药材种植面积已达到170万亩，其中三七、天麻、滇龙胆、万寿菊的种植面积超过十万亩。将灯盏花、重楼、石斛、龙血树等濒危野生资源变为家种，在技术上和规模上均有较大突破。结合上述中药配伍技术体系的建立，这些为云南中药产业奠定了基础。

8.3.3 中药检验技术

常用的重要检验技术有：基源鉴别、性状鉴别、显微鉴别、理化鉴别反应、色谱分析、光谱分析等❶。

---

❶ 雷利利，张熙洁，等．现代色谱技术在中药制剂多指标成分质量控制中的应用［J］．中国药房，2011（22）。

8.3.3.1 基源鉴别

基源鉴别就是应用植（动）物的分类学知识，对中药的来源进行鉴定，确定其正确的学名，以保证应用的品种准确无误。对原植物的鉴定步骤如下：首先观察植物形态，针对活的或比较完整的标本要注意标本的完整性、代表性，对植物标本要特别注意繁殖器官，如标本不完整、无代表性，除对极个别品种十分突出的特征可以鉴定外，一般都要追究其原植物，包括深入产地调查，采集实物标本，否则无法入手鉴定。根据已观察到的形态特征，核对资料，结合鉴定人的分类经验，能初步确定科属的，直接可查该科属，而科属都不能确定的，就必须查植物分科检索表。当知道未知物是什么科属时，可以到标本室核对已定学名的该科植物标本，或根据已知文献核对已定学名的某种标本。

8.3.3.2 性状鉴别

由于各种药材来源不同，性状上就有一定的特异点，性状鉴别就针对这些特异点，对药材的形、色、气、味、大小、质地、断面等特征，通过眼看、手摸、鼻闻、口尝、水试、火试等简单方法，直接作出符合实际的判断，尤其是老药工的传统经验，更值得学习。但这是直观鉴别，有一定的狭隘性和局限性。

8.3.3.3 显微鉴定

显微鉴定是简捷可靠的中药品种鉴定手段之一。通过对中药材的细胞组织及其内含物的形态特征和理化检测，植物器官等各部位的典型和异常的结构，各类动物解剖构造和组织特点的光学鉴定常数等显微特征，可对中药材的真伪作出正确的判断。尤其是对中国传统中成药，如用其中药材粉末制成的膏、丹、丸、散之类的制剂，原有的外表特征都已消失，用肉眼难于鉴别其真伪，而实际上，在处方工艺相对稳定的情况下，可以在显微镜下观察药材粉末显微组织，根据其细胞的形态特征，各种内含物或其他微细特征加以鉴别，达到准确鉴别目的。随着显微技术的发展，偏光显微镜、荧光显微镜、紫外光显微镜、显微摄影技术等在中药检验鉴定方面都能得到迅速的应用。

20 世纪 30 年代，出现电子显微镜，它并非光学显微镜，但基本上结构与光学显微镜相似，所不同的是用电子流代替照明的光线，用电子源代替了光源，以及用特殊的电极或磁板（静电透镜或电磁透镜）代替了光学显微镜的集光器，物镜和目镜的作用。它的分辨率比光学显微镜提高 8 万倍，从此生物学进入超微时代。但是，供电子显微镜的样品需要用超薄切片机进行切片，标本厚为 0.02 ~ 0.1 微米。1938 年出现了扫描电镜，它放大范围广，可以方便地从 10 倍到 20 万倍作连续扫描，分辨率更高，景深大，样品不用切成薄片，3 ~5 毫米厚的材料可直接放入观察，它特别适合孢子、花粉、叶、花、种子、果实及其他薄片或粉末材料表面构造的分析鉴定。

8.3.3.4 理化鉴别反应

每种中药都含有一定成分，这些成分，尤其是活性成分，常能代表某些中药的内在的质量。理化检验就是利用中药中存在的某些化学成分的性质，通过物理方法或化学反应，来鉴定中药真伪及质量。理化鉴别存在缺点，就化学鉴别来说往往只能鉴别某一类物质，专属性比较差，因此，后来许多鉴别反应就逐步被薄层色谱所代替。

8.3.3.5 光谱分析

光谱分析主要包括：紫外分光光度法（UV）和红外分光光度法（IR）。

A 紫外分光光度法

紫外光照射某些物质后，引起物质内部分子、电子或原子核间的运动变化，消耗一部分能量，然后透射出来，再通过棱镜，可得到一组不连续光谱，根据光谱特征，如峰或谷的波长位置、数目、峰形、峰高等结合，对中药进行定性或定量。虽然重要成分复杂，但是大多数中药成分中含有共轭双键结构的成分，可产生紫外吸收，其光谱有一定的特异性，从而，为中药鉴定提供了有价值的光谱信息，借此判断中药的真伪优劣。

B 红外分光光度法

物质分子在红外线照射下，当红外线一定波长的光能与分子各种运动能级相同时，就能吸收光能产生共振，于是产生对红外线的选择吸收，因此呈现出相应的红外吸收光谱。通常一般的中药检验用红外分光光度法鉴定真伪相差不多，主要是用于推断物质的分子结构。

广西药检所曾应用红外分光光度法对牛黄真伪进行研究，还有报道对大黄及其伪品、厚朴及其伪品、西洋参及其伪品、白芍和赤芍的红外光谱进行研究。

8.3.3.6 色谱分析

A 色谱技术

色谱技术迅速发展，主要应用于药品检验上的色谱技术有：薄层色谱技术、高效层色谱法（HPTLC）、热馏薄层色谱法（TAS）、薄层扫描法（TLCS）、气相色谱法（GC）、高效液相色谱法（HPLC）。

从1985年版《中国药典》开始引入色谱技术到2010年版《中国药典》，在短短的25年时间内，现代色谱技术在中药质量控制方面得到突飞猛进的发展。2005年版《中国药典》（一部）中收载564种中药制剂，其含量测定项中有32种采用薄层色谱（TLC）法，338种采用HPLC法，23种采用气相色谱（GC）法。而2010年版《中国药典》（一部）收载中药制剂有1063种，其含量测定项中709种采用HPLC法，24种采用GC法，12种采用薄层扫描色谱（TLC-CS）法。可见，2010年版与2005年版《中国药典》相比，定量分析项中色谱技术的应用明显增加。

应用现代色谱技术对中药制剂多指标成分进行分析，可以更进一步保证了中药制剂的质量。

B 高效液相色谱法（HPLC）在中药制剂成分控制中的应用

HPLC 法具有分离效能高、分析速度快、重现性好、流动相选择性广、色谱柱可反复使用等特点，因此在中药制剂质量控制中占有非常重要的地位。

在 HPLC 仪构成组件中，检测器作为核心部件主要包括紫外检测器（UV）、蒸发光散射检测器（ELSD）、质谱检测器（MS）以及荧光检测器等。二极管阵列检测器（DAD）也属于紫外检测器。在中药制剂质量分析中最为常用的检测器是 UV、DAD、ELSD 及 MS。徐金钟等以 HPLC-UV 检测法测定清热灵颗粒中黄芩苷、连翘苷、汉黄芩苷、黄芩素和汉黄芩素的含量，结果在 274 纳米波长处各成分线性关系良好，准确性高。纪晓影等以 HPLC-UV 法测定抗感解毒颗粒中绿原酸、栀子苷和葛根素含量，结果在 238 纳米波长处各成分的平均回收率分别为 96.6%、97.9%、98.4%。安神补心丸中五味子醇甲、五味子酯甲、五味子甲素、五味子乙素和丹参酮ⅡA 的含量测定的反相（RP）-HPLC-UV 检测法的建立，也使该制剂质量得到有效控制。此外，HPLC-UV 法还可用于肠安康颗粒、退热解毒注射液、通舒口爽胶囊、银黄颗粒、桂枝茯苓胶囊等制剂中多指标成分的含量测定。DAD 具有快速提供待测物的三维图谱等特点，近几年也逐渐用于中药制剂中多指标成分分析。鲁艳柳等采用 HPLC-DAD 法在 276 纳米波长处分析了定清肝活血方中葛根素、黄芩苷、黄芩素和汉黄芩素含量，结果各指标成分平均回收率均在 99.64%~100.83% 之间。抗感胶囊中绿原酸、咖啡酸、芍药苷、木犀草苷和芦丁同时测定的 HPLC-DAD 法的建立，也为该制剂质量的综合评价提供了参考。综上所述，HPLC-UV 或 HPLC-DAD 法为中药制剂质量的有效控制提供了可靠的依据和保证。

UV 作为专属型检测器，只针对有紫外吸收的成分进行检测，而对于紫外吸收弱的化合物成分，往往采用 ELSD 分析，不但避免了其他紫外吸收成分的干扰，且提高了灵敏度。段瑞等用 HPLC－ELSD 法测定红药片中三七皂苷 R1 及人参皂苷 Rg1、Re、Rb1 的含量，与该制剂用 RP-HPLC 法分析相比较，前者准确、分离效果好、无干扰，且节省了分析时间。李春英等建立了四君子丸中党参炔苷、茯苓酸、甘草酸、苍术内酯Ⅲ和白术内酯Ⅰ含量分析的 HPLC-ELSD 法，结果待测组分质量浓度的对数值与色谱峰面积的对数值有良好的线性关系。此外，Wei 等采用 HPLC-DAD-ELSD 法测定复方丹参制剂中的酚酸、皂苷和二萜醌类成分的含量，方法新颖。2010 年版《中国药典》（一部）中采用 HPLC-ELSD 法测定品种已达到 41 种，可见 HPLC-ELSD 法将成为中药制剂的主要分析手段。

HPLC-MS 法则是将 HPLC 的高分离效能和 MS 的高灵敏度、高专属性及较强的结构解析能力相结合，成为中药制剂复杂系统质量研究的有力手段。许海棠等采用HPLC-MS法，选择电喷雾（ESI）为电离源，通过待测组分的保留时间和质谱信息，对桂林西瓜霜喷剂中苦参碱、小檗碱、黄芩苷和靛玉红等有效成分同时进行了快速灵敏的定性定量分析。HPLC-MS/MS联用技术是根据特征碎片离子（子离子）的峰面积进行定量，专一性强，不要求各成分色谱峰完全分离，分析快速。张新峰等采用HPLC-MS/MS法，在11分钟内完成了左金丸和香莲丸中药根碱、黄连碱、巴马汀、小檗碱、吴茱萸碱和吴茱萸次碱的含量测定，且6种成分的最低定量浓度为0.5纳克/升。HPLC-MS（MS/MS）的联用还可用于四物汤中有机酸类和内酯类成分等检测。此外，MS与其他检测器联用（如HPLC-DAD-MS/MS）还可用于分析制剂中糖类、萜类及苷类化合物。

多波长HPLC法的出现，为中药制剂多指标成分定量分析提供了另一新途径。多波长的选择一般是建立在指标成分最大吸收波长基础上，不但增加方法的灵敏度和准确度，而且降低了其他成分的干扰。曾俊芬等在280纳米、320纳米波长处采用HPLC-DAD法实现了通脉口服液中咖啡酸、葛根素、阿魏酸、隐丹参酮、丹参酮ⅡA等成分的良好分离。柏冬等采用多波长HPLC-DAD法同时测定桂枝汤中芍药苷、甘草酸、肉桂酸、桂皮醛及甘草苷的含量，结果在230纳米、250纳米、280纳米波长处，60分钟内5种有效成分被完全分离。此外，多波长HPLC法还可用于抗感宁合剂、双黄连口服液、益宫胶囊等制剂中多指标成分分析。

C 气相色谱法（GC）在中药制剂成分控制中的应用

GC法分离效能高、灵敏度高、分析速度快，广泛用于一些挥发性成分的测定，如暑湿感冒灵中麝香草酚和香荆芥酚，伤湿止痛膏中樟脑、薄荷脑、冰片和水杨酸甲酯，以及六味安消胶囊中对甲氧基桂皮酸乙酯、土木香内酯和异土木香内酯等含量分析。

GC-MS联用技术可对复杂的中药制剂挥发性成分进行分离和定性、定量分析。魏立新等采用超临界CO_2萃取法提取帕朱胶囊的可溶性成分，并用GC-MS法对提取部位进行分析，结果共分离鉴定22种化合物，主要成分含量为胡椒碱44.2%、亚油酸21.1%、甲基-甲撑基奥-异丙烯内酯10.5%、棕榈酸4.8%和γ-羟基-榄香烯酸内酯3.5%等。

D 指纹图谱法在中药制剂成分控制中的应用

多指标定量指纹图谱具有数据全面、图谱优质、与化学计量学紧密结合等优点，能对中药复杂体系进行多变量整体评价，体现中药制剂疗效的综合性，在中药质量控制领域具有良好的应用前景。夏华玲等采用GC-MS法，建立了筋骨痛消丸中挥发性成分的指纹图谱法，为其质量控制提供了更全面的信息。马晓红等研究了复方丹参片乙醇提取物ESI-MS和HPLC-MS特征图谱。刘征辉等采用TLC

建立了六味地黄丸（胶囊）的指纹图谱，收集不同厂家的27批产品，并使用聚类分析法和主成分分析法对其指纹图谱进行了模式识别研究。

E 薄层色谱（TLC）和薄层扫描法（TLCS）在中药制剂成分控制中的应用

TLC和TLCS操作简便，具有分离和鉴别双重功能，但定量分析误差较大，因此多用于中药制剂的定性鉴别。2010年版《中国药典》（一部）与2005年版比较，含量测定项下采用该法的中药制剂品种明显下降，而且该法局限于紫外吸收较弱或无紫外吸收成分的分析，如皂苷类。

8.3.4 中药研发

2005年9月26日，正大天晴药业研制的我国第一个利用天然药物甘草有效成分研制的国家一类抗肝炎新药"异甘草酸镁"正式取得了国家食品药品监督管理局颁布的新药生产证书。"异甘草酸镁"作为一种全新结构的手性化合物，正大天晴首创将其用于肝病的治疗，是在甘草酸制剂20年的研究积累基础上开发的全新甘草酸产品，国内尚无同类产品问世。

清华大学一项中药方剂成果获美国发明专利。2011年12月，清华大学李梢教授课题组的一项中药方剂网络药理学研究成果，获得美国专利。与以往以大量试验为基础的"试错"研究方法相比，该方法具有速度快、成本低、结果相对准确等优点，为复方用药研究注入了新的思路与方法，尤其适合对于复杂中药成分进行大规模计算筛选。如何从中药方剂大量成分中找出有效的成分组合并阐释组合原理，是中药方剂现代研究的一个关键问题。李梢课题组提出了一种利用生物分子网络来"预测"药物协同作用的新方法，即把疾病、药物有关的基因或基因产物映射到生物分子网络，然后在网络上定量分析药物组合对疾病的协同干预强度，筛选出具有协同作用的药物组合，并从中药方剂中发现多种抗血管新生有效成分组合。

8.3.5 云南中药产业发展水平

云南中药产业集中度进一步提高，培育壮大了云南白药集团、昆明制药集团等一批知名企业，重点打造了"云南白药"系列、"三七"系列、"天麻"系列、"灯盏花"系列等产品。中药饮片行业工业总产值近5亿元，较"十五"期间增长近10倍。

最新调查，云南省拥有中药资源6559种，其中药用植物6157种，药用动物372种，药用矿物30种，还有民族药1300余种。这些药用资源中，云南省独有的就达1260种。云南省中药资源总数和药用植物总数分别为全国的51.4%和55.4%，野生植物药材蕴藏量约10亿多千克，天然药物资源的品种数和数量均居全国之首。初步统计，云南省中药材种植面积已达11.3万公顷。三七、灯盏花、云木香等 3 个品种及其 4 个基地通过了国家 GAP 认证，文山三七、昭通天麻、红河灯盏花 3 个品种获得地理标志产品保护。独特的中药资源与传统的加工工艺，使云南药材在全国市场上独具一格，在著名的“云贵川广，道地药材”中首屈一指，许多药材是云南特有的品种❶。

这些宝贵的药材资源，为研发创新药物和增强中药现代化产业核心竞争力奠定了坚实的种质资源基础。

2008 年 1 月，由中科院昆明植物所研制的专用于治疗艾滋病感染者、患者的天然药物制剂——复方 SH（司艾特散），在云南省云溪高新区云南司艾特药业有限公司封闭生产线投入批量生产。该产品已在泰国完成临床试验并已通过泰国政府的批准，在泰国合法上市销售，并且还与越南、尼日利亚、南非等国家签订了合作协议。

❶ 杨柳萌，郑昌博，等. 云南省药物研究的优势、现状和问题［J］. 云南科技管理，2011（3）。

9 生物农业新兴科技

以研究和掌握有生命的植物、动物和微生物生长发育规律为主体的农业科学，通过与现代生物学尤其是生物技术的交融，在人工塑造新物种、构建栽培与养殖环境、开辟食品和资源利用新领域等方面，将取得重大突破，并形成一批新的生物技术产业群，从而带来一场新的农业产业革命。农业是现代生物技术应用最广泛、最活跃、最富有挑战性的领域。生物技术的新发展表明，农业通过运用生命科学的新成就，定向设计构建具有特定性状的新物种，打破生物的种、属、科、目、纲乃至动植物与微生物之间不可交配的界限，按照人们意愿塑造更多的新物种和新品种将成为现实。生物农业包括生物育种、动物疫苗、生物饲料、生物肥料、生物农药等领域，生物农业科技是当前国内外发展最快、应用最广泛的领域之一。

9.1 生物育种

以转基因技术为核心的生物技术在品种选育及产业化应用上发展迅速。2012年，全球转基因作物种植面积达1.703亿公顷。全球28个国家种植转基因作物，57个国家批准进口转基因产品，相关区域的人口占世界总人口的3/4以上。以转基因技术为核心的生物技术将保持高速健康的发展态势。

20世纪90年代，通过现代生物技术引进改良的种子，美国种子业进入了一个技术驱动的变革时期。这个时期来临之前，各企业已进行了多年的研究和开发，花费了数亿美元并承担了高风险，而今这项投资仍在继续。自2010年开始，美国谷物理事会（U. S. Grains Council）明确了即将开发的20个玉米新品种，包括防虫和抗除草剂的新品种，以及在耐旱、改进氮利用和饲料质量等方面的突破性应用。不论是独立的还是合作的研发，大部分技术都有代表性的企业。例如，在农艺性状方面，将有孟山都公司开展高产量的研发；巴斯夫、先正达公司开展有关抗旱性状的研发；杜邦、先锋公司开展有关作物氮吸收利用的研发。在质量性状方面，有巴斯夫公司对饲料的改良；杜邦、先锋公司增加乙醇产量的研发等。

9.1.1 基因工程

9.1.1.1 外源基因导入法

转基因技术的迅猛发展，使转基因作物育种成为可能，并取得了传统、常规育种技术难以达到的效果和效益。在转基因育种过程中有许多关键的技术环节，其中之一就是外源基因的导入方法，该环节直接关系到基因转移的成败，人们不断地探索、发展新的作物遗传转化方法。应用到农业转基因中的遗传转化方法主要有农杆菌介导转化法（agrobacterium- mediated transformation）和外源基因直接导入法。国内外相继发展的直接导入法主要有电击法（electroporation）、聚乙二醇法（PEG）、显微注射法（microinjection）、超声波处理法（sonication），以及基因枪法（particle bombardment，又称微弹轰击法，microprojectile bombardment）、激光微束法（lasermicrobeam）、花粉管通道法（pollen tube pathway）等。其中，农杆菌介导法占所有植物转基因技术研究的57%，其次是基因枪法（占25%）和DNA直接导入法（占14%）。

转基因种子“输入性状”（input traits）研发重点：作物产能的提高（抗除草剂、抗病虫害）、抗逆性状（耐干旱、提升氮利用率、耐盐性等）、提高棉花的棉绒产量与质量。例如，巴斯夫公司运用基因工程与植物基因组学开发新作物品种，研究仙人掌、苔藓等抗旱基因，开发抗旱的转基因玉米、大豆、小麦等，已向外销售种子，实现产业化生产。

转基因种子“输出性状”（output traits）的研发以有利于饲料、生物质能源的应用、含健康的油脂成分为重点方向。

9.1.1.2 多基因转化

复合性状是转基因作物一个非常重要的特性，也是将来转基因作物的研究发展趋势。未来育种的发展，可能是在现有育种的基础上，利用现有的自交系及杂交种，导入新的复合基因来改善现有品种的产量和品质。因此，多基因转化在转基因育种上具有重要的意义。多基因转化一般采用两个策略：一是将不同的外源基因构建到不同的载体上进行转化；另一种策略就是将多个基因构建到同一个载体上，通过一次转化而将多个基因一起导入到受体植物中去。2009年西班牙和德国的一个研究小组通过导入三种基因，成功开发出一种富含三种维生素的转基因玉米，首次实现了在单一作物中引入多种维生素的突破。已有利用代谢工程进行多基因转化的多个案例。

开发：孟山都与陶氏公司共同开发出具有复合性状的新型玉米种子Smart Stax，结合了Herculex XTRA及Yield Gard VT Triple PRO的特性，可防治玉米根虫、欧洲玉米螟等害虫，并具有抗除草剂的特性，实现了产业化的生产。

9.1.1.3 标记辅助选择和标记辅助导入

标记辅助选择是研究最多的方法，它是将现代分子生物学技术与常规育种方法相结合，借助分子标记选择某一位点基因并改变该位点基因频率的过程，也称分子辅助选择。其效率主要取决于位点间存在的连锁不平衡。

标记辅助导入（marker assisted selection，MAS）是通过遗传标记将某一特定基因从一个品种导入另一个品种，与传统的导入杂交改良品种缺陷的方法不同，其不再是简单地将两个品种杂交后通过连续世代的回交，逐步消除不需要的外源基因，达到一定程度后进行横交固定，而是利用MAI技术在两品种杂交后，每次回交前先根据标记信息选出携带有目的基因的个体用于回交，可大大提高基因导入的效率。

我国马铃薯分子标记的性状以抗性性状最具有代表性。郜刚等（2005）利用AFLP标记结合BSA分析方法对与马铃薯青枯病抗性连锁的分子标记进行了分析，获得了4个与马铃薯青枯病抗性相关的AFLP标记，将其分别定位于1号染色体和12号染色体上。郜刚（2000）等又综合利用RAPD、SSR、AFLP三种标记技术对马铃薯二倍体及其分离世代群体ED和CE进行青枯病人工接种鉴定，并筛选和定位了抗性相关的分子标记。徐建飞（2009）等以含有晚疫病抗性基因R11的材料MaR11和不含已知抗性基因的品种Katahdin为亲本进行有性杂交，对获得的F1分离群体的83个基因型进行了晚疫病菌株接种鉴定和遗传分析。结果表明，R11为主效单基因，由此开发了6个与R11连锁的分子标记，将R11定位于11号染色体长臂末端。随着分子生物学理论与生物信息学的迅猛发展，分子育种技术已成为马铃薯育种研究领域的热点。国内外研究人员应用分子标记技术在马铃薯中图谱的构建、性状相关基因的定位、基因的克隆以及序列的测定等方面已取得实质性进展，为马铃薯分子标记辅助育种奠定了一定的基础，展示了分子育种广泛的应用前景，然而我们应该认识到常规育种方法仍然是今后育种的主要研究方向，分子技术育种现在还处于探索阶段，要想取得成功还需要不断地积累新的经验和知识❶。

9.1.1.4 SNP芯片

（1）油菜SNP芯片的发展。大规模、高通量SNP芯片检测首先广泛应用于群体结构的遗传学研究，尤其是在大规模人群的关联性分析取得较大成果。在其他动物研究中，商业化的SNP芯片也已被应用于一些家畜全基因组关联分析、QTL定位、候选基因筛选。在植物方面，Clark等利用高通量SNP芯片技术，对模式植物拟南芥不同品系进行了多态性研究。芯片技术在玉米中的应用最为广泛，对于玉米遗传与育种而言，已开发了4种以上的Golden Gate芯片，为玉米遗传多样性的研究、连锁图谱的构建、标记与性状之间的关联分析、数量性状定位及分子标记辅助选择等提供了必要的技术平台。其他作物如小麦、高粱、大豆等也陆续开展相关SNP芯片研发和利用。在油菜中还未有SNP芯片的研发报道。

针对油菜SNP分析仅停留在基因或转录组的小规模上。2011年6月在捷克召开的第十三届国际油菜大会上各国就油菜全基因组SNP芯片的研发举办了一个

---

❶ 摘自《马铃薯分子育种研究进展》(2010年)。

专题讨论会，集中讨论SNP芯片的开发和利用前景，会议也交流了各国的进展。多个国家虽获得一些油菜重测序的数据，但因为油菜为异源四倍体、缺乏大量重测序数据及全基因组序列作为参考序列，筛选大量SNP存在一定难度，还未研发出通用全基因组范围的SNP芯片，实现真正意义上全基因组芯片还需要一定时间。多个国家如加拿大、法国和澳大利亚等均在积极筹划油菜SNP芯片开发事宜。油菜SNP芯片技术和平台已成为获得知识产权、抢夺分子育种技术制高点的关键，也是各油菜主产国争夺的焦点。

油菜是异源四倍体（AACC），基因组来源于两个基本种分别是白菜（AA）和甘蓝（CC），因而存在大量复等位基因，使得SNP的开发成为一个难点。中国农业科学院油料作物研究所和华中农业大学等单位正试图克服这一困难。第一，在由中国农业科学院蔬菜花卉研究所牵头，中国农业科学院油料作物研究所、深圳华大基因公司等单位完成油菜基本种之一——白菜的全基因组测序后，中国农业科学院油料作物研究所又联合国内多家单位，包括中国农业科学院蔬菜花卉研究所、华中农业大学、湖南农业大学、西南大学、青海省农业科学院、江苏省农业科学院、四川省农业科学院和深圳华大基因公司等单位完成了油菜另一个基本种——甘蓝的全基因组测序，并计划于2011年完成整个油菜AACC基因组测序，同时依赖高密度的遗传图谱，将获得完整的油菜染色体序列。这为油菜SNP分析和定位奠定了基础，也将对我国乃至世界的油菜基础研究和应用研究起到巨大的推动作用。第二，在上述基因组测序的基础上，已开展10个优良油菜品系的重测序，并计划联合国内多家单位开展100份油菜种质资源的重测序，通过分析将获得大量的SNP分子标记。第三，油料作物研究所从已获得的SNPs中随机挑选96个SNP用于预实验，结果表明只有2个SNP没有多态性，多态性比例达到93%。这使得在油菜中开发大量的SNP应用于芯片成为可能。

现阶段我国油菜科技工作者正与国际同行包括加拿大植物生物技术所、法国农科院、英国洛桑研究中心和澳大利亚昆士兰大学等协作开发5万位点以上的油菜SNP芯片。同时我国已具备独立自主开发油菜SNP的能力，如获得国家资助或在有需要的情况下将独立进行油菜SNP芯片的开发，为加速我国油菜育种速度提供技术支撑。

（2）微阵列芯片在水稻研究中的一项重要应用是发现加速或延迟花期的基因，以及授粉和种子开始发育的时间。可以通过研究新方法来控制植物的花期进而控制种子成熟的时间来提高作物的产量。另外，通过理解水稻的生长周期，科学家们也可以选取带有有利的生长特点的品种并将他们移植到气候条件更合适的地域。美国斯克利普斯研究院的科学家们已用微阵列芯片找到了4个在控制模式植物拟南芥开花关键基因中的遗传变异，但水稻全基因试验还在开展中。通过研究可在恶劣土壤条件下（如旱地或盐碱地）成功生长的水稻罕见品种的基因组来寻找更多提高水稻产量的方法。美国加州大学河滨分校的研究人员们最近已经对照了带有耐盐能力的水稻和对盐分敏感的水稻的全基因组表达，找到了一组有差异的基因表达。部分基因涉及类黄酮素生物合成，表明一种遗传路径可能使得在多盐环境下也可成功种植水稻。绝大部分水稻要求湿润、无盐的土壤，而水资源匮乏是全球水稻种植国家共同面临的困难，因此，开发新的品种将有可能在更多的土地上种植这种水稻。

9.1.1.5 诱变育种

诱变育种指利用人工诱变的方法处理生物使其产生基因突变，利用这些变异育成生物新品种的方法。生物样品经高空气球、返回式卫星和飞船搭载，在特殊空间环境的高真空、微重力、强辐射及其他因素综合作用下产生了变异，使生物体发生突变。这种突变的频率高、突变谱广、变异幅度大、变异性状稳定，使育种周期缩短。

已证明具有很强的宇宙高能核粒子辐射、强烈的紫外线照射和极稀薄的空气为特征的高空环境，以及高真空、微重力和强辐射为特征的太空环境，对植物生长、发育、生殖、遗传及衰老等方面有强烈的影响，能引起植物种子细胞膜透性和染色体畸变频率的增加及同工酶的变异，通过对有益的变异体进行筛选，已培育出水稻、大麦、小麦、青椒、番茄、白莲等作物的优良新品种，在生产上应用产生了较大的社会和经济效益，并显示出良好的发展前景。

中国农业大学利用返地卫星搭载了5个不同类型的棉花品种的脱绒干种子，在空间飞行8天返地后对其后代进行了观察和研究，结果发现搭载种子的后代具有一定的生长优势，某些经济性状变异幅度较大，并且同工酶酶谱也发生了变化。中国科学院遗传研究所和上海植物生理所合作研究了搭载“核迹板定位”的小麦种子，均在株高上产生很大变异，筛选获得了矮化的突变体，能有效防止植株倒伏。中国科学院遗传研究所还报道了绿豆种子经返回式卫星搭载后，在叶子形态、豆荚大小和产量上均发生了变异，经筛选得到长荚型突变系。

利用空间诱变育种技术培育出了具有优良性状的粮食作物、蔬菜、水果和花卉新品种（系），且创造了显著的社会效益和经济效益。

在粮食作物方面，华南农业大学利用广东主栽品种“特籼占13”，经卫星搭载，从变异株系第4代中选育出稳定的早晚季适用新品系“华航一号”，其米质优、穗大粒多、结实率高、抗病性佳、株型好、不早衰，且较原种增产5%~15%；湖南省娄底市农业学校利用卫星搭载“娄玉5号”品种，选育成了高蛋白质、超高产早熟晚粳新品种“宇航2号”；江西省抚州市农业科学研究所与中国科学院遗传研究所合作获得了早籼新品系V5025及晚籼新品系V5121，二者均有早熟、大穗、大粒、结实高、优质、丰产和抗病的特点；中国科学院植物生理研究所从经卫星搭载处理的小麦中选育出了丰产、抗倒伏、抗赤霉病的“申植1

号”新品系。蔬菜空间诱变育种方面，1987 年卫星搭载的“龙椒二号”青椒种子，经多年选育，育成果型大、维生素 C 含量高、早熟、抗病性强的青椒新品系“卫星 87-2”，其单果重可达 350 克，增产幅度 25%~30%，已在生产上大面积种植；经卫星搭载的番茄种子，经选育获得产量比对照提高 20% 以上，且抗病性强的新品系 TF823，也已应用于生产。

在水果方面，经空间诱变已选育出许多西瓜优良新品种。1994 年浙江省平湖西瓜研究所、1996 年北京市大兴县西瓜研究所均进行了航天西瓜的研究，得到优质的品系“卫星 2 号”、“卫星 87-14”、“卫星 5 号”、“卫星无籽西瓜”和“航兴 1 号”等，已在生产上大面积推广种植。

在花卉育种方面，白莲种子经卫星搭载，在后代中花型出现半重瓣或重瓣花，花色出红、爪红、粉红、白、青白等颜色的变异，花梗增长，个别品种花梗高出叶柄 50 多厘米，观赏价值大大增强。同时出现莲蓬增大、粒重增高、莲藕增长、产量明显增加，选育的 3 个高产新品系“太空莲 1 号”、“太空莲 2 号”、“太空莲 3 号”，增产 25%~35%，已在江西省推广种植。

我国在烟草空间诱变育种研究方面，贵州省烟草科学研究所于 2002 年 3 月通过“神州 3 号”飞船搭载了 56 克烤烟种子，经 2002 ~ 2003 年两年的栽培试验，第 1 代就表现出明显的变异，13 个烤烟品种中，种子发芽率 8 个品种表现为下降，5 个品种表现升高；第 2 代突变更加明显，其中，K346 品种叶片极度收缩，植株明显高于其他品种，春蕾 3 号的抗坏血酸含量明显高于对照，叶片变绿、株形紧凑、皱缩程度大、生育期推迟近 60 天，且搭载种子后代的整体抗病性显著提高，其中春蕾 3 号的 SP2 株系可能是一个高抗坏血酸含量的变异类型。这些突变为新品种的选育提供了丰富的材料。

9.1.1.6 杂交育种

杂交育种是指利用具有不同基因组成的同种生物（或不同种群）个体进行杂交，在其杂种后代中通过选择获得所需要的表现型类型的育种方法。基因重组，通过非同源染色体上的非等位基因自由组合产生新的基因型，从而产生新的优良性状。

9.1.1.7 MAS 技术

与常规选择方法相比，MAS 具有明显的优势：（1）可以直接依据基因型信息进行选择，提高了选种的准确性和时效性；（2）可以进行早期选择，从而可节省种猪的测定费用；（3）可在任何年龄、任何性别和在活体上取得所需的标记信息用于选择，从而扩大了候选群体规模，提高了选择强度，可降低世代间隔，加快遗传进展；（4）对于用常规选择方法效果不好的低遗传力性状，可以通过增加基因型信息提高选择效果；（5）从性状整体看，通过 MAS 在内的分子育种技术，有可能培育出集难以兼有的几种优良性状（如产仔数多、生长快、背膘薄等）于一体的新合成系。此外，MAS 选择不受环境影响，并且能够开发新的辅助选择性状，通过基因型检测快速淘汰隐性不利基因（杂合子）携带者，MAS 技术还处于研发阶段。

9.1.2 细胞工程

细胞工程育种：主要是指利用花药组织培养、原生质体培养、体细胞融合与杂交等技术进行育种的方法。

9.1.2.1 小麦及禾谷类体细胞杂交技术创新获得国际首创性成果

获得作物的小片段易位系是植物育种学家们长期追求的目标，其主要优点在于：小片段易位可在最大程度上排除不利基因的干扰，以插入方式保存有利于稳定的遗传，携带的目标基因易于定位和克隆，因而在作物的遗传育种及遗传理论研究中有巨大的价值。创建了利用射线处理供体的不对称体细胞杂交方法，实现了异源染色体小片段向小麦的渐渗，从而建立了转移异源染色体小片段的技术，该技术为异源染色体小片段整合到受体染色体提供了直接而简便的方法，为向小麦及其他作物引入异源优异基因开辟了新途径。2004 年，耐盐、优质、高产体细胞杂种小麦（“山大杂 3 号”）通过山东省审定。

9.1.2.2 染色体工程和原生质体融合技术取得新进展，创造了一批具有重要应用前景的育种新材料

建立了甜辣椒的细胞育种与瓜类作物染色体工程技术体系；创制了多种优良的黄瓜异染色体系和多个甜椒、黄瓜单倍体或双单倍体材料并应用于育种实践。通过秋水仙素处理伏令夏橙的胚性愈伤组织，再通过原生质体的分离和培养，得到了伏令夏橙的四倍体胚状体和金柑的四倍体、六倍体。胚乳平衡数（EBN）和染色体倍性操作技术拓宽了野生资源的利用，成功地转育了青枯病抗性、耐盐和耐低温糖化等优良基因到普通马铃薯栽培种中，并通过利用 2n 配子有性多倍化创造了优异四倍体杂种后代，为品种改良准备了材料和方法，技术达到世界先进水平。

通过原生质体融合技术将野生茄子（*S. torvum*）中的抗黄萎病基因转到普通茄子中，获得抗黄萎病和抗青枯病的育种材料。用 PEG 融合法将甘薯原生质体与其近缘野生种的叶柄（或叶片）原生质体进行融合，从徐薯 18 + *I. lacunosa* 和高系 14 号 + *I. triloba* 的种间体细胞杂种植株中各筛选出 1 个具有良好结薯性的种间体细胞杂种，其育性正常，能同甘薯进一步成功杂交，这些体细胞杂种可望用于甘薯育种。

9.1.2.3 建立并完善了小孢子培养技术，加快育种进程

改进了油菜、大白菜、甜椒、辣椒和茄子等小孢子培养技术体系，提高了成胚率，加速了优异基因型及其性状的纯合与稳定，大大缩短了育种周期。利用辣

椒游离小孢子细胞团培养方法，创造了新型的辣椒聚合杂交育种技术，初步解决了辣椒育种中早熟与大果、早熟与早衰、抗病与优质的矛盾，该技术属国际性难题的突破，已引起国际种苗公司的关注。

采用甜菜未授粉胚珠培养技术及体细胞无性系变异技术对甜菜遗传单胚种进行培养和诱变，并通过常规育种技术进行鉴定选择，获得优良甜菜遗传单粒种品系 5 份，利用无性系变异技术获得高抗褐斑病株系 2 个。该技术体系具有实用、经济、快速获得甜菜纯合系的优点，已实现育种产业化发展❶。

9.1.2.4 细毛羊的培育

"分子细胞工程育种技术在超细毛羊培育及产业化中的应用" 科研项目，经过 12 年工作，共计培育细型细毛羊特级、一级种公羊 5600 只；改良低产低质羊 450 万只；共计生产优质细羊毛 1355.33 吨，累计获得经济效益达到 11256.66 万元，具有较大的社会、经济效益，成果推广应用前景广阔，成果总体达到国内研究的领先水平，部分达到国际先进水平，专家委员会一致同意通过成果鉴定。

该项研究主要在超细毛羊毛囊发育、羊毛长度、细度及品质等基因检测方面进行开展基因型、基因频率与生产性能指标相关分析，有望通过建立数据模型来选择种羊，通过分子标记辅助选择育种培育具有优势性状的种群。在优秀种羊快速扩繁方面，大面积采用子宫角深部输精技术、冷冻精液、胚胎移植及核移植技术，使部分优良个体和性状得以快速扩繁。并结合羊毛现代化管理技术、计算机育种信息技术提高细毛羊养殖生产水平和羊毛价值，促进细毛羊产业发展。

该项目研究是在优质细毛羊选育与开发工作基础上开展的连续性育种工作，超细型优质细毛羊品系选育符合细毛羊发展趋势和市场需求，育种基础群已经具备，选育方案设计清晰，可行性、可操作性极强，育种的核心技术、配套技术基本成熟。项目经进一步试验、熟化、组装、集成，将成为高效的育种技术体系，这将是超细型优质细毛羊选育成功的重要基础。通过发展超细毛羊，可以有效增加新疆当地牧民的经济收入，进而产生良好的社会效益。同时项目的完成对加快我国细毛羊业的发展，缓解我国优质细羊毛的供需矛盾，特别是对新疆农业产业内部结构的调整，为西部大开发战略目标的实现将产生深远的影响。

该项目综合应用绵羊繁殖育种的各种新技术和饲养管理配套技术，生产适销对路、质量上乘的优质细羊毛缓解国产羊毛长期短缺的被动局面，提高我国毛纺产品出口竞争能力，替代部分进口羊毛，加强我国在外毛谈判中的地位。对新疆来说，细毛羊业既是农牧民经济收入的重要来源之一，也是联动其他行业发展的重要产业❷。

---

❶ 来源于中华人民共和国科学技术部《我国植物细胞工程育种技术取得新突破》(2006 年)。

❷ 来源于新疆兴农网《分子细胞工程育种技术通过自治区和兵团专家鉴定》(2013 年)。

9.1.2.5 胚胎移植

胚胎移植是指将良种雌性动物配种后的早期胚胎，或者通过体外受精及其他方式得到的胚胎，移植到同种的、生理状态相同的其他雌性动物体内，使之继续发育成为新个体，所以也称作借腹怀胎。其中，提供胚胎的个体为“供体”（donor)，接受胚胎的个体为“受体”（recipient)。胚胎移植实际上是产生胚胎的供体和孕育胚胎的受体分工合作共同繁育后代的过程。

胚胎移植被认为是继家畜人工授精技术之后家畜繁殖领域的第二次革命。人工授精技术极大地提高了优秀种公畜的利用率，胚胎移植技术则极大地增加了优秀母畜的后代数，挖掘了母畜的遗传和繁殖潜力。在畜牧业生产与科研中，胚胎移植技术主要用于以下几个方面：

(1）增加进口纯种畜和优秀个体的后代数，用于纯繁扩群，增加种畜的数量。

(2）缩短家畜的改良周期，加速品种改良。纯种牛的胚胎移植给黄牛，可将15~20年的改良周期变为一年，大幅度地提高了家畜的遗传品质和生产性能。

(3）用于单胎动物的育种，可缩短选择种牛的年限。如牛的MOET育种方案比后裔测定育种方法遗传进展快。

(4）移植产双胎，提高生产效率，尤其对肉用家畜更有价值。同时移植双胚或双半胚或在配种后第7天前后移植一枚胚胎，可获得30%以上的双犊率。

(5）代替种畜的引进。

(6）保存品种资源。保存具有优良遗传特性的家畜胚胎库、基因库，保护濒临灭绝的家畜和动物品种。

(7）用于一些疾病的诊断和治疗。

(8）发展家畜生物技术的研究手段。这项技术是胚胎分割、嵌合、核移植、体外受精和转基因动物等家畜生物技术不可缺少的技术革新手段，也可用于生物学和医学的研究。

通过胚胎移植产下的后代可从本地母牛获得免疫，疾病抵抗力增强，胚胎传染疾病的危险性减小。胚胎移植技术被越来越多地用于牛的引种和牛群的品种改良。

人们研究胚胎移植的历史已有100多年。最早成功于1890年，即英国剑桥大学Walter Heape进行的兔胚胎移植。到20世纪30年代，胚胎移植逐渐受到畜牧兽医工作者的重视，先后获得绵羊（1934）等多种动物胚胎移植成功。到20世纪70年代以后，由于人们认识到超数排卵与胚胎移植技术在提高优良母畜繁殖力，加快优良品种改良和动物育种步伐中的巨大潜力，胚胎移植开始被应用于生产实践。1971年，首家商业性胚胎移植公司（Alberta公司）成立，1974年国际胚胎移植协会（IETS）成立。现在，胚胎移植技术已成为胚胎工程领域的基础技术和手段，而超数排卵和胚胎移植技术已成为快速扩大优秀种公畜和核心群优良母畜的主要手段。一些发达国家的胚胎移植的应用研究发展极为迅速，如美国、加拿大、法国、日本、英国、荷兰、澳大利亚、德国等已建立了完整的经营性奶牛胚胎移植公司，并向国外出售胚胎。MOET 育种计划在这些国家得到全面实行，遗传改良进展比预期提高了 10%。

在商业化应用上，牛的胚胎移植开始最早，商业化生产应用较为成熟，占的比例也最大。因为牛的胚胎能够利用非手术方法采集和移植，供体的重复利用率较高，这样就能经济地采集胚胎来改良和繁殖牛群。牛的胚胎移植已在奶牛和肉牛的改良中发挥了巨大作用，全球牛胚胎移植的总数逐年增加，根据国际胚胎移植学会（IETS）统计，2000 年全世界移植牛胚胎总数超过 52. 85 万枚，头均可用胚约 6 枚，鲜胚受胎率 62%，冻胚 54%。世界上每年通过胚胎移植繁殖的牛已超过 35 万头。美国、法国等国家近年参加后裔测定的青年公牛中，80% 以上为胚胎移植的后代。

羊的胚胎移植应用最先开始于澳大利亚，20 世纪 70 年代，澳大利亚每年要进口 300 万美元的马海毛（安哥拉山羊毛），从而使安哥拉山羊处于一种不切实际的高价地位，为胚胎移植提供了市场条件，促进了澳大利亚安哥拉山羊胚胎移植的发展和应用。20 世纪 90 年代以后，一些其他良种羊的胚胎也开始国际间的交易。

我国家畜胚胎移植技术研究起步较晚，始于 20 世纪 70 年代初，先后取得了多种动物胚胎移植的成功，其中以牛、羊的生产应用研究发展最为迅速。我国牛、羊胚胎移植的发展过程分为三个阶段：即试验研究阶段（20 世纪 70 年代初至 80 年代中期）、发展提高阶段（20 世纪 80 年代中期至 90 年代中期）和推广应用阶段（20 世纪 90 年代中期至现在），现已经全面进入产业化阶段。进入 90 年代以后，随着我国畜牧业的发展，牛、羊品种改良需要大批良种，胚胎移植技术的逐步成熟，加之政府的重视和支持，促进了胚胎移植技术在我国的推广应用。奶牛、肉牛、安哥拉山羊、波尔山羊和良种绵羊的胚胎移植开始在畜牧生产中应用，并在育种中发挥了巨大的作用。

MOET 方案用于奶牛育种最早有中国农业大学的张沅教授提出，在“八五”期间，作为国家科技攻关项目，在北京市中心良种场实施了奶牛 MOET 核心群育种方案。

在商业化应用上，1995 年全国奶牛胚胎移植数量在 1000 头左右。“九五”期间，我国许多省、市应用胚胎移植技术建立了良种牛、羊生产体系，开始了牛、羊胚胎移植技术商品化。据不完全统计，此期间我国在肉牛超排供体 545 头次，获可用胚胎 3048 枚；奶牛超排供体 827 头次，获可用胚胎 4786 枚，同时引进肉牛和奶牛胚胎 3000 余枚，牛的胚胎移植妊娠率平均为 51%（主要是冻胚）。

“十五”期间，我国的牛、羊胚胎移植技术重点是实现产业化，应用该项技术进行牛、羊良种扩繁，建立核心群，改良低产品种。2000 年全国奶牛胚胎移植数量达到5000 头。2002 年起，农业部在北京、新疆、黑龙江、内蒙古、宁夏、陕西、山西、河北和山东等 9 省（市、区）实施“万枚高产奶牛胚胎移植富民工程”，极大地促进了奶牛胚胎移植的产业化进程。

1995 年，我国开始从国外引入波尔山羊，因其改良本地山羊效果显著，种羊供不应求，波尔山羊的引进热潮刺激了国内波尔山羊胚胎移植的迅速发展，先后在国内大部分省区都开展波尔山羊的胚胎移植。波尔山羊胚胎移植中，超排供体回收胚胎数稳定在 15 枚以上。从而为满足种羊的需求，国内许多省、市、自治区，纷纷用胚胎移植技术迅速扩繁波尔山羊。2000 年以后，肉用绵羊如萨福克羊、无角道赛特羊、特克赛尔羊、夏洛莱羊及杜泊羊等胚胎移植工作也成规模地开展起来，肉用绵羊胚胎移植的比例大幅度提高。胚胎移植技术不仅在提高肉用羊供种能力方面发挥了巨大作用，而且也取得了显著的经济效益。

9.1.3 我国生物育种业发展态势

2011 年，国家“十二五”国民经济发展规划中明确指出，要加快农业生物育种创新与推广应用，开发具有重要应用价值和自主知识产权的生物新品种。

我国农业生物技术产业已经进入重要的战略机遇期。已拥有从功能基因研究与发掘到生物育种产业应用的完整技术体系，完成了水稻、黄瓜、二倍体棉花、谷子等多种重要农作物的全基因组序列分析，A、D 二倍体小麦基因组草图也已绘制完成，已建成包括水稻大型突变体库、生物芯片及转录组检测等功能基因组研究平台，在重要功能基因鉴定及生物技术育种改良等研究方面均取得了重要进展。我国已拥有抗病虫、抗除草剂、优质抗逆等一批功能基因及相关核心技术的自主知识产权；已获得达到国际领先水平的饲用植酸酶玉米和国际先进水平的抗虫优质棉、抗虫水稻、抗虫玉米等一批具有产业发展潜力的重要创新性成果。

抗虫棉技术促进了我国棉花产业的发展，并已走出国门，迈向世界。转基因抗虫水稻可有效防治螟虫危害，减少杀虫剂用量 80% 以上。转植酸酶玉米不仅能使环境中磷污染降低 40%，而且能提高饲料中磷营养利用率 30% 以上，可简化生产程序，节能减排效果显著。

我国已经建成 58 个具有一定规模的航天育种技术试验基地和新品种产业化示范基地，一批种业板块核心基地逐步建立，以北京为核心示范区，以海南、甘肃、黑龙江、福建等为推广示范区的全国范围的发展格局已经形成。航天工程育种正在农业、林业、微生物制造业以及细胞工程等众多产业领域中发挥着重要的牵引和带动作用。

中国西部航天（太空）育种基地是天水绿鹏农业科技有限公司与中国科学

院遗传与发育生物学研究所、中国空间技术研究院合作建立的。项目始于2001年4月，经历了五年运作，现有经神州3号、4号飞船，第19、20号返回式卫星搭载的甘肃优良农作物品种和中科院、空间院搭载的及美国宇航局、俄罗斯“和平号”空间站赠送的航天品种，有小麦、水稻、胡麻、油菜、蔬菜、瓜果、花卉、牧草等7大类近140多品系，并杂交培育了2个太空系列黄瓜组合，3个番茄组合，2个茄子组合，64个辣椒组合。通过航天搭载、太空诱变、日光温室加代培养、分子标检测等高科技手段相结合，培育的航天系列品种，其共同的特点是：（1）抗逆性有非常大的提高，即适宜露地种植，又适宜保护地栽培；（2）产量一般提高20%～30%；（3）营养成分普遍提高30%～46%。培育的太空花卉变异幅度更大，其叶色纯正，冠幅饱满，花色斑斓艳丽，花期可延长45天左右，是市场上的奇、特、稀有品种，经济价值高。

9.1.4 云南生物育种资源利用

云南及周边地区地处祖国西南边陲，地形、地貌多样，海拔高度相差悬殊（50～6000米），气候类型很多，同样农业生态型也很复杂。因为这里的农业生态类型多，民族文化不尽相同，在长期的农业生产中利用、保留了大量的作物和畜禽种类，其中有不少种质资源是云南省特有的、稀有的。云南省已获得农业生物种质资源5339份，其中粮食作物2600份，蔬菜作物876份，果树作物351份，经济作物370份（包括牧草等资源17份），食用菌类101份（含标本21份），药用作物986份（含药材样品和标本841份），畜禽类55份（取组织样2323份和血液样376份）。

在获得的稀有种质资源中，有的对育种具有利用价值，如糯性突变玉米品种白糯玉米，若作为糯玉米育种的母本，可在后代苗期通过分子标记快速检验去除非糯株，大大加速糯性的筛选速度。小麦Wx-B1缺失突变体材料可作为小麦育种亲本，特别是特殊的GBSSI（Wx）缺失类型的育种亲本。涮涮辣的辣椒素含量很高，辣味极强，是辣椒高辣椒素育种的宝贵供体材料。西双版纳黄瓜资源中胡萝卜素含量高的品种曼佤圆棕黄地黄瓜，其β-胡萝卜素含量为205.05毫克/千克（干重），d胡萝卜素的峰面积为198707，叶黄素含量为0.426毫克/千克（干重），是黄瓜高胡萝卜素育种比较理想的材料。甜柿和花瓣柿均可作为柿育种的亲本和分类研究的资源材料。乌仁核桃的果实皮薄、核仁紫色、出仁率高，藏葡萄可耐－8℃低温，都可作为育种的亲本材料。

云南小油菜为野生白菜型油菜，种质资源丰富，具有许多特种基因资源，可用于油菜遗传育种，如高含油量、特早熟、抗旱、抗蚜虫等。云南省有丰富的油菜种质资源，特别是芥菜型油菜资源中蕴藏着一些多分枝、多角果、多粒、抗（耐）菌核病等病害的特异种质材料。通过甘芥油菜种间杂交、利用小孢子培养技术已创制了一批大籽粒、双主茎、抗（耐）旱、高油酸甘蓝型油菜材料，并育成油菜品种20余个应用于生产。随着劳动力转移和干旱等自然灾害的频繁发生，油菜产业向直播轻简化、机械化方向发展，要求品种具有突出的早熟性、适宜机械化生产、抗病抗逆能力强。利用包括转基因、小孢子培养等现代生物育种技术，充分挖掘资源的利用潜力，将有效促进产业的可持续发展。

栽培稻是全球最重要的粮食作物之一，waxy基因对栽培稻的品质改良研究具有重要意义。云南是亚洲栽培稻多样性分布中心之一，传统品种丰富。依据云南不同稻区、不同海拔选取99份传统栽培稻品种，对waxy基因序列进行分析。结果显示，供试品种中waxy基因序列包含36个单倍型，其中52个品种存在23bp碱基的插入，而47个品种存在23bp碱基的缺失；糯稻waxy基因第一内含子5′端既有G也有T碱基，剪切位点以T为主，黏稻剪切位点以G为主。7个糯稻地方品种的第一内含子5′端为G，同时第二外显子存在23bp碱基的缺失，与前人的研究结果有所不同，表明云南栽培稻waxy基因单核苷酸多态性高，单倍型多，稻种资源丰富，为挖掘和利用优异糯性基因及品质改良提供了宝贵材料，为云南传统栽培稻种质资源的利用与保护提供了理论依据。

采用多年收集和选育、引进的云南马铃薯30个品种，以在宣威推广种植面积较大的宣薯4号为对照品种，在宣威农业技术推广中心马铃薯品种展示园进行抗旱性、丰产性和稳产性评价鉴定，筛选适宜当地种植抗旱、丰产的马铃薯品种和育种材料。结果表明：结合根提拉力和产量作为评价旱作马铃薯抗旱种质资源和筛选马铃薯抗旱品种的主要技术指标，05-290、05-363、S03-3276、夏波蒂、05-287、04-016、05-188、宣薯5号、05-225、丽薯200202均高于对照，表现出显著抗性，是抗旱能力较强的品种。

云南作为生物资源大省，曾有十余个物种先后于2012年和2013年搭载“神舟九号”和“神舟十号”，成功实现太空育种，在优势生物资源太空育种领域大步走到了全国前列，引起各界关注。

总之，云南生物资源丰富，在生物育种方面具有强大优势，不仅能提供研发的样本，而且可以提供各种种子生长的环境。云南要立足发展生物产业，建造具有强大优势的育种基地，使育种业能够产业化发展，形成云南向各地区输送优质种源的网络格局，并掌握核心技术，跻身世界前列。

9.2 动物疫苗

世界疫苗市场规模已经超过200亿美元。据全球资讯机构Pharm Live预测，全球疫苗市场还将以每年14%的速度增长，到2014年，全球疫苗市场总规模将达350亿美元。

9.2.1 基因工程

9.2.1.1 基因工程亚单位疫苗

运用基因重组技术将编码病原微生物保护性抗原的基因导入并在原核或真核受体细胞中高效表达，提取保护性抗原蛋白，加入合适佐剂即制成基因工程重组亚单位疫苗。兽用口蹄疫基因工程亚单位疫苗、预防仔猪和犊牛下痢的大肠杆菌菌毛基因工程重组亚单位疫苗也起到了一定的保护作用。

科学家们正在研究针对不同病原的同时具有免疫原性和保护原性的疫苗。在生物科学领域有很多的抗原分子经纯化后可以在动物模型上甚至是自然宿主中引起免疫保护作用。

在人用亚单位疫苗方面已经得到了成功应用，例如：多糖结核疫苗、B 型流感嗜血杆菌结核疫苗、无细胞的百日咳疫苗、乙型肝炎表面抗原疫苗。结合疫苗和结合技术的主要目的是增强弱抗原的免疫原性，如 T 细胞非依赖性抗原和多肽类抗原，这些抗原被称为半抗原。这些抗原与 T 细胞依赖的载体蛋白结合，会显著的增加针对这些半抗原的抗体的量。在几种重要的动物疫病中已经显示了结合技术的效力。研究发现羊绦虫 45W 抗原与载体蛋白结合的合成肽疫苗也具有免疫原性，猪瘟病毒的 E2 外膜蛋白与牛血清白蛋白相结合的合成肽疫苗对高致病性的猪瘟病毒具有完整的保护作用。

在兽用疫苗学方面结合技术也应用于免疫催化疫苗和免疫避孕疫苗方面。如利用促性腺激素释放素与卵清白蛋白结合可以作为对母猪进行去势的一种方法。犬透明带糖蛋白 3 与白喉类毒素相结合后再与小鼠透明带糖蛋白 3 的多肽结合，可以有效地控制犬和野生鼠的数量。虽然控制生育力可以有效控制野生动物的数量，但是对于肉用动物的生产，提高生育能力是面临的一个主要问题。利用牛抑制素肽与人类血清白蛋白结合免疫接种小母牛可以提高母牛的排卵率。结合技术在兽用疫苗方面得到了很好的效果，但由于高额的成本还没有商业化的结合疫苗，所以解决高成本以及其他方面存在的障碍是主要的技术问题。

9.2.1.2 基因/核酸疫苗

基因疫苗是把外源的抗原基因克隆到质粒或病毒载体上，然后将重组的质粒或病毒 DNA 直接注射到动物体内，使外源基因在活体内表达，产生以天然蛋白形式出现的抗原，激活机体的免疫系统，并能够持续地引发免疫反应。国外已有至少 4 种核酸疫苗被批准进入 I 期临床试验，包括美国、瑞士和英国的艾滋病核酸疫苗，美国的成纤维细胞生长因子 DNA 疫苗。另外，已有采用细菌载体等运送基因疫苗，即口服 DNA 疫苗的探索性研究，以期在黏膜局部免疫方面有所突破。

9.2.1.3 多肽/表位疫苗

多肽疫苗是用化学合成法或基因工程手段合成病原微生物的保护性多肽或表位并将其连接到大分子载体上，再加入佐剂制成的疫苗。相对于常规疫苗和基因重组疫苗，多肽/表位疫苗不含有对动物构成潜在威胁的病毒基因组信息，不存在发生病毒基因与宿主细胞基因的整合或重组，不会对动物或人类构成潜在的威胁，是一种安全的疫苗。尽管该类疫苗的优点多，但制造成本高。研制成功的多肽疫苗包括口蹄疫、乙型肝炎和疟疾多肽/表位疫苗。

9.2.1.4 基因缺失/标记疫苗

基因缺失疫苗是用基因工程技术使病毒致病性基因缺失，从而获得弱毒活疫苗，该类疫苗产生的免疫应答很容易与自然感染的抗体反应区别开来，故又称为“标记”疫苗，它有利于疫病的控制和消灭计划。疫苗安全性好、不易返祖；其免疫接种与强毒感染相似，机体可对病毒的多种抗原产生免疫应答；免疫力坚实，免疫期长，尤其是适于局部接种，诱导产生黏膜免疫力，因而是新疫苗发展的主要方向之一。已有多种基因缺失疫苗问世，例如美国的伪狂犬病毒基因缺失疫苗、霍乱弧基因缺失疫苗和大肠杆菌基因缺失疫苗。

9.2.1.5 转基因植物/可饲疫苗

把编码病原体保护性抗原基因导入植物细胞内，利用稳定表达或瞬时表达外源基因的植物，生产出能使机体获得特异抗病能力的疫苗。用转基因植物已成功表达大肠杆菌热不稳定毒素 b 亚单位、口蹄疫病毒蛋白或肽、狂犬病病毒 G 蛋白等。动物试验表明，表达的抗原均能刺激产生特异性抗体应答，并产生一定的保护作用。

9.2.1.6 流活载体疫苗

A 经典的活载体

经典的活载体是致弱的细菌或病毒，除诱导抗其自身免疫应答外，还可作为载体表达其他病原体的免疫抗原，因此能够预防多种疾病。这种疫苗构建可以通过在减毒疫苗株的基因组中插入一种或多种外源病原体的保护性抗原基因来完成。另一种策略是活的致弱嵌合重组技术。这种方法是将特定的致弱疫苗毒株用相应的强毒株基因替换。这种技术已被应用于构建嵌合弱毒活疫苗，以预防西尼罗河病毒。这种 Chimeri Vax 平台也应用于发展其他虫媒病毒疫苗，例如日本脑炎病毒和登革热病毒。

利用分子生物学技术将免疫原基因重组到无致病性的病毒或细菌载体基因组中，重组活载体接种动物后，可表达重组蛋白。这类疫苗有时因机体对活载体的免疫反应，限制其再次免疫的效果。国外已研制出以腺病毒为载体的乙肝疫苗、以疱疹病毒为载体的新城疫疫苗等。

B DNA 载体疫苗

重组 DNA 技术提供了一种保留重组体免疫原性抗原表达的优点，而且除去了活的复制型载体的安全问题和不方便等因素。DNA 疫苗非常稳定，而且不像大多数常规疫苗那样需要冷链。这对于发展中国家兽医现场及偏远地区运输疫苗过程尤为重要。直接用裸露的包含有抗原基因的 DNA 进行免疫就能够使 DNA 被吸收并表达抗原。因此，免疫性抗原的实际产生将发生在宿主细胞中，这样就避免了活载体的复制、潜伏及引起对载体免疫的危险。实验室动物研究表明，DNA 疫苗能有效诱导体液免疫和细胞免疫，但是 DNA 疫苗在大动物体内的应用也更具挑战并需要更新的途径，当前还处于研发阶段。

在接下来的几年当中，大多数的病原序列测定将完成，同时 DNA 疫苗的技术及基因组学也许会引起疫苗科学的革新。然而，DNA 疫苗也受到了一定的限制。DNA 疫苗仅能够诱导对蛋白的免疫，但不能引起对多糖的免疫，因此它还不能够成为以多糖为基础的疫苗。关于 DNA 疫苗的安全性，由于哺乳动物细胞与 DNA 质粒之间没有广泛的同源性，所以同源重组几乎不会发生。虽然至今还没有发现有任何影响，但是，DNA 随机整合到宿主染色体的问题仍引起了关注。

C 植物载体

植物载体产生免疫源性抗原具有口服免疫接种的便捷性。转基因植物是免疫的革新性的发展，并且打开了疫苗工业发展的新途径。

植物作为表达载体具有极大的潜在的医学应用价值，并将改变抗体产生和分泌的基本途径。在兽医免疫学中，转基因植物能够随着动物的饲养产生并分泌具有免疫原性的抗原。因此，此种疫苗的应用可以免除对疫苗接种人员的培训、对疫苗的冷链储藏和运输以及注射器等的消耗。天然材料的低成本和植物组织产生免疫的成分性抗体所带来的优点将明显地减少免疫接种中的成本。与病毒和细菌载体相比较，转基因植物更安全，而且植物载体排除了人们对活载体和应用牛血清的常规疫苗的安全性的担心。同其他新生技术一样，植物疫苗也需要克服一些弊端。口服免疫抗原的效果没有注射及鼻内投药的效果那样良好，而且食用抗原对于酶类的消化和吸附过程也需要更充分的了解。除此之外，确切剂量的计算、转基因植物添加到食物链中产生的免疫耐受都是植物疫苗带来的并且需要今后考虑的安全性问题。然而，植物疫苗的优点大于其缺点，解决了这些问题定会使植物疫苗在不久的将来成为一种商业化的产品。

已有多种植物疫苗在转基因植物中表达成功，且在动物和人体实验中获得了满意的结果，这些疫苗都是针对日常生活中常见的人和动物疾病而设计的，还处于研发阶段。如：乙型肝炎疫苗、口蹄疫病毒疫苗、霍乱毒素疫苗、艾滋病疫苗、诺沃克病毒衣壳蛋白（NVCP）、传染性胃肠炎病毒、复合口服疫苗。

抗体及动物疫苗在转基因植物中的表达，反映了植物医药基因工程的进展。

植物抗体的表达，在研究植物的代谢和发育、抗病植株的获取以及规模化生产抗体等方面有着广泛的用途。动物疫苗在植物中的表达，简化了疫苗的生产过程，并能使人体获得持久性的疾病防御能力❶。

9.2.2 细胞工程

9.2.2.1 T细胞疫苗

树突状细胞是专职抗原递呈的细胞，能有效地将抗原递呈给T淋巴细胞，从而诱导CTL活化，荷载抗原的树突状细胞具有疫苗的功能，故称树突状细胞疫苗。T细胞疫苗用T细胞进行疫苗接种，在动物实验中取得了较理想的免疫效应。

单价疫苗：利用同一种微生物菌（毒）株或一种微生物中的单一血清型菌（毒）株的增殖培养物所制备的疫苗称为单价疫苗。单价苗对相应的单一血清型微生物所致的疾病有良好的免疫保护效能。

多价疫苗：指同一种微生物中若干血清型菌（毒）株的增殖培养物制备的疫苗。多价疫苗能使免疫动物获得完全的保护。

多联苗：指利用不同微生物增殖培养物，根据病性特点，按免疫学原理和方法，组配而成。接种动物后，能产生对相应疾病的免疫保护，可以达到一针防多病的目的。

9.2.2.2 细胞转瓶培养

国内外常用的细胞大规模培养方法包括转瓶培养、多层平板培养、生物反应器培养等。转瓶培养技术是传统的贴壁细胞培养方式，将细胞接种在旋转的圆筒形转瓶中，细胞贴附于玻璃壁四周，培养过程中转瓶在轴承上不断旋转，可以使细胞交替接触培养液和空气，瓶内空间大，可以维持合适的氧和pH值水平，有利于细胞吸收营养和进行代谢。但由于转瓶培养所需要的劳动强度大，占地空间大，单位体积提供的表面积有限等，因此转瓶培养一般用于小量培养到大规模培养的过渡阶段，或作为生物反应器接种细胞准备的一条途径。但从另一角度来看，转瓶培养技术最为成熟，扩大培养只需简单地增加转瓶数量即可实现。

优化培养基转瓶培养的大多数细胞中需要添加一定量的血清，但胎牛血清对病毒在细胞上的增殖具有一定抑制作用，而且血清中大量复杂的蛋白成分给疫苗、细胞因子、单克隆抗体等细胞产品的分离纯化带来很大困难。有研究表明病毒的产量受细胞的数量和状态影响，由于病毒增殖过程中，使用的细胞维持液中无血清成分或者含量很低，会造成细胞营养不足，影响细胞的生长状态进而影响病毒产量。无血清培养基是用人工合成的已知分子结构和构型组分的低蛋白代替

---

❶ 谭萍．植物医药基因工程研究进展［J］．生命科学研究，2003。

动物血清的一种细胞培养方式。不同的商品化的无血清培养基，例如 Optipro SFM（Gibco）、Episerf（Gibco）、VPSFM（Gibco）和 Ex-CellMDCK（JRH Bioscience），都已证实能在转瓶中培养细胞和病毒感染。采用这种无血清培养基具有多种营养成分，既满足细胞生长的需求，又不会影响病毒增殖，而且为研究细胞的增殖和分化提供了可靠的依据。它能减少后期纯化工作，提高产品质量，正逐渐成为动物细胞大规模培养的研究新方向。悬浮培养的细胞可直接使用无血清培养基培养。对于较难驯化的细胞，必须贴壁才能生长，这种情况下，无血清培养基中一定要加促贴壁和生长因子，一般为细胞外基质，如纤连蛋白、层粘连蛋白等。纤连蛋白能促进成纤维细胞、CHO 细胞、肉瘤细胞、粒细胞、肾上皮细胞、成肌细胞等来自中胚层细胞的贴壁与分化。激素也是许多细胞不可缺少的生长因子，他们能刺激细胞生长、维持细胞功能，如胰岛素。中国作为畜牧发展大国对防疫用疫苗需求量大，且各地区养殖条件差异大，流行毒株也不尽相同，所以加大疫苗的快速生产和应用是很重要的一个环节。

9.2.2.3 反应器细胞培养技术在禽流感病毒疫苗生产中的应用

国际上应用反应器微载体培养技术生产流感病毒生产的哺乳动物细胞主要有 Vero 细胞、MDCK 细胞；用反应器全悬浮培养技术生产流感病毒主要有 PER. C6 细胞、MDCK33016 细胞和 AGE1. CR 细胞。其中，美国百特生物科技公司（Baxter）的 6000L 反应器微载体培养 Vero 细胞生产流感疫苗的平台是一个非常成功的案例，能生产人或禽来源的 H1、H2、H3、H5、H7 和 H9 等各亚型毒株，对野生型的人 H5N1 病毒则有更高的生产效率。国内已有多家单位正在开发 MDCK 细胞、Vero 细胞生产禽流感病毒疫苗工艺。因为 PER. C6 细胞、MDCK33016 细胞和 AGE1. CR 细胞都存在专利保护及许可使用等问题，应用微载体培养 MDCK 细胞、Vero 细胞成为一种现实的选择。但对于禽流感病毒疫苗，至少 1000 升规模以上的生物反应器用于生产病毒，该禽流感疫苗才有市场价值。采用生物反应器培养细胞生产禽流感疫苗工艺过程中最大的困难是对反应器微载体培养细胞的逐级放大技术的开发。从疫苗和悬浮培养的发展趋势来看，反应器悬浮培养动物细胞技术、无血清细胞培养技术等是当前世界范围内各大生物公司工业化生产疫苗的首要选择。"建立疫苗和抗体的大规模和快速反应生产新技术，系统的疫苗效果及质量评价技术体系"是我国《"十二五"生物技术发展规划》中的发展重点之一。反应器细胞培养工艺技术的革新是我国兽用生物制品行业升级换代的必然趋势。

9.2.3 动物疫苗研究展望

活载体疫苗具有活疫苗的免疫效力高、成本低及灭活疫苗的安全性好等优点，是当今与未来疫苗研制与开发的主要方向之一。另外，不同种类的新型疫苗之间可通过技术手段的交叉组合、免疫原的集成使用等，研制出更有效和理想的疫苗。

微生物病原体的传播，如禽流感、SARS 病毒出现的抗药性病原体和生物威胁明确地表明：传染性疾病将在未来对全世界的经济和公共卫生产生巨大的威胁，应对这种问题需要全世界的共同努力。多种动物的传染病导致了巨大经济损失，这些疾病也引起了兽医科研工作者的关注。这使得动物疫苗成为首要发展的项目。分子生物学的到来以及人们对传染性疾病免疫生物学的深入了解也引起了对多种保护性疫苗的研究。毒力因子和免疫原性的同一性是设计新型疫苗的第一步，随之而来的是重组载体的快速发展。综合上述诸多因素，疫苗的设计和生产必将向着成本更低廉、作用更有效、使用更安全、接种更方便的方向发展。

9.2.4 动物疫苗发展壁垒

动物疫苗发展壁垒主要有以下几个方面：

（1）行业准入壁垒。由于动物疫苗直接关系到肉类食品的卫生安全，而且生产需要使用病毒、细菌等病原体，因此国家在生产经营资格、GMP 认证等行业准入方面制订了一系列的法律、法规，以加强对动物疫苗行业的监管。根据国家规定，动物疫苗生产企业必须通过兽药 GMP 认证，所有动物疫苗产品实行产品批准文号许可制度，并必须经过中监所批签发后方能销售。同时，国家还对相关从业人员实行资格认证制度。因此，动物疫苗行业具有较高的行业准入壁垒。

（2）技术壁垒。动物疫苗的技术含量较高，缺乏相应技术能力的企业很难进入动物疫苗行业。动物疫苗企业的技术包括新疫苗研究技术和疫苗生产技术。新疫苗产品的研究开发涉及新的病原体、新的发病机理和新的保护效果研究，研究和开发涉及兽医学、畜牧学、药理学、药物分析学、药物化学、药物制剂学、毒理学、分子生物学和基因工程等众多领域，具有多学科交叉的特征，不仅时间长、投入大、失败风险高，还需要研究者拥有相关领域的知识和经验的积累。国家对药品毒性、生态安全性、可靠性和稳定性的要求逐渐提高也使新产品研发的创新难度增大。疫苗产品的生产涉及微生物繁殖培养、灭活、冻干等多方面的工艺，为提高疫苗产品的品质和生产效率，需要准确控制生产过程中的每一个工艺环节，生产企业必须拥有长期的生产经验和工艺技术积累方能达到要求。因此，行业新进入者很难全面掌握本行业所涉及的技术，没有动物疫苗长期研发或生产经验积累的企业难以进入这个行业。

（3）产品质量壁垒。质量控制体系是保证动物疫苗产品稳定性和高品质的关键。为保证畜禽产品的品质，控制食品安全风险，政府防疫部门以及规模养殖户会对动物疫苗产品进行严格验证，并对疫苗效价、免疫效果、应激反应等指标进行评估，对产品的质量要求逐步提高。合格的动物疫苗企业必须不断加强质量控制和管理，严格执行 GMP 质量管理体系，随时接受中监所对质量控制的飞行检查，每个批次的动物疫苗产品需经严格的签发批准后方能对外销售。动物疫苗行业新进入者难以满足监管部门和市场对产品质量的要求。

（4）技术服务壁垒。新进入者面临较高的技术服务壁垒。我国畜牧业养殖户绝大多数为没有专业教育背景的养殖户或企业，对动物疫苗的售后服务依赖性较大。终端养殖户以及政府招标选择产品时对产品供应商的售后技术服务要求较高，不轻易采购没有完备技术服务的供应商的产品。而技术服务体系的建立需要长期的过程，涉及合格人员的配置、免疫技术培训、现场技术指导、免疫副反应的及时处置等诸多环节，新进入者无法全面满足这些条件。

（5）人力资源壁垒。新进入者面临严峻的人力资源壁垒。我国动物疫苗行业于 2000 年前后才开始市场化运作，仅原 28 家计划经济条件下的老生物制品企业拥有较为充足的动物疫苗生产技术人才和售后技术服务人才。动物疫苗行业的专业研发人员则更少，主要集中在少数科研院所。新进入者无法在市场上获得充足的人力资源，所需人才主要依靠自身培养。因此，新进入者将面临严峻的人力资源壁垒。

9.2.5 我国企业及发展现状

9.2.5.1 金宇集团

（1）兽用疫苗国家工程实验室。金宇集团的兽用疫苗国家工程实验室是行业也是全国唯一的实验室，并且金宇集团还完成了全国第一条基因工程疫苗中试线的安装调试。未来五年，实验室研究开发猪口蹄疫病毒基因重组等 7 种人畜共患病的基因工程疫苗，新城疫分子标记等 5 种常规疫苗的基因工程疫苗。

（2）疫苗悬浮培养技术。2008 年度，金宇集团攻克疫苗悬浮培养技术难关，攻克悬浮培养规模化生产工艺与相关设备、自动化控制系统的开发制造，产品达到国际水平，产品的生产能力和产品质量比原来提高 20 倍以上，并于 2008 年度申请获得猪口蹄疫双价灭活疫苗（0 型）、双组分灭活疫苗和伪狂犬活疫苗的生产批准文号。

（3）禽流感疫苗。金宇集团旗下内蒙古生物药品厂是自治区唯一一家生产禽流感疫苗制品企业，也是农业部指定牲畜种特种疫苗生产企业，拥有国内首家通过农业部 GMP 认证的强毒灭活疫苗生产车间，禽流感疫苗综合研究和生产能力居国内领先水平。

9.2.5.2 中牧股份

中牧股份主要产品包括禽用疫苗、兽用疫苗和特种疫苗，动物疫苗年生产量超 200 亿头羽份，占全国三分之一以上市场；猪蓝耳病疫苗由下属成都药械厂和控股公司乾元浩生物下属南京生物药厂生产，这两家生产厂家均属农业部批准的

12 家高致病性猪蓝耳病疫苗生产企业之列；禽流感疫苗已形成了 130 亿羽份产能，其产品毛利率达 60%，其禽流感疫苗主力生产企业为中牧股份参股 50% 的南京梅里亚和参股 52.92% 的乾元浩生物，这两家企业均属农业部正式批准 9 家禽流感疫苗定点生产企业之列。中牧股份参股子公司南京梅里亚 2009 年销售口蹄疫疫苗 10.01 亿毫升。中牧股份还生产有猪伪狂犬灭活疫苗、猪伪狂犬病基因缺失疫苗，并拥有国内第一家宠物疫苗厂。

9.2.5.3 天康生物

天康生物是首批国家级农业产业化重点龙头企业、全国饲料企业 30 强、国家农产品加工技术研发（饲料）专业分中心、农业部定点生产口蹄疫疫苗、专用猪瘟（脾淋）疫苗和小反刍兽医疫苗企业。

天康生物收购河南宏展实业有限公司 100% 股权和郑州开创饲料有限公司 100% 股权，扩大了公司饲料业务规模，为天康生物饲料业务走出新疆，实现跨区域发展奠定了基础；同时天康生物募投项目牛羊专用饲料生产线建设项目、专业浮性水产饲料建设项目、兽用生物制品 GMP 五车间建设项目和自筹项目年产 12 万吨棉籽脱酚蛋白生产线已全部建设完成并投入生产，为天康生物产能规模的进一步发挥和效益的提升提供了保障。

9.2.5.4 浙江医药

浙江医药生产有禽流感新药，该禽流感新药属于神经氨酸酶抑制剂，可以高效地抑制禽流感病毒株的神经氨酸酶，也可用于治疗一种广泛流行的源于禽流感病毒株再分布而形成的 A 型流感毒株所致的流感。

9.2.5.5 升华拜克

升华拜克主要业务包括生化兽、农药业务，生物农药、兽药是公司主要利润来源，产品包括阿维菌素、麦草畏、硫酸黏杆菌素和黄霉素等；升华拜克参股 38% 的青岛易邦生物工程为农业部正式批准的禽流感疫苗定点生产企业，产品以禽流感 H9 亚型灭活疫苗、禽流感 H5、H9 二价灭活疫苗为主。

9.2.5.6 华神集团

华神集团兽药产品主要包括猪伪狂犬病活疫苗，其全资子公司四川华神兽用生物制品生产的“猪伪狂犬病活疫苗（SA215 株）”是我国第一株从技术上达到国际疫苗应用标准、完全自主知识产权的动物病毒基因工程疫苗。

9.2.5.7 钱江生化

钱江生化是一家从事以生物农药、生物兽药、生物医药中间体的研发、生产和销售为主的上市公司，是我国重要的农药生产基地，其兽药产品硫酸黏杆菌素是沙门氏菌有效兽药，也是“超级病菌”兽药领域的有效治疗产品。

9.2.5.8 瑞普生物

瑞普生物专注兽药领域，其产品主要适用于鸡、猪等家禽家畜，在活疫苗耐热保护技术、灭活疫苗超滤浓缩技术、疫苗毒株选育、免疫增强剂和药物新剂型等多个技术领域保持领先地位。

9.2.6 云南发展动物疫苗的优势

云南动物资源丰富，在研究中有很多科技成果，云南农业大学动物科学技术学院在研究动物核酸疫苗时得出结论，核酸疫苗已显示出强大的优越性和生命力，其发展前景巨大。随着研究的不断深入，核酸疫苗的作用机制也在不断地被阐明。外源目的基因的选择、载体的选择、接种组织的预处理等都是影响着核酸疫苗在体内表达的主要因素。由于核酸疫苗具有常规疫苗所没有的优点，但同时核酸疫苗也存在一些尚未解决的问题。随着人们对核酸疫苗的不断改进，相信核酸疫苗无论是在疾病预防还是基因治疗中将起着更加重要的作用。

9.3 生物饲料

9.3.1 细胞工程技术

单细胞蛋白，又称微生物蛋白，特指从纯培养的微生物细胞中提取的总蛋白，可以作为人或动物蛋白的补充，能在不同程度上提高秸秆饲料的转化率，从而达到促进消化和生长的目的。单细胞蛋白最大的特点是所含人体 8 种必需氨基酸含量略高于大豆蛋白质，并且富含维生素 B、维生素 B_6 以及胡萝卜素等其他营养元素，因而可视其为一种理想的蛋白质资源。

9.3.2 酶工程技术

酶工程技术是以多种优质杂粕和高蛋白植物为基料，经过特殊的有益微生物作用后，利用好氧发酵工艺发酵而成的高活性饲料酵母。其功能有：（1）酵母菌体蛋白含量高，其含有多种消化酶，能促进动物生长，提高饲料消化吸收率。（2）动物内源性消化酶不足，其能促进反刍动物胃肠消化吸收，明显提高产奶性能。（3）产品经过特殊发酵，产生的益生菌进入肠道后可抑制有害菌繁殖生长，预防疫病发生，增强抗病能力。（4）提高产蛋和产奶率，增加瘦肉率。（5）该产品无毒、无害、无副作用，符合国家饲料卫生标准，在我国已经实现了产业化生产。

9.3.3 发酵工程技术

发酵工程技术主要有以下几种。

9.3.3.1 去壳酒糟饲料

分离大曲酒糟稻壳的工艺主要有：挤压分离法；漂洗分离法；干燥揉搓分离

法；干燥振打分离法。可用于工业化生产的方法有振打分离工艺和揉搓分离工艺。

9.3.3.2 酒糟菌体蛋白饲料

利用白酒糟为基本原料，添加单一或者多种微生物菌种发酵，可得到菌体蛋白饲料。酒糟菌体蛋白饲料生产有固态发酵工艺和液体发酵工艺两种，其中以固态发酵工艺为主。

9.3.3.3 酒糟饲料添加剂

利用酒糟作为原料载体，采用单一或多菌种混合固态发酵技术，生产出富含微生物酶、维生素、生物活性物质及生长调节剂的新型高效饲料添加剂。主要采用固态、纯种发酵工艺技术生产酶类饲料添加剂。

9.3.3.4 微生物发酵生物饲料

微生物发酵的菌种主要包括细菌（芽孢杆菌、枯草杆菌、乳酸杆菌、双歧杆菌、乳酸球菌、光合细菌等）、酵母菌（啤酒酵母、假丝酵母、石油酵母等）、真菌（曲霉、根霉、木霉、青霉等）、放线菌、担子菌和微型藻类（小球藻、绿藻、螺旋藻）等，生产中可根据原料和生产条件选择适合菌类❶。

微生物发酵饲料主要包括固态发酵饲料是利用各种有益微生物的发酵作用，把粗饲料加工成营养成分高、适口性好的饲料，以增加适口性和提高养分利用率或解毒脱毒。发酵微生物有真菌、酵母菌及细菌的一些类群，常见的固态发酵饲料包括青贮、微贮、粗饲料等纤维素酶解饲料与担子菌发酵、畜禽粪与动物下脚料发酵、饼粕类发酵脱毒饲料以及固态发酵菌体蛋白饲料。

饲用微生物发酵工程技术和产品在解决饲料工业难题上有着无与伦比的优点和巨大的发展潜力，是当前国内外的研究重点和发展方向。通过微生物发酵技术和酶制剂创造新产品、新技术和新工艺，与饲料生产相关企业和养殖业结合，组成一条龙联合攻关队伍，形成具有展示效应的技术与产品，是饲料生物技术研究的主要任务。具有较好研究基础和潜力，又能解决饲料工业难题的发酵工程技术和产品主要有：

（1）微生物发酵饲料及发酵添加剂。微生物发酵饲料主要是酵母产品。国外生产的酵母产品主要有：活性干酵母、酵母培养物、营养性酵母和酵母制品（如酵母提取物、酵母自溶物），其中用于饲料工业的主要是营养性酵母和酵母培养物。我国的酵母类饲料产品主要有饲料酵母和酵母饲料。饲料酵母是真正的单细胞蛋白，每克细胞数为80亿~100亿，而酵母饲料掺杂造假严重，没有严格标准。

酵母培养物是一种独特的酵母产品，由特定的酵母菌种按特定的工艺和培养

---

❶ 陈风风．生物饲料的开放与应用［J］．农业技术与装备，2011（2）。

基进行发酵而形成。它在美国已存在50多年，是一种被广泛接受的饲料产品。它含有一定的活性酵母，但不是主要成分，其主要的使用价值在于酵母细胞在培养基中产生的代谢产物和胞壁甘露寡糖。它在配合饲料中添加量为1%～10%。甘露寡糖对蛋鸡在炎热季节维持采食量特别有用，有助于种母鸡增加蛋重和老年母鸡维持良好的蛋壳品质，提高饲料利用率，可提高种母鸡产蛋数3～5个，提高孵化率。因此应用领域非常广阔。

发酵饲料的另一个产品是青贮饲料，它是反刍动物的主要粗饲料。1985年以来，农业部重点推广青贮饲料技术，取得巨大成绩。近15年来青贮技术中关于微生物青贮接种剂的研究与应用一直处于最为重要的地位，在美国注册入市的微生物青贮添加剂有140多种，欧洲也有80多种。北美和欧洲国家青贮饲料制作已经广泛使用微生物青贮添加剂，其效果已经为研究和生产领域所确证和接受。传统青贮技术在青贮过程中营养物质损失大。微生物青贮剂能够控制青贮饲料发酵模式，减少青贮饲料损失，改善青贮饲料适口性。我国的青贮添加剂技术研究与应用还十分薄弱，迫切需要加强。

（2）微生物富集有机微量元素。饲料中的微量元素长期以来均以无机盐的形式添加，其稳定性差，容易与维生素、草酸、植酸等发生反应，生物利用率低，也降低维生素的生物效价。而增加微量元素的添加量，则造成资源浪费。近年来，不同来源的有机态微量元素特别是微生物富集的微量元素逐渐被采用。大量试验表明，微生物富集微量元素较之无机态不仅吸收利用率高，而且对增进动物健康，提高生产性能，减少应激等方面均起很大作用。如无机硒主要为亚硒酸钠，饲料中直接添加时会降低猪鸡的抗应激能力，转群运输屠宰时易导致血管壁破损，形成肌肉出血点，影响生长和肉质。若混合不均、局部浓度过高时则有剧毒。再如+3价铬是人和动物组织中葡萄糖耐受因子的重要组分，对人畜的耐力、抗应激能力很重要，而制革工业、电镀工业中用的+6价铬有毒，是环境污染的元凶。利用酵母和真菌可以将+6价铬转化为+3价铬，变毒为宝。因此结合金属废液排放企业的环保治污工程进行微生物富集微量元素，具有双重效应，可以与生物环保相联系进行产业化发展。

（3）微生物酶法生产维生素。泛酸钙作为维生素饲料添加剂，在畜禽养殖中具有重要的作用。国内饲料用泛酸钙生产量为1600吨。生产泛酸钙关键中间体泛解酸内酯需要拆分，有方法三种：其中化学拆分法的缺点是拆分剂太贵，成本高，分离困难，还有毒性和环境污染问题；诱导结晶法直接生产D-泛酸钙，收得率低，纯度差，成本高，生产量小；生物法拆分主要指微生物酶法。最近国内筛选得到了能高产D-泛解酸内酯水解酶的微生物菌株，进行了DL-泛解酸内酯中间体拆分，产品质量能满足D-泛酸钙的生产要求，技术可以产业化，也有益于环境。

（4）饲料酶制剂。植物性饲料原料中60%～80%的磷以难溶的植酸磷形式存在，鸡、猪等对其消化率非常有限，一般只能利用15%左右。这在饲喂过程中造成许多问题：1）造成磷源浪费，一方面饲料中的磷源不能有效利用，另一方面猪、鸡日粮中需要添加无机磷以满足营养需要，提高了饲料成本。2）形成高磷粪便，造成环境污染。饲料中85%左右的植酸磷会被动物直接排出体外，污染水和土壤。3）植酸与钙、锌、铜等离子配合还造成多种微量元素利用率下降。

植酸酶可以降解饲料中的植酸牛成可为畜禽利用的磷酸。仔猪日粮中添加500IU/千克的植酸酶，可以替代75%的磷酸氢钙，并可促进猪的生长，提高饲料转化效率和经济效益，减少环境污染。蛋鸡、蛋鸭需要从日粮中摄取大量的钙磷以生成蛋壳。饲料中添加植酸酶可提高蛋禽对有机磷的利用效率，替代部分或全部磷酸氢钙，提高效益，减少污染。

利用微生物酶制剂，消除和降解饲料原料中的抗营养因子是提高消化率、节约饲料的关键。在合全脂米糠、高油玉米、草苜蓿粉、血粉、饼粕等的饲料中添加脂肪酶，可提高表观消化能5%～11%，提高猪禽增重速度4%～10%，提高饲料利用率2%～7%，减少粪便排泄量。我国年产米糠1000万吨，使用脂肪酶后相应节约的消化能相当于50万～100万吨玉米。在青贮添加剂中，国外很多使用酶制剂特别是耐酸性脂肪酶，提高秸秆生物学价值，经济和社会效益更为巨大。

（5）非常规生物饲料。非常规生物饲料是在微生态理论指导下，将非常规饲料经过有益微生物的发酵生产和调制而成的饲料。由于非常规生物饲料主要是根据微生物的发酵作用、非常规饲料的营养特性及饲料对象对于营养的需求，将一定比例的有益微生物与非常规饲料组合发酵制备而成，因此可达到改变非常规饲料的理想化、增加适口性及营养价值和提高消化利用率等效果。非常规饲料的主要来源有农作物秸秆、糟渣、林业副产物（主要包括树籽、树叶、嫩枝和木材加工下脚料），非常规植物饼粕类主要有芝麻饼、花生饼、向日葵饼、胡麻籽饼、油茶饼、菜籽饼、橡胶籽饼、油棕饼和椰子饼等。动物性下脚料主要指屠宰场下脚料、皮革工业下脚料、水产品加工厂下脚料和昆虫等动物性饲料资源。

（6）富酶生物饲料。它是采用营养缓释技术、生物发酵技术把一些富产消化酶和细菌素（抗病菌物质）的芽孢菌、酵母菌和乳酸菌类经特殊工艺生产的新型高科技微生态制剂❶。

9.3.4 蛋白质工程技术

（1）酒糟动物蛋白质饲料。国内蝇蛆规模化、工厂化生产技术以及蝇蛆生

❶ 中国农业大学．富酶生物饲料［J］．技术与市场，2004（10）。

化系列产品的制备工艺已渐成熟，每吨含酒糟10%的粪料通过液态或固态培养，可产生鲜蛆100~300千克。

（2）植物性蛋白质饲料。植物性蛋白质饲料可分为三类，即豆科籽实、油料饼粕类和其他制造业的副产品。这类饲料的特点是：蛋白质含量高、品质好，其利用率是谷类的1~3倍；粗脂肪含量变化大，油料籽实在30%以上，非油料籽实只有1%左右，饼粕类为1%~10%；粗纤维含量较低，矿物质含量与谷类籽实近似，钙少磷多，且主要为植酸磷；维生素中B族较丰富，而A、D较缺乏。这类饲料大多含一些抗营养因子，经适当加工调制可以提高其饲喂价值。

（3）动物性蛋白质饲料。主要包括鱼粉、肉骨粉、肉粉、血粉、羽毛粉、蚕蛹粉、河蚌、螺蛳、蚯蚓、小鱼、昆虫等。

（4）酱渣生产蛋白质饲料。酱渣生产蛋白质饲料，酱渣是酿造厂生产过程的废弃物，主要成分为水、纤维、盐、蛋白质等。粗蛋白质一般超过5%。以酱渣为原料，适当添加辅料和菌种，通过固体发酵，将废渣的营养成分转化为菌体蛋白质，氨基酸含量并相应提高，以期成为一种新型的蛋白质饲料。

（5）菌体蛋白饲料

菌体蛋白包括食用菌菌丝体、光合细菌、微型藻饲料等，菌体蛋白饲料原料来源广泛，如淀粉、废酒糟水等均可作为原料，同时生产过程易控制。

9.3.5 云南生物饲料发展优势

云南大麦产业主要形成了大麦生产与烟草产业、啤酒大麦与啤酒麦芽产业、饲料大麦与畜牧业、药食兼用大麦与功能食品四大产业快速发展的新格局，这四大产业协调发展推动了云南啤酒大麦、饲料大麦、青稞及其功能食品产业的快速发展；云南已形成了一系列专用大麦高效育种技术及产后深加工技术，选育出饲料、啤酒、食用和功能食品等专用大麦新品种（系），建立了大麦高产高效栽培技术规程，形成了大麦产业与烟草、啤酒麦芽、畜牧业、功能食品、旅游业相互渗透发展的综合利用产业体系；必将有力地促进和推动当前及今后云南乃至中国大麦产业的持续稳定发展。云南是中国最大的饲料大麦生产基地，常年种植面积为11.4万公顷。云南饲料大麦科研生产经历了三个阶段实现了稳定可持续发展，正向第三阶段“由弱变强”的目标迈进。2009年在国家大麦产业技术体系昆明、大理和保山综合试验站等支持下，云南省农业科学院生物所采用常规杂交育种和一年二代高效育种技术，选育出一批具有自主知识产权的饲料大麦新品系正加速鉴定评价。加强饲料大麦新品种选育及其综合利用技术研究，促进畜牧业的发展。利用国家大麦产业技术体系，加强大麦区域试验，促进大麦产业的持续发展。小桐子作为生物柴油的主要原料之一，在近些年来虽然发展很快，但仍然受高成本的制约。饼粕是小桐子生物柴油生产过程中产生的最大宗副产物，富含高品质的蛋白质，是开发动物饲料的优良原料。由于大量毒性成分限制了小桐子饼在饲料业中的应用，饼粕饲料化不仅可以降低小桐子生物柴油的成本、满足人们对动物食品的需求，还能消除饼粕对环境的毒害。饼粕中最难处理的毒性成分是佛波酯类化合物。微生物发酵法是最有前景的小桐子饼粕脱毒方法，关于脱毒处理还处在研发阶段❶。

9.4 生物肥料

生物肥料，即指微生物（细菌）肥料，简称菌肥，又称微生物接种剂。它是由具有特殊效能的微生物经过发酵（人工培制）而成的，含有大量有益微生物，施入土壤后。或能固定空气中的氮素，或能活化土壤中的养分，改善植物的营养环境，或在微生物的生命活动过程中产生活性物质，刺激植物生长的特定微生物制品。按照制品中特定的微生物种类可分为细菌肥料（如根瘤菌肥、固氮菌肥）、放线菌肥料（如抗生菌肥料）、真菌类肥料（如菌根真菌）；按其作用机理分为根瘤菌肥料、固氮菌肥料（自生或联合共生类）、解磷菌类肥料、硅酸盐菌类肥料；按其制品内含分为单一的微生物肥料和复合（或复混）微生物肥料。复合微生物肥料既有菌和菌复合，也有菌和各种添加剂复合的。生物肥料可明显提高农产品的产量和品质；彻底清除农产品中由化肥产生的有毒有害物质；土壤中无任何有害残留；肥效期长（一般可达 180 天）；有效恢复土壤微生态平衡，减少土壤板结，增加地力；增强植物抗病虫害能力；延长农产品的保质期限；消除环境污染。

9.4.1 基因工程

樱桃根际促生细菌是筛选樱桃（*Cerasuspseudocerasus*（*Lindl.*）*G. Don*）生物肥料中应用的优良菌株资源。通过保绿法和萝卜子叶增重法，结合定量检测细菌分离物产植物激素的能力，从樱桃根际土壤中筛选具有良好应用潜力的细菌分离物。利用盆栽试验，验证其促生效果，并筛选出 4 株具有良好应用潜力的细菌分离物，对樱桃生长有明显的促进作用，在生物肥料的生产中具有广阔的应用前景❷。

9.4.2 蛋白质工程

9.4.2.1 小单孢菌与蛋白磷酸化

小单孢菌是生产庆大霉素的菌种，该菌提取液是在生产庆大霉素工艺流程中

---

❶ 鲍志豪，付亮亮，等. 小桐子饼粕饲料化是小桐子生物柴油产业化的重要举措［J］. 天然产物研究与开发，2011。

❷ 陈波. 樱桃根际促生细菌的筛选与鉴定［J］. 微生物学通报，2012。

的过筛液，由于无利用方法，被作为庆大霉素废液处理，排入江河后，可破坏天然水质的自净能力，引起水质黑臭，传布病菌，酿成公害，危害自然环境。用生物化学的方法，将生产庆大霉素的废液——单细胞发酵液的小单孢菌提取液转变成新型生物质液肥。这种液肥中含有生物基础物质等营养物，是一种优质生物肥料，该液肥能使受体细胞提高蛋白磷酸化水平 90%，可促进农作物生长发育。

9.4.2.2 厌氧消化液（AFR）

厌氧消化残留物（AFR）经大量实践证明是一种广谱性的生物农药和生物肥料。AFR 的这种特性与在高度厌氧（Eh 值在 30 毫伏以下）的条件下所发生的生物化学过程有关，生物质中蛋白质及其衍生物是使其具备上述特性的主要原因。由于核酸、激素、维生素等都能相互衍生和演变，因此，AFR 生成的机理十分复杂，也是导致其具有广谱性的原因。

AFR 也是一种生物肥料。人们对 AFR 的肥效认识早于其具有农药功能的认识，因为，许多生物质本身就是一种有机肥源。长期以来，我国农民制造的农家肥料主要采用好氧或兼性厌氧条件下制作，生物质内含物矿质化后，大量营养元素呈气态逸失，但当采用厌氧条件发酵时，不仅内含养分损失少而且还会转变成许多衍生物，例如核酸、激素、维生素等❶。

9.4.3 酶工程

9.4.3.1 赤霉素和蛋白酶

为使高效生物肥料能在生产中发挥较大作用，将生物肥料与赤霉素在不同浓度配比下施用，对结球生菜进行大田生产试验。2008～2009 年试验结果表明：喷施生物肥料和赤霉素对结球生菜具有一定的增产作用。生物肥料中含有大量有机酸和蛋白酶，能使植物细胞质膜去极化，形成养分离子流入细胞，有效促进结球生菜营养生长，为生殖生长提供足够的养分，从而有利于球茎膨大，产量提高。

9.4.3.2 枯草芽孢杆菌芽孢形成

枯草芽孢杆菌在饲料、污水处理、生物肥料等方面具有广泛应用，由于其生长快，营养好，抗逆性强，因此受到了广泛的关注。

近期，莱斯大学和休斯敦大学的研究人员发现，Spo0A 因子的激活作用是受到磷酸化激酶 KinA 的诱导，KinA 的积累达到一定程度才能诱导 Spo0A 因子起作用，现在只是研究阶段。通过结合数字模型和单细胞显微成像技术，他们发现了这个及其敏感的临界值的来源及其生理学上的重要性，结果表明，磷酸化并不能

❶ 沈瑞芝．一种广谱性的生物肥料和生物农药——厌氧消化液与植物抗塑性［J］．上海农业学报，1997。

使 Spo0A 因子达到一个足够快速且非常灵敏的反应，而是一个后期积累形成的过程。

9.4.4 发酵工程

9.4.4.1 三研生物肥料

三研生物肥料是利用农业废弃物（秸秆、酒糟、动物性废弃物等）作为原料，接种多种有益微生物，通过发酵，使废弃物的有效成分释放出来，再配合微生物自身分泌的活性物质和代谢产物为农作物提供全面营养，促进土壤团粒结构的形成，具有促进农作物生长发育和改良土壤的双重功效，其优点是许多其他生物化肥所不能及的❶。

9.4.4.2 好氧发酵牛粪发酵

首先选择复合微生物菌剂接种量、原料含水率、碳氮比、翻堆次数四个因素进行单因素试验研究，初步确定四个因素的最适范围，然后对四个因素进行正交优化试验，确定最佳发酵工艺参数。在一次发酵结束后，加入固氮细菌、解磷细菌和解钾细菌等有益微生物，通过测定二次发酵过程中有益微生物的变化情况，确定二次发酵终止时间。试验结果表明，一次发酵的最优工艺参数为原料含水率65%，C/N =30∶1，菌剂接种量0.35%，翻堆次数4 天一次。在一次发酵15 天后加入固氮细菌、解磷细菌和解钾细菌等有益微生物，发酵6 天，三种菌的活菌数达到稳定，可终止发酵。在该工艺条件下，物料升温快，最高温度高，高温持续时间长，腐熟度高，发酵周期缩短，生物有机肥中活菌数提高。

9.4.4.3 固态发酵

以木质素为载体进行了固氮菌 CN-2 的固体发酵制备生物肥料的实验。结果表明，在草浆木质素中加入适量的玉米秸秆粉作为疏松剂，可作为固体发酵的良好载体，其优点在于可提高空障率，有利于散热和传氧。木质素载体在固体发酵中还具有稳定 pH 值的作用，适当提高其含量有利于促进微生物的生长❷。

9.4.5 发展现状

9.4.5.1 国外发展现状

根瘤菌剂是最早研发的产品，已在全世界范围推广应用，已有美国、澳大利亚、新西兰、日本、意大利、奥地利、加拿大、法国、荷兰、芬兰、泰国、韩国、印度及非洲的一些国家等至少 70 多个国家研究、生产和应用豆科根瘤菌，不仅面积不断扩大，而且应用的豆科植物种类也日益繁多。除根瘤菌以外，固氮

---

❶ 摘自《三研生物肥料研制成功》（致富信息，2003 年）。

❷ 莫海涛. 以木质素为载体固态发酵制备生物肥料的工艺条件 [J]. 生物与科研经验，2008。

细菌、解磷细菌和解钾细菌等的研究工作也在不断地深入，许多国家在其他一些有益微生物的研究和应用方面也做了大量的工作。

9.4.5.2 国内发展现状

最早研究应用的是根瘤菌制剂，代表和奠基人有张宪武先生、陈华癸院士和樊庆笙先生等。20 世纪 50 年代是早期发展的时期，开始研究应用了包括根瘤菌在内的固氮菌、溶磷细菌、硅酸盐细菌等细菌肥料：60 年代则主要推广应用了“5406”放线菌抗生菌肥料；70～80 年代中期开始研究由土壤真菌制成的泡囊——丛枝菌根（AM 菌根）。这 3 次不稳定的起伏发展，其主要原因是产品质量无保证、产品质量无标准和行业无监管，以至于每次发展的时间都不长。微生物肥料研制单位相继推出联合固氮菌肥、硅酸盐菌剂、光合细菌菌剂、PGPR 制剂和有机物料（秸秆）腐熟剂等适应农业发展需求的新品种。它们在农业可持续发展、减少化肥使用、促进农作物废弃物、城市垃圾的腐熟和开发利用、土壤环境的净化作用、保护环境以及提高农作物产品品质和食品安全等方面都有十分重要意义。

据了解，“高效环保型海藻生物肥料”项目，是在北京雷力（集团）公司多年自主创新、技术积累的基础上实施的，该项目拥有自主的知识产权、成熟的技术、先进的工艺，产品的科技含量高、市场潜力巨大。对于带动我国充分利用海洋生物资源的产业升级、促进海洋生物高科技成果的产业化、进一步提升我国海洋生物技术和环保技术水平的国际地位具有十分重要的意义。该项目实施后，将产生显著的经济效益、社会效益、生态效益。雷力集团公司将借助国家火炬计划的实施，积极整合高端资源，加强与美国、英国、澳大利亚、东南亚等国家和地区的海藻协会的交流与合作，以及与北京大学等多家机构的产、学、研合作，积极推动高效环保型海藻生物肥料的产业化开发。同时，加强雷力海藻肥的全球产业化和推广布局，让雷力海藻肥这一新型高效生态的肥料造福更多的农民，为社会提供更多的安全农产品。

9.5 生物农药

9.5.1 基因工程

9.5.1.1 抗病基因工程

利用转座子标记法和定位克隆技术成功地克隆到许多植物的抗病基，并导入作物以提高抗病性。水稻 Xa21、Xal 基因、烟草的 N 基因、番茄的 Pto 基因和玉米的 Hml 等，主要是抗真菌性病害的成功例子。这一类基因有些来自病原菌（细菌）本身的抗性基因，如抗菜豆假单胞菌的基因、抗毒素的乙酰转移酶基因导入烟草表现出很高的抗性；有些则来自昆虫的杀菌肽基因，也有修饰改造后的杀菌肽基因转入植物，如对黑肿病菌和软腐病菌有抗性的马铃薯、对青枯病菌有抗性的烟草等。利用病毒的复制酶基因已成功地获得对烟草花叶病毒（TMV）、黄瓜花叶病毒（CMV）、马铃薯X病毒（PVX）、马铃薯Y病毒（PVY）等具有高度抗病性的植物。此外，国内外许多抗病转基因的农林作物都还在试验中。

9.5.1.2 抗虫基因工程

1987年美国利用农杆菌Ti质粒首次将Bt类毒素基因转入棉花，育成对鳞翅目幼虫抗性稳定的抗虫棉之后，抗虫基因工程迅速发展。利用的抗虫基因主要是苏云金杆菌的δ-内毒素基因和来源于植物的抗虫基因，已实现产业化生产。苏云金杆菌的δ-内毒素基因被成功地转入许多农林作物并在大田条件下得到高效表达，这些作物除棉花和玉米外，还包括烟草、甘蔗、苹果、花生、番茄、青花菜、油菜、大豆、落叶松、白杨等，但是这种抗虫基因杀虫谱相对较窄。常见的从植物组织中分离赋予的抗虫基因主要有：蛋白酶抑制基因、淀粉酶抑制基因、外源凝集素基因、几丁质酶基因等。这些来源于植物的抗虫基因的转入表达研究均取得了较大进展。此外，蜘蛛、捕食蜗、蝎子等动物的神经毒素基因也已被成功转入植物体并得到表达。对稻飞虱、叶蝉、蚜虫等有毒性的雪莲花凝集素基因已被转入9种作物中。

9.5.1.3 抗除草剂基因工程

抗除草剂基因工程主要有两种方法：（1）将除草剂作用的酶或蛋白质的基因转进植物，使其拷贝数增加，使转基因作物中这种酶或蛋白质的量大大增加，因而除草剂不能杀死该植物；（2）以除草剂为底物的酶的基因转到植物中，该基因编码的酶在转基因作物中将除草剂催化，以达到保护植物的目的；此外还有一种是利用除草剂能识别其代码作用的酶上一定位点的这一特点，用基因突变的方法使该位点上相应的氨基酸发生突变，除草剂不能识别而使转基因作物对除草剂不敏感。美国首次报道成功地将抗除草剂基因导入银白杨与大齿杨的杂种无性系中并进入田间试验，随后美国又成功地将抗除草剂的基因转入美洲黑杨、落叶松、抗除草剂的转基因美洲黑杨已在密西西比河流域应用。人们用转基因的方法培养出大量抗除草剂的作物品种，如抗磺酰脲类除草剂的作物有油菜、水稻、亚麻、棉花、番茄、甘蔗等。抗咪唑啉酮类的有烟草和玉米；抗草甘膦的作物有番烟草、棉花、玉米、甜菜、番茄、大豆、杨树等；抗绿黄隆的水稻、油菜、烟草等；抗溴苯脂的烟草、油菜、棉花、马铃薯、番茄、甜菜等；抗草胺磷的玉米、大豆、甜菜、番茄、马铃薯等❶。

❶ 盛广为，沈嘉祥．基因工程与现代农药［J］．农业与技术，2004。

9.5.2 蛋白质工程

蛋白质农药是由微生物产生的，对多种农作物具有生物活性的蛋白激发子类药物。通过激发植物自身的抗病防虫、生长发育相关基因的表达，增强植物的免疫能力，促进植物生长。蛋白质农药的作用机理在性质上类似动物免疫的抗病机制，属于一种新型、广谱、高效、多功能生物农药，主要包括以下种类：

（1）过敏蛋白。过敏蛋白是一种能够使植物发生过敏反应的一类蛋白质的总称，这类蛋白质来源于植物病原微生物。Harpin 蛋白并不直接作用于靶标作物，而是刺激作物产生自然的免疫机制，使植物能抵抗一系列的细菌、真菌和病毒的侵染。其作用机理是与植物表面的特殊受体结合，产生植物防御信号，激发植物产生多种防卫反应。其防治稻瘟病效果与稻瘟必克（三环唑）相当，防治水稻纹枯病、稻曲病效果与井冈霉素相当，对水稻增产的效果主要表现在增加粒重，增产达6%以上。

（2）隐地蛋白。隐地蛋白是由隐地疫霉分泌的蛋白类激发子，近年来，从一些腐霉菌中也发现有 Elicitin 类似活性蛋白存在，并能高效激发番茄的系统获得性抗性。

（3）激活蛋白。激活蛋白是从葡萄孢菌（Botrytis）、交链孢菌（Alternaria）、黄曲霉菌（Asporgillus）、稻瘟菌（Pyrcularia）、青霉菌（Penicillium）、纹枯病菌（Rhizoctoniasolani）、木霉菌（Trichoderma）、镰刀菌（Fusarium）等多种真菌中筛选、分离、纯化出的一类新型蛋白质。研究获得的激活蛋白初试产品性能稳定，便于规模化生产，产品无毒、无残留，可用于植物的拌种、浸种、浇根和叶面喷施。经多种植物的室内盆栽和田间试验表明，对病虫害的防治效果为40% ~ 80%，提高作物产量10% ~20%。

9.5.3 发酵工程

发酵工程一般是指利用微生物的特定性状，通过现代化工程技术，在生物反应器中生产有用物质的一种技术系统。

9.5.3.1 用于微生物源农药产业化生产的发酵工程研究

自20世纪30年代发现木霉菌对植物病害的防治作用以来，它是研究最多，应用面积最大的真菌杀菌剂，产品主要是采用液固两相发酵生产分生孢子。

9.5.3.2 厌氧消化液

AFR 对某些病虫害的防治效果与现行使用的农药功效相似，甚至更好。根据已报道的资料统计表明，AFR 能防治23种植物病害和14种虫害，由于广泛的应用试验仍在继续。AFR 可以通过浸种防治土传病，也可以根外喷施达到防病除虫的目的，在稻田基肥中施用 AFR，可使白叶枯病的病情指数降低，可使纹枯病的病情指数降低，防治效果优于敌枯双，与井冈霉素（validamycin）农药效果相近。喷施AFR防治小麦赤霉病，效果与多菌灵（Carbendazol）相当。小麦全蚀病是一种毁灭性的病害，至今尚无有效的防治方法，喷施AFR后，小麦白穗率仅为6%，而对照则高达40%。大麦黄花叶病是我国秋播大麦区的主要土传病害，应用AFR及其制剂浸种，可取得抑病率高达90%的好效果。棉花枯萎病、黄萎病是全球性的灾害，但是应用AFR浸种、包粒作为基肥使用，可使这两种病害得到明显抑制，甚至达到不发的程度。AFR对蔬菜的许多病害也有明显的控制效果，如用AFR浸马铃薯种薯块可大大减少青枯病；喷施番茄、青椒和茎椰菜可以控制晚疫病和花叶病等❶。

9.5.4 云南生物农药发展

云南省开发生物农药，具有明显优势。云南地理条件和气候复杂，有热带、亚热带、温带及寒带地区，形成了丰富的生物多样性，拥有3万多种植物，其中高等植物约1.5万种，植物种类占全国一半以上，微生物种类居全国之冠。云南生物资源有如此雄厚的独特优势，不仅为医药开发提供了良好条件，也为天然农药开发提供了广阔前景。云南生物农药产业普遍存在融资难的问题，这使许多企业生存面临挑战。昆明中植美击克生物技术有限公司是由中植生物科技开发有限责任公司与全球最大除虫菊采购商、终端产品开发商和供应商——美国MGK公司共同出资组建的股份制公司。在全省15家生物农药企业中，绝大部分为中小型企业。由于规模小、品种单一，企业抗风险能力较弱，又缺乏资金和技术人员，在农药市场供大于求的形势下销售困难重重，企业往往在困境中挣扎。

全球普遍重视的无公害生物农药研究课题日前在云南省获得重大进展，科技人员以产业化规模开发并生产的新型生物农药——印楝素，使中国在这一领域的研究跃居国际领先水平。印楝素是从印楝树种里提取的一种生物杀虫剂，可防治200多种农、林、仓储和卫生害虫，是世界公认的广谱、高效、低毒、易降解、无残留的杀虫剂。全世界已有近20个国家对印楝树进行研究、开发和利用。我国云南、广东和海南均适宜种植印楝树，而云南已成为世界上人工种植印楝纯林面积最大的地区，是中国印楝素生物农药原料的潜在中心产区。

云南中科生物产业有限公司以中科院上海昆虫研究所、昆明植物研究所和云南大学为技术依托，在中国首次实现印楝素、昆虫信息素生物农药的产业化生产。这个联合科技企业现已从印楝树种子中分离和完成化学结构的印楝素类化合

---

❶ 沈瑞芝．一种广谱性的生物肥料和生物农药——厌氧消化液与植物抗逆性［J］．上海农业学报，1997。

物达16种，其中有4种是国外尚未发现的新物质，已生产出0.3%印楝素乳油、70%印楝油制剂、10%印楝素原药等多个产品。他们研发的“纯天然高纯度印楝素”项目已被列为中国国家重点火炬计划项目，“生物农药印楝素新制剂”被批准为国家农业科技成果转化资金项目。

如何实现云南省生物农药产业化，成为了云南生物农药发展的关键。给予中小企业资金政策支持，使得中小企业融资变得更容易；做大做强中小企业，使其技术一流，能够成为云南生物农药产业发展的主力军。

10 生物制造新兴科技

工业生物技术已经成为世界各国的强国策略和竞争的战略重点。欧、美、日等发达地区和国家已不同程度地制订出在今后几十年内用生物过程取代传统化学过程的战略计划及目标，纷纷制订工业生物技术发展战略，加速发展清洁、高效和低碳的工业生物制造技术，促进形成与环境协调的战略产业体系。美国明确将“生物制造技术”作为战略技术领域，并列为2020年制造技术挑战的11个主要方向之一，预期到2030年以生物制造替代25%有机化学品和20%石油燃料。本章重点分析生物基材料和工业酶的新兴科技。

10.1 生物基材料

10.1.1 聚羟基脂肪酸酯

聚羟基脂肪酸酯简称PHA，采用微生物发酵技术，将玉米之类的农产品原料转化为生物可降解塑料。由于具有生物可降解性、生物相容性、压电性及加工可塑性等许多优良性能，这种塑料在众多领域如生物降解性包装材料、组织工程材料以及电学材料等方面得到广泛应用。采用PHA加工而成的高分子塑料，能被数种水生细菌逐渐降解成二氧化碳、水等小分子物质，无需堆肥处理，在90天内，可以达到60.6%的完全降解。除了作为包装材料外，生物降解塑料由于具有良好的生物相容性和生物可降解性，在医药领域应用也非常广泛。PHA在外科领域的典型应用是做生物材料，如手术试纸、绷带及手术用手套的润滑粉；也可做与血液相容的膜制品；还可用作血管移植物或脉管替代物以及骨裂固定盘等；另外，还可作为新型医学材料如医用缝合线、骨板、骨钉以及制作三维支架应用于组织工程。

10.1.1.1 PHA的生产与合成

不论是国内还是国外，比较成熟的PHA产业化合成技术都是细菌发酵法。

A 细菌发酵法合成PHA

细菌发酵法的特点是环境污染小、产品质量高、操作费用低，适合工业化生产，也是合成PHA普遍采用的方法。PHA只能在细胞体内合成，许多蛋白参与了PHA合成、保持、降解和其他相关的代谢途径，因为PHA在细菌体内存在为细胞质内不连续的包涵体，许多蛋白位于PHA包涵体的表面。

批式补料方法是 PHA 生产的最常用的发酵手段，两步培养法也经常使用，尤其是对于那些在限制营养元素条件下积累 PHA 的菌种。其他的菌种在合成 PHA 时不需要限制营养元素，PHA 合成与细胞生长相关。现已有控制批式补料发酵方法的技术，还发展出了利用多波长荧光检测器在线监控发酵过程的方法，批式补料发酵方法可以被更好地优化。PHA 产率、细胞含量和产量不仅仅与特定的菌种和发酵过程有关，还在很大程度上受到所使用的碳源和其他营养元素的影响。

B　化学法合成 PHA

化学合成法主要用于 PHA 的合成与改性，通过化学方法可以合成包括较少重复单元结构的 PHA。由此方法制备的 PHA 膜可应用于农业、航海、医学上的包装材料。现已有国外研究人员等通过热熔挤压术制备 PHA 膜，用于航海领域的包装材料。其中的 PHBV 膜具有比 PHB 膜更优良的抗氧气和水蒸气的性能。在海运环境下，根据 ASTM6691 标准，PHA 膜在 40 天内可最少降解 70%。随着时间的推移，在海水中细菌的静态和动态繁殖使得 PHA 膜具有可降解性。通过力学性能的分析，制备的 PHA 膜具有与常规热塑性塑料聚乙烯膜、乙烯乙酸酯膜相似的拉伸性能。其杨氏模量类似于聚乙烯和尼龙-6。通过观察 PHA 膜的玻璃化温度可知，改变聚合物的结晶度可使其拥有不同的性能。合成包含至少两种无规重复单体单元的可生物降解的 PHA 的共聚物，将此 PHA 的膜制备不透液的底衬以及位于表层和底衬之间的吸附内芯❶。由聚羟基脂肪酸酯共聚物与聚乳酸聚合物或共聚物的共混物组成可降解薄膜，第一层含有 PHA 共聚物，第二层含有 PLA 聚合物或共聚物的承压材料，以及由它们可制成一次性制品❷。PHA 可以制备成塑料膜，此膜具有抗水蒸气、抗氧气的性能，可用于一次性尿布，收缩性薄膜包装（如食品包装、消费产品包装、货盘包装、铁板箱包装等），袋子（如杂货袋、食品储存袋、三明治袋、垃圾袋等）。

C　混合培养技术合成 PHA

相比纯培养物的 PHA 生产，混合培养从经济学角度来讲更具吸引力。两种 PHA 的生产流程对环境的影响相似，且均小于高密度聚乙烯（HDPE）的生产。因为经济和环境的成本一般取决于下游加工，所以 PHA 工艺可优化的潜能很大。因此，基于 PHA 生产的生物技术及其他的化学或是生物能源，当混合培养技术变得稳定并可持续时，便可取代传统的纯培养基生产方法 PHA。混合发酵技术在国内的中科院过程所和清华大学都有研究。

---

❶ 野田勇夫．包含可生物降解的 PHA 共聚物的塑料制品．中国专利，CN1331608A［P］. 2002-1-6。

❷ 诺达 I，邦德 E B，梅利克 D H. 用于制造层压材料和薄膜的聚羟基链烷酸酯共聚物和聚乳酸聚合物的组合和物．中国专利．CN1500114A［P］. 2004-5。

D 活性污泥法合成 PHA

关于活性污泥法合成 PHA 国内有大量研究，研究发现活性污泥在处理废水的过程中具有 PHA 合成现象，因此利用废水培养活性污泥生产 PHA，可同时实现污水的处理、PHA 的合成以及剩余污泥的减量化和资源化。而且，对比于纯培养方式，利用活性污泥生产 PHA 具有以下优点：（1）体系中的微生物是基于生态学原理驯化的，因此菌种更稳定，有利于 PHA 的工业化生产；（2）混合菌种的适应性更强，培养设备无需灭菌处理，工艺控制简单，大大降低了生产和运行成本；（3）混合菌种对底物的适应范围广，可以利用多种底物，为寻找更低价、更高效的底物创造条件；（4）工业废水、市政废水和食品废水等廉价易得，作为底物来源有利于降低生产成本❶。

E 转基因植物合成 PHA

将细菌 PHAs 合成途径引入植物后，利用 CO_2 为碳源、太阳能为能源合成目的产物，可以大大降低生产成本，且同细菌发酵系统相比，植物具有可利用自身丰富的碳源、不需要昂贵的发酵底物、可对真核蛋白进行正确翻译后加工、形成具有活性的分子和不需要复杂的发酵后加工过程等特点，使人们逐渐看到植物作为生物反应器表现出巨大潜力。可用转基因植物合成聚-B-D-羟基丁酸酯。烟草中具有丰富的碳源，将合成 PHA 的基因 phaC1 和 phaC2 移入烟草中，利用植物体内脂肪酸代谢中的 R-羟酰 CoA 作为 PHA 合成中的底物，能够合成物理加工性更好的 PHA。将能产生 PHA 的转基因植物与一种或几种对 PHA 无活性但能加溶至少部分植物性物质的试剂（即含有糖酶、水解酶或蛋白酶的酶制剂）接触，取出所得到的溶液，并从富含 PHA 的残余液中回收 PHA。通过转基因菌株合成 PHA，从硫解酶、还原酶、PHB 合酶、PHA 合酶、CoA 酰基转移酶中选择，注入染色体，合成 PHA。

F PHA 合酶

由于 PHA 合成酶的关键作用，其作用机制和性质对细菌合成 PHA 的类型是非常重要的。不过因为很难获取羟基脂肪酸辅酶 A 和高纯度的合成酶，对合成酶的底物特异性研究一直面临困境。虽然合成酶底物特异性由其本身的生理环境决定，但是还可以用分子手段来研究在其他环境中的情况。利用蛋白质工程技术对 PHA 合酶进行改造以期改变底物特异性、提高催化活性、改变单体组成、获得新型 PHA 是当前研究热点。其中，嵌合酶技术是指融合两个或者更多的酶，并且能够显示出两种亲本酶的特性的酶，利用相关 PHA 合酶可以极大提高 PHA 的合成效率。对于 PHA 合成酶国内外均有研究。

---

❶ 张琦. 活性污泥微生物合成 PHA 的研究. 哈尔滨工业大学市政环境工程学院，2011。

G 碳源选择

研究显示，决定微生物合成 PHA 费用的主要因素是生产 PHA 的原料，即碳源的价格，其成本占生产 PHA 总成本的 28%~50%。因此，选择较为便宜的原料用于 PHA 生产一直是从事 PHA 的研究者要考虑的关键问题之一。农业废料和工业副产品是关注的重点，包括甜菜和甘蔗榨汁废水、植物油及其脂肪酸、糖类、碳氢化合物和甘油等。除葡萄糖和果糖外的其他便宜碳源，如甲醇、乙醇、糖蜜和半纤维素水化物等都可以用来作为碳源以降低成本。现在在实验阶段，乳清、有机酸水解淀粉废水和甲烷也被用来生产 PHA。在所有与成本相关的因素中，PHA 含量被认为是最重要的，因为它影响 PHA 产量和回收效率。

a 葡萄糖和蔗糖

葡萄糖是活细胞的能量来源和新陈代谢的中间产物，是结构最简单的碳源，在部分工业化生产中已经得到应用。

b 淀粉

淀粉是一种来源丰富的碳源，被广泛应用于 PHA 的生产。但是，利用未加工的淀粉作原料，产率较低。而且液化过程和糖化水解过程会增加额外的成本，进而限制淀粉的进一步应用。国内陈国强等用废糖蜜为原料生产 PHB、用水解淀粉为原料生产 PHB 和 PHBV，实现了世界上首次规模化生产第 3 代 PHA2 羟基丁酸共聚羟基乙酸酯（PHBHHx）。但直接利用淀粉工业化生产还需要进一步提高系统的产率。

c 醇类

生产 PHA 的发酵过程中利用醇类作底物可以减少污染。但是醇类是非常重要的替代能源，因此其作为原料成本过高。

d 糖蜜

糖蜜作为葡萄糖生产过程中的重要工业副产品，可能是一种 PHA 生产的廉价碳源。但是糖蜜的价格快速增长，印度和巴基斯坦糖蜜产量锐减，同时糖蜜在乙醇汽油中的应用扩大了全球的需求量，因此，糖蜜作为碳源的成本也将逐步增加。

e 脂肪酸和植物油

脂肪酸是微生物合成 PHA 非常好的碳源，嗜水气单胞菌、假单胞菌等都可利用脂肪酸合成 PHA，可以作为生产 PHA 的替代碳源。

f 甘油

甘油作为生产生物柴油过程中的主要副产物，用于 PHA 生产研究，有助于解决生物柴油副产物过度积累和 PHA 合成原料成本过高的问题，有望作为生产 PHA 的廉价碳源。

H 生产 PHA 的关键技术总结

生产 PHA 的关键技术主要在合成和碳源选择两方面。合成技术在产业化应用比较成熟的主要是细菌发酵法，而混合培养、转基因植物合成、活性污泥法合成等技术上主要是在理论和实验研究方面展开。提高 PHA 的合成效率另外一个重要因素就是 PHA 合成酶，主要是依靠基因工程技术来构建高效的合成酶。在实际的产业化应用上，碳源主要还是选择玉米、木薯等农产品为主要原料，其他原料的应用并不广泛。基于以上的情况，PHA 生产技术未来发展有赖于更高效的合成方法和成本更低廉的碳源。

10.1.1.2 PHA 产业化

2012 年以前世界上生产 PHA 规模最大的企业为美国的 Metabolix 公司和 ADM 公司合作的年产量 5 万吨的工厂，其 PHA 的生产采用微生物发酵技术，将玉米类农产品原料转化为生物可降解塑料。但是在 2012 年初 ADM 公司宣布其全资子公司 ADMPolymer 于 2012 年 2 月 8 日结束与 Metabolix 股份有限公司的商业联盟，这也意味着现在双方的合资公司的生产也将结束。而且最近，美国 Metabolix 公司已与生物材料生产商——天津国韵生物材料有限公司签订了热缩膜经销协议。国韵将为 Metabolix 公司供应 PHA 树脂。根据协议条款，Metabolix 公司将在欧洲销售国韵的 SoGreen 牌热收缩膜，且将作为其在美洲的独家经销商。

世界规模最大的 PHA 生产企业是天津国韵生物材料有限公司与荷兰 DSM（帝斯曼）公司等合作投资 2000 万美元建立的年产 1 万吨 PHA 的工厂，商品名为绿素（SoGreen）。国韵应用发酵方法的 PHA 万吨生产线于 2009 年 10 月开工投产，国韵生产 PHA 的原料主要是玉米淀粉。另外，中国正在产业化生产 PHA 的企业还有宁波天安生物材料公司，产能达到 2000 吨，但并未全部投产。

意可曼公司已在邹城市产业园建成年产 5000 吨的 PHA 生产线，年产 7.5 万吨的 PHA 项目也在邹城市启动，将成为全球最大的 PHA 产业基地，使我国 PHA 技术和产业化达到国际领先水平。意可曼以世界领先的基因工程菌种构造法，以玉米、土豆、甘蔗等可再生农产品及玉米秸秆、植物纤维等农业废弃物为原料，采用生物发酵，通过工业基因工程技术直接合成生物高分子材料 PHAs。

10.1.2 聚乳酸

聚乳酸 PLA 作为使用量最大的生物基材料，其由乳酸聚合而来，乳酸则来源于微生物发酵，发酵过程不产生二氧化碳。在微生物和水的作用下，PLA 在土壤中可以被彻底分解成 CO_2 和 H_2O，这些最终产物会再次回到光合作用的过程中成为合成淀粉的初始原料。所以 PLA 符合环境友好、可再生循环的低碳原则，是一种成功的低碳材料。PLA 是继 PHA 之后第二类经美国食品和药物管理局（FDA）批准，可用于人体的可降解聚合物材料，在人体内代谢的最终产物也是

CO_2和 H_2O，中间产物乳酸也是体内正常糖代谢的产物，对人体不会造成任何危害，不会在重要器官聚集，具有优异的可生物降解吸收的性能。因此，PLA 被广泛应用于生物医用高分子领域中，如手术缝合线、药物控释载体、骨科固定材料、组织工程支架及眼科填充材料等。PLA 具有的其他优越性能，也使其在通用高分子材料领域中被广泛应用。

10.1.2.1 PLA 的生产与合成

国内外基本都是用直接缩聚法和开环聚合法来实现对 PLA 的合成。

A 直接缩聚法

直接缩聚法也称一步聚合法，就是把乳酸单体直接缩合。其原理是在脱水剂的存在下，乳酸分子中的羧基和羟基受热脱水，直接缩聚成低聚物，然后加入催化剂，继续升温，低聚物就会合成高相对分子质量的聚乳酸。它主要有溶液缩聚法、熔融缩聚（本体聚合）法、熔融固相缩聚法和反应挤出聚合法等。直接缩聚法的主要特点是操作简单，成本低；但反应条件要求高，反应时间长，副产物水难以及时排除，产物相对分子质量低、分布宽、重现性能差。直接聚合之所以难以得到较高相对分子质量的产物，是因为反应过程中有很多影响因素，因此研究这些因素意义重大。另外，可以采用扩链剂进行低摩尔质量聚乳酸的偶联，得到高摩尔质量的聚乳酸。如果采用三官能团以上的扩联剂，还可以得到适度交联的聚乳酸。但是，该种类聚乳酸与纯线性聚 L-乳酸的力学性能和热学性能有很大不同。

B 开环聚合法

开环聚合法也称两步法，是先将乳酸脱水缩合成丙交酯，然后催化丙交酯开环聚合成聚乳酸。此方法可以得到高相对分子质量的聚乳酸，是工业化生产最主要的工艺路线。但这种方法路线冗长、成本高，难以与传统塑料制品竞争，限制了聚乳酸的工业化生产，影响了聚乳酸及其衍生物产品的推广应用。研究发现催化剂的用量、种类对丙交酯的产率有很大影响，合适的用量和种类可以降低成本。常用的是锡盐类催化剂（如辛酸亚锡、氯化亚锡、烷氧基锡等）。研究表明使用复合催化剂能有效提高丙交酯的产率，获得高相对分子质量的 PLA。另外，微波辐射技术在开环聚合反应中也得到了广泛应用，它具有操作方便、反应时间短、产物结晶度高和产率高等优点。

C PLA 改性技术

PLA 材料不仅在规模上不断产业化，使其成为通用高分子材料的可行性更进一步。同时，为了满足各种需求，特别是在生物医学领域的需求，其在结构及性能上不断向功能化方向发展。其中通过分子设计合成以聚乳酸为主的各类共聚物，通过各种功能化改性来改善聚乳酸的亲水性、降解性能及生物相容性，这些已成为 PLA 材料研究中的一个焦点。α-羟基酸是共聚改性聚乳酸中最常见的有机分子之一，特别是最简单的乙醇酸（GA），其共聚所得脂肪族聚酯改善了 PLA 降解性能，作为生物降解材料能广泛应用于手术缝合线、药物缓释载体等生物医学领域中。氨基酸具有多个活性官能团，可以用来固定具有生物活性的分子，如蛋白质、糖类、多肽等，其支链可以与小肽、药物或交联剂等连接，促进细胞的黏附和生长。将氨基酸链段引入聚乳酸中，这将综合两类聚合物的优良性能，达到调节聚乳酸材料的降解性能和生物相容性的目的。国内围绕 α-氨基酸直接改性 PLA 也进行了一些工作，尝试了丙氨酸、苯丙氨酸、亮氨酸、甘氨酸、缬氨酸、蛋氨酸、色氨酸等与 PLA 的直接熔融共聚，制备了系列药物缓释材料。另外，天然的糖类、固醇类化合物等生物活性分子，不仅来源广泛且对多肽、蛋白质等具有较好的亲和性，对组织细胞也有较好的相容性，也能够有效改善 PLA 作为生物医用材料细胞亲和性不足等问题。

D 生产 PLA 的关键技术总结

生产 PLA 的关键技术包含两方面：一方面是乳酸的生产需要初始生物质的投入，可使用可再生的植物资源（如玉米）所提出的淀粉原料，通过成熟的细菌发酵技术和高效的转化酶制成乳酸；另一方面是乳酸的聚合，尽管开环聚合法是现在比较成熟的方法，新的聚合方法需要进一步的探索，同时催化剂的用量和种类对于乳酸的聚合效率也至关重要，因此催化剂的选取也是 PLA 生产的重要因素。

国外拥有世界最大聚乳酸产能的 Nature Works 公司采用两步法制备聚乳酸，这一方法的核心是使乳酸生成环状二聚体丙交酯，再开环缩聚成聚乳酸。日本在真空下使用溶剂使聚乳酸直接脱水缩聚方面进行了大量的研究，但还没有产业化。国内海正集团与中科院共同研制的聚乳酸生产技术也与此相似，主要过程是原料经微生物发酵制得乳酸后，再经过精制、脱水低聚、高温裂解，最后聚合成聚乳酸。

10.1.2.2 PLA 产业化

PLA 具有广阔的应用前景，但其高昂的合成成本一直是制约其迅速规模化应用的瓶颈，因此降低成本对聚乳酸材料的产业化起着至关重要的作用。虽然 PLA 的研究可以追溯到 20 世纪 30 年代，当时著名高分子化学家 Carothers 对 PLA 进行了合成研究，但 PLA 的产业化直到 1994 年才由日本岛津公司和钟纺公司联合开发成功。通过压轧 PLA 材料可以被制成透明的、力学性能良好的纤维、薄膜、容器及镜片等。2004 年日本三井公司也建成了年产 500 吨的 PLA 工厂，其产品主要用于一次性餐具等领域中。世界 PLA 生产能力为 20 万 ~50 万吨/年。其中，美国 Nature Works 公司在美国建成了 14 万吨/年的聚乳酸生物降解塑料装置，约占世界总产能的 40%。作为拥有世界上最大的 PLA 生产装置的美国 Nature Works 公司，其销售的聚乳酸塑料的价格在美国市场已经与传统的石油产品价格相当，实现了生物基塑料 PLA 真正代替石油产品的低碳、节能、环保目标。该公司还计划在 2013 ~2028 年期间对生产原料进行转型，采用纤维素如秸秆等废弃农作物为原料，并实现工业化。同时，帝人公司与美国 Nature Works 公司合资于 2009 年在亚洲建立了万吨级的 PLA 生产线。此外，巴斯夫公司正在新建一条生产规模为 6 万吨/年的工厂，2010 年产能将达 7.5 万吨/年。荷兰普拉克公司也准备在亚洲泰国建立万吨级的生产线。

在国内，浙江海正生物材料股份有限公司采用中科院长春应用化学研究所技术建成的 5000 吨/年的聚乳酸生产线于 2007 年 7 月投产，是国内唯一实现了规模化和商业化的 PLA 项目。另外，在建的还有上海同杰良生物材料有限公司和江苏九鼎集团的千吨级等其他生产线。由河南飘安集团联合日立工业设备技术株式会社建设的 PLA 生产项目将于 2011 年开始正式投产，投产初期年产约为 1 万吨/年。

10.1.3 丁二酸丁二醇酯

聚丁二酸丁二醇酯（PBS）由丁二酸和丁二醇经缩合聚合而得，易被自然界的多种微生物或动植物体内的酶分解代谢，最终分解为二氧化碳和水，是典型的可完全生物降解聚合物材料，具有良好的生物相容性和生物可吸收性。PBS 于 20 世纪 90 年代进入材料研究领域，并迅速成为可广泛推广应用的通用型生物降解塑料研究热点材料之一，耐热性能好、热变形温度和制品使用温度可以超过 100℃。其合成原料来源既可以是石油资源，也可以通过生物资源发酵得到，PBS 是生物降解塑料材料中的佼佼者。聚丁二酸丁二醇酯（PBS）可以用做垃圾袋、包装袋、化妆品瓶、各种塑料卡片、婴儿尿布、农用材料及药物缓释载体基质等；还有其他涉及环境保护的各种塑料制品，如土木绿化用网、膜等，可用于包装、餐具、化妆品瓶及药品瓶、一次性医疗用品、农用薄膜、农药及化肥缓释材料、生物医用高分子材料等领域。

10.1.3.1 PBS 的生产与合成

A 丁二酸发酵生产

PBS 是由丁二酸和丁二醇两种单体聚合而成，但全球丁二酸的产量还不能完全满足 PBS 产业化的需求，如果 PBS 实现大规模生产和应用，对丁二酸的原料来源将提出很大挑战，尤其现在的丁二酸主要通过石油路线生产，不但消耗日益枯竭的石油资源，造成严重的三废污染，而且其价格随着油价上涨而不断上涨。原料来自于石油基的 PBS 并不符合绿色环保塑料的要求，而通过生物质发酵生产丁二酸，丁二酸进一步转化为丁二醇，再合成 PBS，可得到真正环保价廉的生物质基 PBS，是未来 PBS 发展的新方向。

丁二酸是生物体内三羧酸循环的一种中间代谢产物，其产品广泛应用于食品、医药、化工等领域，全球用量超过115万吨，市场总量超过4亿美元。与石油路线相比，发酵法生产丁二酸不但可以以秸秆、玉米、木薯等可再生绿色资源为原料，还可以固定大气中的温室气体CO_2，并有望进一步降低丁二酸的成本，同时受PBS产业化对丁二酸需求的推动，因此近年来越来越受到重视。

B 丁二酸发酵菌种和提取工艺

对于丁二酸发酵菌种的研究主要集中在国外。自然界中很多微生物都能用来发酵生产丁二酸，包括多种真菌、细菌等，其中研究较多的有Actinobacillussuccinogenes，Anaerobiospirillum-succiniciproducens，Mannheimiasuc-ciniciproducens，由于它们具有较高的丁二酸产量而最有希望应用于工业发酵生产。Guettler等指出的Asuccino-genes130Z及其变异株，丁二酸产量分别达到66.4克/升和110克/升，转化率为83%~87%，比此前菌株的发酵产量都高。Lee等从牛的瘤胃中分离得到一种新的产丁二酸菌株MsucciniciproducensMBEL55E，在pH值为6.0~7.5，丁二酸连续发酵的产率达到3.9克/升，是报道的菌株中产率最高的，而且Msucciniciproducens能够以木糖为碳源，使其有可能直接利用不经处理的木质纤维水解液发酵产生丁二酸，进一步降低原料的成本。在丁二酸发酵过程中存在的主要问题是杂酸副产物含量较高，增加了下游分离纯化的成本，随着基因工程技术的发展，如果对现有产生的丁二酸菌进行基因改造和代谢调控，可以进一步提高丁二酸的含量和原料转化率，主要集中于对E. coli的研究，而对于上述三种天然菌，由于对它们的基因信息和代谢途径了解得不够充分，研究得较少。在发酵工业，产品下游纯化过程的费用通常要占最终成本的60%~70%，对丁二酸的分离纯化，已开发了多种工艺，包括萃取、沉淀、蒸馏、电渗析、离子交换等，其中电渗析法具有较高的商业化前景，KrisABerglund等发明了一种既不消耗大量的试剂，也不产生大量副产物的生产和纯化丁二酸的工艺，在生产过程中硫酸铵副产物可实现循环利用，结晶的丁二酸是唯一的产物，形成了一个闭合的清洁生产流程。

C 丁二酸生产的产业化

在选育高产量菌种及不断改进纯化工艺的基础上，发酵法生产丁二酸已经逐步开始商业化，并显示其成本优势。在国外1999年美国能源部投入700万美元给橡树岭国家实验室用于丁二酸发酵法生产工业化的研究，最早完成中试，形成了3000吨/年的生产能力。2003年日本的三菱化学公司在建成年产3000吨石油基PBS生产线的基础上，联合日本味之素公司计划于2006年建成一座以玉米为原料的丁二酸发酵生产装置。2009年，荷兰帝斯曼公司表示，其与罗盖特公司在法国Lestrem合作新建的产能为500吨/年的生物基丁二酸示范装置将于底前开始运营，并计划在未来几年内将这套示范装置升级为大型商业化装置。

2010年1月，法国Bioamber公司宣布其世界第一套商业化规模生物丁二酸发酵装置已投入生产，该公司于2009年11月完成了装置的建设并开始试运行，采用由小麦制成的葡萄糖为原料，在此工艺中，首先专有的 E. coli 菌株在需氧条件下生长，该 E. coli 菌株也是第二步（即厌氧步骤）反应的催化剂，在第二步，空气被抽除，将 CO_2 泵送入内，E. coli 菌株消耗葡萄糖和 CO_2 生成丁二酸，在发酵过程中连续加入氢氧化铵调节 pH 值，在溶液中形成丁二酸铵，再经蒸发提浓形成丁二酸结晶。该装置初期生产能力为 2000 吨/年丁二酸，并已将试样送交 50 多家公司，应用范围包括聚氨酯、聚酯、增塑剂、溶剂和防冻剂。

此外，法国巴斯夫公司、荷兰 Purac 公司、美国 Myriant 技术公司也都表示将于 2010 年底实现丁二酸发酵商业化。

在国内，中科院生态中心、江南大学、南京工业大学等机构对丁二酸发酵也进行了很多基础研究并得到了良好的结果，但国内还未实现丁二酸发酵商业化，在这方面我国还存在较大差距。

D 生产 PBS 的关键技术总结

生产 PBS 的关键技术一方面是丁二酸的生产，将石油作为生产丁二酸的原料已经越来越受到了局限，而应用生物质发酵来生产丁二酸是未来生产 PBS 未来的主要途径，应用基因工程技术来寻找高效转化酶对于提高丁二酸的生产效率也是关键的；另一方面是丁二酸和丁二醇的聚合，在工业流程找到高效的催化剂来提高 PBS 聚合效率也是未来 PBS 合成技术的重要发展方向。

10.1.3.2 PBS 产业化

PBS 最早是由 Carothers 于 1931 年合成，但由于受当时工艺条件限制，制得的 PBS 相对分子质量小于 5000，无法用作实际材料，直到 20 世纪 90 年代，随着人们对脂肪族生物降解材料的研究，满足实际应用要求的高相对分子质量的 PBS 才被开发成功。日本昭和高分子公司于 1993 年建立一套年产 3000 吨的 PBS 及其共聚物的半商业化生产装置，其系列产品以 Bionolle 的商品名面世（中文名：碧能）。Bionolle 是一种结晶型热塑性塑料，相对分子质量从几万到几十万，玻璃化转变温度为 -45 ~ 10 摄氏度，熔点为 90 ~ 120 摄氏度，耐热温度接近 100 摄氏度，具有良好的力学性能和加工性能，其制品包括农用薄膜、垃圾袋、发泡材料等。然而 Bionolle 系列 PBS 的生产过程中需要用到二异氰酸酯做扩链剂来提高相对分子质量，由于二异氰酸酯的毒性较大，限制了其产品在医用材料、食品包装、一次性餐具等领域的应用，因此，开发不用扩链剂通过直接聚合生产高相对分子质量 PBS 的方法开始受到重视，这方面国内的研究和产业化取得了很大进展。2006 年，安徽安庆和兴化工公司依托清华大学技术建成年产 3000 吨 PBS 的生产线。2007 年，浙江鑫富药业与中科院理化所工程塑料国家工程研究中心合作，采用一步法聚合工艺生产 PBS，一期年产量为 3000 吨，二期计划扩建至每年 2 万吨。2009 年，中科院理化所工程塑料国家工程研究中心又与山东汇盈建立年产 2 万吨的 PBS 生产线。广东金发公司也建成了年产 1000 吨 PBS 共聚物 PBSA

（聚丁二酸/己二酸-丁二醇酯）的生产线。由于丁二酸发酵工业仅仅处于起步阶段，丁二酸产量仍然十分有限，还无法满足生物质基 PBS 生产的需求，因此现在商业化的 PBS 基本都是石油基产品，但伴随着丁二酸发酵规模的扩大和 PBS 产品市场的增加，用发酵法生产丁二酸用于合成 PBS 将有广阔的发展前景，现在很多公司都在积极进行这方面的研究和商业化尝试。2009 年，日本三菱化学公司宣布将与泰国 PTT 公司组建合资企业，利用泰国充足的低成本生物资源发酵生产丁二酸，以此为原料生产其 GSPla 品牌的 PBS，之前三菱公司曾与爱知工业技术研究所合作开发了一种植物级 PBS 树脂混合竹纤维，并用作汽车内饰材料。法国 Bioamber 公司在商业化生产丁二酸之初，就已经与美国 Sinoven Biopolymers 公司签署协议，向其独家供应丁二酸，用于生产改性的 PBS。Sinoven Biopolymers 公司拥有独特的 PBS 改性技术，可以使 PBS 耐热温度超过 100 摄氏度，随着公司商业化发酵丁二酸的成功，Sinoven Biopolymers 将成为第一家商业化生产可再生组分超过 50% PBS 的公司（丁二醇仍为石油基产品）。此外，帝斯曼公司与罗盖特公司也计划将发酵法生产的丁二酸用于制备生物降解材料及其他高性能绿色材料。因此可以预见，在丁二酸发酵商业化以后，随着丁二酸供应充足、价格的降低，将会大力推动生物质基 PBS 的生产和应用，生物质基 PBS 将具有广阔的市场前景，未来随着石油资源的枯竭，生物质基 PBS 将会占据主导地位。

10.2 工业酶

酶是由活细胞产生的、催化特定生物化学反应的一种生物催化剂。酶制剂是酶经过提纯、加工后的具有催化功能的生物制品，主要用于催化生产过程中的各种化学反应，具有催化效率高、高度专一性、作用条件温和、降低能耗、减少化学污染等特点，其应用领域遍布食品（面包烘烤业、面粉深加工、果品加工业等）、纺织、饲料、洗涤剂、造纸、皮革、医药以及能源开发、环境保护等方面。

酶制剂产业是知识密集型高技术产业，是生物工程领域的重要组成部分。在已报道发现的酶类有 3000 多种，但其中已实现大规模工业化生产的只有 60 多种。据报道，全世界酶制剂市场正以平均 1% 的速度逐年增长。酶制剂产业的发展前景相当广阔。中国酶制剂产业经过 50 多年的长足发展，已进入世界酶制剂生产的大国行列，已实现规模化生产的酶制剂达到 30 种左右。

10.2.1 中国酶制剂产业的发展现状及特点

中国酶制剂工业经历了起步阶段、上升阶段及快速发展阶段。酶制剂年产量从 2005 年的 48 万吨增长到 2010 年的 77.5 万吨，复合增长率达 10.1%。由于酶制剂技术的不断创新，应用领域的不断延伸和扩展，这使得中国酶制剂行业近年来一直保持 10% 左右的快速增长。逐步成熟的酶制剂研究及应用技术使中国酶制剂产业正向“高档次、高活性、高质量、高水平、多领域”方向发展。

10.2.2 中国酶制剂的种类和应用领域

中国最早的酶制剂工业起于20世纪中叶，生产的产品主要为应用于纺织退浆的BF7658α-淀粉酶。20世纪90年代末，高温α-淀粉酶和高转化液体糖化酶开始在酒精、味精、制糖、啤酒等行业广泛应用。当时中国酶制剂主要以淀粉酶和糖化酶为主，两者总量占出口总额的80%以上。现在中国酶制剂产品已经更新换代，主要包括以下9大类：糖化酶、淀粉酶、纤维素酶、蛋白酶、植酸酶、半纤维素酶、果胶酶、饲用复合酶、啤酒复合酶等。其中，糖化酶、淀粉酶、植酸酶产量过万吨；纤维素酶、半纤维素酶和果胶酶所占比例较小，但增长较快。中国酶制剂的主要应用领域包括：淀粉糖工业、啤酒工业、燃料酒精工业、酒与饮料工业、饲料工业、纺织工业、制药工业、造纸工业、精细化工工业、洗涤剂工业、皮革工业、焙烤工业、乳制品工业、石油工业等。酶制剂产业在中国正逐步成为独立行业，促进了国民经济发展。

10.2.2.1 中国酶制剂生产企业及现状

通过市场整合，中国酶制剂逐步形成了一个较稳定的生产格局和市场格局，基本告别了无序竞争的现象，进入了良性发展的轨道，出现了一批有特色、有规模的重点生产企业，如山东隆大生物工程有限公司、武汉新华扬生物股份有限公司、湖南鸿鹰祥生物工程股份有限公司、湖南尤特尔生化有限公司、青岛康地恩生物科技有限公司等。中国酶制剂生产企业有百余家，其中年销售收入超亿元的企业有10家左右。新技术的引进和开发使中国部分酶制剂的品种和质量接近或达到国际先进水平，但一些产品的竞争趋于激烈，如纤维素酶和碱性果胶酶等。酶制剂产业总量保持高增长态势，但发展出现不均衡现象，一些企业增速达到30%以上，一些企业增速缓慢。价格优势促进了中国酶制剂应用市场的发展和成熟，市场的成熟进一步促进了企业向规模化和现代化发展。与国际酶制剂的一流生产企业相比，中国酶制剂企业的发酵罐规模偏小、在线控制水平偏低；同时，科研投入能力有限，研发能力有待进一步加强。

10.2.2.2 国际酶制剂工业发展趋势

纵览国际酶制剂工业研究和发展动向，其发展趋势可简要归结为如下四个方面：

（1）国外酶制剂公司的兼并、重组将继续进行。继美国Genencor公司收购了荷兰GistBrocades公司的工业酶及比利时Solvay公司全部酶制剂以后，杜邦公司于2011年5月收购了丹尼斯克的大部分股份，包括其子公司杰能科。杰能科的酶制剂及其生产将隶属于杜邦工业生物科学部门。国外酶制剂公司兼并、重组的势头依然强劲。芬兰的丹尼斯科公司（Denisco）又和丹麦的科特公司（Cultor）合并。因此，国际酶制剂公司的数量还会减少，酶制剂的生产和销售将进一步向少数几家公司集中。这一情况表明，国际酶制剂工业的发展更趋向垄断化。

（2）研究、开发投入大，高新技术应用广。国外酶制剂公司的研究、开发经费一般占产品销售额的10%以上，高的可达15%以上。以诺和诺德公司为例，1998年用于研究、开发的经费更达到其产品销售额的19%，从事研究和开发工作的人数达到该公司总雇员的23%，直接用于酶制剂的研究和开发的经费估计在1亿美元以上。由于经费充足，科研力量雄厚，早已将基因工程和蛋白质工程等高新技术广泛用于酶制剂的生产。1991年，15%的工业用酶采用基因工程菌生产，1996年，达到50%。1998年，利用基因工程菌生产的工业用酶的比例，更高达80%。而蛋白质工程技术早在10年前也已用于酶制剂的生产。高新技术的广泛应用使国际上酶制剂新产品、新品种不断涌现。

（3）大力研制、开发新酶种和新用途。国外酶制剂公司不断应用基因工程、蛋白质工程等高新技术，大力研制、开发新酶种和新用途。如诺和诺德公司已经开发出不依赖Ca离子的高温A-淀粉酶，用于洗涤剂的碱性A-淀粉酶，极端耐热、极端耐酸的酶，用于非水有机溶剂系统中反应的酶，能够应用半年以上的固定化酶等。日本非常注意研制、开发生产低聚糖的酶类，已能生产出10多种酶和10多种功能性低聚糖。这些低聚糖可以用于生产保健食品、药品和化妆品等。日本协和发酵公司研制出脯氨酸羟化酶，可以用脯氨酸做原料生产羟脯氨酸，并正开发其他新用途。以往，酶制剂的应用领域集中在淀粉加工、食品加工和洗涤剂工业，现已经扩展到棉纤维与纺织加工、纸浆和造纸、动物饲料、淀粉改良、植物油脂加工、焙烤食品、护肤用品、化妆品、保健食品、调味品、微生物的控制、生物有机合成、药物生产等领域。

即使在传统领域，也不断出现新酶种和新用途。在洗涤剂工业，除原先使用的碱性蛋白酶外，已经研制、开发出对漂白剂有很强耐性的蛋白酶，对底物有很强亲和力的脂肪酶，碱性A-淀粉酶和纤维素酶等。各种酶的配合应用，可以制成各种不同的洗涤剂，能够满足洗涤纺织品、餐具和卫生洁具等的需要。在临床诊断方面应用广泛的过氧化物酶，也已被用于洗涤剂。该酶只作用于游离的色素，而不作用于已经染在纺织品上的色素。因此，在洗涤时，既能防止衣物不被其他色素污染，又不会使衣物褪色。在纺织工业中，除利用纤维素酶处理纺织品提高其柔软性和染色性外，近来又将新开发的原果胶酶用于棉纤维的加工，既能改善纤维的手感和提高染色性，又不影响纤维的强度；同时，还可以避免在高温、高碱条件下处理棉纤维，改善操作环境，减少工业废水。在纸浆和造纸工业，除使用原先常用的纤维素酶外，已开始使用脂肪酶木聚糖酶等。在食品工业中，转谷氨酰胺酶（transglutaminase）能使蛋白质分子内形成交联，使蛋白质聚合或明胶化，从而改善食品的物性，提高硬度和弹性，已经广泛用于水产品、乳制品和肉类的加工。磷酸酯酶用于面粉加工可以提高面粉的加工性，使表面光滑、品质改善。近来，蛋白酶广泛用于水解动植物蛋白，制造营养性天然调味品。在化妆品工业，酶的应用也越来越受到重视。染发剂中常用过氧化氢，但过氧化氢会损伤毛发，正在研究用尿酸酶作为过氧化氢的供体，可以稳定地供应过氧化氢，不会损伤毛发。在动物饲料中，普遍使用纤维素酶、半纤维素酶、果胶酶、淀粉酶和蛋白酶，可以提高饲料的可消化性，提高畜禽的产肉率、畜类的产乳率和禽类的产卵率等。在饲料中也可添加植酸酶，除具有上述酶的作用外，还能够减少环境污染。

（4）酶制剂的剂型趋向多样化。国外大型酶制剂公司生产的酶制剂的剂型，不断向多品种、多剂型、功能性、专用性和复合性的多样化方向发展。诺和诺德公司向中国市场推销的食品用酶制剂的品种和剂型，就有 60 多种。而我国只有 10 多种。例如，高温 A-淀粉酶，我国只有 1 ~ 2 个剂型，而诺和诺德公司可以复配出适合于不同原料、不同用途的品种和剂型达 8 种之多。糖化酶的品种和剂型也有 5 ~ 6 种。以果胶酶为主，与纤维素酶、半纤维素酶、木聚糖酶等复配，可以开发出各种专用酶、复合酶达 16 种之多，广泛用于果汁、果浆、果酒等的生产。以中性蛋白酶和碱性蛋白酶为主，与其他的酶一起复配，可以开发出用于蛋白质水解、焙烤食品、酒精和啤酒等工业领域的酶制剂 13 种。国外的酶制剂公司把酶制剂的生产与酶制剂品种、剂型的开发，与酶应用领域的开拓紧紧结合在一起，既使酶制剂的生产者赢得了市场和效益，又向酶制剂的使用者提供了廉价、高效的酶制剂产品。这就形成了国际酶制剂工业发展的一个新动向。

10. 2. 3 工业酶制剂有关最新技术的进展

10. 2. 3. 1 酶制剂新技术在酒精生产上的应用

A 低温液化技术在传统酒精生产中的应用

国外相关资料显示，ICM 工艺流程从美国燃料酒精大发展的 10 年前到两年前几乎垄断了全美。其典型的液化工艺是采用 105 摄氏度喷射。DELET-T 的工艺则是无喷射器、85 摄氏度左右直接蒸煮。近几年高性能 S 类型液化酶的出现，改变了美国玉米酒精的生产工艺。现在美国大多数酒精厂都采用了 85 ~ 90 摄氏度的 DELET-T 液化工艺。引起这个变化的原因主要有：一是随着非常高效液化酶的出现，结合新型糖化酶和酵母，85 摄氏度的过程也可得到很高的转化效率（高于 90%）；另外一个原因是 DDGS 的颜色在相对低温的蒸煮温度下保持金黄而不发黑；还有一个重要的原因就是能源的节省。在国内，采取 DELET-T 液化工艺的厂家并不多，主要是因为多数酒精厂认为低温液化（80 ~ 90 摄氏度）有可能达不到与现有主流中温液化工艺（90~110 摄氏度）相同的灭菌效果。许宏贤等人研究了新一代新型低温液化酶在酒精生产过程中的应用，建立了以全磨玉米为原料酒精发酵染菌程度的微生物检验方法，为酒精生产新工艺提供了定量化的科学依据；同时对不同液化温度的工艺进行了比较，该研究还针对以不同清液含量配料，85 摄氏度液化与 105 摄氏度液化对酒精产出和杂菌污染情况进行了对比，无论清液含量的多少，85 摄氏度液化发酵液中杂菌含量与 105 摄氏度液化基本一致，表明低温液化能够达到与中温液化相同的灭菌效果，而并非如想象得那样，高温对杀菌更有效。该研究同时表明，与传统的酒精生产过程相比，新的低温过程由于减少了游离糖的损失，增加了酒精产出。

单一 pH 酒精发酵过程：广泛使用的源自黑曲霉的糖化酶最佳 pH 值为 4.2~4.5，绝大部分乳酸菌的生长在 pH 值低于 5.0 的情况下会大大受到抑制，这两方面的因素使得绝大多数的酒精厂在液化后通过加入硫酸调节发酵起始 pH 值，通常控制在 4.0 左右，有时甚至更低。然而最新的研究表明，通过降低酒精发酵的起始 pH 值来控制染菌并不是个好办法。相关资料表明，发酵起始 pH 值太低会抑制酵母的活力从而影响酒精产量。源自里氏木霉的新型糖化酶 TrGA，其特点是适用 pH 值范围比 AnGA 宽泛。这一特点使得在液化后无需调节 pH 值进行发酵成为可能，在生产上可以实现发酵起始 pH 值与液化 pH 值一致，即在 5.5 左右。

国内相关研究表明，采用新工艺不仅加快了酒精发酵的速度，酒精产率得以提高；同时新过程由于省略了调节 pH 值的步骤，使生产工艺得到简化，并减少后道工序的处理，降低了生产成本，而且也减少废水处理的负担。

B 酸性蛋白酶取代无机氮源

在国内研究中，以谷物为原料的食用酒精的发酵过程中，由于原料中所含的蛋白质不能被酵母直接利用，通常需要额外添加尿素或硫酸铵等无机氮源以补不足。尿素是酒精发酵中普遍使用的氮源。相关研究表明，在酸性条件下，尿素和乙醇加热反应生成 EC（氨基甲酸乙酯），该物质具有遗传毒性和致癌性，2007 年 3 月，世界卫生组织国际癌症研究机构（IARC）将 EC 从可能致癌物质 2B 类提高为 2A 类。

我国新颁布的食品添加剂使用标准 GB 2760—2011 中明确规定，尿素等 23 种物质，缺乏食品添加剂工艺必要性，不得作为食品用加工助剂进行生产经营和使用。如拟将这些物质作为食品添加剂或食品用加工助剂的，应当依法提出食品添加剂新品种行政许可申请。可以预见，随着该规定的实施，在酿酒过程中人为添加尿素的行为将被禁止。前期的研究表明，酸性蛋白酶可以将淀粉质原料自身的蛋白质水解为酵母可利用的成分，从而改善体系的营养供应，缩短发酵周期，有利于进行浓醪发酵，有利于提高出酒率，酸性蛋白酶的使用不会使 DDGS 的蛋白含量降低。研究还发现，发酵时添加酸性蛋白酶除了可以显著增强酒精产率外，还对蒸馏废醪除水有帮助。当今酶制剂生产技术的进步使酸性蛋白酶的成本大幅降低，从而使大规模取代无机氮源成为可能。

C 降黏酶

麦类谷物以前主要是在一些地区（如欧洲）被广泛地用于燃料酒精的生产，近年来，我国小麦的工业深加工也有了一定的发展。而使用这些原料面临的挑战之一是高含量的非淀粉质多糖类物质（NSP）。由于 NSP 类物质的持水性能非常好，故醪液的黏度很高。在理论研究中，降黏酶是经微生物发酵得到的适用于降解谷物中 NSP 的复合酶制剂，可在酒精生产的多个步骤进行添加，如配料或和糖化发酵。在配料阶段添加的一个好处是从源头上就可以把黏度降低。在发酵阶段添加的好处是可以把一些低聚糖水解成酵母可利用的单糖，如葡萄糖和果糖。

D 生料发酵

用生料发酵技术工业化规模生产酒精是业界多年的梦想。生料工艺与传统工艺相比有诸多益处，如提高酒精产出、提高生产效率、节约能源、减少操作单元、减少固定设备投资等，但是生料发酵还在理论研究阶段。

无蒸煮工艺即生料工艺是生产酒精的绿色技术，近些年对此研究增多，多集中在国外。如前所述，若用麦类原料采用传统工艺生产酒精，醪液将非常黏稠。若采用生料技术，由于整个过程体系的温度始终低于糊化温度，故不会产生黏度问题。并且乙醇的产率会略高于传统工艺，GC-MS 分析显示无喷射新工艺的发酵产物杂质少于传统工艺。大米生料发酵酒精生产的研究表明，采用传统工艺 1 吨大米可以生产 380 ~ 400 升酒精；而采用新型酶制剂生料工艺后，1 吨大米可以生产 430 ~ 470 升酒精，甚至更高。新鲜木薯直接转化生产乙醇的研究用真菌 α 淀粉酶和降黏酶预处理新鲜木薯醪液后加入颗粒淀粉水解酶 STARGEN 进行酵母酒精发酵。与传统高温工艺相比，该工艺过程中新鲜木薯醪液黏度显著降低，有更多可发酵性糖被利用，并且最终发酵效率显著提高。

除原材料和能源的价格上涨外，酒精生产企业面临的另一个较大的挑战就是环保问题。虽然现在大部分酒精生产企业已采用部分清液回配，但回配的比例仍很小。研究表明，生料发酵过程可提高清液回配比例，特别是在蛋白酶的帮助下，清液的回配比例可大大增加。还有研究表明：在高粱酒精生料发酵中添加植酸酶，不仅可以促进发酵、提高酒精产量、减少杂质生成，还能显著降低蒸馏清液和酒糟中的植酸含量，进而提高酒糟饲料蛋白营养价值，同时减少有机磷排放。对超高底物浓度（35% 绝对干物）生料发酵的研究发现，采用温度梯度控制使用市售酒精干酵母，在 98 小时内发酵醪液酒精浓度可达 20%（体积分数）以上。

10.2.3.2 酶制剂新技术在淀粉提取与淀粉糖工业上的应用

A 淀粉提取

传统的玉米湿磨工艺投资很大且相当耗能，大约21%的投资和能耗发生在浸泡过程。在传统的玉米湿磨工艺中，二氧化硫的使用不可避免，浸泡过程中需要添加1000~2000毫克/千克的二氧化硫。工厂实际操作添加量普遍为2000毫克/千克，有时高达3000毫克/千克。添加二氧化硫的主要用途包括降低染菌风险；对玉米胚乳蛋白质起分散作用，使包裹在淀粉颗粒周围的蛋白质与淀粉有效分离，从而有利于蛋白质在随后的湿磨过程与淀粉分离开来；另外二氧化硫还可使玉米种皮成为半透性膜，玉米中的可溶性营养物质被溶出，提高玉米浆的质量。传统湿磨工艺中的浸泡过程相当耗时，大约需要24~50小时。

由于玉米湿磨工艺需要大量使用二氧化硫，会导致淀粉成品中的二氧化硫残留量较高，我国食用玉米淀粉国家标准GB/T8885—2008中规定二氧化硫的残留含量不得超过30毫克/千克，工业玉米淀粉国家标准GB12309—1990规定不得超过0.004%（质量分数），即40毫克/千克，而实际的生产情况是绝大多数淀粉厂很难达到这一标准。大量使用二氧化硫的另一个危害在于对酵母的抑制作用，研究表明酒精发酵过程中若二氧化硫浓度超过100毫克/升，酵母的生长会受到严重影响。

酶在淀粉湿磨工艺的应用报道最早见于2001年。在玉米湿磨工艺中使用酸性蛋白酶，可以有效缩短玉米的浸泡时间，提高淀粉的得率，降低二氧化硫的使用量，酶法湿磨工艺可以有效地降低运行的能耗，进一步扩大处理能力，对于新建的工厂，可以降低固定资产的投资。酶法工艺的第一阶段是水浸泡玉米的过程，这有利于玉米的胚芽完全吸水变软，从而使胚芽在后面的粗磨过程中不至于被打碎。而第二阶段是采用酶对粗磨后的玉米粉浆进行处理，经过酶处理后的湿磨过程与传统的工艺流程完全一样。

从Singh和Johnston试验的结果看，二氧化硫的添加量降低到600毫克/千克，淀粉的得率大约提高了1.0%，蛋白质的得率大约提高了3.5%。这部分多出的淀粉主要是在酶法湿磨过程中从纤维和蛋白质中分离出来的。并且酶法湿磨工艺中的淀粉残留蛋白质含量以及淀粉的糊化特性均好于传统的湿磨工艺。由于添加蛋白酶，不仅缩短了浸泡时间，同时蛋白质的得率不但没有减少反而得到提高。该技术形成于十余年前，当时蛋白酶的生产菌株大部分为黑曲霉，由于蛋白酶的价格较高，该技术并没有在工业界进行推广。现在随着酶制剂技术的发展，新的里氏木霉蛋白酶更有效，成本更有竞争力。希望随着酶制剂成本的进一步降低和工艺条件的持续优化，这一能够减少二氧化硫用量的工艺能够尽快得到工业推广，从而使我国的淀粉质量真正能达到国标的要求。

B 淀粉糖工业

麦芽糖是淀粉深加工中较容易生产也是食品工业应用很广泛的糖浆。在麦芽糖的生产过程中，糖化过程通常在 pH 值 5.2 ~ 5.6、温度 55 摄氏度进行糖化，由于温度和 pH 值都非常适合细菌的生长，因此染菌是很难解决的问题。钱莹等人对新型耐酸真菌淀粉酶在麦芽糖生产上的应用进行了研究，结果表明该酶制剂可以在 pH 值为 4.5 左右的条件下进行工作，这样麦芽糖生产中的染菌问题可以有效解决，同时由于没有杂菌的滋生，糖液的有色物质减少，从而减少脱色时活性炭的用量。采用耐酸型真菌淀粉酶的另一个好处是在液化过程结束后，可直接加酸调节 pH 值为 4.5 进行糖化，而传统工艺需先调节 pH 值为 4.5 左右使液化酶失活，然后加碱回调 pH 值至 5.5 左右进行糖化。新型酶制剂的应用可以简化工序，节约酸碱用量，减轻离交压力，降低生产成本。

10.2.4 酶工程关键生产技术小结

中国酶制剂产业的下一步快速发展需要技术创新，只有形成自主强有力的技术创新体系，才可能取得酶制剂产业的长足发展。加强具有自主知识产权的产品及技术研发，加大医药用酶制剂、食品加工用酶制剂、纺织工业用酶制剂、饲料工业用酶制剂、生物能源用酶制剂、造纸工业用酶制剂和洗涤工业用酶制剂等酶制剂产品的研发。

在酶制剂生产菌种的构建方面，应采用基于组学的酶编码基因挖掘技术。通过对不同样品的采集，建立生产多种不同性质酶的微生物库。

在建立的微生物库中，寻找合适的酶。对合适酶学性质的，采用分子生物学和基因组学等手段，破译酶编码基因，进行序列比对。通过基因及其编码蛋白序列的比对，寻找基因序列与功能之间的规律。根据表达酶的来源、性质及应用，选择合适载体与宿主，构建高效表达酶的重组菌株。对构建获得的高效表达的重组菌株，采用发酵过程优化控制策略进行优化，获得可以高效表达性质合适的酶。

在工业酶性质改造方面，应采用基于酶结构功能相关性的酶分子改造技术，对编码酶氨基酸的基因序列进行扩增、分析，通过易错 PCR 技术，构建具有不同性质酶的基因文库。从基因文库中，筛选、获得具有优良性质的工业酶。同时，可以根据对酶分子结构及氨基酸序列功能进行分析，根据对酶特定酶学性质的需求，采用定点突变的方式，改造酶分子的关键区域，达到改变酶学性质的目的。将改造后工业酶的基因序列通过重组的方式，在表达宿主中高效表达，获得具有高催化效率、特定酶学性质的工业酶。

在工业酶高效表达系统构建方面，采用基于 DNA 重组技术的工业酶高效分泌型表达系统的构建技术。通过筛选的方式，获得高效分泌信号肽。将高效分泌信号肽与酶目的基因序列及载体重组，获得带有高效分泌信号肽和目的基因序列的重组载体。通过分子生物学手段，改造分子伴侣系统及分泌表达元件，提高表达分泌系统的分泌能力。对酶调控途径进行分析，改造酶调控途径，提高酶合成效率。

在工业酶分泌发酵调控方面，采用基于跨膜转运理论的工业酶分泌发酵调控技术。通过分子生物学手段，转录翻译合成酶蛋白。通过对酶蛋白分子及细胞膜的研究，确定酶蛋白分子跨膜运输机理，构建细胞膜透性与酶分子分泌机制模型。采用共表达等策略，在分子水平改善细胞膜通透性，强化酶蛋白分子转运途径，提高酶分泌效率。

在酶制剂复配方面，应采用基于反应作用机理的酶复配及应用评价技术。通过研究酶与底物的作用机理，分析底物微观结构变化。采用产单一酶多菌种/产多种酶单一菌种混合发酵策略，应用数学模型模拟获得最佳复配方案。同时，应注重挖掘新型酶助剂，进一步提高酶制剂的性能和应用效率。加快酶制剂后处理，推进膜分离技术、颗粒酶造粒技术及发酵废液后处理技术的研发、推广和应用。

此外，要通过争取国家在酶制剂行业的立项支持，尽快建立起一些具有一定规模和一定研究水平的酶制剂研发基地，并形成科研生产一条龙体系，加快科研成果的产业化。技术创新基地的建设当以企业为主体，在国家政府支持的同时融入包括高校在内的多方力量，以求在高新技术领域实现一些重大突破，使我国在世界酶制剂市场保持一定的竞争优势。加快酶制剂行业国家工程研究中心与企业技术中心建设，鼓励和支持销售规模过亿元的企业，或通过组建技术创新联盟，或通过建立自己的酶制剂应用研究中心，加强应用技术研究。加强酶制剂行业公共技术创新服务平台建设，加大平台为企业和政府的服务力度，聚集资源，优势组合，营造酶制剂行业积极向上的创新氛围和高效运转的支撑系统。

11 生物能源新兴科技

11.1 生物液体燃料

生物液体燃料主要指利用生物质资源生产的甲醇、乙醇和生物柴油等液体燃料。

11.1.1 非粮燃料乙醇

11.1.1.1 甜高粱乙醇生产技术

甜高粱是普通高粱的一个变种，产量高，有“高能作物”之称，产量一般为2250~7500千克/公顷籽粒和6万~7.5万千克/公顷富含糖分的茎秆（茎汁含糖量17%~28%，主要糖分为蔗糖、葡萄糖、果糖）。甜高粱用途广、耐涝、耐旱、耐瘠薄和抗盐碱。甜高粱茎秆多汁、富含糖分，茎秆汁液制取燃料乙醇具有较为广阔的前景，已成为世界上一种新兴的糖料、饲料和能源作物。

A 甜高粱制备乙醇的生产工艺

(1) 清汁发酵。将甜高粱的茎秆榨汁，得到糖液，加入酵母进行发酵制备乙醇，生产工艺类似于以甘蔗为原料生产燃料乙醇工艺；甜高粱茎汁制乙醇的优点是工艺简单，缺点是榨汁需要耗能、残渣中残留糖分（一般为5%~10%）、新鲜茎秆或茎汁的储存问题、废水处理问题等，这些都会增加乙醇的生产成本，且生产容易受到收获季节的影响。

(2) 固体发酵。甜高粱茎秆纤维制乙醇可归属于纤维素乙醇领域，是利用茎秆中的纤维素、半纤维素等碳水化合物水解生成可发酵糖，再经发酵制乙醇；多采用固态发酵工艺，发酵方式有分立糖化发酵、同步糖化发酵、同步糖化共发酵等。但缺点是微生物生长受营养扩散的限制、易出现代谢热积累导致的过热现象、发酵过程的自动化控制难度稍高、技术开发经验少等。针对固体发酵的这些缺点，研究者在不断改进发酵设备和工艺，例如，中国科学院过程工程研究所的陈洪章发明了一种发酵分离耦合技术制备乙醇的固态发酵反应器，利用二氧化碳气体作为循环载气，采用活性炭吸附的方法将发酵和分离过程相耦合。所用工艺是将甜高粱茎秆绞碎后，添加纤维素酶，进行固态发酵，其特点是同时利用甜高粱茎秆中的糖液和纤维素、半纤维素，过程简单，乙醇的产率较高。清华大学的李十中发明了一种滚筒式发酵罐，将绞碎的甜高粱茎秆直接进行发酵，省去了榨汁过程，在滚动中实现传氧和散热等问题，其特点是设备紧凑、过程简单、能耗较低。

（3）ASSF 生产甜高粱乙醇。清华大学研发了国际领先的先进固态发酵 ASSF（advanced solid state fermentation）生产乙醇技术。筛选出高效产乙醇的优良菌株 CGMCC1949，使甜高粱茎秆固体发酵乙醇时间缩短至 30 小时以内，比用玉米发酵生产乙醇的时间（55 小时）缩短 40% 以上，乙醇收率高于理论值的 94%，而玉米乙醇收率一般为 91.5%；优选出高效储存甜高粱茎秆的方法，储存 200 天糖分损失小于 5%；建立了发酵动力学模型，发酵罐内基质的传热和传质模型，基于模型设计了转鼓式固态发酵设备，实现了固态发酵的机械化生产和自动化控制；并完成了从实验室摇瓶优化工艺条件，到 5 立方米中试，再到 127 立方米的工程示范的逐级放大研究，试验结果表明无明显放大效应，发酵过程的数学模型可以成功地用于工业化生产。ASSF 技术生产甜高粱乙醇在工程、技术、经济上都具有很大优势，具有广阔的发展前景。

B 国内外发展状况

国外对甜高粱燃料乙醇研究较少；我国最近几年由于燃料乙醇工业的兴起，企业在甜高粱燃料乙醇的研究方面也投入不少精力，但多处于中试阶段。甜高粱燃料乙醇生产的最大问题是保持甜高粱糖分的储存技术。2006 年中粮集团在内蒙古五原县及山东阳信县分别进行了甜高粱种植及储存试验，平均亩产 5 吨（包括茎、叶），锤度 16 左右，与广西轻工业科学研究院合作进行了甜高粱榨汁液态发酵中试试验，采用类似甘蔗糖蜜发酵生产乙醇工艺，榨汁发酵 40 小时后，成熟醪液乙醇含量达 12%（体积分数），其中可发酵糖利用率超过 95%。在黑龙江省桦川县桦川四益公司建设了年产 5000 吨乙醇能力的甜高粱茎秆固体发酵工业化生产示范工程。中粮集团、清华大学和内蒙古五原县政府合作也进行了固态发酵燃料乙醇试验，缩短固态发酵时间至 44 小时，可发酵糖利用率超过 90%。

虽然以甜高粱为原料生产燃料乙醇已取得较大的进展，但要想实现大规模工业化生产在工程放大技术、产品经济性上还有一定的距离，主要存在以下问题：甜高粱成熟期集中、收割期短、茎秆易变质酸败、难以保存；运输费用高，而且加工酒精后要处理大量的残渣和污水，污水处理投入和难度较高；发酵工艺及装备不完善，工效低，成本高，前期投资大。

在中国甜高粱的空间适宜分布中，云南东北部最适宜种植甜高粱，云南西南部较适宜种植甜高粱。

11.1.1.2 薯类乙醇

薯类乙醇原料主要包括木薯和红薯等根生的淀粉质原料，木薯和红薯生产乙醇的工艺类似。木薯是一种多年生植物，产于热带和亚热带地区的丘陵地带，适应性强，耐旱、耐瘠，在各种颜色的土壤里都能生长。近年来，全球各木薯生产国和木薯研究机构十分重视木薯产业的发展，在提高木薯生产性能、深加工、开发和利用方面进行了大量的投入，取得了较大的进展。其中，古巴在木薯挖拨机和木薯收获机、国际热带农业中心等木薯机构在木薯病虫害防治和木薯种质资源收集、美国在木薯基因改良育种和淀粉质发酵技术、印度在木薯杂交育种和木薯综合利用等方面均取得了较大进展，其中，美国在木薯基因改良育种和淀粉质发酵技术方面代表着国际领先水平。

我国木薯新品种选育和繁育已达到国际先进水平："十一五"期间，我国的木薯新品种选育和繁育技术获得很大的进展。中国热带农业科学院热带作物品种资源研究所、广西亚热带作物研究所、广西大学等单位围绕高乙醇转化率、高粉、耐寒性好、早熟木薯品种为选育目标，开展木薯新品种的引进、筛选与选育，从国内外引进木薯品种（系）228 个，木薯杂交种子 18719 粒，筛选和培育出了 6 个木薯优良新品种，其中引进了 1 个高淀粉含量品种罗勇 9 号，淀粉含量达 30% 以上，育成的新品种新选 048 号在产量上取得了重大突破，亩产鲜薯 3500 ~4000 千克，最高产可达 5000 千克，比主栽培品种华南 205 号增产，在广西取得了大面积推广应用。木薯嫩枝扦插快繁技术、母株多次切茎加代速繁技术、组培苗等多种快繁技术等繁育技术的成功应用，加快了优良新品种的推广。

（1）木薯栽培综合节本技术。我国开展了不同种植密度产量效应研究、施肥方法研究、种植方法对比、木薯施用生物有机肥效应研究、木薯施用保水剂效应研究、木薯地膜覆盖栽培技术研究、木薯间作模式研究等生态适性及配套高产栽培技术研究，通过系统研究，为合理高产栽培提供了可靠的科学依据。开展了木薯种茎质量选择及播种技术、木薯生长需水规律、木薯土壤耕作生态类型与产量关系、木薯种植水土保持试验等研究，形成了系统的木薯节本高效集成栽培技术。

（2）木薯酒精高效菌种和工艺。我国通过对燃料乙醇的生产共性关键技术进行攻关，获得高活性的产酸性中温 α-淀粉酶产生菌株，其最适温度为 53 摄氏度，最适 pH 值为 5.0，适于中低温液化，具有应用潜力。筛选获得具有高耐性（耐高温，高渗透压，高糖）的酵母菌菌株 ZM1-5；通过诱变选育获得耐高温、耐高糖及耐酒精的快速生长发酵的酿酒酵母，可适于高温浓醪发酵，37 摄氏度发酵 40 ~44 小时，酒精度（体积分数）达到 15.0% ~15.5%，发酵效率大于 92%。广西中粮生物质能源有限公司燃料乙醇新技术示范在生产线上连续稳定运行超过 60 天，发酵过程乙醇对醪液总糖转化率大于理论值的 92%。

（3）木薯乙醇废液厌氧发酵技术。木薯乙醇废液是影响木薯乙醇源发展的主要瓶颈之一。为了实现木薯产业的循环生产，科技管理部门还组织研究团队对木薯乙醇废液进行攻关，将提高生物厌氧发酵技术在木薯酒精废液高浓度有机废水产业化应用水平，快速、高效的分解有机废水中甲烷菌可以利用的部分，降低木薯生物质产业的环保固定资产投资，并能快速高效地回收生物能源沼气；建立了相应的快速高效沼气发生生物反应器示范基地和沼液农业利用基地。

（4）TUS 薯类燃料乙醇生产技术。该技术是天津大学石化技术中心依托天津大学在化学工程及生物化工领域所积累的丰富的工程经验及研究成果，在燃料乙醇平台生产技术的基础上，经过多年的攻关及工业化过程，开发成功的具有自主知识产权的成套生产技术。该技术涉及“低温蒸煮糊化”、“浓醪连续发酵”、“高效精密精馏”、“全流程模拟计算及仿真”及“变温变压冷凝吸附”等多项燃料乙醇生产关键技术及装备，取得了良好的工业实施业绩。

（5）木薯乙醇产业发展的科技需求包括：1）高产高粉木薯新品种培育和配套栽培技术研究；2）开展木薯全程机械化系列产品的研发；3）木薯病虫害防治；4）木薯乙醇发酵技术攻关；5）木薯乙醇废弃物的资源化利用技术。

“非粮”燃料乙醇的生产中，只有木薯燃料乙醇达到了规模化生产的程度。木薯在我国可以分布的总面积约 12369. 62 万公顷，主要分布在广西、云南、广东、江西、湖南，分别占总分布面积的 17. 2%、13. 3%、12. 5%、10. 8% 和 10. 0%。如将云南适宜木薯种植的耕地用于木薯乙醇生产，其发展规模还将进一步提高。

11. 1. 1. 3 纤维乙醇

纤维素燃料乙醇工艺又称为秸秆制燃料乙醇工艺，过程主要包括：原料预处理、纤维素和半纤维素水解糖化、五碳糖与六碳糖的发酵、蒸馏脱水等。

A 生产工艺流程

a 预处理工艺

常用的预处理方法有物理法、化学法、物理化学法、生物法等。物理法包括粉碎、热解、声波电子射线等方法。这些方法均可使纤维素粉化、软化，提高纤维素酶的水解转化率。化学法包括稀酸处理法、氨回收过滤法、湿氧化法、臭氧处理、有机溶剂处理。物理化学法包括蒸汽爆破法、氨纤维爆破法、氨纤维爆裂法。生物法包括白腐菌处理法。

b 水解工艺

水解工艺主要分为酸水解和酶水解两种。酸水解是利用无机酸进行催化使纤维素转化为单糖，催化剂的成本较低。但浓酸水解过程中会产生一些对微生物发酵过程有抑制作用的有机酸、酚类和醛类化合物等副产物。超低酸水解因设备腐蚀小、环境污染小成为近年来研究的热点，可作为酶水解的预处理步骤。酶水解是利用纤维素酶将纤维素水解成单糖的过程。纤维素酶是一种复合酶，主要包括葡聚糖外切酶（CX 酶、CMC 酶），葡聚糖内切酶（C1 酶，微晶纤维素酶，纤维二糖水解酶）和 β-葡萄糖苷酶等三种组分。酶水解工艺的优点在于：可在常温下反应，水解副产物少，糖化得率高，不产生有害发酵物质，并且可以和发酵过程耦合。但是现有技术生产的纤维素酶酶活性低（与淀粉酶差距在两个数量级以上），导致酶的使用成本很高，制约了纤维乙醇的商业化。

c 发酵工艺

纤维素和半纤维素发酵生产乙醇的方法主要有以下三种。（1）直接发酵法，直接发酵法能直接将纤维素代谢成乙醇，这类微生物以热纤梭菌最为有名，此菌种由棕榈酒分解而得，但分解纤维素的能力不如木霉；另外，粗糙脉孢菌也可分解纤维素。通常单独使用这两种菌种发酵时间很长、醪液酒度低，一般需通过接种发酵单孢菌混合发酵的方法缩短发酵时间、提高醪液的乙醇含量。（2）水解发酵两步法，是指水解和发酵分开进行，木质纤维素的水解酶通常来源于木霉、曲霉和青霉。这种方法的优点是无需脱毒处理，缺点是水解和发酵的周期长、成本高、存在葡萄糖反馈抑制问题等。（3）同步糖化发酵法，是指用纤维素酶对木质纤维素进行水解，同时加入酵母菌，使糖化与发酵在同一容器内进行。纤维素同步糖化发酵制乙醇将纤维素酶解糖化和乙醇发酵过程耦合，解除了酶解产物纤维二糖和葡萄糖对纤维素酶的反馈抑制，提高了纤维素酶的酶解效率，被认为是纤维素转化最有前景的途径。与水解发酵两步法相比有很多优点：1）同步糖化发酵促进了反应的动力学过程，减轻了酶解产物对酶的抑制；2）减少了酶的用量，因此纤维素酶解成本有望大幅度降低；3）糖化发酵同时进行，所以反应时间可大大缩短；4）葡萄糖生成与消失几乎同步，增加了发酵产率。这种方法的缺点是酶的糖化速率与酵母的发酵速率相互协调的问题难以控制。糖化速率太快、发酵速率迟缓，则会有大量的单糖累积，容易滋生杂菌，造成发酵过程升酸幅度大；如果糖化速率慢，而酵母数量多，则会导致酵母因缺乏碳源而影响生长。

中国科学院过程工程研究所陈洪章研究员带领的团队实现了纤维素乙醇制备过程中纤维素酶解糖化-发酵-液体乙醇分离的三重耦合技术，便于协调糖化和发酵的最佳作用温度，调节反应器内的乙醇浓度，避免高浓度的乙醇对酵母菌的抑制，同时可以保持较低的葡萄糖浓度，降低产物中葡萄糖对纤维素酶的反馈抑制作用。

B 制备纤维素乙醇先进技术

（1）Verenium 公司开发的硫酸/酶水解-发酵技术。该技术首先把生物质原料（甘蔗渣和其他能源作物）用酸分解为半纤维素糖浆（木糖和其他五碳糖）和纤维渣（纤维素和木质素），二者分离以后糖浆用专用的酵母发酵为稀乙醇，纤维素用工业酶分解并发酵为稀乙醇，最后通过蒸馏得到燃料级纤维素乙醇。

（2）Arkenol 公司开发的硫酸水解-发酵技术。该技术用浓硫酸作催化剂，把纤维素和半纤维素原料转化为葡萄糖和木糖（六碳糖和五碳糖），其收率是用稀硫酸和酶水解收率的 1.5～3.0 倍，再把水解得到的六碳糖、五碳糖与酸、木质素和其他固体物分离，木质素和其他固体物用作锅炉燃料生产工艺用蒸汽和工厂用电，糖通过酵母连续发酵转化为乙醇。

（3）ZeaChem 公司开发的酸水解-发酵-酯化-加氢技术。该技术以废木材等为原料，通过酸水解得到葡萄糖和木糖溶液，然后用乙酸菌发酵把糖转化为乙酸，接着再酯化得到乙酸乙酯，其全部或部分加氢得到乙醇。氢气由酸水解得到的木质素气化生产。

（4）杜邦 Danisco 纤维素乙醇公司开发的酶水解-发酵技术。该技术以玉米秸秆、玉米芯和柳枝草为原料，经研磨后首先进行预处理得到纤维素、半纤维素和木质素，接着用酶进行水解得到葡萄糖和戊糖单体与木质素，再用酵母菌进行发酵得到发酵液，最后进行产品分离得到乙醇、联产品和残渣。为使纤维素乙醇的生产成本能与玉米和甘蔗乙醇竞争，近几年来国内外许多研究单位和技术开发商都在寻求降低酶生产成本的生产技术。开发最成功的有两种酶，一种是 Novozymes 公司开发的 CellicCtec2，分解玉米芯、秸秆和甘蔗渣为可酵糖的能力是其前身的两倍，与现用的酶相比用量可减少 50%，可减少乙醇生产成本 50 美分/加仑（1 加仑 =3.785 升），使纤维素乙醇的生产成本降低到 2 美元/加仑以上；另一种是 Genencor 公司开发的 AccellerseDUET，在其前身 Accellerase1500 提高 β-葡萄糖苷酶和纤维素活性的基础上，提高半纤维素的活性，用量可减少 3 倍，能得到更高的糖和纤维素乙醇收率。

C　国内纤维素乙醇发展状况

我国发展纤维素乙醇有更大的优势，可利用的木质纤维素每年在 7 亿吨左右，这些丰富而廉价的自然资源主要来源于农林业废弃物、工业废弃物和城市废弃物，纤维素乙醇是未来燃料乙醇产业发展的必然方向。我国的纤维素乙醇技术在生物质的酸碱预处理和酶预处理工艺，超高酶活性纤维素酶方面，以及利用基因工程、代谢工程技术研究构建能同时高效利用五碳糖和六碳糖的高产乙醇的基因重组酵母和其他基因工程细菌等方面已取得了重要进展。迄今为止，已经建成和正在建设多套纤维质原料乙醇中试生产线。

纤维素乙醇工艺路线虽然已经打通，但在原料收集、预处理、糖化、发酵和精馏各个过程中还存在着制约纤维素乙醇实现大规模工业生产的工艺和设备问题，主要表现为以下五个方面：（1）木质纤维素原料分散，季节性强，尤其是农作物秸秆。（2）木质纤维素预处理技术有待进一步优化和提高。由于天然纤维素原料结构复杂的特性，使得其纤维素、半纤维素和木质素三者不能有效分离；另外，还伴随产生一些中间副产物，实验表明，这些物质抑制酵母的生长和代谢，最终影响乙醇产率。（3）缺乏高效的产纤维素酶菌株，现有的纤维素酶制剂效果较低，使得酶解糖化经济成本较高，当前生产 1 吨纤维乙醇需要酶制剂的成本在 2200 ~2600 元。（4）缺乏能够同时高效代谢戊糖和己糖的发酵菌株，戊糖的利用是影响纤维乙醇综合成本的关键因素。(5)纤维素乙醇成熟醪酒度较低，一般为3%~4%较好的可达到6%，生产1吨燃料乙醇将消耗30~60吨水，同时将产生几乎同样数量的废液，是较为先进的木薯乙醇生产燃料乙醇技术的5~10倍，而纤维素乙醇废液可利用价值较低，污水处理与木薯及玉米乙醇相比成本较高，难度较大。

2008年5月8日，由河南天冠集团建设的1万吨纤维乙醇一期产业化。2011年12月21日，河南天冠集团万吨/年纤维乙醇示范厂通过了国家发改委的验收。

11.1.1.4 云南发展纤维素乙醇潜力

云南省地处热带亚热带地区，拥有得天独厚的生物资源，是全国植物种类最多的省份，几乎集中了从热带、亚热带至温带甚至寒带的所有品种。甘蔗是最佳的可再生能源作物。用甘蔗生产燃料乙醇，不占用人的食粮，不会占用禽畜饲料，是解决我国能源紧缺矛盾的最佳途径，是发展我国可再生能源的最佳途径，而且甘蔗的原料成本较其他作物的更低，加工成本也较其他作物的低。甘蔗茎中含有10%~13%以上的蔗糖。这些糖经发酵可直接产生乙醇。压榨后的蔗渣主要为纤维素，虽不能用于发酵生产乙醇，但却可用于乙醇生产中加热、蒸发蔗汁等所需能源的生产。刚榨出的蔗渣虽然含有46%的水分，但可以燃烧。1吨蔗渣的燃烧值相当于81.90加仑汽油，这些蔗渣燃烧所产生的热能不仅能满足整个乙醇生产中所需的热能，而且还可用于发电。1吨甘蔗有蔗渣0.25吨。这些蔗渣可以先提取木糖醇、低聚木糖醇后，再用于燃烧满足乙醇生产中加热、蒸发等所需的热能并发电，从而可解决乙醇生产中所需的电能，或将蔗渣用于生产蔗渣碎粒板、中密度纤维板、造纸等，或直接使用蔗渣制造生物钾肥，均属于现今国家大力提倡的循环经济范畴。而用其他作物作乙醇原料，则无此优势，如玉米、水稻、小麦、高粱、甘薯、木薯等，虽有残渣可作饲料，但却数量少，不能作燃料，也不能用于加热、生产蒸汽和发电。甘蔗作乙醇原料，可大大降低加工成本，提高乙醇生产厂的经济效益，故其比其他作物作乙醇原料更有优势。甘蔗单产较其他作物高，占用的土地比其他作物的少。农民种植甘蔗的效益远较种植其他作物的高，而种植能源甘蔗的效益则比种糖蔗的还要高。一般产量在10500~13500千克/公顷之间，最高可超过18000千克/公顷，是其他原料作物的数倍。因而其他任何一种乙醇原料作物都无法与之相比。生产等量的乙醇，用甘蔗生产乙醇的工厂所获效益更高。乙醇生产厂用甘蔗生产乙醇，其原料成本比用其他作物做乙醇生产原料的低411~2679元/吨；蔗渣可生产乙醇生产中所需的热能和电能，加工成本比用其他作物的低。现在的大型甘蔗糖厂都有乙醇厂，虽然普遍存在工艺技术科技水平含量低，能耗大，效益低的问题，但都是成熟的甘蔗乙醇生产工艺，不需要增加多少投资。可种甘蔗的地方在云南甚广，而且都是贫困农村，是扶贫的好项目，所以云南省政府的有关部门自然会积极配合，给予扶持。

11.1.1.5 燃料乙醇生产技术展望

燃料乙醇的价格比汽油贵约1000元/吨，而且传统酒精生产方法环境污染严重。因此如何采用新技术提高化工单位生产效率，降低能耗，降低生产成本，同时减少对环境的污染，是企业迫在眉睫的问题。国家又限制玉米燃料乙醇，大力提倡非粮燃料乙醇。因此寻找廉价原料，研究新的生产工艺成为未来燃料乙醇产业发展的核心动力。在非粮原料中，木薯、甜高粱都是过渡性的替代原料，最终纤维素乙醇则是未来的发展方向。

改进原有技术，减少污染，降低生产成本。我国玉米燃料乙醇生产成本随玉米原料的价格变化而波动，约为美国燃料乙醇成本的1.5倍，主要是因为美国玉米种植技术及燃料乙醇生产技术水平的提高引起的生产成本降低。

寻找廉价原料，研究新的生产工艺。从未来趋势看，发展燃料乙醇要从粮食为主的原料路线向非粮转变，即重点开发利用，不与人争粮、不与粮争地，且经济性较好的薯类、甜高粱及纤维素等资源，形成非粮为主的原料结构。

开展纤维素乙醇的研究可以缓解粮食和能源紧张，根本解决燃料乙醇的生产原料问题。纤维素乙醇可减少70%~90%温室气体排放，显著改善环境，是燃料乙醇产业的未来发展方向。但用纤维素生产乙醇是一个世界性的难题，最主要的问题是生产成本远远高于玉米燃料乙醇。它在清洁高效的原材料预处理技术、纤维降解酶系成本高效生产技术、发酵过程优化、半纤维素降解糖的合理利用和木质素高值化利用等方面都有待于进一步的技术突破。

11.1.2 生物柴油

生物柴油是以动植物油脂为原料生产的柴油替代品，基本成分是脂肪酸甲酯或脂肪酸乙酯。生物柴油不含硫与芳烃，闪点高，具有良好的动力性能与排放性能，被国际可再生能源界誉为最具前景的替代油品。

11.1.2.1 生物柴油基本生产工艺

生物柴油基本生产工艺包括：

（1）直接混合。直接混合法通过将天然植物油与柴油、醇类或其他有机溶剂直接混合，以提高植物油的挥发能力和降低其黏度。在这方面使用最早的是南非，1980年CaterpillarBrazi公司用向日葵油与柴油混合制得生物柴油，虽然可以使用，但是由于植物油本身的低挥发性、高黏度、流动性差等缺点容易导致发动机出现污染喷嘴、活塞环粘连、积碳、润滑油变调、不能持续工作等故障。因此，直接混合法尽管工艺简单，但制备出来的生物柴油质量不高，不能从根本上改变植物油的高黏度性能，植物油依然不能长期使用在柴油机上。

（2）微乳液法。微乳液法是将植物油与甲醇、乙醇、丙醇或1-丁醇等溶剂直接混合形成微乳液来降低其黏度。Georing和Fry（1984）用乙醇水溶液与大豆油制成微乳状液。这种微乳状液除了十六烷值较低之外，其他性质均与2号柴油相似。Ziejewski（1984）等用冬化葵花籽油、醇以及1-丁醇制成乳状液，在200小时的实验室耐久性测试中没有严重的恶化现象，但仍出现了积碳和使润滑油黏度增加等问题。因此，此方法虽然工艺简单，但是出现的问题和直接混合法类似，而且这种方法与环境的关系很大，环境的变化易出现破乳现象。

（3）高温热裂解法。高温热裂解是指物质在隔绝氧气的条件下经过高温加热，引起物质化学键断裂而生成小分子物质的过程。Chew 和 Bhatia 以稀土 Y 型沸石作为催化裂化催化剂，在450摄氏度的条件下高温热裂解棕榈油制得生物柴油。Wiggers 等（2009）对废弃鱼油热裂解的产物进行了分析，发现热裂解得到的生物柴油的特性与石化柴油的性质相似。高温裂解法过程简单，能得到符合内燃机要求的燃油，没有污染物产生，缺点是在高温下进行，需催化剂，裂解设备昂贵，反应程度难控制，反应产物复杂，副产物多，且产物中汽油的含量大于柴油。在热裂解过程中，除去氧而降低了含氧燃油本身所具有的优势，裂解的上述缺点限制了其广泛使用。

（4）酯交换法。酯交换法生产生物柴油时，由于原料条件及使用的催化剂不同，各种生产工艺间存在较大差异。根据有无催化剂及催化剂的类型分为酸催化、碱催化、生物酶催化和超临界酯交换法等。

1）酸催化酯交换法。酸催化法用到的催化剂主要有硫酸、盐酸和磷酸等。在酸催化法条件下，游离脂肪酸会发生酯化反应，且酯化反应速率要远快于酯交换速率，因此该法适用于游离脂肪酸和水分含量高的油脂。Carbbe 以棕榈油为原料，以 H_2SO_4 为催化剂生产生物柴油，得到的最优条件是：反应温度为95摄氏度、反应时间9小时、甲醇与油的摩尔比为40∶1、H_2SO_4 为5%（质量比），在此条件下的转化率为97%。Haas 用浓硫酸催化油脚生产生物柴油，油、醇和催化剂的摩尔比为1∶1.8∶0.17，在65摄氏度下反应14小时，转化率可达到95%。酸催化的缺点是：反应温度和压力偏高、反应速度慢、反应设备要求高。

2）碱催化酯交换法。碱催化剂主要包括 KOH、NaOH、碳酸盐、烷基氧化物（如甲醇钠、异丙醇钠等）、固体碱（如 CaO 等）和含氮类有机碱等，最常用的碱性催化剂为 KOH 和 NaOH。与酸催化相比其催化速率快很多、反应条件温和、反应转化率高。Ma 和 Hanna 以油料为原料，在温度为65摄氏度下，以 KOH 为催化剂，经3小时反应后转化率达90.1%。Darnoko 和 Cheryan 以棕榈油酯为原料，研究了酯交换反应，在醇油摩尔比6∶1、温度为60摄氏度、KOH 为催化剂条件下，1小时后甲酯的收率为97.3%。李玉芹和曾虹燕以固体碱 LDO/LDH（水滑石）为催化剂，催化大豆油与 CH_3OH 反应，在65摄氏度、醇油摩尔比为6∶1、催化剂用量为1.5%的条件下反应4小时，制备的生物柴油的性质符合德国标准。尽管碱催化酯交换反应具有上述优点，但由于碱与含有脂肪酸的原料油容易发生皂化反应，因此它不适合脂肪酸含量高的原料油，对原料油的要求较高；并且其在反应中存在副反应，如油脂与碱催化剂发生皂化反应形成胶，增加产物黏度，形成乳化现象，从而增加产物酯与甘油的分离难度。

3）脂肪酶催化酯交换。脂肪酶催化酯交换法是利用脂肪酶催化转酯化制备生物柴油。化学酯交换法制备生物柴油所用的催化剂存在分离困难、所需能耗高等问题，采用酶催化可以解决这一问题。酶法生产生物柴油具有提取简单、反应条件温和、醇用量小、甘油易回收和无废物产生等优点，尤其是对原料要求低，可利用餐饮废油脂和工业废油脂等原料，因此，酶法生产生物柴油日益受到人们的青睐。Lara 和 Park 研究了在有机溶剂（正已烷）中假丝酵母脂肪酶催化转酯化棕榈油与短链醇，反应 4 小时转化率就能达到 78.6% 左右，其中以正丙醇为底物时反应 8 小时转化率即可达 96%。谭天伟等采用膜或纤维织物布作为载体来制备固定化酶，经该方法固定后的脂肪酶活性高，使用寿命长，将其用于催化北京市地沟油、煎炸油及菜籽油的酯化，脂肪酸甲酯转化率达 95% 以上。高静、杨继国等（2005）在石油醚体系中催化废油脂合成生物柴油，研究得到了最佳的工艺参数：底物有机溶剂与油的摩尔比为 1:4，反应体系加入油质量分数 10% 的水，分两次加入甲醇，反应 6 小时，醇油摩尔比为 3:1，最高单批转化率可达 92%，而且自制的固定化酶使用 7 批次后，转化率仍在 70% 以上。

酶催化酯交换虽然有上述的很多优点，但是其工艺现在还存在缺点。在酶催化工艺中，由于要使用到甲醇或者乙醇等短链醇类物质，而短链醇容易引起酶失活，由此降低反应的效率，并且酶的价格高，失活的酶就不能重复利用，因此会加大经济投入，解决酶失活是酶催化工艺中至关重要的问题。陈志峰等（2006）以乙酸甲酯代替短链醇，用固定化脂肪酶 Novozym435 催化高酸废油脂生产生物柴油，研究认为可望形成简便、高效、低生产成本，因而是可用于生物柴油生产的新工艺。

4）超临界法。超临界法是制备生物柴油的新工艺。它的最大特点是：不需要另加催化剂，超临界甲醇既是反应介质，又是反应物与催化剂。与化学法相比，它在反应速度、对原料的要求和产物的回收方面都有许多优越性。超临界法是由 Saka 和 Kusdiana（2001）提出的，反应在间歇反应器中进行，温度为 350 ~ 400 摄氏度，压力为 45 ~ 65 兆帕，菜籽油与甲醇摩尔比为 1:42。研究发现，经超临界处理甲醇在无催化剂存在下能很好与菜籽油发生酯交换反应，其产率高于普通碱催化过程。Ayha（2003）在间歇式反应器中，甲醇在超临界状态下与榛子油反应制备生物柴油，结果表明甲醇在超临界状态下，油脂与甲醇的反应速率非常快，而在亚临界甲醇状态下，油脂与甲醇的反应速率较慢。影响超临界法制备生物柴油的主要因素有：温度、压力、醇油比和停留时间等。孙世尧等人（2005）研究了超临界甲醇法制备生物柴油中反应条件对甲酯生成率的影响。结果表明，醇油摩尔比越大，大豆油转化率越高；升温有助于提高反应速率；当压力高于13.5兆帕时，压力对反应的影响不明显；原料油中，不同脂肪酸酯甲酯化的速率不同，按亚油酸酯、油酸酯、棕榈酸酯、硬脂酸酯的顺序依次降低。Kusdiana和Saka（2004）、JiJ. B. 等（2006）的研究表明，当醇油摩尔比为42:1时，反应4分钟后的甲酯转化率达到95%以上；当醇油摩尔比降低到21:1时，反应4分钟后的甲酯转化率只有80%；醇油比进一步降低至6:1时，脂肪酸甲酯的转化率只有40%。与传统催化法相比，超临界制备法具有以下优点：反应时间短、可以连续操作、无皂化反应产生、后续处理过程简单、工艺流程简单、产品收率高。但是由于超临界制备生物柴油的方法需要在高温高压条件下进行，导致较高的能量消耗，使得工业化困难，需要进一步研发。

11.1.2.2 第一代生物柴油技术

使用的生物柴油主要是采用酯交焕法生产的第一代生物柴油，即以油料作物、油料植物和工程微藻等水生植物油脂、动物油脂以及餐饮地购油等为原料，通过酯交换工艺生产脂肪酸甲酯（FAME），生产过程中同时副产甘油，这一技术已经比较成熟。

A 生产技术

比较成熟的生物柴油生产工艺有鲁奇（Lurgi）公司的两级连续醇解工艺、斯科特（Scott）公司的连续脱甘油醇解工艺、汉高（Hen-kel）公司的碱催化连续高压醇解工艺、美国生物柴油工业公司的模块化生产装置（MPU）等。

法国石油研究院开发出Esterfip-H工艺生产生物柴油。Esterfip-H工艺用尖晶石结构的固体碱作催化剂，采用多相催化反应来制备生物柴油。与以氢氧化钠或甲醇钠为催化剂的液相反应相比，新工艺中不使用酸碱中和步骤和洗涤步骤，废水和废渣排放较少。同时，副产品甘油纯度很高，超过98%，而均相催化反应得到的甘油纯度仅为80%左右。在该工艺中，酯交换温度比均相反应高，加入过量甲醇，采用两段连续反应法。植物油和甲醇经过第一段固定床反应器后，部分闪蒸甲醇，并进行甘油沉降和分离，上层粗酯和补充的甲醇一起进入第二段固定床反应器，然后再闪蒸甲醇，进行甘油沉降和分离，对上层粗酯进行减压蒸馏脱甘油，最后得到纯度超过99%的生物柴油，油酯转化率接近100%。法国Diester Lndustrie公司正利用这项技术建设一套16万吨/年的生产装置。

加拿大多伦多大学开发出BIOX工艺。传统液相工艺中，油脂与甲醇在反应的初级阶段并不互溶，而是分成两相，导致反应速率比较小。而BIOX工艺在酯交换反应中引入了惰性助溶剂，使油酯和甲醇成为一相，从而大大加快了反应速度。该工艺包含了酸催化和碱催化两个过程，可以处理高酸值的动植物油，油脂中游离脂肪酸含量可以高达30%。而且，该工艺原料适应性好，可以采用废弃动植物油和地沟油等。加拿大BIOX公司已将该工艺推向工业化，投资2400万美元，于2005年投产一座512万吨/年的生物柴油工厂。

日本Yonemoto科研组开发出的生物柴油生产工艺，可以避免使用碱性催化剂产生的难分离和废水处理问题。新工艺中，动植物油脂与甲醇或乙醇混合，进入充填有阳离子交换树脂的流化床反应器，阳离子交换树脂作为使游离脂肪酸酯化的催化剂。产品用泵送至填充有阴离子交换树脂的第二流化床反应器，阴离子交换树脂使三甘油酯反酯化催化。酯交换在两台反应器中的一台进行，另一台反应器作为催化剂再生容器。被甘油污染的催化剂先用有机酸溶液、再用碱溶液清洗再生。研究人员正在改进工艺过程和离子交换树脂的使用寿命，该工艺有望实现工业化。

B 微藻生物柴油生产工艺

微藻生物柴油生产的成套技术涵盖多个技术环节，是个复杂的系统工程，主要包括筛选和培育生长快含油率高的优良藻株、大规模培养获得可观的微藻生物量、将采收的微藻制成微藻生物柴油及其他产品实现综合利用等。提高微藻油脂总产量的方法主要有两种：优化培养法和基因工程法。

优化培养是以实验藻种现有的代谢体系为基础，通过创造一种生理压力（如氮源短缺等逆境条件）来调整代谢流使其适当向油脂合成方向转换，是从生理生化水平对微藻进行代谢调控来增加油脂总产量。以现有的藻种为基础进行微藻的优化培养，仅仅是在生长率和含油率之间求得平衡，没有彻底摆脱高生长率和高含油率不可兼得的两难困境，不能从根本上解决生长率和含油率之间的矛盾，因此对微藻油脂产量的提升能力有限，而且很可能大大增加生产流程的操作复杂度。

基因工程法增油脂是指通过对微藻油脂合成相关途径关键基因的操作，从分子水平化解高生长率和高含油率之间的矛盾，以构建出能够快速积累油脂的工程微藻藻株。研究者主要通过两个方面的基因操作来提升油脂合成能力：（1）超表达与油脂合成直接或间接相关的关键酶；（2）阻断与油脂合成途径竞争中间代谢物的其他途径的关键酶。采用基因工程手段，培育出遗传稳定、生长迅速的微藻产油株系，以此为基础构建起较为简单的培养流程并因而降低生产成本，这是促使微藻生物柴油迅速工业化生产的最关键问题。虽然通过基因工程法促使微藻大量生产油脂尚未成功，但是油料作物如大豆、油菜中的成功案例使我们看到了希望。

微藻的大规模培养主要采用两种方式：开放式（以跑道式微藻培养池为代表）和密闭式（以管状微藻光生物反应器为代表），此外还有先密闭后开放式。开放式培养成本较低，但是相关的技术参数（如营养物浓度、pH值、光照强度等）不好控制，这对于通过优化培养来适度提高微藻的油脂产量是不利的；密闭式培养便于调控相关的技术参数，因而利于通过优化培养来适度提高微藻的油脂产量，但是密闭式培养的成本较高。鉴于此，有人提出先进行密闭式培养获得较高的微藻生物量，之后进行逆境下的开放式培养使微藻积累油脂。

微藻的采收一般采用化学絮凝法、离心法和气浮法三种方法。

(1) 化学絮凝法。絮凝沉淀是一种传统的生物分离方法，其絮凝机理主要有三种理论：1) 胶体理论，把细胞直接当作胶体溶液中的胶粒来解释絮凝过程。认为絮凝过程是由于细胞表面的极性基团引起的表面吸附使表面吸附自由能降低的过程。2) 高聚物架桥理论，Meggreor 发现细胞表面分泌出许多高聚物，如蛋白质、多糖等，这些高聚物在细胞表面形成胞外纤丝，认为细胞的絮凝是由于这些胞外纤丝相互架桥交联而形成的。3) 双电层理论，大多数生物细胞表面都带有一定的电荷，絮凝过程是加入电解质后，相同电荷排斥以及细胞表面水合程度不同而产生聚并；同时细胞表面的离子键和氢键参与了细胞的絮凝过程。壳聚糖具有优良的絮凝能力，与其结构性能密切相关。壳聚糖的化学名为聚 (104) -2-氨基-2-脱氧葡萄糖，分子链上的许多游离氨基，其氮原子上还有一对未结合电子，使氨基呈现弱碱性。溶于稀酸后，这些氨基和质子结合而带有正电荷，从而使壳聚糖分子链上带有大量的正电荷壳聚糖因此具有阳离子型高分子混凝剂的性能，可以同时发挥电中和凝聚及黏结架桥絮凝的双重作用；壳聚糖分子链上的阳离子活性基团与带负电荷的藻细胞相互吸引，降低及中和小球藻细胞的表面电荷，降低了藻细胞之间的相互排斥力，同时借助于壳聚糖分子链的黏结架桥作用而使小球藻细胞产生絮凝沉降，最终达到收获的目的。

(2) 离心法。离心分离是生物分离中常用的一种强制式的机械分离方法，几乎所有的微藻都能用离心法来分离。在微藻分离中应用较多的是自动卸渣的碟式离心分离机，易于操作，并能连续工作，这对大规模的水量处理来说是必要的。日本天然 B 技术公司采用离心法采收盐藻，其盐藻养殖生产过程全部参数由计算机来显示和自动控制，当盐藻生长的生物量浓度达到一定量时，计算机自动控制，以连续进料，稳定转速离心分离藻体悬浮液，自动排出的盐藻乳液经喷雾干燥成藻粉产品，培养卤液循环使用。

(3) 气浮法。采用人为方式，向水体导入气泡，使其黏附于絮粒上，从而大幅度地降低絮粒整体密度，并借气泡上升的速度，强行使其上浮，由此实现固液快速分离，这就是开拓固液分离新领域的溶气气浮分离技术 (DAF)，简称气浮法。气浮法的基本原理就是利用气体与溶液中的悬浮物结合，从而增加悬浮物的浮力，使之与气泡一起发生上浮。气浮分离技术，是在借鉴絮凝沉降、布气式泡载分离和选矿技术基础上发展而来的，主要应用于低浊、富含藻体或其他难以沉淀的悬浮颗粒（如油类、纤维、活性污泥、生物膜、动植物或微生物细胞）水体的净化。

以上方法中的化学絮凝法需要寻找合适的絮凝剂，对于不同种类的微藻，需要的絮凝剂可能有所不同；离心分离法比较简单，只要有离心机并且规范操作，就可以将藻液分离；气浮法采收小球藻成本较低，又可连续化操作，适合大生产的需要，但是气浮法需要向藻液中鼓入大量的气体，采收效果受到絮凝剂用量、pH 值和充入的气泡密度等因素影响。

C 微藻生物柴油的提取

从微藻里提取生物燃料所使用的方法有：一种是利用高温高压液化技术或超临界 CO_2 萃取技术可以获得细胞中的油脂，再通过酯交换技术将其转变为脂肪酸甲酯，即生物柴油；另一种将生物质转化为液体燃料的技术是 HTU：将生物质材料置于装水的高压容器中软化成糊状，然后液化，经脱羧处理和去 O_2 后获得生物原油。这项技术的优点是：（1）可以对水分含量较高的生物质进行直接加工，从而降低了成本；（2）能获得优质生物油，并且经一定的催化工艺还可获得高质量的汽油和粗汽油。也可以利用微藻直接热解制备生物燃料，所谓热解，即在隔绝空气条件下加热使微藻生物量降解成气体、液体和固体等多种产物的过程。

11.1.2.3 第二代生物柴油技术

在第一代生物柴油发展的基础上，第二代生物柴油是以动植物油脂为原料通过催化加氢工艺生产的非脂肪酸甲酯生物柴油。与第一代生物柴油相比，第二代生物柴油具有优异的调合性质和低温流动性能等优点，国外已开始逐渐进入工业应用阶段，是未来生物柴油生产技术的主要发展方向之一。

芬兰 Neste 石油公司在第二代生物柴油技术开发与生产方面处于世界领先地位，其开发的 NExBTL 可再生柴油已经实现商业化应用。NExBTL 可再生柴油不含硫、氧、氮或芳烃，十六烷值高，能有效燃烧，有助于保持发动机清洁；安定性好，不易溶于水；低温性质极好，可以适应多种环境条件，全年都可以使用，即使在浊点低于 -30 摄氏度气温极冷的地区也能够使用。使用这种可再生柴油时，现有的车辆和分配系统不需要改造。在芬兰、加拿大和德国进行的大量使用试验证实，NExBTL 可再生柴油能大幅减少温室气体和污染物排放，与石油柴油相比，其在全生命周期过程中可使温室气体排放减少 40%~80%，NO_x 排放减少 10%，悬浮颗粒物排放减少 28%，CO 排放减少 28%，碳氢化合物排放减少 50%。此外，NExBTL 可再生柴油的原料灵活性很大，可以使用多种植物油和动物油脂，对产品的优良性质不会造成影响。含 NExBTL 可再生柴油 10% 的 NExBTL 绿色柴油已在芬兰供应客户，公司的商业客户已将 NExBTL 可再生柴油与石油柴油调合使用。此外，Neste 公司已在芬兰开始试验 Neste 绿色 100 柴油。

美国 UOP 公司与意大利埃尼公司于 2007 年合作开发出利用植物油催化加氢生产绿色柴油的 Ecofining 技术。这种绿色柴油燃料是炼油厂优质的柴油调合组分，沸程范围与典型的柴油产品相当，十六烷值为 80（石油基柴油十六烷值约为 50）。与第一代生物柴油相比，Ecofining 绿色柴油密度小、热值高、浊点低、十六烷值高、稳定性好，具有优异的使用性能；与传统柴油及费托合成柴油相比也有一定的优势。UOP与埃尼公司已验证了Ecofining工艺，在意大利Livorno和葡萄牙GalpEnergia炼厂各建成1套6500桶/日（约30万吨/年）示范装置，以植物油为原料，通过催化加氢生产高十六烷值绿色柴油，供应给欧洲炼油厂进行柴油调配。埃尼公司正在全球范围大力推广Ecofining技术，计划在位于欧洲其他地点的几座全资及附属炼油厂使用Ecofining技术，并计划在美国、中国、印度建立工业生产装置。

丹麦托普索公司针对第二代生物柴油生产中可再生原料含氧量高，反应放热量大，氢耗高，常规加氢催化剂易失活，床层压降易增加，反应副产物造成催化剂失活和设备腐蚀等问题，开发了三种专用加氢脱氧催化剂（TK-339、TK-341和TK-351）。托普索公司研发的生物柴油工艺的特点是：（1）可再生柴油的原料来源广泛，油脂、藻油和妥尔油（造纸厂加工松木原料生产纸浆过程中产生的一种副产品）都可作为原料；（2）可以利用加氢脱氧催化剂对此类原料进行处理，降低工艺氢耗和反应放热，生产可再生柴油；（3）加氢脱氧催化剂与生产超低硫柴油催化剂联合使用，可以生产超低硫柴油；（4）可利用托普索异构脱蜡催化剂对油品进行加氢异构化处理，提高产品的低温流动性，供冬季使用；（5）托普索的催化剂可用于生产100%的可再生柴油和部分可再生柴油，并且可以保证工艺的稳定性。

巴西石油公司（Petrobras）的H-BIO工艺是以植物油和石化燃料的混合物为原料，采用混合加氢技术制备绿色柴油。植物油加氢裂解得到的烷烃柴油具有较高的十六烷值，硫质量分数极低，密度较小，从而提高了最终柴油产品的质量。其中柴油质量的改进取决于H-BIO工艺中所使用植物油比例。2007~2008年，巴西石油公司共投资了6100万美元，将H-BIO技术在巴西的GabrielPassos、PresidenteGetúlioVarga、RioGrandedoSul等5座炼油厂实现工业应用。该技术的应用使巴西柴油进口减少25%，节约2亿~4亿美元。

11.1.2.4 小桐子制生物柴油

小桐子，也称小油桐、麻疯树，为大戟科小乔木、灌木或草本植物，全世界约有200种属多年生木本油料植物，原产于美洲及非洲，分布于热带或亚热带地区。小桐子结实量大，种子大，种子种仁含油量约35%~50%，最高可达60%，据研究，每公顷野生小桐子的干果产量为4500~12000千克、平均约10000千克，可提取加工燃油约2700千克，且燃油流动性好，与柴油、汽油、酒精的掺合性好，经改良后可适用于各种柴油发动机，并在闪点、凝固点、硫含量、一氧化碳排放量、颗粒值等关键技术上均优于国内零号柴油。

A 基本生产技术

以小桐子油为原料制备生物柴油主要有以下几种方法：

（1）均相催化法。如使用氢氧化钠、氢氧化钾、甲醇钠等催化酯交换反应，对原料的酸值要求苛刻，必须通过脱酸处理和增加中和工序除去催化剂，甘油不易分离，所制生物柴油必须通过减压蒸馏精制才可达到产品标准，存在“三废”等问题，后处理复杂化。

（2）超临界非催化剂法。酯交换反应时间短，转化率可达95%以上，产品不需要洗涤，后处理简单，但醇油摩尔比高，反应温度与压力超过甲醇的临界温度与临界压力，生产工艺对设备要求高。

（3）脂肪酶催化法。酯交换反应产品分离及后处理方便，无废水产生，反应温度为室温，但反应时间长，脂肪酶的固定、提高脂肪酶活性技术难度较大，价格昂贵。

B 先进技术

（1）小桐子生物柴油完成连续化生产。为了提高小桐子油的利用率，降低生物柴油制备过程的生产成本，提高小桐子生物柴油的稳定性，实现小桐子油制备生物柴油连续化商业生产，中国科学院西双版纳热带植物园生物能源组邓欣助理研究员在方真研究员的指导下和自身大量试验的基础上，提出以小桐子油为原料超声波辐射协同纳米固体碱制备生物柴油新工艺及其连续化生产工艺装置。其原理是利用超声波辐射传递能量，直接作用于反应底物分子，使之剧烈振动，能显著提高反应速率。超声波协同纳米固体碱催化小桐子油与甲醇进行酯交换反应，大大缩短反应时间，降低能耗，且催化剂可重复使用，可显著降低生产成本，其成果申请专利2项。

（2）固定化脂肪酶催化小桐子毛油合成生物柴油。李俊奎（2010）发现固定化 Candidasp _ 99 _ 125 脂肪酶催化小桐子毛油合成生物柴油的最适反应条件为水含量10%，溶剂石油醚2毫升/克，脂肪酶量20%，温度40摄氏度，在此条件下，按醇/油物质的量比为3:1，3次流加甲醇，170转/分摇瓶反应12小时。最高单批产率可达93%。在此条件下连续反应，该脂肪酶重复使用14批，产率仍维持在70%以上。

（3）响应面法优化小桐子油制备生物柴油工艺的研究。张学林（2013）发现利用响应面分析方法对酶法催化小桐子油制备生物柴油的工艺优化是有效的。因此，该工艺最佳的操作条件为：醇油摩尔比为1.72:1；脂肪酶量按每克油脂添加112.5U的量添加；正己烷添加量为油重的11.96%；水添加量为油重的20%；反应温度为25摄氏度；反应时间为24小时，在该工艺条件下，酶催化得到的甲酯得率最高，且具有较好的重复性；另外，该工艺可完全在较低温度下完成酶的催化反应，降低了工艺的能耗成本，提高了生产的安全性。

C 小桐子生物柴油综合效益

（1）小桐子自身植物资源利用价值。小桐子的果实主要用于生产生物柴油，同时，小桐子提油后的残渣和叶子、茎、皮、根也可以进行综合利用。小桐子（果）油饼和甘油回收与纯化小桐子（果）提油后的油饼经处理后得到饲料或肥料。副产物粗甘油也是重要的精细化学品，通过分子蒸馏纯化，可获得精品甘油，同时，甘油又是重要的精细化学品中间体。在小桐子生物柴油中试规模逐步扩大后，开展甘油的转化研究也具有广阔的前景。小桐子叶、茎、根、皮可应用于生产医药、农药（小桐子具有抗菌、抗癌、抗烟草花叶病毒和其他生物活性）原料；提油后的残渣可用于生产肥料、植物沥青、铸造黏合剂、建筑防水涂料等。

（2）综合经济效益。利用荒山荒地和山坡地种植能源植物，发展生物质液体燃料产业可成为贫困地区新的经济增长点。

（3）生态效益发展生物质产业有益于保护生态环境。可显著减少燃烧污染排放，减少温室气体排放，获得较大利益补偿，同时通过大面积种植能源植物，可使土地得到综合治理，提高土地利用率，防止水土流失，调节区域气候，改善生态环境。

（4）社会效益。大力发展以能源植物小桐子为代表的生物质液体燃料产业同时也将带来显著的社会效益。首先，该项产业符合国家和地方产业政策：有利于实施西部大开发战略，有利于当地实施生态建设工程，带动农户增产创收，提高生活水平。其次，还有利于调整农业产业结构：在农业面临产业结构大调整的时期，农业产业化在现代科技的带动下，正处于发展时期。因此发展生物质产业前景广阔，符合国家及地方对农业产业结构调整的方向。生物质产业化项目，充分发挥公司信息、营销、人才优势，把农户和千变万化的市场结合起来，围绕支柱产品，因地制宜发展生产，既可调动农民积极性，又能实现产品生产原料供应稳定发展。第三，由于项目发展地区多数为不发达地区，通过对能源植物的人工种植、开发利用，能够一定程度上解决当地农民增收和劳动力问题。既能促进民族团结，又能保持社会相对稳定，对贫困地区经济的发展将起积极的作用。

D 小桐子产业化存在的问题

（1）原料成本高。生物柴油的成本75%来自于原料，而原料成本取决于原料的含油量和种植成本。大多数小桐子还处于野生状态，含油量、品质等都参差不齐，不同产地，甚至同一产地的不同植株，种子含油量可高至42%，也可低至20%。其脂肪酸组成、碘值、游离脂肪酸和皂化值等影响柴油成品品质的指标也变化很大。因此，缺乏高产优质的品种，原油成本和质量都无法保证。

（2）规模化小桐子生物柴油生产工艺的缺乏。国内关于生物柴油技术的报道较多，但实际成型的工艺报道较少，也没有规模化生产技术和原料供应基地，副产物利用方式单一，综合效益低。小桐子是一种多用途植物，除能源外，在医药、农药、肥料和化工方面都有较好的应用前景。但小桐子生物柴油的主要副产物是甘油和饲料，尽管两者的市场价格较高，但是随着生物柴油产业化规模的不断加大，将来的市场前景很难预料。

11.1.2.5 泔水油制生物柴油

从剩饭剩菜（俗称泔水）中提取的油称为泔水油，这种油的物理化学性质基本上是中性的，酸值不高。泔水油尽管存在黏度大、挥发性差、与空气混合效果不好、易发生热聚合等问题，但是经酯化和转酯化反应后能够完全满足 Kevin J. Harrington 提出的柴油代用理想品所具备的条件，在技术上是可行的。

A 基本制备方法

利用泔水油、地沟油可以生产生物柴油，作为能源使用。生产时首先需要对隔油池垃圾中废弃油脂进行分离。分离的主要思路是先分离动物油，然后再分离植物油，同时将油与水渣分离开来。泔水油生产生物柴油，有碱法生产与生物酶和超临界方法两种。技术路线主要是将碱如氢氧化钾、氢氧化钠提前溶解在甲醇中，然后与泔水油反应，反应时间约 0.5 ~1 小时，然后分离甘油，即得到生物柴油。地沟油生产生物柴油，需要采用酸作为催化剂，然后经过分离酸废水、分离甘油、生物柴油减压蒸馏，得到生物柴油成品。这个技术是生产生物柴油的主流技术，但其生产过程中产生的酸废水，易造成设备腐蚀。

B 先进技术

（1）泔水油经两次酯化处理制备生物柴油。李体海（2010）以泔水油为原料制备生物柴油，利用两次酯化过程，通过正交实验优化，得到最佳的酯化条件为：醇油摩尔比为5:1，催化剂用量为1.0%，反应温度为110 摄氏度，一次酯化反应时间 3.5 小时，二次酯化反应时间 1 小时，处理后的原料油酸值为 2.657 毫克/克。利用两次酯化的中性油为原料，在醇油摩尔比为 7:1，催化剂用量为1.0%，反应温度为65 摄氏度，反应时间 75 分钟的条件下，醇解反应的转化率为94%以上，总体指标达到、部分指标超过 0 号柴油的质量要求（该技术处于论文阶段）。

（2）介孔分子筛固定中性脂肪酶催化泔水油转化生物柴油。徐鹏（2012）从介孔分子筛的合成、固定化酶的制备及生物柴油的转化条件几个方面进行了研究。实验以 MCM-41 分子材料为合成对象，合成了适合固定化酶孔径大小的材料，并采用包埋法将粉末状的材料颗粒化，之后用物理吸附法将中性脂肪酶固定于材料中，并从固定化反应条件对固定化酶的催化活性和载体吸附蛋白量的影响等角度进行了研究，对最佳固定化反应条件以及固定化酶的性质进行了确定。实验同时对实验室生物柴油生产循环装置进行了部分的重新设计和改良，并优化了生物柴油的生产制备工艺，解决了产物不易分离、材料易堵塞滤空、油液温度不均及量不宜控制等问题。利用此实验装置，以预处理过的“泔水油”为原料生产生物柴油，确定了生物柴油制备的最优工艺条件（该技术处于论文阶段）。

C 酯交换法制生物柴油方法

酯交换法是利用甲醇或乙醇等短链醇与动植物脂肪中的甘油三酸酯发生酯交换反应，将甘油三酸酯断裂为长链脂肪酸甲酯或乙酯，从而缩短碳链的长度，降低油料的黏度，改善油料的流动性和气化性能，生产出黏度与矿物柴油接近的生物柴油。地沟油酸值较高，采用碱催化法时需经预酯化降低酸值后再进行酯交换制备生物柴油。影响酯交换反应的影响因素有：甲醇与油脂的摩尔比、反应时间、反应温度、催化剂用量。在具体的实验过程中由于反应选用的工艺不同、催化剂不同，则醇油比、反应时间、催化剂用量也大不相同。化学催化法酯交换反应温度一般控制在65~70摄氏度。

采用酯交换法生产生物柴油的技术关键之一是反应所用的催化剂的选择。根据所用催化剂的不同，可分为化学催化法和酶催化法。化学催化法中又分为碱催化法、酸催化法、两步法和多相固体催化。

（1）碱催化法。即在碱催化下，短碳链醇（甲醇或乙醇）将地沟油甘三酯中的甘油取代下来，使一个甘三酯分子变成三个短链脂肪酸甲酯。商业上使用的催化剂以碱性为主，原料油在碱性溶液酯交换过程中几乎没有甘二酯或甘一酯存在，比相同条件下使用酸性催化剂迅速。李积华等以NaOH为催化剂，制得流动性能良好的生物柴油，在最佳工艺条件下转化率可达90%；张爱华等以碱性离子液体1-甲基-3-丁基咪唑氢氧化物为催化剂，在最佳反应条件下转换率为95.7%。碱催化法适用于酸值较低的原料油（一般以不高于2毫克KOH/克为宜），当原料油酸值较高时所含游离脂肪酸将与碱发生皂化反应而影响产率，因此制备前必须先除去游离脂肪酸，使原料油酸值降至2毫克KOH/克以下。特别是废弃食用油，由于油脂酸败等因素，其游离酸浓度一般都较高。如张爱华等经干法脱胶和多元醇预酯化技术对地沟油进行处理，使酸值降至0.5毫克KOH/克以下。李积华等经离心除杂、中温脱胶、中温碱炼等方法进行预处理，酸值降为0.47毫克KOH/克。

（2）酸催化法。地沟油中含有较多的水和游离脂肪酸，直接用碱作催化剂会发生皂化反应，致使酯交换不能继续进行，因此采用碱法催化时需要对地沟油进行繁琐的预处理，工艺流程复杂，成本较高。而采用酸催化法可以省掉去除游离脂肪酸的工艺环节，因而在工艺上比碱催化法更为简单可行。常用的酸催化剂有浓硫酸、磷酸、甲基磺酸等。以浓 H_2SO_4 作催化剂的均相催化法被广泛用于高酸值油脂制备生物柴油的工艺中。如符太军等以浓硫酸为催化剂，酯交换法制得的生物柴油性质良好，基本符合现有的生物柴油质量标准，在较理想的反应条件下产率在85%以上。孔永平等以 H_2SO_4 为催化剂，在较佳反应条件下，生物柴油得率高达90%。考虑到浓硫酸会引起油脂氧化脱水、缩合等副反应，钟鸣等（2008）以磷酸为催化剂，通过酯交换反应制备生物柴油，在最佳反应条件下，生物柴油的收率可达85%以上。李易安等以甲基磺酸催化高酸值的地沟油与甲醇酯化反应，利用醇水共沸不断将反应生成的水带出，能达到快速降酸的效果，在实验条件下，地沟油酸值由125毫克/克降至3毫克/克。

（3）两步法。两步法即先用低碳链醇在酸催化剂的作用下把脂肪酸转肪酸甘油酯的甘油基取代下来，形成短链脂肪酸甲酯和甘油。李为民等采用两步法制备生物柴油，以硫酸为催化剂对地沟油进行预酯化，酸值降至（2±1）毫克KOH/克后，再进行酯交换反应，在最佳反应条件下，制得的生物柴油达到国家生物柴油标准；张勇以废弃地沟油为原料，经预处理后采用两步酯化工艺将其转化为生物柴油，在最佳反应条件下，甘三酯的酯化率可达到86.89%。

（4）多相固体催化剂。由于传统的酸碱催化法中，催化剂较难分离，且产生大量废水影响环境，多相固体催化剂催化酯交换过程逐渐受到人们的关注。陈安等（2007）采用固酸、固碱两部非均相催化法制备生物柴油，总酯化率在96%以上，该方法工艺简单，无废水，污染小，设备投资小，且酯交换阶段产生的副产品甘油易于回收利用。林培喜等（2009）用泡沫镍负载乙酸钾固体碱催化油脂-醇的酯交换反应合成生物柴油，在最佳条件下，转化率可达94.3%，且泡沫镍简单再生后可重复使用，制备的生物柴油符合我国生物柴油质量标准。牛俊等（2007）以固体酸催化剂 $KHSO_4$ 催化地沟酯化及转酯化，在最佳条件下，酯化率及转酯化率分别达到98%和87%。

（5）酶催化法。酶催化法合成生物柴油是指用脂肪酸和低碳醇通过脂肪酶进行转酯化反应，制备相应的脂肪酸甲酯。酶催化剂能够克服酸碱催化法能耗大、对环境污染严重的问题。酶促合成生物柴油的主要问题是反应系统中甲醇达到一定量后，酶易中毒失活、寿命短等。陈文伟等（2009）通过三阶段包衣酶催化地沟油制备生物柴油，即第一步加入油和1/3的甲醇，第二步加入1/3甲醇，第三步加入剩下的1/3甲醇，当反应温度54摄氏度、反应时间9.4×3小时、醇油比3.6:1、包衣酶用量18.7%、水分添加量17.2%时，酯化率为93.68%。付严等（2007）研究了地沟油和甲醇在三段式反应器中固定化脂肪酶上合成生物柴油，在最佳反应条件下生物柴油的产率达到94%。

D 超临界法生产生物柴油

超临界酯交换反应即无催化的酯交换反应。当甲醇处于超临界状态时，促使醇和油成为均相，改善了传质效果，反应速率大大提高，反应时间短，甲酯转化率高，无需催化剂，但反应需在高温、高压下进行，对设备要求高，能耗大。Demirbas（2009）在无催化剂的条件下，在容积为10毫升的圆柱体高压容器中利用超临界甲醇制备生物柴油，并通过单因素试验，对影响试验的各参数进行了优化，在试验设定的条件下，甲酯的转化率高达99.6%。将试验结果与碱催化制备生物柴油相比较，发现超临界甲醇法可省掉原料预处理和节省操作费用。陈生杰（2009）等人以酸化油、乙醇为原料，在超临界条件下制备生物柴油。采用响应面设计和分析方法对工艺条件进行了优化，得到了最佳工艺条件，在此最佳条件下的生物柴油产率可达89.7%。为了完善超临界酯交换制备生物柴油的方法，克服其缺点，有催化剂或助溶剂存在的超临界酯交换成为一个新的探索领域。

E 加氢裂化制备生物柴油

基于炼油厂加氢过程的生物柴油合成路线所形成的第二代生物柴油，其十六烷值在84～99之间（第一代生物柴油十六烷值大约为50），硫含量接近0，倾点也较低（可低达－30摄氏度）。因此，第二代生物柴油是高品质超清洁柴油，成为许多国家开发生物燃料的新宠。Bezergianni（2009）等人首次提出以食用废油为原料采用加氢裂化工艺生产生物柴油。综合考虑了加氢裂化温度、液时空速（LHSV）、生产天数（DOS）等因素对各组分的转化率和生物燃料总产量的影响。试验结果表明：加氢裂化温度增加和液时空速降低有利于各组分转化率和总产量的提高；加氢裂化温度升高，会使杂原子（硫、氮、氧）的脱除速度增快，尤其是氧原子；可以通过调节试验时的加氢裂化温度和液时空速来控制产物中生物柴油和汽油的产量，适度的反应堆温度和液时空速能使产物全是生物柴油。还通过单因素试验分别讨论了各影响因素对试验各组分转化率和总产率的影响。在生物柴油的选择试验中，生物柴油的产率在350～390摄氏度的反应堆温度内都大于90%。加氢裂化制备生物柴油工艺可以将生物油脂或生物油脂与石油馏分油的混合物为原料，在加氢催化剂的作用下通过加氢精制或加氢裂化的方式制备产品，从而将生物柴油的生产过程与炼油生产过程紧密结合起来，将大大降低生产成本。

11.2 生物燃气和成型燃料

生物燃气，也称生物天然气，是指从生物质转化而来的燃气，包括沼气、合成气和氢气。只有沼气具有成本优势，所以一般所说的生物燃气主要是指沼气。

11.2.1 沼气发电技术

沼气燃烧发电是随着大型沼气池建设和沼气综合利用的不断发展而出现的一项沼气利用技术，它将厌氧发酵处理产生的沼气用于发动机上，并装有综合发电装置，以产生电能和热能。沼气发电具有创效、节能、安全和环保等特点，是一种分布广泛且价廉的分布式能源。

11.2.1.1 生产技术

德国沼气工程普遍采用“混合厌氧发酵、沼气发电上网、余热回收利用、沼渣沼液施肥、全程自动化控制”的技术模式，通过该模式的实施，实现发酵原料全方位综合利用，并通过电、热以及沼渣沼液外售给工程运行带来收益。沼气发酵原料多样化，多以玉米青储为主，同时生活垃圾的厌氧发酵处理也较普遍；沼气发酵通常采用 CSTR 湿发酵工艺，选用各种搅拌方式（如机械搅拌、沼气搅拌、料液回流搅拌等）对发酵料液进行搅拌，提高原料的产气率。干发酵工艺的应用亦趋于成熟，节约工程占地，降低运行能耗；沼气工程均可根据发酵原料的不同对发酵工艺加以灵活改进。沼渣沼液最终作为有机肥被完全消纳利用；一方面能促进农作物优质生长；另一方面是避免沼渣沼液的二次污染。沼气脱硫普遍采用生物脱硫方法，降低脱硫成本；有些工程将化学原位脱硫与生物脱硫相结合，更有效地去除沼气中硫化氢成分，在实际运行中有些工程产生的沼气中硫化氢含量低于 50×10^{-6}。

沼气工程配套设备与技术装备先进，如进料设备、搅拌设备、脱硫设备、沼气存储设备、热电联产成套设备等优良性均处于世界沼气行业的领先地位，并且沼气工程自动化程度高，沼气工程无论规模大小几乎全部只需 1 人管理即可稳定运行，节省人力资源，降低运行成本。

11.2.1.2 国内发展状况

我国沼气发电研发工作有 20 多年的历史，特别是“九五”、“十五”期间有一批科研单位、院校和企业先后从事了沼气发电技术的研究及沼气发电设备的开发。在这一领域中，逐渐建立起一支科研能力强、水平高的骨干队伍，并建立了相应的科研、生产基地，积累了较多的成功经验，为沼气发电技术的应用研究及沼气发电的设备质量再上台阶奠定了基础。我国经过几十年的研发应用，在全国兴建了大中型沼气工程 2000 多座；户用农村沼气池 1060 万户，数量位居世界第一。不论是厌氧消化工艺技术的积累，还是建造、运行管理等方面的经验，整体水平已进入国际先进行列。

11.2.1.3 云南发展沼气发电技术潜力

从气候条件来看，云南省大部分地区几乎可常年使用沼气，就现有水平而言，6 立方米的沼气池年产沼气量平均达 400 立方米左右。另外一些地区，如西双版纳州、普洱地区、临沧地区、德宏州的大部分县，元谋、元江、东川、保山、祥云、弥渡、建水、蒙自、开远、河口、屏边、泸西等县年均气温高于全省年均温度，在这些地区 6 立方米的沼气池年产沼气量平均可达 550 立方米以上。因此，除迪庆州、怒江州和昭通地区的部分县气温偏低外，云南省大部分地区均能常年使用沼气，并基本能解决农村生活用能问题。

从沼气资源看，云南省畜禽每年排放的粪便按 80% 含水量计，总数为 1.7458 亿吨，农作物秸秆的资源约为 2096.9 万吨，年产人粪尿约 626 万吨（仅指农村）。因此，云南省年沼气潜力为 100 亿多立方米，户均每年可拥有沼气资源1430立方米，高于全国平均水平，单就以猪粪原料而言，云南省农户户均拥有3头猪，即每年可产1立方米沼气，基本可以解决农户的生活用能。

从沼气技术看，我国农村户用沼气池建池技术，于20世纪80年代中后期趋于完善成熟，无论在造价、池型结构、产气水平，还是在管理上均达到一定水平，每口池子的使用寿命可达10~15年，建池合格率几乎100%，基本满足了农户的要求。云南省推广的曲流布料小型沼气池（6立方米），平均造价约1500元，只要有充足的原料（如2~4头猪的粪便），就可满足五口之家生活用能的需要，并可大力开展综合利用，发展庭院经济。

云南省共推广户用沼气池30多万口，占云南省总农户的4.3%，年产沼气约为1亿多立方米。近年来云南省沼气推广速度居全国首位，年新增沼气用户5万左右，发展形势喜人。

11.2.2 沼气燃料电池技术

燃料电池是一种将储存在燃料和氧化剂中的化学能，直接转化为电能的装置。沼气燃料电池是最新出现的一种清洁、高效、低噪声的电装置，与沼气发电机发电相比，不仅出电效率和能量利用率高，而且振动和噪声小，排出的氮氧化物和硫化物浓度低，因此是很有发展前途的沼气利用工艺，将沼气用于燃料电池发电，是有效利用沼气资源的一条重要途径。近年来在日本和欧美国家研究较多，但在国内这项工作未提到议事日程上来，国内只有广州市番禺水门种猪场正在建设的由日本政府提供的200千瓦的沼气燃料电池装置，该项目以养猪场粪尿产生的沼气作原料的燃料电池发电项目为世界首例。

11.2.2.1 生产技术

当源源不断地从外部向燃料电池供给燃料和氧化剂时，燃料电池可以连续发电。依据电解质的不同，燃料电池分为碱性燃料电池（CAFC）、磷酸型燃料电池（PAFC）、熔融碳酸盐燃料电池（MCFC）、固体氧化物燃料电池（SOFC）及质子交换膜燃料电池（PEMFC）等。

燃料电池具有以下优点：（1）不受卡诺循环限制，能量转化效率高，燃料电池的能量转换效率理论上可达100%，综合效率可达60%~80%；（2）污染性极低，燃料电池的反应生成物是清洁的水，几乎不排出CO_x、NO_x与SO_x；（3）模块结构，积木性强，比功率高，既可以集中供电，也适合于分散供电。

从理论上讲，任何能发生电化学氧化还原反应的气体均可作为燃料电池的燃料或氧化剂。氧气是燃料电池中常用的氧化剂，它能很方便地从空气中获取。氢气是燃料电池中常用的燃料气，在自然界中，氢气是极少的，在某些特定条件下，地壳中虽然也有氢气存在，但都难以开采与回收。氢具有高的电化学反应活性，可以从石油、天然气、甲醇、烃类或煤等燃料中转化而得，生物质也是氢的重要来源，如光合细菌制氢、厌氧发酵制氢等。

中国科学院广州能源研究所与日木能源研究所合作，开展了沼气燃料电池系统的实用化研究。日木的东芝公司从20世纪70年代后半期开始，以分散型燃料电池为重点进行开发，将200千瓦机、11兆瓦机形成了系列化，11兆瓦机是世界上最大的燃料电池发电设备。安装在美国某公司和安装在日木大阪梅田中心的大阪煤气公司2台燃料电池，累计运行时间相继突破了4万小时。从燃料电池的寿命和可靠性方面来看，累计运行时间4万小时是燃料电池的长远目标。

11.2.2.2 国内发展状况

在我国该沼气燃料电池技术刚刚起步，燃料电池将是21世纪最有竞争力的高效、清洁的发电方式，它将在洁净煤燃料电站、电动汽车、移动电源、不间断电源、潜艇及空间电源方面，有着广泛的应用前景和巨大的潜在市场。

11.2.2.3 云南发展燃料电池潜力

云南沼气应用技术成熟、产气效率高、成本低廉，加之独特的区位优势，为云南向南亚东南亚发展中国家输出沼气应用技术和产品提供了有利条件。在过去近30年间，云南在开展沼气发酵及相关技术的研究和推广工作中取得了丰硕成果，如云南师范大学成功开发了商品化户用玻璃钢沼气池，其产品或授权产品已经推广至非洲、南亚、东南亚的20余个发展中国家。

11.3 生物质发电

生物质发电是利用生物质所具有的生物质能进行的发电，是可再生能源发电的一种，包括农林废弃物直接燃烧发电、农林废弃物气化发电、垃圾焚烧发电、垃圾填埋气发电、沼气发电。

11.3.1 直接燃烧发电

直接燃烧发电是将生物质在锅炉中直接燃烧，产生蒸汽带动蒸汽轮机及发电机发电。生物质直接燃烧发电的关键技术包括生物质原料预处理、锅炉防腐、锅炉的原料适用性及燃料效率、蒸汽轮机效率等技术。

11.3.2 混合发电

生物质还可以与煤混合作为燃料发电，称为生物质混合燃烧发电技术。混合燃烧方式主要有两种。一种是生物质直接与煤混合后投入燃烧，该方式对于燃料处理和燃烧设备要求较高，不是所有燃煤发电厂都能采用；一种是生物质气化产生的燃气与煤混合燃烧，在这种混合燃烧系统中燃烧，产生的蒸汽一同送入汽轮机发电机组。

11.3.3 气化发电

生物质气化发电技术是指生物质在气化炉中转化为气体燃料，经净化后直接进入燃气机中燃烧发电或者直接进入燃料电池发电。气化发电的关键技术之一是燃气净化，气化出来的燃气都含有一定的杂质，包括灰分、焦炭和焦油等，需经过净化系统把杂质除去，以保证发电设备的正常运行。

大规模生物质气化发电类似于煤气化燃气-蒸汽联合循环发电（IGCC）技术，发电效率和综合热效率高，是今后生物质工业化应用的主要方式。

加拿大有12个实验室和大学开展了生物质的气化技术研究。1998年8月发布了由Freel Barry A. 申请的生物质循环流化床快速热解技术和设备的研究项目。

11.4 新能源植物——烟草

加利福尼亚大学的科学家们正在对烟草作物进行转基因改造，使之能产油。当对这种转基因改造的烟草作物进行萃取的时候，可以作为完全替代型的生物燃料，为飞机、汽车和其他机器提供动力。

美国合作社推广站专家Peggy G. Lemaux、加利福尼亚大学伯克利分校的植物与微生物生物学系的农业试验站教员Anastasios Melis及Krishna Niyogi，是这项转基因计划的首席研究员。

Peggy G. Lemaux认为："我们对烟草进行转基因改造，使之生产生物燃料的原因有几个。它是一种高生物量作物。如果你想萃取油，那么你拥有的生物量越多，得到的油也越多。由于烟草不是食物源，用于生物燃料的烟草生产不会对全球的粮食市场产生影响，也不会进入到食品供应链里。最后，烟农也渴望生产一种公众更能接受的产品。"

不过，还没有具有高产油的烟草品种。科学家们知道，某些藻类植物确实能把太阳能转变成油，而这就激发了一个想法。

一个包括Lemaux、Melis、Niyogi，以及劳伦斯伯克利国家实验室和肯塔基大学的研究人员在内的研究联合体，正主要从产油的藻类植物中提取基因，并将这些基因注入烟草植物以使烟草植物叶子产油。

为开展这项研究，这个研究联合体的科学家们利用非常小片的烟草引入想要的藻类基因，这些基因成为烟草植物的可遗传特性。小片的烟叶组织随后被放到陪替氏培养皿里，含有引入的基因的组织经过识别，然后这些组织就长成新的植物株，新植物株的每个细胞都含有藻类植物基因。

Lemaux认为："我们希望新的植物株能产生与藻类植物所产出的一样的油。这样我们就可以利用有机溶剂来提取烟叶中的油了。"

在烟草作物能以商业水平的产量生产生物燃油之前，还需要进行更多的工作，但初步研究结果仍然使 Lemaux 深受鼓舞。

这项研究的资金，来自于美国能源部高级研究项目处一项历时三年的 480 万美元的补贴——题为 PETRO（替代石油的转基因作物）的能源计划。高级研究项目处的能源计划为高风险、高回报的研究计划提供资金，以寻找石油的潜在替代产品。

云南师范大学可再生能源材料先进技术与制备教育部重点实验室的孙世中（2009）以资源丰富、含糖量高的云南废弃烟叶为原料，通过正交试验，考察不同菌种、不同水平营养添加液和不同原料处理方法对能源酒精发酵的影响。试验结果表明：菌种和营养添加液水平对酒精发酵影响不明显，采用去除烟碱的预处理方法和半固态发酵方法，能显著提高燃料酒精产率；在此基础上，提出了较优的工艺流程，产物除燃料酒精外，还包括有重要用途的烟碱。

12 生物环保新兴科技

12.1 生物—生态监测

12.1.1 酶免疫监测技术

酶免疫监测（Enzymeimmunoassay，EIA），是根据抗原和抗体反应产生高度特异性的特点，将酶作为标记物和已知的抗体相结合，在不对其免疫特性产生影响的情况下，将酶标记物的抗体作为一个标准化的试剂来对未知抗原的特性进行鉴定，然后通过比对来确定抗原为何种病菌或者病毒。其中，酶联免疫吸附检测（ELISA）是当前使用最为广泛的一种监测方法，ELISA 是在 EIA 的基本原理上而发展起来的一种固相免疫技术，其采用的试剂盒是基于竞争吸附方法开发出来的，能在实验室及野外检测中加以采用。现在所开发的自动化 EIA 监测技术能够在测试水样中采用流动注射的方法，将特定的抗体固定在膜上，然后将试剂输入通过检测膜，透过膜的溶液对酶产物进行荧光测定。其中，ELISA 法具有简单、快速、稳定、灵敏、特异、高通量等特点，因此被广泛应用于环境监测等领域。

20 世纪 80 年代以来，免疫学技术在农药残留中的检测应用越来越深入，其中 ELISA 技术测定农药残留表现最为活跃。主要以食品、环境中的农药和动物饲料中的兽药作为主要检测对象，已有大量文献报道了杀菌剂、杀虫剂、除草剂和一些植物（昆虫）生产调剂的 ELISA 检测技术方法的建立，其检测水平可达到纳克、甚至皮克。有些发达国家如美国、德国已开发出商品检测试剂盒并应用于食品、蔬菜和环境中的农药残留的检测分析。美国环境保护署（EPA）、农业部食品安全检验司和 AOAC 分别制定了有关农药残留的免疫检测试剂盒的评定和许可准则。至今为止，已有如下几种杀菌剂建立了 ELISA 检测手段，例如采用单抗 ELISA 检测西红柿中的百菌清、肉类中的噻菌灵；多抗 ELISA 检测水果及食品中的噻菌灵、多菌灵、异菌脲、速克灵、瑞毒霉、三唑二甲酮等杀菌剂。另外，环境中污染物如多氯联苯、多环芳烃和黄曲霉素等一些天然毒物也已建立了 ELISA 快速检测试剂盒。ELISA 法测定农药残留以其特异性强、灵敏度高及快速准确而得到广泛的应用，尤其是现场控制水果、蔬菜、食品中的农药残留，对发展无污染农产品，保障人体健康起到积极作用。欧美等国家早于我国 20 年就开始研究开发这一技术，我国这方面的研究起步较迟，北京、上海、南京、浙江等高校及科研部门正在研制开发确立农药残留量免疫技术方法，并积极开发试剂盒❶。

应用酶联免疫技术检测分析环境中农药及其代谢物是90年代的一项新技术。国内外已经开发出杀虫剂、杀菌剂、除草剂等农药以及多氯联苯、二噁英、抗菌素等污染物的酶联免疫分析方法，其中用于现场快速分析的酶免疫试剂盒已商品化。此技术具有快速灵敏，费用低，特异性强和适于现场大量样品分析等优点。

12.1.2 PCR技术与PCR—DGGE技术

聚合酶链式反应（Polymerase Chain Reaction），即PCR技术，是美国Cetus公司人类遗传研究室的科学家K. B. Mulis于1983年发明的一种在体外快速扩增特定基因或DNA序列的方法。应用PCR技术可检测土壤、水体和大气等环境中的致病菌与指示菌。

PCR技术是现代分子生物学的基础实验工具，在生物学研究领域已应用成熟，如逆转转录PCR、定量PCR、多重PCR、竞争PCR、巢式PCR、嵌套PCR等。PCR是DNA的一种体外扩增技术，在一定的反应条件下，根据碱基互补配对的原理，由高温变性、低温退火及适温延伸等几步反应组成一个周期，循环进行，使目的DNA得以迅速扩增，并通过凝胶电泳、荧光等技术手段显现扩增结果。PCR技术具有快速、操作简便、特异性强、灵敏度高等特点，可以对环境的各个方面进行监测。

PCR技术适用于检测不能培养的微生物，已经取代了传统的分离培养法，用于土壤、水样、沉淀积物等环境标本的检测，极大提高监测效率。PCR技术与变性梯度电泳技术（DGGE）的结合，可分离长度相同但序列不同的DNA片段混合物。随着该技术的不断成熟，以及与其他分子生物学技术配合使用，必将有广阔的应用前景。

12.1.3 环介导等温扩增法（LAMP）

LAMP是近年来较为流行的分子生物学技术，与以前的PCR相关技术的设计思路不同，此方法是针对靶序列中6个基因区段设计2对特殊引物，利用Bst DNA Polymerase的链置作用，通过引物独特的反转设计，对目的片段进行链置换扩增，整个反应在恒温条件（61～65摄氏度）下，几十分钟即可完成DNA扩增，也可以直接以RNA为模板扩增，加入AMV反转录酶，一步实现反转录和扩增，不需要合成cDNA。由于扩增反应的效率很高，扩增副产物焦磷酸镁的沉淀

---

❶ 周培，陆贻通．农药残留的酶联免疫检测技术研究进展．环境污染与防治，2002（24）。

浊度可直接观察判断。日本荣研公司已利用这种特性研制出浊度仪用于实时监测LAMP反应。在终产物中加入荧光染料，直接用肉眼观察比色。LAMP方法灵敏度高，反应效率高，特异性强，结果易判定、操作简便、设备简单、成本低，适合基层的简易环境监测实验室使用。

国内众多研究人员已建立起病原微生物的LAMP检测方法，在环境监测领域的应用也越来越多。杨丽（2010）建立了快速高效检测水环境三种典型肠病毒（星状病毒、轮状病毒、诺如病毒）的LAMP检测方法，通过实验条件的优化验证该方法的特异性和灵敏度，并应用于部分实际水样的检测，对于改进污水处理工艺有重要作用。土耳其学者使用显微技术、巢式PCR、LAMP三种技术，对黑海旁Ordu省的70份水样的隐孢子虫进行检测，表明LAMP检测效率更高。

12.1.4 生物传感器

生物传感器起源于20世纪中期。生物传感器是在生命科学和信息科学之间发展起来的一门交叉学科。最早的生物传感器发明于1962年，英国Clark利用不同的物质与不同酶层发生反应的工作原理，在传统的离子选择性电极上固定了具有生物功能选择的酶，从而构成了最早的生物传感器——酶电极。生物传感器的研究全面展开是在20世纪80年代，20多年来发展迅速，在食品工业、环境监测、发酵工业、医学等方面得到了高度重视和广泛应用。生物传感器正进入全面深入研究开发时期，各种微型化、集成化、智能化、实用化的生物传感器与系统越来越多。

生物传感器是由分子识别单元（敏感材料）和转换部分（换能器）两部分构成，以分子识别部分去识别被测目标，具有敏感、准确、易操作等特点。生物传感器根据分子识别元件的不同可分为酶传感器、免疫传感器、组织传感器、细胞传感器、核酸传感器、微生物传感器等[1]。生物传感器已达到商业化应用水平的有：BOD生物传感器（Biochemical Oxygen Demand，表示水中有机物等需氧污染物质含量的一个综合指标）、氨生物传感器、亚硝酸盐生物传感器、乙醇生物传感器、甲烷生物传感器等。

12.1.5 植物根尖微核技术（MCN）

植物根尖微核（MCN）技术可应用于水污染监测。细胞中染色体的数目和形态在正常情况下是一定的，但在外界某些化学物质作用下其数目和形态都会发生变化，造成细胞分裂过程异常或某些染色体后期行为落后或使某一染色体断

---

[1] 宋金枝，宋金辉. 生物技术在水污染监测和治理上的应用. 唐山师范学院学报，2004（26）。

裂。因此，在末期形成子核时，这部分落后或断裂下来的染色体片断便会独自形成一个小核——微核（MCN）。统计1000个细胞中微核数，即微核千分率（MCN‰）的高低作为遗传毒理学指标即可判断水质被污染的程度❶。

12.1.6 生物芯片

生物芯片的原理是将大量的核算片段、多肽分子、组织切片、细胞等生物样品有序地固化于玻片、硅片、聚丙烯酰胺凝胶、尼龙膜等支持物的表面，组成密集二维分子排列，然后与标记好的待测生物样品中靶分子杂交，通过仪器对杂交信号的强度进行定性和定量分析。常见的生物芯片主要分为基因芯片、蛋白质芯片、细胞芯片、组织芯片、芯片实验室等。生物芯片具特异性好、高通量、自动化、平行性好、简便快速、无污染、所需样品和试剂少等诸多优点，在进行大批量筛选环境样品和对其进行分型研究中有广泛应用。

美国是生物芯片技术最为领先的国家。Affymetrix公司是生物芯片技术的开拓者，早在七八年前即开始研究光引导的原位合成技术，这一技术导致的第一代生物芯片的诞生。第一代生物芯片已进入实用化、产业化阶段，如Affymetrix公司1998年生产出带有13.5万个基因探针的芯片，最近又推出了有40万个探针的芯片。这些芯片可用于检测艾滋病毒抗药性突变以及癌症中P53基因的突变。第二代生物芯片虽然仍处于研究阶段❷，但其将从根本上实现生物信息检测的自动化、集成化、微量化，它代表了生物芯片的发展方向。生物芯片技术应用广泛，在环保检测如食品、饮水的监测、大气微生物、重金属及其化合物的监测等环保领域都被广泛应用。

我国在生物芯片研究方面刚刚起步。1998年10月，中科院将基因芯片列为“九五”特别支持项目，利用中科院在微电子技术、生化技术、物理检测技术方面的优势，组织跨所、跨学科合作。在微阵列芯片和基于MEBS的芯片方面有大突破，在DNA芯片设计、基本修饰、探针固定、样品标记、杂交和检测等方面的技术有较大进展，已研制出肝癌基因差异表达芯片、乙肝病毒多态性检测芯片、多种恶性肿瘤病毒基因芯片等有一定实用意义的基因芯片和DNA芯片检测仪样机。中科院上海冶金所等开发了重大传染性疾病的诊断芯片及检测设备，如HBV、HCV、TB三种基因诊断芯片。上海细胞所正在进行人类全套基因组的cDNA阵列和微阵列制备，为我国科研和开发提供了一个技术平台，并使之产业化。同时，清华大学、复旦大学、东南大学、北京军事医学科学院、华东理工大学、

❶ 北京水环境技术与设备研究中心，等．废水处理工程技术手册（废水卷）．北京：化学工业出版社，2000年。

❷ 王凤英，吴国荃，等．生物芯片的研究进展．青岛科技大学学报，2003年9月。

第一军医大学等单位都在积极进行芯片研究，现已有部分产品问世。

云南健牛生物科技有限公司是一家从事高端快速检测技术研发和应用的高技术型生物企业。公司拥有先进的试剂盒生产车间和仪器、设备配置齐全的研发试验室，已研发出了多种快速检测试剂盒产品，可针对农副产品和饲料中抗生素类药物和生物毒素类残留、食品添加剂中的色素、食用油中的抗氧化剂以及水体中的有毒有害化学物质残留进行快速检测，与其他同类产品相比，具有灵敏度高、检测时间短、操作简便、成本低廉的特点。该公司所研制的氨氮快速检验试剂盒可用于地表水、地下水、生活污水和工业废水中氨氮的测定。同时，随着公司发的发展，生产与研制酶联免疫试剂盒也只是时间问题。云南省在充分利用已有的生物污染监测技术的同时，加大对新监测技术的研发力度，力求研发与利用投资省、收益高、便捷无污染的生物监测技术，如上面提到的生物芯片技术就是一项具有广阔发展前景的技术。

12.2 生物—生态净化

12.2.1 废水生物处理技术

12.2.1.1 厌氧生物处理技术

厌氧生物处理技术的关键是要有高效的厌氧反应器。厌氧生物处理技术的反应器主要经历了三个时代[1]：

第一代反应器：以厌氧消化池为代表，属于低负荷系统。

第二代反应器：可以将固定停留时间与水力停留时间分离，能够保持大量的活性污泥和足够长的污泥龄，属于高负荷系统。包括 AF（厌氧生物滤池）、UASB（升流式厌氧污泥床）、AFB（厌氧流化床）、ABR（折流式厌氧反应器）等。其中 ABR 是 Bachman 和 McCarty 在 20 世纪 80 年代中期开发研究的新型、高效污水厌氧生物处理工艺，具有构造简单、能耗低、运行稳定可靠等优点。在水力流态，对微生物固体的去除和流失能力，及生物固体种群的分布方面也具有其独特的优越性，运行管理方便。第二代废水厌氧生物处理器已经在世界各国得到了成功的应用，其中应用最广泛的是上流式厌氧污泥床反应器，达到工业化厌氧反应器中的 65%。国内对 UASB 反应器的研究是从 80 年代初开始的。北京市环境保护科学研究所首先开展了探索性的研究工作。此后，国内很多科研单位和大专院校也开展了研究工作。如清华大学、同济大学、重庆建筑大学、哈尔滨建筑大学、广州能源研究所、武汉能源研究所以及无锡第二制药厂、苏州城建环保学

---

[1] 赵立军，滕登用，等．废水厌氧生物处理技术综述与研究进展．环境污染治理技术与设备，2001 年第 10 期。

院等单位都先后对 UASB 的颗粒污泥培养、反应器的启动、颗粒污泥性能的分析、工艺运行条件的控制以及反应器的工艺设计等进行了广泛而深入的研究。国内投产的 UASB 反应器中，最大的是成都北郊肉联厂反应器装置，其次是华北制药厂的 200 立方米用于处理高浓度的反应器。扬子石化公司已建成处理对苯二甲酸生产废水的 3000 立方米的 UASB 反应器 4 个。此外，国内还开展了应用 UASB 处理不同高浓度有机废水的研究。尤其是清华大学环境工程系比较深入而系统地对 UASB 工艺中颗粒污泥的形成及培养条件进行了研究，获得了比较系统而可靠的理论研究数据，为这种新型处理工艺的推广应用打下了良好的基础。

第三代反应器：在将固体停留时间和水力停留时间相分离的前提下，使固液充分接触，从而既能保持大量污泥又能使废水和活性污泥之间充分混合、接触，以达到真正高效的目的。第三代反应器主要包括厌氧膨胀颗粒泥床（EGSB）、厌氧内循环反应器（IC）、升流式厌氧污泥床过滤器（UBF）、厌氧序批式反应器（ASBR）等。其中厌氧序批式反应器（ASBR）是由美国 Dague 教授及其合作者研究开发的新工艺，该工艺彻底解决了厌氧污泥容易流失的问题，具有投资省、操作灵活、稳定高效等优点。

A 废水生物脱氮技术

废水生物脱氮技术是 20 世纪 70 年代中美国和南非等国的水处理专家们在对化学、催化和生物处理方法研究的基础上，提出的一种经济有效的处理技术。欧洲各国对废水的脱氮要求越来越严。由于污水未经适当处理或未处理就排放所造成的富营养化问题，在我国已到了较为严重的地步，许多湖泊水体已不能发挥其正常功能而严重地影响了工农业和渔业生产，为此，我国自 80 年代以来，也开始了污水脱氮除磷的研究工作，并取得了一定的进展。但由于近 10 多年来，我国污水处理厂工艺技术改进的速度发展并不快，加之乡镇企业如雨后春笋般的迅猛发展，实际上水体的富营养化问题还在加重，越来越严重地阻碍着我国国民经济的发展。因此，控制水体的富营养化问题，已经提到我国水污染控制的议事日程上。近年来，废水生物脱氮技术得到了较快的发展，许多研究者提出了一系列的脱氮工艺，并在实际工程中得到应用，有关废水脱氮的理论也日臻成熟。

废水生物脱氮的基本原理是在传统的二级生物处理中，将有机氮转化为氨氮的基础上，通过硝化和反硝化菌的作用，将氨氮通过硝化作用转为亚硝态氮、硝态氮，再通过反硝化作用将硝态氮转化为氮气，而达到从废水中脱氮的目的。

常见的生物脱氮工艺有：

（1）A/O（缺氧/好氧）法脱氮工艺。它是在 20 世纪 80 年代初开创的工艺流程，其主要特点是将反硝化反应器放置在系统之前，故又称为前置反硝化生物脱氮系统，这也是在我国城市污水与工业废水处理中采用比较广泛的一种传统脱氮工艺。包头煤制烯烃项目污水处理装置即采用此种工艺。A/O 法生物脱氮是在微生物的作用下，将有机氮和氨态氮转化为 N_2 和 N_xO 气体的过程。

（2）A^2/O 工艺。它是一种同时具有除磷和脱氮功能的处理工艺。此工艺流程较为简单，其基建费用和运行费用与传统的活性污泥法相比增加较少，而与其他的除磷和脱氮工艺相比，则同时具有除磷和脱氮的双重功效，因而是研究和应用较多的一种处理工艺。但此工艺在实际运行过程中，须控制厌氧段中 NO_3^- 的含量以为聚磷创造良好的释磷环境。

（3）厌氧氨氧化（Anaerobic Ammonium Oxidation，ANAMMOX）。它是荷兰 Delft 技术大学 1990 年提出的一种新型脱氮工艺。其原理为厌氧条件，以硝酸盐或亚硝酸盐为电子受体，将氨氮氧化生成氮气。厌氧氨氧化工艺是一个自供营养的微生物反应过程，不需投加反硝化所需的细菌用碳源。另外还可以改善硝化产酸、反硝化产碱均需中和的情况。ANAMMOX 工艺能同时去除氨氮和亚硝氮，还具有能耗低、产泥率低、可持续发展等优点。厌氧氨氧化是废水生物脱氮研究的新领域，较佳工艺参数的选择、合适接种污泥源、适宜反应器的开发是其中重要的研究内容，在现有研究的基础上，还有很多方面值得进行深入探索。

B 废水生物除磷技术

在废水生物除磷的过程中，活性污泥在好氧、厌氧交替条件下时，在活性污泥中可产生“聚磷菌”。聚磷菌在好氧条件下可超出其生理需要而从废水中过量摄取磷，形成多聚磷酸盐作为贮藏物质。聚磷菌的这种过量摄磷能力，不仅与厌氧条件下磷的释放量有关，而且与被处理废水中有机基质的类型和数量有关。

常见的除磷工艺有：

（1）A/O（缺氧/好氧）除磷工艺。A/O 是最基本的除磷工艺。A/O 是 Anaerobic/Oxic 的简称，主要具有除磷的功能。该工艺系统是美国研究者 Spector 在 1975 年研究活性污泥膨胀的控制问题时，在发现厌氧—好氧（A/O）工艺不仅可有效地防止污泥的丝状菌膨胀问题，而且是在具有很好的除磷效果的基础上开发的，于 1997 年获得专利，并转让给美国空气和化学产品公司。

（2）A^2/O 工艺。该工艺同时具有除磷和脱氮的功能。A^2/O 工艺是 Anaerobic/Anoxic/Oxic 的简称。它是在 A/O 工艺的基础上增设一个缺氧区，并使好氧区中的混合液回流至缺氧区使之反硝化脱氮。

12.2.1.2 污泥膨胀控制新技术

污泥膨胀是活性污泥法污水处理运行过程中经常遇到的最棘手的问题之一，它不仅影响整个工艺的处理出水水质，增大污泥的处理和处置费用，而且使整个过程难以控制。污泥膨胀有两种类型：一是由于活性污泥中大量丝状菌的繁殖菌而引起的污泥丝状菌膨胀；二是由于菌胶团细菌内大量积累高黏性物质（如葡萄糖、甘露糖、阿拉伯糖、鼠李糖和脱氧核糖等形成的多糖类物质)，而引起的非丝状菌性膨胀，这也是在活性污泥中没有大量丝状菌存在而发生的污泥膨胀问题。控制污泥膨胀的两种方法：

(1) 补充痕量金属法控制污泥膨胀。根据原水水质及不同微生物对痕量元素的需求量，对因原水中缺乏痕量元素或因操作运行条件不当而引起的痕量元素缺乏问题，补充一定量的金属元素，而使菌胶团微生物正常生长并抑制丝状菌的生长。

(2) 选择器法控制污泥膨胀。选择器的基本原理是当废水进入选择器后，由于废水中的有机物浓度较高，不适宜丝状菌的生长，菌胶团微生物就快速吸附废水中的大部分可溶性有机物，而丝状菌则得不到足够的有机营养。在后面的完全混合曝气池中，菌胶团微生物在有足够的停留时间和溶解氧的条件下，利用在选择器中吸收进入其细胞体内的有机物，进行生物代谢而不断地得到增殖，但丝状菌因缺乏足够的有机营养而受到抑制，不能大量增殖，从而克服了完全混合活性污泥法中丝状菌的生长。

12.2.1.3 人工湿地污水处理技术

人工湿地（Constructed Wetland，CW）污水处理技术是20世纪70年代末发展起来的一种污水处理新技术。人工湿地是一种由人工建造和监督控制的，与沼泽地类似的地面，它利用自然生态系统中的物理、化学和生物的三重协同作用来实现对污水的净化作用。按污水在湿地床流动的方式分为地表流湿地、潜流湿地、垂直流湿地。

人工湿地具有处理效果好、氮磷去除能力强、运转维护管理方便、工程基建和运转费用低、对负荷变化适应能力强等主要特点，比较适合于技术管理水平不高、规模较小的城镇或乡村的污水处理。自1974年联邦德国首先建造人工湿地污水处理系统以来，这项技术在欧洲许多国家得到推广应用，并在美国和加拿大等国迅速发展。欧洲已有数以百计的人工湿地系统在运行之中，其处理规模有大有小。

我国在“七五”期间开始人工湿地的研究工作。国家环保局华南环保所在深圳白泥坑建造了占地面积为12.6公顷、处理规模为3100立方米/日的人工湿地示范工程；北京市环保所在北京昌平县建成理论处理规模为500立方米/日的芦苇湿地处理系统示范工程；天津市环保所建成了实验室规模的人工湿地研究系统，并在1987年建成了我国第一个占地6公顷、处理规模为1400立方米/日的芦苇湿地工程。此外，已有不少单位对人工湿地处理系统的机理、设计及有关问题开展了初步研究工作。对于我国广大乡村或城郊地区的污水处理，人工湿地污水处理新技术不失为一种适宜的处理技术。

12.2.1.4 AB 污水生物处理技术

AB 工艺是吸附—生物降解（Adsorption- Biodegradation）工艺的简称。这项污水生物处理技术是由德国亚琛（Aache）工业大学卫生工程学院的 Botho Bohnke 教授针对传统的二级生物处理系统，即预处理→初沉淀→曝气池→二次沉淀，存在去除难降解有机物和除氮脱磷效率低及投资运行费用高等问题，在对两段活性污泥法（Z-A 法）和高负荷活性污泥法进行大量研究的基础上，于 20 世纪 70 年代中期开发，80 年代初开始应用于工程实践的一项新型污水处理工艺。

在欧洲，AB 法的使用已比较普遍，现已有 50 余座污水处理厂采用了该项技术。在德国、奥地利、瑞士、荷兰等国，AB 工艺已大规模应用于现有污水处理厂的改造和新建污水处理厂，且取得了很好的处理效果。

自 20 世纪 90 年代起，我国一批新建或改建的污水处理厂已开始采用 AB 法工艺，如泰安污水处理厂、深圳罗芳污水处理厂、深圳滨河水质净化厂、新疆乌鲁木齐河东污水处理厂等相继投产运行。

12.2.1.5 LINDE 污水生物处理技术

德国 LINDE 股份公司的 Manfred R. Morper 博士针对传统工艺中所存在的问题，开展了研究并提出了一系列新的活性污泥。这些工艺包括 LINPOR 工艺、LINDOX 工艺、LARAN 工艺和 METEX 工艺。由于这些工艺均属于 LINDE 股份公司的专利方法，故将这些工艺统为 LINDE 废水处理技术。

（1）LINPOR 工艺是一种传统活性污泥法的改进型工艺，它通过在传统工艺曝气池中投加一定数量的多孔泡沫塑料颗粒作为活性生物量的载体材料而实现。该工艺由德国 LINDE 股份公司的 ManfredR. Morper 博士于 20 世纪 70 年代末开始开发研究并于 80 年代初首次提出。

（2）LARAN 工艺是一种固定床厌氧循环反应器，内装波纹环型塑料填料，生长缓慢的厌氧微生物附着生长在此填料上。LARAN 工艺具有很强的有机物去除能力，其去除率可达 95%，而所产生的剩余污泥量则极少。LARAN 反应器工艺已在欧洲和亚洲的数个国家达到实际应用，并主要应用于高浓度食品工业废水、纸浆和造纸工业废水及化学工业废水厌氧处理。德国 Plattling 肉类加工厂油脂废水采用 LARAN 反应器工艺进行处理。

（3）LINDOX 工艺也是传统活性污泥法的一种改进型工艺，其与传统工艺的区别在于其利用纯氧而非空气来进行曝气。LINDOX 工艺在有些国家被称为 UN-DX 工艺。全世界已建成 300 多座生产性规模的 LINDOX 工艺废水处理厂，分别用于城市污水和工业废水的处理。美国洛杉矶及德国的 Nurember 市等都建有这样的污水处理厂，其中美国洛杉矶的 LINDOX 工艺规模当属世界首屈一指。欧洲、美洲及亚洲都已应用这种工艺处理各种废水。LINDE 公司已为我国提供了 6

个 LINDOX 工艺系统用于石油化工废水的处理，其中之一是为山东淄博的齐鲁石油化学工业公司提供的该工艺。

（4）METEX 工艺是 LINDE 公司开发的又一种旨在有效地去除废水中有毒有害的重金属离子的生物吸附处理工艺。德国已有 4 家生产性的废水反处理厂采用了 METEX 反应器，全部用于处理集成电路工业废水，以去除废水中的铜、铅、锌、锡、铬和镍等。

12.2.1.6 氧化沟污水生物处理技术

氧化沟（Oxidation Ditch，OD）污水处理工艺是 20 世纪 60 年代初由荷兰卫生工程研究所（TNO）的帕斯维尔（A. Pasveer）博士通过研究和设计而首先开发的。第一座氧化沟污水处理厂是 Pasveer 于 1954 年在荷兰的伏肖汀（Voorshoten）建造的，服务人口仅为 360 人。它将曝气、沉淀和污泥稳定等处理过程集中于一体，间歇运行，BOD_5 的去除率高达 97%，管理方便，运行效果稳定，适用于中小村镇的污水处理。

60 年代起，这项技术在欧洲、大洋洲、北美和南非等各国得到了迅速推广和应用，工艺上和构造上也有了很大的发展和改进。据不完全统计，英国已兴建了 300 多座氧化沟污水处理厂，美国已有 500 多座这样的污水处理厂。经过 30 多年的时间与发展，这项技术在各种形式的活性污泥法中处于领先的地位，被评价为处理效果可靠、基建费用低、运行费用又较省的污水处理方法，特别是其封闭循环式的池型尤其适用于污水的脱氮除磷。世界各地的实践表明，OD 技术既适用于城市污水的处理，也适用于工业废水的处理；既适用于小型污水处理厂，也适用于大中型污水处理厂。

此项技术已被广泛应用于城市污水、石油废水、化工废水、造纸废水、印染废水、食品加工废水等的工业废水处理工程之中。特别是在荷兰、德国、美国、丹麦、瑞典、瑞士、希腊、加拿大、巴西、南非、澳大利亚、新西兰、印度、俄罗斯、日本及中国等，这项技术发展十分迅速，不仅在处理工艺的数量上急剧增长（欧洲有 2000 多座，北美有 800 多座，亚洲有 10 座），而且处理规模也在不断扩大。虽然我国从 80 年代初起也开始做过一些研究和应用工作，但相比之下，这项技术在我国的发展还是比较缓慢的。

12.2.1.7 EM 技术

EM（Effective Microorganisms）技术是一种新型的有效微生物技术，又称高效复合菌技术，是由日本琉球大学比嘉照夫教授发现并于 1983 年培育成功。EM 是采用独特工艺，将经过仔细筛选的好氧微生物和厌氧性有益微生物，以适当比例加以混合培养发酵而形成的微生物活菌制剂，是以光合菌群、乳酸菌群、革兰氏阳性放线菌群和发酵系的丝状菌群等 5 大类 10 属 80 余种微生物组成的复合菌剂。

这种菌剂在种植、养殖、环境保护等方面能发挥多种功能，促进动植物生长发育，抑制病害发生，还能除臭除蝇，净化环境。用它生产的产品，被称作绿色无公害产品，最宜人们食用。据最新统计，全世界已有泰国、美国、澳大利亚等90多个国家和地区引进并推广这种微生物技术。EM投放到环境中，会形成优势菌群，引导环境中的微生物向有益方向活动，并抑制腐败菌、病源菌的增殖，从而起到改善环境、改良土壤、净化水质、抑制腐败、消除臭味等多方面的作用。

这项技术在种植业、养殖业和环境保护等方面有广泛应用价值，已经在日本、泰国、马来西亚、巴西、美国等国家得到广泛应用。近年来在我国也得到高度重视，已列入国家"863"计划进行重点开发研究。高效复合菌液是现行产品的主要商用形式，一般分为农用型、食品添加型和环保型3种形式。在环境保护领域用得最多的是环保型菌液。我国在利用EM技术治理江河、湖泊水体污染的工作还处于起步阶段。在云南滇池内湖草海和广西南宁南湖的试验中发现，EM技术对湖泊水具有良好的净化能力。处理后水体透明度大幅度提高，COD、BOD、TN、TP等去除效果显著。叶绿素a、藻量有很大程度的降低。此外，在其他藻型富营养化的湖泊水体中应用EM技术的结果表明，有效微生物群对水体的透明度、叶绿素a含量的改善有明显的效果，可有效抑制藻类的生长，防止水华的发生，同时还可以改善景观。EM技术在我国主要应用于种植和养殖业，在环境保护领域的应用还处于相对滞后阶段。

12.2.1.8 "WT-FG"生物技术

"WT-FG"生物法是近年来在我国推广应用的一项高科技生物工程技术，它是联合使用"FG-12"和"WT-21"两项高科技产品在先进的生化反应池中产生强大的协同作用，使生化反应池中保持高活性微生物菌群绝对优势，这些针对水体污染物优势菌种和高浓度的微生物菌群，具有高效快速的生物降解性能，使水体中各类污染物得到高效去除❶。

由香港连宝实业有限公司、美国富美生物工程有限公司研制的具有世界先进水平的"WT-FG"微生物技术成功地对中国的高浓度的工业污水和城市污水以及被污染的河流进行了卓有成效的治理，这是生物工程在污水治理中的实际运用。"WT-FG"生物技术为中国环保事业走出一条投资省、见效快、运行费用低的路子做出了贡献。最近，该技术得到中国一批著名的生物专家的一致肯定，被中国政府列为"中国政府采购技术"。

---

❶ 何应奎，HE Ying-kui. "WT-FG"生物技术有效的治理了高浓度工业污水、城市污水、污染河流和垃圾渗沥液. 中国环保产业，2001年第2期。

香港连宝实业有限公司是美国富美公司在亚洲的总公司，三年来在中国作了大量的实验和实际工程，取得了突出的成绩。首先，在海南省环保厅的直接支持、领导下，用低成本的“WT-FG”生物法攻克了用生物法治理河流污染的重大课题，开创了中国用生物法彻底治理被污染河流的先例，达到既治标又治本的目的，这为中国的旧城镇的改造有着重大的现实意义。该技术在海南省的成功运用为我国其他省份发展与利用该技术创造了条件。

在海南省的治理成功后，该技术得到国家环保总局的肯定、得到不少省市环保部门的认可和支持，中央电视台、海南省电视台、上海电视台以及有关省市报纸均作专题报导。海南省治理成功后，接着，广东、上海、北京的政府已决定用“WT-FG”生物法治理被污染的河流。利用该技术已成功治理了上海同济大学的校内河流、上海浦东新区的中槽港河流以及广东东莞的河流，均达到地表水Ⅳ类水的标准。“WT-FG”生物法也能有效治理高浓度的工业污水，如皮革厂、造纸厂、印染厂、石油化工厂的污水和垃圾渗透液。

12.2.1.9 固定化酶和固定化细胞技术（酶工程技术）

A 固定化酶

固定化酶又称水不溶性酶，是通过物理吸附法或化学键合法使水溶性酶和固态的不溶性载体相结合，将酶变成不溶于水但仍保留催化活性的衍生物，微生物细胞是一个天然的固定化酶反应器，用制备固定化酶的方法直接将微生物细胞固定，即是可催化一系列生化反应的固定化细胞。

1916 年，美国科学家 Nelson 和 Griffin 最先发现了酶的固定化现象。直到 20 世纪 50 年代，酶固定化技术的研究才真正有效地开展。1953 年，德国科学家 Grub-Hofer 和 Schleith 首先将聚氨基苯乙烯树脂重氮化，然后将淀粉酶、胃蛋白酶、羧肽酶和核糖核酸酶等与上述载体结合制备固定化酶。到 20 世纪 60 年代，固定化技术迅速发展。1969 年，日本千烟一郎利用固定化氨基酰胺酶从 DL-氨基酸中生产 L-氨基酸，是世界上固定化酶大规模应用的首例。在 1971 年的第一届国际酶工程会议上，正式建议使用固定化酶（immobilized enzyme）这个名称。

我国的固定化酶研究开始于 1970 年，首先是中国科学院微生物所和上海生化所的酶学工作者同时开始了固定化酶的研究工作。此后，许多单位相继对固定化酶和固定化细胞进行了应用研究。

在废水处理中，固定化酶也受到了越来越多科学家的关注。生活污水和工业废水中有害成分主要是氯酚，将辣根过氧化物酶大量吸附在磁石上，可以保证其 100% 的活力，且净化效果是粗酶的 20 多倍。因其对水中的氯酚选择性吸附，可将氯酚 100% 清除。脱乙酰壳多糖胶膜固定的苯丙氨酸酶可将苯酚降解成二氧化醌，而且脱乙酰壳多糖胶膜可以快速将产物吸附，极大地提高了污水处理的效率。废水组分复杂，有时用单一的固定化酶处理效果并不是很理想，德国科学家将9种可降解硫化磷农药的酶共价组合固定在多孔玻璃珠和硅胶上制成固定化酶，填充到柱状反应器中，处理含硫磷农药废水，可获得95%以上的处理效果，连续工作70天酶的活性没有变化。说明多种酶的组合协同作用优于单一酶的固定化效果。

B 固定化细胞技术

固定化细胞技术是一门新兴的废水处理技术。与固定化酶技术相比，固定化细胞技术保持了原有的多酶系统，对于需要多酶顺序作用的应根据优势，且不需要辅酶再生。固定化细胞技术（IMC）是20世纪70年代由生物化工中的固定化酶技术发展出来的生物技术。固定化细胞技术与固定化酶技术采用相同的固定方法，只是前者直接将微生物细胞固定于载体上，去掉了对细胞内酶的提取过程。这样不仅使用更加方便，而且酶原有的生存环境能很好地保持其稳定性。1975年出现了以藻酸盐为载体降解有毒物的研究，研究发现与传统的活性污泥法相比，固定化细胞法具有效率高、反应易控制、微生物高效高密度、反应迅速、流失少、固液分离效果好、对环境的耐受力强（如pH值、温度、有机溶剂、有毒物质）、重复性好等优越性。但另一方面，将细胞固定在载体中同时会抑制细胞的生物活性，降低体系的物质传递速率。此外，生物活性抑制因素的存在还未能完全掌握，这在一定程度上给固定化生物系统对污染物的降解技术提出了疑问。近年来通过不断对固定化细胞技术原理的研究和反应器特性、材料因素的实验尝试，在应用方面取得了不少进展，显示出其处理技术的广阔应用前景。

12.2.1.10 MBR技术

MBR又称膜生物反应器（Membrane Bio-Reactor），它是膜分离技术与活性污泥法相结合的新型污水处理技术。它可以取代活性污泥法中的二沉池和砂滤等过滤设施，用微滤膜的高效分离作用将泥水分离，使出水达到排放或回用标准。随着科学和各种分离理论的发展，膜分离技术取得了迅猛的发展。它是保护水环境，实现污水资源化的一项重要技术。采用膜生物反应器技术处理炼油污水，可以有效地降解水中的有机污染物和其他营养物质，具有抗冲击负荷能力强、生物处理效率高、占地面积小等特点。

MBR最早出现在酶制剂工业中，其在废水处理中的应用始于1969年美国的Dorr-Oliver Inc，但直至1985年，MBR的研究仍基本处于基础研究阶段。进入20世纪80年代中后期，MBR有了较快的发展，尤其日本加大了MBR技术应用于废水处理的研究、开发，截至1987年，日本已有13家公司使用好氧MBR处理大楼废水，处理量达50~250立方米/日；日本在1985年开始的“水综合再生利用系统90年代计划”，使MBR在污水处理范围与规模上都大大推进了一步；同时，法国、美国、泰国、加拿大等国家在 MBR 的研究方面也投入了很大力量。日本已有近 100 处的高楼采用了 MBR 的中水回用系统。在 20 世纪 90 代中后期，MBR 在国外已进入实际应用阶段。我国对 MBR 的研究起步较晚，但发展很快。清华大学、同济大学、天津大学等高校和中科院等科研机构都在开展这方面的研究，且已取得很大成效，但国内应用实例报道仍较少见。

12.2.1.11 高效低耗 4S-MBR 污水处理技术

由江西金达莱环保研发中心有限公司开发的高效低耗 4S-MBR 污水处理技术，适用于城镇污水及工业有机废水处理回用领域。4S-MBR 是金达莱公司自主研发的一种以膜生物反应器为基础，反应器内活性污泥浓度大，运行能耗低，可实现基本不排放有机剩余污泥的污水处理新工艺，其特点“4S”主要体现在污水污泥同步（Sewage and Sludge Treating Synchronization）、处理回用同步（Treating and Recycling Synchronization）、脱氮除磷同步（Denitrifying and Dephosphorizing Synchronization）、节能高效同步（Saving and Efficiency Synchronization）方面。

4S-MBR 工艺是金达莱公司以自主开发的特性菌膜生物反应器工艺为核心，通过引入自主筛选和培养的特性微生物菌群而成功开发的一种运行能耗低、可实现污水污泥同步处理的城镇污水处理新技术。该技术实现了有机污泥在系统中的大幅度减量，降低了系统生化需氧量，节约运行能耗，剩余污泥产量仅为国内外现有生化工艺的 20%，运行能耗较常规膜生物反应器工艺降低 50% 以上。该技术先后获国家火炬计划项目、2007 年国家重点新产品、最具市场价值的高新技术产品等荣誉，通过了欧盟 CE 认证，并被中国环境保护产业协会评为 2010 年国家重点环境保护实用技术（A 类）[1]。

12.2.1.12 曝气生物滤池（BAF）

曝气生物滤池（biological aerated filter，BAF）是 20 世纪 90 年代初最先在欧美发展起来的一种新型污水生物处理技术，被称为第三代生物滤池，曝气生物滤池同时具有生物降解和过滤作用，因而可获得很高的出水水质，可达到回用水水质标准。曝气生物滤池主要由池体、滤料、布水布气系统和反冲洗系统构成。世界上较大的环保公司如法国得利满公司、德国菲利普穆勒公司、法国 VEOLIA 公司都把公司的主导产品在全世界推广。曝气生物滤池属于生物处理的生物膜法范畴。该技术最早由法国 CGE 公司所属的 OTV 公司开发。BAF 的最初形式为 OTV 公司于 20 世纪 80 年代末期开发出的 BIOCARBONE 工艺，该工艺以密度大于水的膨胀板岩作为生物填料，水流上进下出，气水逆向，该工艺主要用于对城市污

[1] 高效低耗 4S-MBR 污水处理技术. 中国环保产业，2011 年 9 月。

水有机物的降解和氨氮的去除。在国内，清华大学环境科学与工程系王占生所在的课题组，长期以来致力于活性生物滤池对饮用水微污染的研究。该课题组采用生物陶粒接触氧化法先后在北京水源六厂（通惠河水）、北京团城湖水（为北京田村山水厂水源）、北京城子水厂（官厅水库水）、邯郸自来水公司（釜阳河水）、大同册水库（大同矿务局自来水厂水源）、蚌埠自来水公司（淮河水源水）、绍兴自来水公司（青甸湖水）、深圳莲堵水厂（深圳水库水）、平顶山电厂进行了生物预处理研究。研究结果表明，陶粒活性曝气生物滤池作为饮用水预处理工艺，对水中的COD、TOC、浊度、色度、BDOC（可生物降解溶解性有机碳）等都有一定的去除效果，尤其是对氨氮的去除效果非常理想，大部分氨氮去除率可达到80%~90%。由于水中氨氮含量高将导致消毒时加氯量的上升，消毒副产品增多，而水厂的常规处理工艺对氨氮的去除效果不是很理想，因此活性生物滤池对氨氮的去除有重要的现实意义。

原中冶集团马鞍山钢铁设计院研究总院郑俊领导的课题组，在吸取国外曝气生物滤池优点的基础上，结合我国的实际情况，在20世纪90年代中后期开发出了国内首座曝气生物滤池专利技术——上向流曝气生物滤池（up-flow biological aerated filter，UBAF）。其主要处理对象为污水中的有机物、氨氮、总氯，该技术已被广泛应用于城市市政污水、小区生活污水、啤酒废水、养猪场粪便污水、肠衣加工废水等的处理。在开发出UBAF技术的同时，郑俊等还开发出了专门用于UBAF的单孔膜空气扩散器、专用滤头等专利产品。

从法国OTV公司在20世纪80年代末开发出首座BAF至今的二十多年时间里，在科研人员和工程技术人员的共同努力下，BAF技术取得了长足的发展，工艺更趋于成熟，功能更加完善。

12.2.2 废气生物处理技术

利用生物法处理空气中的污染物可以追溯到20世纪50年代中期，生物法净化废气的研究，最先用于处理空气中低浓度的臭味物质，如堆肥场和动物脂肪加工场的有机废气脱臭处理。第一个利用微生物处理废气的专利于1957年出现在美国，但到1970年后才引起各国重视。到1980年，德国、日本、荷兰等国家已有相当数量的各类生物处理废气装置投入运行，对混合废气的去除率一般在95%以上。到目前为止，德国、日本、荷兰等国已成功应用于化工、轻工等行业，投入运行的生物净化装置已逾千套。

生物法处理废气在德国、荷兰、美国和日本等国的化工、轻工等行业已得到广泛的应用，其中生物滤池和生物滴滤塔技术已经十分成熟。运用生物过滤技术主要用于脱臭。仅以生物滤池为例，在德国、荷兰和美国就有500多套生物滤池工业装置。例如，荷兰 Clair Tech 公司开发的称为 Bionton（R）的生物滤池系统，用于处理含甲苯、乙酸乙酯、乙醇、异丙醇和丁醇的废气，到 1992 年至少已建有 53 套 Bionton 处理装置；在美国的芝加哥，BBA 投资 37.5 万美元兴建了一座生物废气处理厂，其处理量为 2200 立方米/小时，运行费用约为 6×10^{-5}美元/立方米，去除率达 95%~99%；在纽约，City of Poughkeepsie 投资 28.8 万美元建立了一座生物废气处理厂，其处理量约为 258000 立方米/小时，平均每阶的运行费用约为 0.2 美元，去除率达 98%。

国外可以提供成套技术和装置的公司有：Bayer AG、Braintech Gmbh、Roth、Bioteg、HHAS、Monsanto、Comprimo BV 等。这些公司提供的设备已经成功地运用于处理在酿酒厂、食品加工厂、化工厂、纸加工厂和烟草生产厂等地方中产生的有机废气，它们对 VOCs 的去除率在 50%~99%。在这里要提的是，即使是 50% 的去除率也是很显著的，因为空气流开始进气（VOCs）的浓度本来就很低。恶臭物质的去除率可达 99%，例如，用生物滤池除去德国某厂油漆涂喷车间的恶臭有机废气时，去除率高达 99%，且除去了其中很难治理的恶臭物质。

12.2.2.1 HZ 生物技术

HZ 有益菌生物技术就是在垃圾仓、生物发酵池、渗沥液井等易发生臭气的部位利用喷洒药液的方法，接种、培植 HZ 有益生物菌❶。这些生物菌以生活垃圾处理过程中产生的 NH_3、H_2S、SO_2 及 CH_4 等为营养源，通过它们的新陈代谢作用生成对人类或植物有用的有机营养物，并释放出氧气而不是臭气，从而达到除臭目的。

12.2.2.2 生物滤池技术、生物洗涤塔、生物滴滤池

A 生物滤池技术

生物滤池技术自身具备独特吸附性滤料的生物滤池填料，重点由肥沃土壤、有机堆肥、木屑、活性炭等多种滤料依据一定的比例混合而成。同时，滤料将自身具有的透气性以及通水、持水性优势表现的尤为良好。利用施压提前处理含有污染物的废气之后，进入生物处理装置，此过程是从反应器底部流经气体分布器而进行的，各种不同的微生物生存在生物处理装置的填料表面。对此，填料表面的微生物可通过吸附作用产生一定的新陈代谢，将废气中含有的有害成分氧化分解，具体有 CO_2、NO_3^- 以及 SO_4^{2-} 等，并通过生物滤池的顶部将气体一并处理并排出。

生物滤池除臭系统是世界上用于处理有机挥发物（VOCs）和 H_2S 等有害气体的技术中能效最高的系统之一。也是研究最多、技术成熟，在实际中也最常见

❶ 谢奇文．用生物法技术处理废气探究．基础科学，2002（2）。

的一种处理恶臭气体的方法。

B 生物洗涤塔

通常，生物洗涤塔有两大主要组成部分，一部分是装备填料的洗涤器；另一部分是生物反应器，且具有一定的活性污泥特点。喷淋柱在洗涤器中，可适当有效的将微小的水珠反方向喷洒。这样，污染中的废气可更好地接触填料表面的水，水良好吸收后，进而转进液相，实现质量更好的传递过程。与此同时，浓度为1~5克/立方米的污染物废气可适当采用生物洗涤塔技术，并已成功适用于部分产业。除此之外，生物洗涤塔也可适用于含有散发挥发性有机物和恶臭物质废气的污水处理厂。

C 生物滴滤池

生物滴滤池处理技术，主要适用于生物滤池和洗涤塔相间的处理。滴滤池内的填料主要是表面积大的惰性填料，为生物生长提供载体是填料的唯一作用，其空隙率较高于生物滤池，使用寿命更长且阻力相对较小。酸/碱代谢物的污染主要产生于卤化物、硫化物和氨等废物的处理过程中，生物滴滤池处理技术也能更好地调节pH值。对此，在降解微生物的过程中，较容易产生酸性代谢产物与较大的产能污染物，表现更出色的应该归于生物滴滤池处理技术。

12.2.2.3 活性炭纤维吸附

活性炭纤维（ACF）是继传统活性炭（粉状和粒状活性炭）之后的第三代活性炭产品，以有机纤维（腈纶等）为原料经预处理—炭化—活化而成，与传统的炭质吸附剂相比，活性炭纤维（ACF）具有表面积大、吸附脱附速度快、吸附容量大、耗能低、无二次污染等突出的优点，同时，可以应用低浓度有机废气的治理[1]。

活性炭纤维是20世纪60年代随着炭纤维工业的发展而发展起来的，最先问世的是黏胶基活性炭纤维。用作ACF前驱体的有机纤维主要有黏胶基、聚丙烯腈基、酚醛基、沥青基、聚乙烯醇基、苯乙烯/烯烃共聚物和木质素纤维等，其中前4种均已实现工业化。

中国于20世纪70年代末期开展了对活性炭纤维的研究工作，基本上采用跟踪法，总体落后于国际水平，形成规模的主要有黏胶基和聚丙烯腈基，其他系列的活性炭纤维如沥青基等以及空心活性炭纤维、活性炭纤维纸等特殊结构的活性炭纤维也在研究中。

20世纪80年代末和90年代初，中山大学、东华大学、中国科学院山西煤炭化学研究所、四川大学的活性炭纤维技术已经应用于规模化生产；天津大学、北

---

[1] 朱凤荣．现代生物技术在环保中的应用及展望．河南机电高等专科学校学报，2007（15）。

京化工大学、复旦大学、湖南大学、同济大学上海医疗器械研究所、上海合成纤维研究所、上海纺织科学院等科研机构在活性炭纤维工艺及产品开发方面取得了很大的进展。辽宁、吉林、山西、江苏、广东、浙江、安徽、上海、山东等省市陆续建立了活性炭纤维生产线，但是规模相对较小，生产工艺收率低，产品主要出口到日本、韩国和欧美，在中国国内的消耗量不到1/2。由于中国的活性炭纤维价格低廉，比国际市场便宜40%~60%，所以有些国外进口商从中国进口活性炭纤维后进行深加工或改包装或制成产品后，又高价出口到中国。

12.2.2.4 Shell-Paques 技术

荷兰 Paques Natural Solutions 公司 1993 年开发 Thiopaq 技术，用于处理生化臭气。与 Shell Global Solutions 公司合作，将其扩展用于处理天然气和合成气，称为 Shell-Paques。

谢尔—帕克工艺是采用生物技术从气体中脱出 H_2S，再用弱碱性溶液吸收 H_2S，然后在自然产生的微生物和空气的作用下将所吸收的硫化氢氧化成元素硫。谢尔—帕克工艺处理过的气体中 H_2S 含量可小于 4ppm，可以满足用户对气体净化的要求。谢尔—帕克工艺广泛应用于天然气、合成气和炼厂气等各种含有 H_2S 物流净化过程。

12.2.2.5 Bio-SR 工艺

Bio-SR 工艺最初由日本 Dowa Mining 公司开发成功，在 1984 年，第一套工业装置应用于钡化学试剂厂排放气脱硫；后来日本钢管公司（NKK）从 Dowa Mining 公司获得独家实施许可后，将工艺用于化工厂及炼油厂含硫气体处理，并首次用于胺洗和 Clause 装置尾气净化。为了将该工艺用于净化处理含 H_2S 的天然气，美国气体研究院（ICT）与 NNK 公司合作开发，并获得该工艺的使用授权。

12.2.3 固体废弃物的生物处理技术

固体废弃物主要包括工业固体废弃物和城市生活垃圾。传统的固体废弃物处理方法主要有固积、掩埋、焚烧，这些方法会造成二次污染。20 世纪 60 年代以来，研究人员就开始进行有关高效、快速堆肥方法的研究。至今，欧美各国及日本已开发了 10 多种机械快速堆肥工艺，其中最著名的是达诺式回转圆筒形发酵仓工艺。国外还发展用蚯蚓床处理有机垃圾和粪便。大型化的固体废弃物填埋场技术可靠，处理效率有保证，适合环境要求。生物反应器式填埋场已在美国获得广泛重视。

12.2.3.1 污泥快速堆肥工艺 SACT

SACT 工艺是依据高温好氧发酵原理，通过控制适合的外界条件，发挥有益菌群分解污泥中有机物并释放出能量的作用，达到杀灭有害细菌和病毒的目的，最终产物中的有效成分含量和微生物指标均满足农用标准，可实现污泥的减量化、无害化、资源化。

SACT工艺的核心是基于卧式敞口发酵槽的理论基础，通过对构筑物形式、机械翻堆设备、自动进出仓库系统等方面的改进，形成了完整的自动化堆肥系统理论。SACT工艺根据预处理阶段的不同，分为SACT-A、SACT-B、SACT-C三个系列。系统的主要区别在预处理部分。

（1）SACT-A系统的预处理采用晾晒，适用于北方干旱地区且项目用地较为宽裕的工程，优点是投资节省，运行费用低；

（2）SACT-B系统的预处理采用外加干物料与脱水污泥机械混合，适用于附近有干物料来源的工程，但须保证全年干物料的供应；

（3）SACT-C系统的预处理采用预处理干化设备，适用于占地面积有限且无法提供干物料来源的工程，运行费用相对较高（但远远低于污泥焚烧的费用）。以上的工艺过程，相比较而言，SACT-C系统处理固体废弃物适用于云南省内的固体废弃物的处理。

西方发达国家的污泥农用比例较高，其中英国、比利时、卢森堡、荷兰、西班牙、葡萄牙、瑞典、瑞士等国超过50%的污泥用堆肥方式处置，美国也有45%的污泥农用，即便是土地资源贫瘠的日本也有约10%的污泥是采用堆肥方式实现资源化利用的。

12.2.3.2 生活垃圾与市政污泥R-SACT混合堆肥技术

R-SACT工艺主要是针对城市生活垃圾、市政污水处理厂污泥混合处置项目，处置目标是实现垃圾和污泥的减量化，部分物料经过无害化处理后可回用于垃圾场覆盖土，根据市场情况，部分符合要求的熟料还可以加工制成有机/无机复混肥料。R-SACT技术是利用生物能，将垃圾彻底熟化降解的高效生化反应过程。

12.2.3.3 智能化自动控制生物堆肥工艺（CTB技术）

CTB自动控制生物堆肥（生物干化）技术，由中国科学院地理科学与资源研究所环境修复中心和北京中科博联环保环境工程有限公司历时10多年研发出来，实现了对堆肥过程中温度和氧气两大关键要素的实时、在线监控，可以大大缩短堆肥周期，提高堆肥成功率、堆肥产品质量和生物无害化处理效果，同时显著改善堆肥厂的厂区环境卫生条件，降低堆肥过程的能耗。该技术堆肥时间短、占地面积小，无恶臭、废水等二次环境污染问题，技术的完整性和配套性好，已在山东、河北、河南、天津等地推广应用。

12.2.3.4 多元综合好氧堆肥发酵技术

多元综合制肥工艺主要由好氧发酵工段，配料工段，混合工段，热喷冷却工段，筛分工段，喷菌、扑粉、造粒工段，干燥工段，计量包装工段等组成。主要包括原料好氧发酵系统，配料系统，混合系统，热喷冷却系统，筛分系统，喷菌、扑粉、造粒系统，干燥系统，计量包装系统等。其主要工艺特点是软化工艺，多元技术组合，在污泥好氧发酵制肥中，采用 CK21 菌喷涂接种技术、好氧堆肥快速腐热技术、生物高氮源发酵技术、磷酸中和软化与重金属钝化技术、热喷造粒技术等高新技术，把污泥的处理与处置统一起来，将脱水污泥发酵制成有机、无机、微生物三维复合肥料，解决了污泥堆肥处置中的诸多难题，实现了生物资源的循环利用。

堆肥处理是我国城市垃圾处理使用最早，也是在早期阶段使用最多的方式。堆肥处理主要采用低成本堆肥系统，大部分垃圾堆肥处理常采用敞开式静态堆肥。“七五”和“八五”期间，我国相继开展了机械化程度较高的动态高温堆肥技术研究和开发，并取得了积极成果。20 世纪 90 年代中期，先后建成的动态堆肥场典型工程有常州市环境卫生综合厂和北京南宫堆肥厂。2000 年以后，美商国际集团于大庆市、上海市、呼和浩特市先后建立生活垃圾生物堆肥处理厂。

12.3 生物—生态修复

综观国内外有关生物—生态修复的研究与应用大致可分三个方面：一是以应用微生物为主体的生物修复技术，美国、日本及国内一些生物工程公司的产品已进入应用试验阶段，在局部区域，特别是城市内河治理中不乏成功的例子；二是应用高等植物为主体的植物-生态修复技术，适用于大面积、低浓度的污染位点，由于植物修复是一个自然的过程，易为公众接受；三是基于“食物链”原理的生物操纵技术，应用罗非鱼、鲢鱼及贝类等滤食性动物的放养及水体生物群落结构的优化，对控制富营养化水体蓝藻水华发挥了明显的作用。生物—生态修复技术被认为是 21 世纪我国生态环境保护领域最有价值和最具生命力的生物处理技术。其中的 ESB 水体修复技术（生态演替式水体修复技术）是一项世界上正在兴起的突破性的一种水体修复技术。

12.3.1 污染土壤的生物修复技术

污染土壤修复技术的研究起步于 20 世纪 70 年代后期。在过去的 30 年期间，欧、美、日、澳等国家纷纷制定了土壤修复计划，巨额投资研究了土壤修复技术与设备，积累了丰富的现场修复技术与工程应用经验，成立了许多土壤修复公司和网络组织，使土壤修复技术得到了快速的发展。中国的污染土壤修复技术研究起步较晚，在“十五”期间才得到重视，列入了高技术研究规划发展计划，其研发水平和应用经验都与美、英、德、荷等发达国家存在相当大的差距。近年来，顺应土壤环境保护的现实需求和土壤环境科学技术的发展需求，科学技术部、国家自然科学基金委、中国科学院、环境保护部等部门有计划地部署了一些土壤修复研究项目和专题，有力地促进和带动了全国范围的土壤污染控制与修复科学技术的研究与发展工作。土壤生物修复技术，包括植物修复、微生物修复、生物联合修复等技术，在进入 21 世纪后得到了快速发展，成为绿色环境修复技术之一❶。

12.3.1.1 植物修复技术

从20 世纪 80 年代问世以来，利用植物资源与净化功能的植物修复技术迅速发展。植物修复技术包括利用植物超积累或积累性功能的植物吸取修复、利用植物根系控制污染扩散和恢复生态功能的植物稳定修复、利用植物代谢功能的植物降解修复、利用植物转化功能的植物挥发修复、利用植物根系吸附的植物过滤修复等技术。可被植物修复的污染物有重金属、农药、石油和持久性有机污染物、炸药、放射性核素等。其中，重金属污染土壤的植物吸取修复技术在国内外都得到了广泛研究，已经应用于砷、镉、铜、锌、镍、铅等重金属以及与多环芳烃复合污染土壤的修复，并发展出包括络合诱导强化修复、不同植物套作联合修复、修复后植物处理处置的成套集成技术。这种技术的应用关键在于筛选具有高产和高去污能力的植物，摸清植物对土壤条件和生态环境的适应性。近年来，中国在重金属污染农田土壤的植物吸取修复技术应用方面在一定程度上开始引领国际前沿研究方向。但是，虽然开展了利用苜蓿、黑麦草等植物修复多环芳烃、多氯联苯和石油烃的研究工作，但是有机污染土壤的植物修复技术的田间研究还很少，对炸药、放射性核素污染土壤的植物修复研究则更少。植物修复技术不仅应用于农田土壤中污染物的去除，而且可以应用于人工湿地建设、填埋场表层覆盖与生态恢复、生物栖身地重建等。

在土壤污染的植物修复方面，以往的研究多在重金属的植物忍耐性和超量积累性上，一些植物能吸收累积大量的重金属，通过人工栽培可用于重金属污染土壤的治理。

12.3.1.2 微生物修复技术

微生物能以有机污染物为唯一碳源和能源或者与其他有机物质进行共代谢而降解有机污染物。利用微生物降解作用发展的微生物修复技术是农田土壤污染修复中常见的一种修复技术。这种生物修复技术已在农药或石油污染土壤中得到应用。在中国，已构建了农药高效降解菌筛选技术、微生物修复剂制备技术和农药残留微生物降解田间应用技术；也筛选了大量的石油烃降解菌，复配了多种微生物修复菌剂，研制了生物修复预制床和生物泥浆反应器，提出了生物修复模式。

---

❶ 陈晓东，常文越，邵春岩．土壤污染生物修复技术研究进展．环境保护科学，2001，27（107）。

近年来，开展了有机砷和持久性有机污染物如多氯联苯和多环芳烃污染土壤的微生物修复技术工作。分离到能将 PAHs 作为唯一碳源的微生物如假单胞菌属、黄杆菌属等，以及可以通过共代谢方式对 4 环以上 PAHs 加以降解的如白腐菌等。建立了菌根真菌强化紫花苜蓿根际修复多环芳烃的技术和污染农田土壤的固氮植物根瘤菌菌根真菌联合生物修复技术。总体上，微生物修复研究工作主要体现在筛选和驯化具有特异性且能高效降解微生物的菌株，提高功能微生物在土壤中的活性、寿命和安全性，进行修复过程参数的优化和养分、温度、湿度等关键因子的调控等方面。微生物固定化技术因能保障功能微生物在农田土壤条件下种群与数量的稳定性和显著提高修复效率而受到青睐。通过添加菌剂和优化作用条件发展起来的场地污染土壤原位、异位微生物修复技术有生物堆沤技术、生物预制床技术、生物通风技术和生物耕作技术等。运用连续式或非连续式生物反应器、添加生物表面活性剂和优化环境条件等可提高微生物修复过程的可控性和高效性。正在发展的微生物修复与其他现场修复工程的嫁接和移植技术，以及针对性强、高效快捷、成本低廉的微生物修复设备，为实现微生物修复技术的工程化应用奠定了基础。

A 以土壤微生物降解为主的修复技术

微生物降解有机化合物的巨大自然容量是生物修复的基础，土壤中的微生物具有范围很宽的代谢活性。因此，消除污染物的一个简单方法就是将污染物或含有这些污染物的物质加到土壤中去，依靠土壤中的土著微生物群落降解，反过来对于被污染的土壤也可以通过提高土壤微生物的代谢条件，人为增加有效微生物的生物量和代谢活性，或添加针对性的高效微生物来加速土壤中污染物的降解过程。

B 菌根修复技术

由于近年来菌根技术研究的进展，应用菌根技术进行土壤的生物修复已成为一种热门研究方向。在自然界中，植物与真菌共生是一种普遍的现象，真菌与植物共生形成的共生体称为菌根。菌根可以通过根外菌丝的形成去扩大宿主植物根系的吸收面积，增加宿主植物对磷和其他营养的吸收，尤其在贫瘠的土壤中，由于菌根真菌的活动改善了根际周围的微生态环境，从而使宿主植物的抗逆性得到增强。在矿山生态环境综合整治中，应用菌根技术可以提高复垦造林成活率。有研究表明，植物根区的菌根具有独特的酶系统和代谢途径，可以降解不能被细菌单独降解的有机污染物。对细菌与真菌在土壤中对石油类污染物的降解性研究也表明真菌要优于细菌。因此，筛选针对性的土壤真菌袍子，选择合适的共生作物接种形成有效的菌根是降解土壤有机污染的重要研究领域，其优点是扩大了微生物与土壤的接触面积和作用时间，同时也增强了植物根系的吸收作用特别是有利于对难降解有机物的分解。此外，由于植物根系活动的作用，根际微生物生态系统的物理化学与生物学性质明显不同于非根系环境根际中的微生物，数量明显高于非根系，土壤根际可以促进许多污染物的降解。可见，微生物修复技术与植物修复技术的综合运用将是今后土壤生态恢复的重要研究方向。

土壤生物修复技术的前景：随着土壤生物修复技术研究与应用的不断深入，该技术将日益走向成熟，这将为污染土壤的修复开辟一个广阔的天地，特别是微生物修复技术。植物生物修复技术和菌根技术的综合运用，将为有毒且难降解有机物污染的土壤的生物修复带来希望。

12.3.1.3 生物联合修复技术

协同两种或以上修复方法，形成联合修复技术，不仅可以提高单一污染土壤的修复速率与效率，而且可以克服单项修复技术的局限性，实现对多种污染物的复合/混合污染土壤的修复，该技术已成为土壤修复技术中的重要研究内容。

A 微生物/动物—植物联合修复技术

微生物（细菌、真菌)—植物、动物（蚯蚓)—植物联合修复是土壤生物修复技术研究的新内容。筛选有较强降解能力的菌根真菌和适宜的共生植物是菌根生物修复的关键。种植紫花苜蓿可以大幅度降低土壤中多氯联苯浓度。根瘤菌和菌根真菌双接种能强化紫花苜蓿对多氯联苯的修复作用。利用能促进植物生长的根际细菌或真菌，发展植物降解菌群协同修复、动物微生物协同修复及其根际强化技术，促进有机污染物的吸收、代谢和降解将是生物修复技术新的研究方向。

B 化学/物化—生物联合修复技术

发挥化学或物理化学修复的快速优势，结合非破坏性的生物修复特点，化学生物修复技术是最具应用潜力的污染土壤修复方法之一。化学淋洗生物联合修复是基于化学淋溶剂作用，通过增加污染物的生物可利用性而提高生物修复效率。利用有机络合剂的配位溶出，增加土壤溶液中重金属浓度，提高植物有效性，从而实现强化诱导植物吸取修复。化学预氧化生物降解和臭氧氧化—生物降解等联合技术已经应用于污染土壤中多环芳烃的修复。电动力学微生物修复技术可以克服单独的电动技术或生物修复技术的缺点，在不破坏土壤质量的前提下，加快土壤修复进程。电动力学芬顿联合技术已用来去除污染黏土矿物中的菲，硫氧化细菌与电动综合修复技术用于强化污染土壤中铜的去除。应用光降解生物联合修复技术可以提高石油中 PAHs 污染物的去除效率。总体上，这些技术多处于室内研究的阶段。

12.3.2 城市水环境治理的生物修复技术

生物修复在城市水环境治理中的应用最早起源于 20 世纪 50 年代，英、美等发达国家采用河道曝气复氧措施，解决日益严重的河道污染。我国从 1996 年开始大规模试验，已有许多成功的案例[1]。

ESB水体修复技术是利用培育的植物、动物或培养接种的微生物的生命活动，对水体污染物进行转移、转化及降解作用，从而使水体得到净化的技术。还可以把绿化环境及景观改善结合起来，在治理区建设休闲和娱乐设施，创造人与自然融合的优美环境。ESB水体修复技术思路是：消除争氧物质，稳定水体的高溶氧状态，快速培植优势好氧微生物，打造生态基础，并通过水生动、植物定向培养、建立起人工生态，通过人工生态向自然生态演替，恢复水体生物多样性，并充分利用自然系统的循环再生、自我修复等特点，实现水生态系统的良性循环。ESB技术包括微生物修复技术、人工湿地技术、浮岛技术、生态护堤技术（绿化混凝土）、生态复氧技术、植物操控技术、水生动物恢复、生态清淤技术、水生动物恢复和重建技术。

（1）氧化塘、人工湿地等水污染预处理技术。生物氧化塘是一种利用生物净化能力净化污水的处理系统，可辅以人工曝气、投加污染物和底泥高效降解菌剂、放养适生水生生物等强化措施。污水经过氧化塘处理，可形成多级食物链组成的复合生态系统，这对城市水环境的生物修复极为有利。

人工湿地具有独特而复杂的净化机理，利用基质—微生物—水生植物—动物复合生态系统的物理、化学和生物的协同作用，通过过滤、吸附、沉淀、离子交换、植物吸收、动物消费和微生物分解来是实现对污水的高效净化。

生物氧化塘和人工湿地等污水预处理系统具有效率高、投资低、运行费低、操作简单、能耗低等优点。

（2）河道和湖泊人工增氧技术。河湖富营养化的重要特征是水体上层好氧，下层缺氧，而河道黑臭根本原因在于水体缺氧。通过一定的增氧设备，增加水中的溶解氧，能加速河湖水体和底泥微生物对污染物的分解，为水体中各种水生生物呼吸提供氧气，促进系统生物多样性。

（3）生物强化技术。生物强化技术实际上是外源微生物投放技术，已广泛应用于水产养殖、农业等领域，在我国城市水环境治理中，应用的微生物制剂主要包括美国的Clear—Flo. CBS、日本EM、我国的光合细菌（PSB）、硝化细菌等，并取得了一定的治理效果。

（4）生物促生技术。生物促生技术是通过对自然界中污染物降解者——土著微生物的促生作用，为之创造一个能顺利完成自然降解功能的环境，强化污染环境的自净能力，加速对有机污染物的分解。

（5）生态混凝土技术。所谓生态混凝土是一类混凝土介质，具有特殊的结

---

[1] 刘思明，刘军，等．城市水环境治理生物修复技术．水利渔业，2005年第25期。

构与表面特性，其上可附着生长适生生物，过滤净化入流的污染物，它能减轻环境负荷，与生态环境相协调。生态混凝土技术不失为一种有效的城市水环境生物修复方法，该项研究在我国刚刚起步，尚未进入全面应用阶段。

（6）底泥生物氧化技术。底泥生物修复是通过土著微生物定向扩增，就地大量繁殖土著微生物、各种电子受体、共代谢底物等生物氧化组合技术生产出药物，通过靶向给药技术直接将药物注射到河道底泥表面，对河道黑臭底泥进行生物氧化，可有效降低底泥有机物含量和耗氧速率，提高底泥对上覆水体的生物降解能力，促进底泥微量营养释放和藻类生长。

（7）生物操纵技术。Shapiro（夏皮罗）最早提出生物操纵的概念。生物操纵就是利用调整群落结构的方法控制水质，其主要原理是调整鱼群结构，保护和发展滤食性的浮游动物，从而控制藻类的过量生长，其核心是利用浮游动物滤食浮游藻类，增加水体透明度。生物操纵技术已被应用于湖泊富营养治理，并取得了一定效果。

（8）水生植被恢复技术。水生植被主要指大型挺水植物、沉水植物、浮叶植物、漂浮植物等。水生植被具有重要的环境生态功能，挺水植物不仅能减少风浪搅动，促进水体悬浮物沉淀，还能吸收底泥营养盐，促进河湖生态系统中底泥氧化。沉水植物是洁净好氧水生生态系统的重要组成部分，能直接吸收水体中的营养盐，阻止上层水动力搅动对下层水体影响，增加底泥表层溶解氧，从而有效遏制底泥 N、P 等营养盐向水体中释放。浮叶植物、漂浮植物具有良好的水体净化效果，并对浮游藻类具有一定的抑制作用。水生植被恢复是城市水环境生物修复十分重要的环节，同时也是城市水质污染重要的指标生物。

（9）水生生态恢复技术。从生态学角度看，生物修复是一个人工强化的生态演替过程。以遭受有机物污染的黑臭水体生物修复为例，随着生物修复的进程，系统的物质循环过程由厌氧不完全分解、有机物沉淀底泥的污染积累型向好氧分解为主，呼吸作用和光合作用共存的污染物消耗型演替；更多的营养盐固定在生物体内，营养盐由开放性向闭锁型演替；系统的能量循环过程由缓慢甚至停滞积累向以太阳能驱动的快速循环演替；系统的生物种群由厌氧微生物为主的单一型向好氧微生物为主，包含藻类、原生动物、后生动物、底栖动物甚至高等动植物等多种生物组成的复合型演，是生物多样性极大的提高。

12.3.3 地震灾害的生态修复技术

12.3.3.1 滑坡的生态治理

（1）生态袋防护系统。生态袋防护系统是由生态袋和联结扣等组件组成的一个有机系统，此系统的稳定性好。生态袋是该系统的重要组成部分，它是由聚丙烯（PP）或者聚酯纤维（PET）为原材料制成的双面熨烫针刺无纺布加工而成的袋子。它具有无毒、抗老化、可被微生物分解以及具有满足植物生长的等效孔径等特点。

（2）格构防护系统。格构防护体系是工程措施和生物工程措施的结合。它的坡面骨架是由钢筋混凝土格构以及锚杆等材料组成，它是通过保护深层坡体的稳定来增强坡体整体的稳定性。该系统的施工比较方便，所需建筑材料相对较为节省。

（3）客土喷播。客土喷播技术是将客土、长效缓释性肥料和种子以及侵蚀防止剂等按照一定的比例混合经专用设备搅拌混合后，利用空气压缩机喷播，使坡面形成植物生长所需要的良好环境。

12.3.3.2 崩塌的生态治理

（1）生态坝。“生态坝”是一种有效的危岩防治的工程措施，它主要的组成部分为砌体、填土以及其表面种植的植被。生态坝是工程措施和生物修复的一种结合。

（2）挂镀锌铁丝网客土喷播植草技术。它是将有机质土、长效肥、速效肥、黏合剂、保水剂及凝固剂和草籽、灌木种子等按一定的比例混合并搅拌为均匀的有机基材，利用喷播机械喷播在挂有镀锌铁丝网的坡面上，然后在其外表喷播草种。植被恢复后兴旺的根系可经过基材深化到岩体的裂隙中，达到永世固坡和美化环境双重目的。

12.3.4 破损山体生态修复的主要技术

12.3.4.1 植生盆（槽）技术

植生盆（槽）技术是破损山体石质边坡常用的生态修复技术之一，特别针对有裂缝或微凹中等坡度的石壁，但对经济和施工技术的要求较高。此种修复方法虽然在南方地区较为适用，但由于植生盆（槽）中种植土有限，故小乔木及灌木的生长情况不佳，加上爬山虎等藤本植被只勉强可以遮挡高度较低的垂直岩面，但高处的植生盆等修筑措施基本暴露在外，景观效果不理想。

12.3.4.2 挂网喷播技术

挂网喷播技术指在坡面上按一定行距人工开挖楔形沟，在沟内回填土壤、土壤改良剂、养料等适宜于草种生长的种植基质材料，然后挂三维植被网并覆盖基质材料进行喷播植草的生态修复技术，也是较为适合北方破损山体坡度较大的生态修复技术之一。

12.3.4.3 植生带（毯）绿化技术

植生带（毯）绿化技术是一种将植物种子夹在多层无纺土工织物或天然纤

维垫中直接密贴在山体边坡表面进行快速绿化的方法。该方法适合于小于60度的土质边坡或砂土类边坡。植生带的立体网状纤维结构由于吸收雨水冲击所产生的能量，可以防止土壤侵蚀，有效阻止土壤颗粒移动，使植被种子不受人为和雨水因素的干扰，保持稳定、均匀的分布状态，节约了种子播种量，从而改善了绿化效果。该方法在我国北方山体边坡绿化、城市园林绿化和水土保持应用较广，但在南方应用较少。

12.3.4.4　框格客土绿化技术

框格绿化技术即在山体的边坡坡面上拼铺、砌筑一定形状，例如方格形、正六边形等的混凝土框砖，在框砖网格内铺填种植土或土袋等来种植草种的山体边坡生态修复措施。框格绿化技术的优点为由于框砖受力结构合理，在边坡上能够有效减缓和分散雨水冲刷的速度和力度，且可大批量的生产；缺点是施工过程繁琐，故多用于坡度较陡的土质山体、填方后的山体修复和易风化的岩质山体。

12.3.4.5　“高次团粒”喷播技术

“高次团粒”是采用经特殊生产工艺制成的客土材料，加入植物的种子，采用喷播、机械作业的方式制成最适于植物生长的土壤培养基。这种“人工土壤”具有高次团粒结构，既有保水性，又有透水性、透气性，适于植物生长，又能有效抵抗雨蚀和风蚀，防止水土流失。

12.3.5　干旱半干旱地区湖泊的生态修复技术

12.3.5.1　控制外源污染的技术

A　构建湿地的生态工程

（1）构建湖滨湿地。湖滨湿地是水陆生态系统间的一个过渡和缓冲区域，具有保持物种多样性、调节和稳定相邻生态系统、净化水体、减少污染等功能。湖滨带生态修复就是构建水陆间的过渡带，维持栖息其间的动植物群落，合理利用湿地系统，最大程度地发挥湖滨带的净化能力。湖滨带对水质的净化是理化生物综合效应的结果。它通过截流、沉淀、吸附、吸收，使污染物质得以有效去除，同时又能营造怡人的景观效果。

（2）人工湿地。人工湿地是人工建造的、可控制的工程化湿地系统，它是通过对湿地自然生态系统中的物理、化学和生物作用的优化组合来进行污水处理的。人工湿地污水处理技术具有投资低、出水水质好、抗冲击力强、增加绿地面积、改善和美化生态环境、操作简单、维护和运行费用低廉等优点，十分适合我国国情，具有极其广阔的应用前景。

B　截污、排污工程技术

截污、排污工程是在湖泊周围开挖截流沟或建立绿化带或埋设污水管道，截流点源和大部分面源污水，达到集中处理的目的。

12.3.5.2 消除内源污染技术

（1）底泥疏浚。底泥疏浚是控制内源污染所采取的一种比较普遍的做法，尤其是在富营养化严重的浅水湖泊中。主要是将高营养盐含量的表层沉积物质，包括沉积在底泥表面的悬浮、半悬浮状的由营养盐形成的絮状胶体或休眠状态的活体藻类或藻类残骸、动植物残体等清除。

（2）原位覆盖。原位覆盖是将粗沙、土壤甚至未污染的底泥等均匀沉压在污染底泥的上部，以有效地限制污染底泥对上覆水体影响的技术。将污染沉积物与底栖生物，用物理性的方法分开并固定污染沉积物，防止其再悬浮或迁移，降低污染物向水中的扩散通量。

（3）沉淀钝化。水中的内源性磷对水体富营养化具有很重要的作用。磷的沉淀和钝化可以延缓内源性磷从底泥中的释放。常用药剂有碳酸钙、硫酸铝、明矾等。沉淀技术发挥作用较快，但一般只作为临时措施使用。同时，底泥中的磷释放，除与其存在形态有关外，还与许多环境因素有关。

12.3.5.3 藻类控制技术

（1）直接除藻技术。直接去除藻类的方法有许多种，利用化学药品（如硫酸铜等）控制藻类是一种快速有效的传统方法。但死亡藻类所产生二次污染及化学药品的生物富集和生物放大对整个生态系统的负面影响较大，而且长期使用低浓度的化学药物会使藻类产生抗药性。因此，该方法一般作为应急措施。

（2）生物操纵技术。生物操纵技术的原理是在富营养化水体中种植水生植物，通过植物在生长过程中对水体中氮、磷等植物必需元素的吸收利用，以及植物根系对水体中悬浮物的吸附作用，富集水体中的有害物质；同时，植物根系释放出大量能降解有机物的分泌物，加速了有机污染物的分解；向水域中投放水生生物（鱼类、虾类、蟹类等），通过藻类吸收水体中的氮、磷，鱼类摄食藻类的食物链关系，捕捞水生动物带出氮、磷，从而达到减少水体富营养化的目的。

12.3.5.4 水质强化净化技术

（1）水生植物修复。水生植物是湖泊生物栖息地中重要的结构组成部分，其独特的空间结构可降低水的流速与水动力扰动作用，稳定沉积物，为底栖生物提供良好的栖息地，并可通过光合作用将光能转化为有机能，向水体释放氧气，促进生物地球化学循环，达到净化湖泊的目的。

（2）投加微生物制剂。在大多数湖泊中存在着许多土著微生物进行的自然净化过程，但该进程非常缓慢，其原因是溶解氧（或其他电子受体）和其他一些条件的缺乏，另一个限制因子是有效微生物常常生长很慢。因此，投加微生物制剂和优势菌种可以强化水体净化工程，同时还能唤醒水体中原本存在但失去活性的微生物。投加微生物制剂不会破坏水体的生态平衡，而且是有益菌，不污染环境，同时可作为水中鱼、虾等的饵料，促进生物生长。当水体中的有机物被微生物降解到一定程度时，水体中的营养物得到控制，富营养化得到治理，此时微生物的生长由于缺乏营养而受到抑制，因此微生物制剂修复受污染水体不会造成微生物大繁殖，不会造成二次污染。

(3) 深水曝气技术。深水曝气技术是根据湖泊水体受到污染后缺氧的特点，人工向水体中充入空气（或氧气），加速水体复氧过程，以提高水体的溶氧水平，恢复水体中好氧微生物的活力，使水体的自净能力增强，从而改善湖泊水体的水质状况，促进水体生态系统的恢复，是一种快速、高效、简便易行的污染水体治理技术。深水曝气适用于湖水较深而出现厌氧层的水体。磷容易在厌氧条件下从底泥中释放出来，采取定期或不定期人为湖底深层曝气充氧，使水与底泥面之间不出现厌氧层，有利于抑制底泥磷释放，对改善水质有利。但是由于其投资成本高，严重抑制了对湖泊的处理。

(4) 人工生物浮床技术。人工生物浮床技术是按照自然界自身规律，人工把高等水生植物或改良的陆生植物，以浮床作为载体，种植到富营养化水体的水面，通过植物根部的吸收、吸附作用和物种竞争相克机理，削减富营养化水体中的氮、磷及有机物质，从而达到净化水质的效果，同时又可营造水上景观。人工生物浮床上的植物都使用无土栽培技术，因此作为浮床的基材必须具有质轻和一定的机械强度，同时还要保证能承载浮床上的植物根系能深入水下，正常生长。生物浮床具有可移动式运行、无动力、无维护、使用寿命长等特点。

12.4 生物多样性的保护

在动物育种中，转基因技术、胚胎工程技术、动物克隆技术及受 DNA 重组技术影响的各种分子生物技术等现代生物技术已被广泛应用。

12.4.1 转基因技术

转基因技术（transgenictechnology）是将人工分离和修饰过的基因导入到生物体基因组中，由于导入基因的表达，引起生物体的性状的可遗传的修饰。

随着转基因技术的不断发展，出现了转基因食品、转基因生物、转基因作物等。世界上第一种基因移植作物是一种含有抗生素药类抗体的烟草。它在 1983 年培植出来，直到 10 年以后，第一种市场化的基因食物才在美国出现，那是一种可以延迟成熟的西红柿。1996 年，由这种西红柿制造的西红柿食品才得以允许在超市出售。

迄今为止，转基因牛羊、转基因鱼虾、转基因粮食、转基因蔬菜和转基因水果在国内外均已培育成功并已投入食品市场。国家农业转基因生物安全委员会委员、中国农科院植保所彭于发研究员介绍，全球的转基因作物在问世后的7年中整整增加了40倍，转基因生物以植物、动物和微生物为多，其中植物是最普遍的。美国是转基因技术采用最多的国家。自20世纪90年代初将基因改制技术实际投入农业生产领域以来，美国农产品的年产量中55%的大豆、45%棉花和40%的玉米已逐步转化为通过基因改制方式生产。大约有20多种转基因农作物的种子已经获准在美国播种，包括玉米、大豆、油菜、土豆、和棉花。据估计，从1999年到2004年，美国基因工程农产品和食品的市场规模从40亿美元扩大到200亿美元，到2019年将达到750亿美元。有专家预计：21世纪初，很可能美国的每一种食品中都含有一定量基因工程的成分。其他还有阿根廷、加拿大也是转基因农业生产发展迅速的国家。

我国已经开展了棉花、水稻、小麦、玉米和大豆等方面的转基因研究，已经取得了很多研究成果，尤其是在转基因棉花研究方面成绩突出。然而，真正进行大规模商业化的品种却并不很多。真正规模种植的只有抗病毒甜椒和延迟成熟西红柿、抗病毒烟草、抗虫棉等6个品种。有专家认为，我国同样也存在着大量的转基因食品，市场调查显示，在我国市场上70%的含有大豆成分的食物中都有转基因成分，像豆油、磷脂、酱油、膨化食品等等，所以很多公众其实是在不知不觉中和转基因食品有了联系。另外我国一些进口食品中也含有转基因成分。在我国流行的快餐食品店麦当劳和肯德基的食品中，转基因的含量也都很高。

早在1997年、1998年，我国农业部就批准了5种转基因植物的商业化生产，包括抗虫棉花、改变花色的矮牵牛、延熟番茄、抗病毒甜椒和番茄。之后，还批准了转基因木瓜和转基因杨树的商品化生产。但是，我国种植的转基因农作物主要是抗虫棉。2009年，540万公顷的棉花种植面积中68%的耕地种植Bt棉花。种植转基因抗虫棉后，每公顷抗虫棉化学农药用量减少了约47千克，国内每年化学农药的使用量减少1万~1.5万吨，相当于我国化学杀虫剂年生产总量的7.5%左右；棉田生态环境得到明显改善，棉农的劳动强度显著下降，棉农中毒事件降低了70%~80%。我国科学家植物转基因研究整体上已居发展中国家的领先水平，某些研究成果已接近国际发达国家的先进水平。动物转基因研究方面，1984年，世界首批转基因鱼在我国诞生；2007年，上海完成世界首例转绿色荧光蛋白基因克隆兔实验，我国首例“肌肉抑制素前肽”转基因山羊在天津诞生；2008年，我国首例绿色荧光转基因克隆猪产下荧光猪崽，我国首例含ω-3转基因克隆猪降生，我国首例人治疗性抗体转基因奶牛诞生；2009 年，西南大学成功开发出我国首例转基因家蚕有色丝绸品种；2010 年，内蒙古大学报道世界首例能产生欧米茄-3 多不饱和脂肪酸的转基因克隆牛“黄金牛”产生[1]。

12.4.2 胚胎工程技术

在胚胎发育过程中进行的生物技术，称为胚胎工程技术。包括胚胎移植、胚胎融合、胚胎分割、胚胎冷冻、胚胎性别鉴定、胚胎细胞核移植、转基因操作等。

胚胎工程主要是对哺乳动物的胚胎进行某种人为的工程技术操作，然后让它继续发育，获得人们所需要的成体动物的新技术。其实际上是动物细胞工程的拓展与延伸。早在 1891 年，英国剑桥大学的赫普就在兔子身上首次成功地进行了受精卵的移植实验。20 世纪 30 年代，这项技术已在畜牧业上获得了越来越明显的效益。进入 70 年代，出现了专门从事受精卵移植的企业。高等动物的受精卵移植又叫“家畜胚胎移植”。它是将优良种畜的早期胚胎从供体母畜体中取出来，移到受体母畜输卵管或子宫中，“借腹怀胎”繁殖优良牲畜的技术。自 20 世纪 50 年代初第一头胚胎移植牛在美国诞生以来，胚胎移植技术飞速发展。

12.4.3 动物克隆技术

“克隆”（clone），即无性繁殖（asexualre production）。无性繁殖的手段有多种，包括孤雌生殖、卵裂球的分离与培养、胚胎切割和细胞核移植等。而产生克隆动物的方法则称之为动物克隆技术。

哺乳动物体细胞核移植技术形成了一套比较完善的程序，核受体细胞的准备、核供体细胞的选择和处理、重组胚构建、重组胚激活以及重组胚的培养等。自 1938 年德国 Spemann 最早提出克隆设想以来，世界各地的科研工作者们相继开展克隆技术的研究，用胚胎细胞克隆的动物如绵羊、牛、兔、大鼠、猪、猴、山羊纷纷获得成功。

2000 年 6 月，中国西北农林科技大学利用成年山羊体细胞克隆出两只“克隆羊”，但其中一只因呼吸系统发育不良而早夭。据介绍，所采用的克隆技术为该研究组自己研究所得，与克隆“多利”的技术完全不同，这表明我国科学家也掌握了体细胞克隆的尖端技术。

我国早在 20 世纪 80 年代末就已克隆出一只兔子，1991 年西北农业大学发育

---

[1] http://www.sdny.gov.cn/art/2011/8/26/art_553_279336.html。

研究所与江苏农学院克隆羊成功，1993 年中科院发育生物研究所与扬州大学农学院共同克隆出一批山羊，扬州大学的体细胞克隆技术及新型的“制备”技术，不仅把我国哺乳动物的克隆技术推进到可以采用体细胞产生克隆家畜的无性繁殖阶段，而且还可使这种转基因山羊在短期内扩展成一个群体。1995 年华南师大和广西农大合作克隆出牛，1996 年中国农科院畜牧研究所克隆牛获得成功。我国科学家已成功复制了羊颅骨、鸡肌腱和猪关节软骨等组织，这意味着复制人体组织器官研究已进入了一个新阶段。中国干细胞的科研人员已利用干细胞技术克隆出人体组织，并将开展人体器官克隆计划。军事医学科学院已体外克隆出了人骨、血液、神经和皮肤等组织，接下来的工作便是克隆更复杂的器官。第一批被列入克隆计划的器官是血管、食道和膀胱，我国在“治疗性克隆”研究领域已获得重大突破，如果研究工作开展顺利的话，几年后就可以克隆出能够应用的人体器官。上海市转基因研究中心有望在 3 ~5 年内成功克隆人体器官，以替代人体受损的器官。我国科学家在国际上首次完成了人类下丘脑—垂体—肾上腺轴这一神经内分泌重要系统的基因表达谱的绘制，同时在下丘脑—垂体—肾上腺轴克隆了 200 条人类新基因，这表明我国在人类功能基因的大规模研究方面获得重要进展。中国科学院发育生物学研究所研究人员与法国国家农艺学研究所专家合作发明了一种简单高效的成年动物体细胞克隆新技术，并利用它成功地培育出克隆鼠。它利用显微操作技术将植入过程中在卵细胞膜上造成的破损结构切除，既不需要使用培育多利羊的电融合方法，也不需要使用脉冲装置，便可高效地在不对卵细胞核染色的情况下去除卵细胞核，并直接将供体细胞核注入到去核卵细胞中，这样使克隆胚胎受到的损害降至最小。哈尔滨工业大学的科研人员在世界上首次克隆出鸡肌肉生长的抑制基因。四川碧峰峡生态动物园拟进行克隆大熊猫的工作。如果大熊猫一旦克隆成功，将对挽救这一濒临灭绝的物种做出巨大的贡献，同时也将为其他濒危动物的基因研究提供宝贵的经验。云南大学运用中空纤维反应器技术、抗体纯化技术、免疫层析胶体金显色技术、试纸膜材纸材筛选搭配技术等成功地掌握了从单克隆抗体规模化生产到自主开发生产单抗快速诊断试纸的全套技术，将开发前列腺癌、乙肝、丙肝、性病、艾滋病、重大胎儿缺陷等疾病的快速诊断试纸。一系列单克隆抗体生殖健康诊断试纸已在云南陆续投放市场，这标志我国的单克隆抗体技术实现了突破并进入实用阶段。上海生物化学所的科学家已发现了人类附睾中的一些基因，有望通过控制精子成熟来计划生育和治疗男性不育。我国科学家成功克隆了遗传性乳光牙本质Ⅱ型病的基因，为遗传性乳光牙Ⅱ型病的诊断和治疗带来希望，标志我国在人类遗传病基因克隆方面的研究取得重大进展。三峡植物园珍稀优良林木无性快速繁育技术攻关已取得阶段性显著成果，运用现代生物技术繁育的猕猴桃、非洲菊、芦荟、彩色马蹄莲等花草树木长势良好，珙桐、秃杉、木莲等珍稀濒危植物的“克隆”工程也相继开展。中国克隆动物基地在中国国家级农业高新技术产业示范区杨凌成立，这一基地将充分利用克隆技术培育养殖牛、羊良种，并进行深加工，瞄准国际生物高科技前沿并进行研究、开发和产业化攻关。

12.4.4 DNA 重组技术

DNA 重组技术是指将一种生物体（供体）的基因与载体在体外进行拼接重组，然后转入另一种生物体（受体）内，使之按照人们的意愿稳定遗传并表达出新产物或新性状的 DNA 体外操作程序。DNA 重组技术也称为分子克隆技术，基因克隆或基因工程。供体、受体、载体是 DNA 重组技术的三大基本元件。

20 世纪 70 年代初，生物化学研究的进展也为 DNA 重组技术奠定了基础，1972 年，美国科学家保罗·伯格首次成功地重组了世界上第一批 DNA 分子，标志着 DNA 重组技术——基因工程作为现代生物工程的基础，成为现代生物技术和生命科学的基础与核心。

12.4.5 MOET 技术

20 世纪 70 年代发展起来的生物高新技术之一的 MOET 技术（Multiple Ovulation and Embryo Transfer，即超数排卵和胚胎移植技术）则是综合利用上述各项生物工程技术来加快遗传进程和良种培育速度。

MOET 体系在奶牛育种中的主要特点是：在一个群体内，集中一定数量的优秀母牛，形成一个相对的闭锁群体，群体内完全通过 MOET 技术进行繁殖。核心群育种的基本特点是：主要的育种措施集中在较小的高产牛群中或少数牛场中实施。它便于严格地实施育种方案，进行准确的性能测定，而且可以测定一些在大群体中无法测定的性状，例如采食量。

Nicholas（尼古拉斯）等最先提出来将 MOET 技术与核心群育种相结合的新的奶牛育种体系，是在一个高产母牛组成的核心群中，所有母牛都是用来作为胚胎移植的供体母牛或受体母牛，并按照一个特定的方案实施。实施“MOET 核心育种方案”，可望获得一个很大的遗传进展，其育种成效完全超过了常规的人工授精 AI 育种体系。国外应用 MOET 技术，使优秀母牛资源得到了充分利用。应用 MOET 技术生产了大量后裔测定公牛，加拿大已占 58%，美国、法国分别占 50%。

我国在应用 MOET 技术选育高产黑白花奶牛的研究和建立中国西门塔尔牛开放育种核心体（ONBS）方面都取得了较大进展。在“八五”期间，作为国家科技攻关专题，在北京市中心良种场实施了 MOET 核心育种方案，经过 5 年的努力，建立了由 270 余头优秀 ET 母牛组成的核心群。

MOET 育种技术还处于探索阶段，但通过努力，随着供体牛的超数排卵效果和胚胎移植成功的不断提高以及我国 MOET 育种体系的不断完善，MOET 技术必将为加快我国奶牛产业的发展发挥出更大的作用。

参考文献

[1] [美] 菲利普·科特勒著．营销管理 [M]．第十版．周安杜，译．北京：中国人民大学出版社，2001.

[2] 沈耀良，王宝贞．废水生物处理新技术：理论与应用 [M]．北京：中国环境科学出版社，1999.

[3] 朱圣庚．生物科技与当代社会 [M]．广州：广东教育出版社，2007.

[4] 理查德 W，奥利弗．即将到来的生物科技时代 全面揭示生物物质时代的新经济法则 [M]．北京：中国人民大学出版社，北京大学出版社，2003.

[5] 李嘉，马兰青．生物经济引论——一种新型的经济学形态初探 [M]．北京：中国农业出版社，2012.

[6] 高凤娟，丁礼祥．崛起的中国生物产业 [M]．沈阳：辽宁科学技术出版社，2010.

[7] 刘雨．生物膜法污水处理技术 [M]．北京：中国建筑工业出版社，2002.

[8] 中国生物工程学会，国家发展和改革委员会高技术产业司．中国生物产业发展报告(2010)[M]．北京：化学工业出版社，2011.

[9] 中国科学院生命科学与生物技术局．2010 年工业生物技术发展报告 [M]．北京：科学出版社，2010.

[10] 中华人民共和国科学技术部社会发展科技司，中国生物技术发展中心．2010 年中国生物技术发展报告 [M]．北京：科学出版社，2011.

[11] 中国科学院生命科学与生物技术局．2008 年工业生物技术发展报告 [M]．北京：科学出版社，2008.

[12] 国家发展和改革委员会高技术产业司，中国生物工程学会．中国生物产业发展报告(2009)[M]．北京：化学工业出版社，2010.

[13] 国家发展和改革委员会高技术产业司，中国生物工程学会．中国生物产业发展报告(2007)[M]．北京：化学工业出版社，2008.

[14] 中华人民共和国科学技术部社会发展科技司，中国生物技术发展中心．2011 年中国生物技术发展报告 [M]．北京：科学出版社，2012.

[15] 施辉奎．云南生物医药产业发展影响因素研究 [D]．昆明：云南财经大学，2012.

[16] 李文燕．聚羟基脂肪酸酯合酶的初步研究 [D]．沈阳：辽宁大学，2012.

[17] 杨丽．环介导等温扩增技术（LAMP）检测三种典型肠病毒方法的建立及其在水环境中的应用 [D]．武汉：华中农业大学，2010.

[18] 蒋兴明．桥头堡战略下的云南经济发展研究 [J]．云南师范大学学报（哲学社会科学版)，2011 (6)：114 ~ 121.

[19] 程俊峰，徐志宏．国外生物产业发展成功经验浅析 [J]．科技管理究，2013 (9)：113 ~ 115.

[20] 王钰．我国居民消费与收入关系的协整性分析 [J]．消费导刊，2012 (8)：6 ~ 7.

[21] 黎明．云南省城乡居民收入与消费关系的协整分析 [J]．中国流通经济，2011 (5)：98 ~ 102.

[22] 曾广德．多元综合好氧堆肥工艺在城市污泥处置工程中的应用 [J]．给水排水，2009

(10)：42～45.
[23] 赵入臻，赵鹏，等．济南破损山体概况及生态修复技术研究［J］．山东国土资源，2012（9）：31～36.
[24] 黄雅琼，杨素芳，等．动物克隆技术的研究进展、存在问题及应用前景［J］．广西农业生物科学，2008（2）：165～170.
[25] 郭凤侠．战略性新兴产业发展的SWOT分析：以生物产业为例［J］．财经问题研究，2010（10）：33～37.
[26] 高营．推动医疗器械产业升级促进生物医学工程发展［J］．中国科技投资，2013（16）：54～56.
[27] 彭友霖，黄家寿，周艳红．对我国生物医学工程产业的分析［J］．商场现代化，2007（32）：254～255.
[28] 徐晓勇．生物经济新浪潮中云南省生物产业的重点选择［J］．资源开发与市场，2008（9）：800～804.
[29] 石维忱．生物制造产业"十二五"时期发展展望［J］．北京工商大学学报（自然科学版），2011（5）：1～5.
[30] 崔迅，张瑜．顾客需求多样化特点分析［J］．中国海洋大学学报（社会科学版），2006（2）：27～30.
[31] 邱雨．产品分类效应综述：顾客感知多样性与顾客满意的视角［J］．致富时代，2011（11）：96～96.
[32] 徐斌．规模经济、范围经济与企业一体化选择——基于新古典经济学的解释［J］．云南财经大学学报，2010（26）：73～79.
[33] 李淑娟．基因工程制药的研究和应用［J］．技术平台、科技经济市场，2011（11）：17～18.
[34] 罗雯．肠道病毒71型疫苗研究进展［J］．实用预防医学，2013（12）：1535～1537.
[35] 张嗣良．发酵工程技术发展现状与趋势［J］．生物产业技术，2011（1）：26～32.
[36] 张新国，陈文洁，曾艳龙等．蛋白质工程技术及其在生物药物研发中的应用［J］．药学进展，2011（35）：525～536.
[37] 崔胜男，田玲．中美单克隆抗体技术专利情况对比分析［J］．中国医药生物技术，2012（7）：389～395.
[38] 郑殿升，高爱农，李立会，等．云南及周边地区稀有农业生物种质资源［J］．植物遗传资源学报，2013（14）：8～17.
[39] 张美华．云南油菜资源利用研究［J］．安徽农业科学，2012（35）：17056～17057.
[40] 李枝桦，陆春明，卢宝荣，等．云南传统栽培稻品种waxy基因序列分析［J］．分子植物育种，201（6）：665～671.
[41] 姚春馨，展康．云南马铃薯资源抗旱种质筛选［J］．农业工程，2012（11）：46～48.
[42] 王红梅，宋玲玲．新型动物疫苗研究［J］．家畜生态学报，2010（4）：110～112.
[43] 姚贵哲，祝超，张振梅，等．新型动物疫苗的研究现状及进展［J］．畜禽业，2009（12）：16～18.
[44] 郝浩勇．转基因植物在疫苗研究中应用［J］．运城学院学报，2008（5）：50～54.

[45] 雷雯. 细胞转瓶培养技术研究进展 [J]. 中国兽药杂志, 2012 (5): 58~61.
[46] 张韧, 王建超. 反应器细胞悬浮培养和微载体培养技术在动物疫苗生产中的应用 [J]. 中国兽药杂志, 2012 (11): 39~43.
[47] 杨丽英, 周小燕. 生物饲料的现状及发展前景 [J]. 畜牧与饲料科学, 2010 (1): 34~46.
[48] 余有贵, 曾传广, 贺建华. 白酒糟开发蛋白质饲料的研究进展 [J]. 中国饲料, 2007 (1): 12~15.
[49] 王伟伟, 安晓萍, 齐景伟. 非常规生物饲料的研究进展 [J]. 科技动态, 2012 (11): 72~74.
[50] 吴晓英, 林影. 双菌种固态发酵酱渣生产蛋白质饲料的研究 [J]. 粮食与饲料工业, 2004 (12): 36~38.
[51] 曾亚文, 张京, 普晓英. 云南大麦产业发展综合研究与利用 [J]. 浙江农业学报, 2011 (3): 455~464.
[52] 陈兴业. 新型生物质肥料的试验与研究 [J]. 河南科学, 2008 (8): 984~986.
[53] 张平. 高效生物肥料在春季结球生菜上的应用 [J]. 上海农业学报, 2010 (4): 109~112.
[54] 吴慧玲. 枯草芽孢杆菌芽孢形成极度敏感 [J]. 农业生物技术学报, 2013 (2): 157.
[55] 曹慧玲. 添加复合菌剂好氧发酵牛粪生产生物肥料的工艺优化 [J]. 农业工业学报, 2009 (1): 189~193.
[56] 邱德文, 杨秀芬. 蛋白质农药研究与产业化进展 [J]. 中国农业科技导报, 2006 (6): 1~4.
[57] 黄银久. 基因工程和发酵工程在植物源和微生物农药中的应用 [J]. 安徽农业科学, 2007 (19): 5801~5809.
[58] 李懋, 王朝云, 等. 可生物降解材料聚羟基脂肪酸酯 (PHA) 的合成与应用概述 [J]. 环境科学与管理, 2009, 34 (12): 144~148.
[59] 陈国强. 生物高分子材料聚羟基脂肪酸酯 (PHA) 开发现状及产业化前景分析[J]. 化工新型材料, 2010 (10): 1~7.
[60] 司红岩, 向天成. 聚羟基脂肪酸酯的生物合成研究进展 [J]. 安徽农业科学, 2011, 39 (10): 5699~5700, 5703.
[61] 罗时荷, 邹丽花, 等. 生物基材料聚乳酸研究进展 [J]. 材料研究与应用, 2010 (4): 762~764.
[62] 范兆乾. 聚乳酸 (PLA) 合成与改性的研究进展 [J]. 河南化工, 2011 (15): 21~24.
[63] 张维, 季君晖, 赵剑, 等. 生物质基聚丁二酸丁二醇酯 (PBS) 应用研究进展 [J]. 化工新型材料, 2010, 38 (7): 1~5.
[64] 詹晓北, 朱一晖. 琥珀酸发酵生产工艺及其产品市场 [J]. 食品科技, 2003 (2): 44~49.
[65] 许宏贤, 段钢. 酶制剂新技术在谷物深加工领域的应用 [J]. 粮食与食品工业, 2013, 20 (1): 50~55.

[66] 段钢，许宏贤，钱莹．关于酒精生产中几个问题的探讨 [J]．酿酒，2012，39（3）：70～74.
[67] 钱莹，段钢．单一 pH 乙醇生产新过程的研究 [J]．食品与发酵工业，2010（1）.
[68] 段钢，许宏贤，钱莹，等．酸性蛋白酶在玉米酒精浓醪发酵上的应用 [J]．食品与发酵工业，2005，31（8）：34～38.
[69] 许宏贤，段钢．小麦工业加工过程中新型酶制剂的应用 [J]．粮食与食品工业，2012，19（1）：33～37.
[70] 段钢．新型工业酶制剂的进步对生物化学品工业生产过程的影响 [J]．生物工程学报，2009，25（12）：1808～1818.
[71] 卢世明．再论生料酿酒的特点及其工艺操作——兼对有关生料酿酒技术几个问题的商榷 [J]．酿酒科技，2001（1）：107～110.
[72] 许宏贤，段钢．以小麦为原料的乙醇生产方法 [J]．食品与发酵工业，2006，32（12）：98～103.
[73] 段钢，许宏贤．大米生料发酵酒精生产的研究 [J]．食品与生物技术学报，2008，27（1）：95～102.
[74] 段钢，许宏贤，阮振华，等．新鲜木薯直接转化生产乙醇 [J]．食品与生物技术学报，2009，28（3）：413～417.
[75] 许宏贤，段钢．温度对超高浓度酒精生料发酵体系的影响 [J]．生物工程学报，2010，26（3）.
[76] 钱莹，段钢．新型耐酸真菌淀粉酶在麦芽糖生产上的应用 [J]．食品与发酵工业，2008（2）：87～89.
[77] 张瑞范．现代生物技术在环境监测中的应用 [J]．科技与生活，2011（16）：182.
[78] 纪逸群．废水生物脱氮工艺浅析 [J]．吉林化工学院学报，2012（11）：16～20.
[79] 邢承华，蔡妙珍，于洪．EM 有效微生物技术在环境保护中的应用 [J]．微生物季杂志，2007（5）：93～97.
[80] 刘忠慧．MBR 技术在炼油污水处理中的应用 [J]．当代化工，2013（3）：323～324.
[81] 伍建军，梁灿钦，林锦权．有机废治理技术研究进展 [J]．东莞理工学院学报，2012（1）：61～65.
[82] 王涛，修玉凤．SACT 污泥快速堆肥工艺 [J]．中国环保产业，2008（7）：28～30.
[83] 马殿旗，姜楠，王涛，等．污泥好氧堆肥工艺技术经济分析 [J]．建设科技，2010（23）：55～57.